Cihan Tuğal

DAS SCHEITERN DES TÜRKISCHEN MODELLS

Wie der Arabische Frühling
den islamischen Liberalismus
zu Fall brachte

Aus dem Englischen von
Hans Freundl und Karsten Petersen

Verlag Antje Kunstmann

INHALT

DIE NORMALISIERUNG
AUSSERGEWÖHNLICHER REGIMES

SEIT DEM ABSCHLUSS der Arbeit am Manuskript dieses Buches Ende 2014 haben mehrere einschneidende Ereignisse die Welt erschüttert. Der Aufstieg des Islamischen Staates (IS) war eines davon. Im Jahr 2014 steckte der IS (als territoriale Einheit) noch in den Kinderschuhen, doch schon nach kurzer Zeit entwickelte er sich zu einem funktionierenden Dschihadisten-Staat. Der Aufbau von wohlfahrtstaatlichen Elementen und die Durchführung von Entwicklungsprogrammen widerlegten den Glauben, dass Dschihadisten keine territorialen Formationen würden errichten können.

Der politische Erfolg der Dschihadisten führte in der islamistischen Bewegung zu einer weiteren Verstärkung autoritärer und totalitärer Tendenzen, da der IS den enttäuschten alternativen Kräften (Iran, al-Qaida, Muslimbruderschaft und islamischer Liberalismus) gewissermaßen den Rang ablief. Auf den folgenden Seiten möchte ich der Frage nachgehen, warum der iranische Weg (Massenrevolution), der Weg der Muslimbruderschaft (»legalistisch«) und auch der traditionelle türkische Weg (»liberale Hegemonie«) für die Islamisten im Nahen Osten nicht länger gangbar erscheinen. Al-Qaida und andere dschihadistische Gruppen haben den Islamisten nie konkrete programmatische Instrumente an die Hand gegeben, wenn sie auch bei vielen den Kampfgeist entfachten. In diesem Sinn kann man al-Qaida kaum als »Modell« bezeichnen. Doch durch den Aufstieg des IS wurden auch andere, ähnliche Gruppen an den Rand gedrängt, die sich auf Zellen stützten, nicht territorial verankert waren und letztlich begrenzte, unpolitische Strategien verfolgten. Der IS eignete sich sehr geschickt den Geist (aber auch die Strategien und die Kader) von al-Qaida und anderen dschihadistischen Gruppen an, verfeinerte ihn jedoch durch Reterritorialisierung und Politisierung. Das einstmals liberale türkische Regime glaubte, es könne diese Dschihadisierung anführen und für sich instrumentalisieren, stattdessen aber wurde es dadurch selbst grundlegend umgeformt.

Auch andere Entwicklungen beeinflussten die Transformation des türkischen Regimes. Die wichtigste war die Stärkung von Rojava, der kurdischen Siedlungsgebiete in Syrien. In Westkurdistan setzten politische Kräfte, die mit der PKK verbunden sind, der bedeutendsten Guerillagruppe auf türkischem Boden, ein (nach ihrem Verständnis) radikal-demokratisches, autonomistisches Experiment in Gang, das sich maßgeblich auf die jüngeren Schriften des inhaftierten PKK-Führers Abdullah Öcalan stützt. Obwohl die PKK weiter auf der »Terroristenliste« der westlichen Staaten steht, wuchs in der europäischen und der amerikanischen Öffentlichkeit die Sympathie für Rojava. Die Obama-Administration sorgte bei den Türken für Entsetzen, als sie diesem autonomistischen Experiment logistische und andere Unterstützung zuteilwerden ließ, was als ein Verrat an der Solidarität unter liberal-kapitalistischen Staaten aufgefasst wurde, der wohl nicht so schnell verziehen wird.

Im Zuge dieser unerwarteten Wendung der Ereignisse in Kurdistan und des Aufstiegs des IS veränderten sich die islamistischen und nationalistischen Gefühle der konservativen Hälfte der türkischen Bevölkerung (die nun eine unerschütterbare Vorherrschaft über die andere, eher säkular eingestellte Hälfte errungen hat, die durch das Ende des EU-Beitrittsprozesses, die Islamisierung des Nahen Ostens und die allmähliche Herausbildung der kurdischen Autonomie mehr als desorientiert war). Für das türkische Regime war diese sich verändernde Gefühlslage eine Beschränkung und eine Chance zugleich. Um diese neue Stimmung auszunutzen, trat das einstmals liberale Regime nun als patriotischer Anführer einer globalen (islamistischen) Bewegung auf (was es ihm ermöglichte, die rechten Nationalisten zu reinen Schachfiguren herabzustufen). In Übereinstimmung mit dieser Mission verstärkte es sein Engagement in Syrien. Trotz seines soliden kapitalistischen Struktur konnte das türkische Regime aber nicht länger liberal oder neoliberal sein im engeren Sinn dieser Begriffe. Politische und ideologische Überlegungen gewannen weiter an Bedeutung und es wurde klar, dass sich die kapitalistische Entfaltung nur noch durch Auslandsabenteuer wurde aufrechterhalten lassen (wie auch durch eine Verstärkung der extraktiven Dimensionen des Neoliberalismus). Trotz aller wohlmeinenden Warnungen (durch lokale und ausländische Verbündete, Sympathisanten und Insider) wurde die von der Türkei und Saudi-Arabien unterstützte Dschihadisierung Syriens, des Jemen und anderer Länder vorangetrieben, die vor einer Systemkrise stehen könnten. Das türkische Regime ist weiterhin nicht imstande, die Paradoxien dieser Strategie aufzulösen (da beispielsweise die Dschihadisierung nicht nur wie beabsichtigt seine kurdischen und sozialistischen Gegner geschwächt, sondern auch die Einnahmen aus dem Tourismus und die allgemeine Sicherheit der Bürger beeinträchtigt hat).

Bislang hat im Nahen Osten kein politischer Führer der Linken eine Antwort auf diese welterschütternden Transformationen gefunden. Das ursprüngliche intensive emotionale Engagement für Rojava hat sich gelegt. Aus vielerlei Gründen bezweifelten die intellektuellen und weniger militanten Teile der zweiten Hälfte der türkischen Bevölkerung die selbsterklärte »Universalität« und die angeblich ethnische Zugehörigkeiten überschreitende Natur der Rojava-Revolution. Im Westen als Speerspitze einer regionalen (nach Ansicht mancher sogar globalen) fortschrittlichen Politik gefeiert, wurde Rojava in der türkischen Wahrnehmung als ethnischer Aufstand betrachtet.

Die Partei HDP, die die Fähigkeit zu haben schien, Rojava und Gezi zu verbinden, versprach (für kurze Zeit), die Proteste des Juni 2013 wiederzubeleben, die mittlerweile eingeschlafen waren. Doch die HDP sank allmählich zu einem relativ unbedeutenden Akteur herab, der weder für Rojava noch für die Massen, die sich an den Gezi-Protesten beteiligt hatten, eine wirkliche Hoffnung darstellt. Die nationalen Determinanten, die zu dieser Entwicklung führten, können in diesem kurzen Vorwort nicht untersucht werden. Ebenso wichtig sind auch die globalen Ursachen: Ungeachtet ihrer jüngsten Schwärmerei für eine unklar definierte Autonomie verfügt die Linke weder über eine Vision noch über die erforderlichen Kader, um diese Autonomie umzusetzen. Aufgrund des Fehlens einer solchen Vision (und der Kader) wird der Schauplatz der Rechten überlassen, während sich der Liberalismus und der zentristische Konservatismus auflösen.

In diesem Kontext (eines vorläufig unvermeidlichen Rechtsschwenks) hat der Konflikt zwischen Gülen und Erdoğan, den ich im Buch behandle, eine dramatischere Wendung genommen. Gülen-Anhänger haben angeblich versucht, Erdoğan durch einen blutigen Putsch zu beseitigen. Aufgrund der Machenschaften sowohl Gülens als auch des Regimes liegen die genauen Umstände des Putschversuchs noch immer im Dunkeln. Doch es hat den Anschein, dass die Gülenisten tatsächlich ernsthaft daran arbeiteten, einen Umsturz zu organisieren, als die Anhänger Erdoğans sie zwangen, übereilt und ohne die nötige Vorbereitung loszuschlagen (durch eine Art »Blitzkrieg«: indem sie viel früher und viel heftiger als erwartet gegen ihren militärischen Flügel vorgingen). Auf Erdoğans Blitzkrieg ebenfalls mit einem Blitzkrieg (dem »Putsch« am 15. Juli) zu reagieren, funktionierte nicht, denn gerade dies hatte das Regime provoziert und erwartet.

Islamisten und rechte Nationalisten strömten auf die Straßen, um sich den Panzern entgegenzustellen, und verhinderten die militärische Machtübernahme. Die westlichen Medien ergingen sich in fruchtlosen Diskussionen darüber, ob die Anschuldigungen des Regimes gegen Gülen erfunden oder berechtigt seien. Meist blieb unbeachtet oder wurde heruntergespielt, dass der liberale Totalitarismus, den Gülen und das Regime gemeinsam aufgebaut hatten, den Weg zu dieser internen Auseinandersetzung bereitet hatte. Der Coup wurde zu einer Entschuldigung dafür, den Übergang von ihrem gemeinsam verfochtenen »weichen Totalitarismus« (dessen Untersuchung einen großen Teil des Buches einnimmt) zu einem Regime zu rechtfertigen, das einem europäischen Publikum vertrauter ist (da es dessen vielfältige Spielarten in der Zeit zwischen den Weltkriegen selbst erlebt hat). Unabhängig davon, ob der Putschversuch ernst gemeint war oder vorgetäuscht, er ermöglichte es dem Regime, seine kühnsten Träume von totaler Kontrolle zu verwirklichen. Da sie nicht imstande waren, den weichen Totalitarismus zu bekämpfen (und ihn gelegentlich sogar unterstützt hatten), müssen die zentristischen türkischen Intellektuellen und Liberalen (und auch einige Linksliberale) nun feststellen, dass sie keine Mittel besitzen, um dem entstehenden harten Totalitarismus zu begegnen. Das Regime hat sich die nahezu vollständige Säuberung der Institutionen nicht nur von Gülenisten vorgenommen, sondern auch von allen anderen Kräften, die verdächtigt werden, die Sache der Kurden oder andere »gayri-milli« (unpatriotische) Anliegen zu unterstützen. Bislang ist dies schlichte Repression von oben nach unten, doch dahinter verbirgt sich auch eine populäre Begeisterung und die Bereitschaft, zu anderen, von unten nach oben wirkenden Mitteln zu greifen, wenn sich die offiziellen Kanäle als unzureichend erweisen (wie häufige Mobattacken auf Oppositionelle bezeugen).

Die Panik wegen des IS, der Rechtsruck in der Türkei und die Verschärfung der Flüchtlingskrise (indem Kriegsopfer dazu angespornt wurden, nach Europa zu flüchten) hatten auch gravierende Auswirkungen auf den Westen. Das neue türkische Regime gehört zu jenen Faktoren, die im Westen eine weitere politische Kräfteverschiebung zugunsten der extremen Rechten begünstigten. Der Tod der EU, dieses »untoten« Gebildes, ist zu einer immer weniger bestreitbaren Tatsache geworden. Es erscheint zweifelhaft, ob es zum Brexit gekommen wäre und Trump gewonnen hätte, wenn es nicht die sich selbst sabotierenden Einmischungen der Türkei in den Arabischen Frühling gegeben hätte (und deren beabsichtigte und unbeabsichtigte Folgen, wozu auch der Aufstieg des IS und das Flüchtlingschaos gehören).

Diese Entwicklungen im Westen werden den Zusammenbruch des liberalen Islam weiter befördern und beschleunigen. Der türkische Präsident bezieht sich explizit auf den Umgang Trumps mit der Presse, um die Unterdrückung von Journalisten durch das Regime zu rechtfertigen. Die Wahl Trumps wurde denn auch von einem großen Teil der türkischen Bevölkerung bejubelt, ebenso von der islamistischen Presse. Dank seiner überzeugenden Referenzen (populistischer Autoritarismus, Nationalismus, Anti-Intellektualismus etc.) spielte Trumps Islamophobie nur eine untergeordnete Rolle. Anfang 2017 sind viele türkische Islamisten nach wie vor überzeugt, dass Trump der Türkei erlauben werde, in Syrien nach Belieben zu schalten und zu walten und er daher eine positive Kraft für den Islam sein werde, doch im weiteren Fortgang der Ereignisse werden sie vielleicht die Geschichte umschreiben müssen (und in Bezug auf ihre aktuelle Trump-Begeisterung womöglich mit »alternativen Fakten« aufwarten müssen).

Trump und der Brexit werden zweifellos den imperialen und innenpolitischen Ambitionen der türkischen Islamisten weiteren Auftrieb verleihen und ihre Entschlossenheit stärken, die neue Verfassung durchzusetzen, die dazu führen soll, dass dem Abenteurertum eines einzelnen Mannes die Fesseln abgenommen werden. Dennoch geht es bei der neuen Verfassung und der bevorstehenden Regimeänderung in der Türkei nicht nur um eine »Ein-Mann-Herrschaft«. Die übertriebene Konzentration auf Trumps »verstörende« Aktivitäten erschwert es auch zu begreifen, was in Amerika auf dem Spiel steht. Wir haben es mit einer Massenbewegung im globalen Rahmen zu tun. Die Begeisterung und die Mobilisierung breiter Bevölkerungskreise, so manipuliert sie auch sein mögen, sind real und verstärken sich.

An vielen wichtigen historischen Wendepunkten war es beunruhigend und unerwünscht, die »Wüste der Wirklichkeit« willkommen zu heißen. Intellektuelle, Wissenschaftler und die gebildeteren Schichten allgemein wollten die »rote Pille« nicht schlucken. Doch die Rechte zwang sie schließlich dazu. Nicht nur der Nahe Osten, die gesamte Welt befindet sich auf einem Weg ohne Wiederkehr. Der Liberalismus ist am Ende. Wenn die Linke keine Alternative hervorbringt, wird eine lange Nacht des rechten Autoritarismus unabwendbar sein.

DER CHARME DES
TÜRKISCHEN MODELLS

WAREN DIE NEOKONSERVATIVEN und die Liberalen der Vereinigten
Staaten über eine ganze Reihe dringlicher Fragen auch verschiedener Meinung, so konnten sie sich jedoch darauf einigen, das, was sie als das »Türkische Modell« bezeichneten, zu begrüßen. Um die Jahrtausendwende
vereinte ihre Begeisterung für das Türkische Modell auch die zuvor ge-
spaltenen US-amerikanischen und europäischen Eliten: Auf das Türkische Modell zu setzen könnte möglicherweise die von einer zerfallenden
globalen Ordnung gerissenen Wunden heilen. Als US-Präsident George
W. Bush gegen Ende des NATO-Gipfels 2004 in Istanbul eine öffentliche
Rede hielt, tat er dies auf dem Boden einer öffentlichen Universität, was
dieses seltene Ereignis unterstrich. Die Fernsehkameras fingen Bilder der
großartigen Bosporus-Brücke ein, und im Hintergrund war eine herrliche
türkische Moschee zu sehen. Dreißig amerikanische und türkische Experten hatten sich für diesen Ort entschieden und den Auftritt des Präsidenten sorgfältig vorbereitet.[1] In seiner Rede griff Bush die Brücke als Metapher auf:

Nach 150 Jahren demokratischer und sozialer Reformen verkörpert
Ihr Land ein Modell für andere Nationen und bildet Europas Brücke
zur Welt. Ihr Erfolg ist eine Voraussetzung für eine von Fortschritt
und Frieden geprägte Zukunft in Europa und im Nahen Osten ... Die
Vereinigten Staaten sind der Überzeugung, dass die Türkei als europäische Macht in die Europäische Union gehört. Darüber hinaus wäre
Ihre EU-Mitgliedschaft ein entscheidender Fortschritt in den Beziehungen zwischen der muslimischen Welt und dem Westen, da Sie beiden angehören. Der Eintritt der Türkei in die EU würde belegen, dass

Europa kein exklusiver Klub einer einzigen Religion ist; er würde den »Kampf der Kulturen« als einen vergänglichen Mythos der Geschichte entlarven ... Demokratische Gesellschaften sollten die Mitwirkung der Gläubigen begrüßen, anstatt sie zu fürchten.[2]

Diese Botschaft der Integration schloss Tayyip Erdoğans religiöses Regime, das 2002 an die Macht gekommen war, in die Arme. Es bedurfte Dutzender Experten, um diese Botschaften und Bilder zusammenzuführen, aber die normalen türkischen Bürger waren, auf ihre eigene Art, bereits zu Virtuosen einer solchen Bricolage geworden. Als in den 1990er-Jahren zum ersten Mal verschleierte Frauen hinterm Lenkrad großer SUVs gesichtet wurden, reagierten die Säkulären der alten Schule mit Empörung: Wie konnte man die Wunderwerke der modernen Technik durch solche Symbole der Rückständigkeit entweihen? Anfang 2000 war dieses Phänomen indessen schon so häufig zu beobachten, dass Reaktionen dieser Art ihren Sinn verloren hatten. In der Tat schlugen Unternehmen aus diesen widersprüchlichen Zeichen Kapital: Im Jahr 2014 plakatierte ein erfolgreicher Hersteller konservativer Damenkleidung in Istanbul das Foto von zwei jungen Frauen, die modisch gekleidet, aber verschleiert waren, in einem schicken roten Cabrio saßen und sich kokett lächelnd umsahen (statt auf den Verkehr zu achten). Über kurz oder lang begriffen selbst die Anti-Islamisten, dass in religiösen Milieus viele Aspekte der westlich geprägten Moderne offen begrüßt werden, zugleich fürchteten sie die politischen Folgen dieser Annäherung: Würden die Islamisten die Demokratie und die persönlichen Freiheiten abschaffen, sobald sie sich vollständig in den Schaltstellen der Macht eingerichtet hatten? Solche Zweifel spielten im globalen öffentlichen Diskurs, der von der Brücken-Metapher entzückt war, kaum eine Rolle.

Im Sommer 2013 begannen allerdings ganz andere Bilder die Medien zu dominieren: Der Einsatz von Tränengas gegen friedliche türkische Demonstranten, Gasmasken, die zu alltäglichen Gebrauchsgegenständen wurden, und der Premierminister, der immer häufiger mit dem Rabia-Zeichen (einer Grußgeste mit vier Fingern) auftrat. Erdoğans Regierung schlug die Protestdemonstrationen im Istanbuler Gezi-Park gnadenlos nieder. Andernorts wurden im Juni sogar Demonstranten durch Polizei-kräfte getötet. Wenig später machten sich Erdoğan und seine Anhänger die Rabia-Geste zu eigen, um sich mit dem kurz zuvor gegen den Putsch in Ägypten stattgefundenen Aufstand solidarisch zu zeigen, in dessen Verlauf ein Blutbad unter Islamisten angerichtet worden war – auf dem Rabia-Platz in Kairo (auf den sich die Geste mit vier Fingern bezieht).[3] Während Erdoğan die Bürgerrechte im eigenen Land aggressiv beschnitt, stellte er sich auf diese Weise als Unterstützer der ermordeten ägyptischen Demonstranten dar und legte damit letztlich die Vermutung nahe, seine Partei verteidige die bürgerlichen Freiheiten nur für praktizierende Muslime.

Seit der gewaltsamen Niederschlagung der Proteste im Sommer 2013 stellen sich den Beobachtern in aller Welt folgende drängende Fragen: Was ist aus dem Liberalisierungsdrang Erdoğans politischer Partei geworden, die dem Land so viele Freiheiten gebracht hatte? Werden liberale Muslime gerade konservativer? Wird Erdoğan zum Führer eines regionalen, islamischen Aufstandes werden, wie es sein häufiges Zeigen der Rabia-Geste prophezeit? Solche Sorgen mögen zwar durchaus gerechtfertigt sein, aber die Fragen sind falsch gestellt. In diesem Buch wird die Auffassung vertreten, dass es die erfolgreiche Liberalisierung der Türkei selbst war, die in den vergangenen drei Jahrzehnten den Weg für spätere autoritäre und konservative Ausprägungen des Islam geebnet hat. Darüber hinaus darf die richtige Antwort auf diese Frage nicht bei einer Analyse der Entwicklung in der Türkei stehen bleiben, sondern muss auch den globalen Aufstieg von Autoritarismus und Konservatismus, die zunehmende Ausbreitung von polizeistaatlichen Mitteln und den »Geruch von Tränengas« in vielen Ländern der Welt miteinbeziehen.[4] Auch wenn dieses Buch keine umfassende Darstellung der gesamten Situation bietet, stellt es die Liberalisierung des Islam in den Kontext der Ereignisse im Nahen Osten (und in zweiter Linie auch der globalen Entwicklung), bei denen Revolten eine zentrale Rolle spielen.

Während der letzten 35 Jahre strotzte der Nahe Osten geradezu vor revolutionären und pseudo-revolutionären Dramen. Auf Revolten folgen Konterrevolten. Unfähige Führungsfiguren und Organisationen springen auf den fahrenden Zug der Revolution, nur um anschließend die Restauration auszuführen. Ihre Versuche der Befriedung sind unbeholfen und geben über kurz oder lang Anlass zu neuen Revolten.

Der erste große Versuch, die Revolution im Nahen Osten zu absorbieren, bestand in der Gründung der Islamischen Republik Iran, eines in sich widersprüchlichen und hochexplosiven Islamischen Staats, der sich (zumindest am Anfang) auf die Eindämmung der Unruhen 1978/79 durch Klerus und Handel gründete. Unter dem Druck der Regierung in Washington und des IWF versuchten in den folgenden Jahrzehnten die benachbarten Regime, einzelne Elemente des »Islam«, der Demokratisierung und des Populismus umzusetzen, um die Welle der Revolution zu brechen, die vom Iran ausging.

Der Todeskampf der alten Ordnung ebnete letztlich den Weg für das Türkische Modell: ein islamischer Amerikanismus mit revolutionärer Rhetorik, der in seinem halbherzigen Kampf gegen die Überreste des autoritären Säkularismus von Liberalen und manchen Linken unterstützt wurde. Der islamische Neoliberalismus der Türkei sorgte für eine unstete (aber dennoch reale) kulturelle, politische und ökonomische Integration benachteiligter Schichten in die etablierten Institutionen, ohne dass hierzu eine revolutionäre Mobilisierung notwendig geworden wäre. Eine Weile schien es so, als hätten die türkischen Islamisten eine Formel gefunden, um den Schock der Iranischen Revolution zu mildern.

Die arabischen Revolten zwischen 2011 und 2013 dagegen zogen dem türkischen Regime den Boden unter den Füßen weg. Die Hoffnung der politischen Mitte, Ägypten würde dem Türkischen Modell folgen, wenn auch mit einem wesentlich arabischeren und islamischeren – und somit regional akzeptableren – Gesicht, zerschlug sich mit dem Putsch vom Juli 2013. Da die gesamte Region bis heute mit »Revolten ohne Revolution« zu kämpfen hat, kann weder die Türkei (mit ihrem immer autoritärer werdenden Liberalismus) noch der Iran (der sich seinerseits von revolutionären Versprechungen ab- und punktuellen Liberalisierungen zugewandt hat) den Weg in die Zukunft weisen.

Unter diesen Umständen überrascht es kaum, wenn die sunnitischen Golfstaaten ihre Muskeln spielen lassen und damit den Keim legen nicht nur für Restauration, sondern für regelrechte Reaktion. Es ist durchaus möglich, dass das zu jahrelanger Konterrevolution in der Region führen wird. In diesem Buch soll eine Reihe von Dynamiken betrachtet werden, die das Chaos in dieser Region herbeigeführt und einem neuerlichen Konservatismus den Boden bereitet haben. Dabei soll allerdings auch betont werden, dass die jüngste Welle von Revolten neue Dynamiken erzeugt und neue Hoffnungen geweckt hat, die wahrscheinlich in der gesamten Region Fuß fassen werden.

DER AUFSTIEG DES TÜRKISCHEN MODELLS

Was war das Türkische Modell? Mit zwei Worten lässt es sich als »islamischer Liberalismus« beschreiben: eine Verbindung aus formaler Demokratie, freier Marktwirtschaft und einem (moderat) konservativen Islam. Das Türkische Modell wurde von Geschäftsleuten in aller Welt gepriesen, von internationalen Medien gefeiert, und von den regionalen und nationalen Eliten begrüßt. Kurz, die Beobachter haben in der Türkei der Nuller-Jahre nicht nur eine erfolgreiche und wachsende freie Marktwirtschaft, sondern auch (im Gegensatz beispielsweise zu der ähnlich erfolgreichen freien Marktwirtschaft in Malaysia) eine zunehmend liberaler werdende Demokratie gesehen. Der Erfolg beruhte geradezu darauf, die Herausforderung durch den politischen Islam anzunehmen, statt ihn zu unterdrücken. Nach einer Reihe von Parteiverboten und anderen repressiven Maßnahmen kam in der Türkei 2002 die liberal-konservative Partei für Gerechtigkeit und Entwicklung (Adalet ve Kalkınma Partisi, im Folgenden als »AKP« abgekürzt) an die Macht. Da der Islam als Bedrohung wahrgenommen wurde, war die AKP sehr willkommen. Als der Journalist und Pulitzerpreisträger David Remnick unmittelbar nach dem Wahlsieg der AKP im Jahr 2002 über das Gegengewicht nachdachte, das diese Partei bildete, schrieb er: »Seit der iranischen Revolution 1979 – und insbesondere seit dem 11. September 2001 – haben viele Analysten die Türkei als Vorbild der Aufklärung in der Region bezeichnet, als Modell für moderaten Säkularismus und demokratischen Ehrgeiz.«[5]

Man stellte sich das Türkische Modell also von Anfang an als Waffe gegen das Iranische Modell, vor allem aber gegen das Modell al-Qaida vor. Das Türkische Modell wurde nicht nur von türkischen und internationalen Journalisten und Thinktanks gefeiert, sondern auch von Wissenschaftlern, von denen viele sich einfach mit der Darstellung des Modells in den Medien begnügten, anstatt kritische Distanz zu dem weltweiten Hype zu bewahren.

Nach der vorherrschenden akademischen Sicht der 2000er-Jahre[6] hatten die späte Osmanische und die frühe (1923 gegründete) Türkische Republik wichtige Maßnahmen ergriffen, um die Türkei zu modernisieren, dabei allerdings das Land von seinen Wurzeln abgetrennt. Das Modernisierungsprogramm wurde daher nie sonderlich beliebt. Die Modernisierer hatten eine Menge erreicht, unter anderem eine Mehrparteiendemokratie, eine mehr oder weniger funktionierende Wirtschaft und staatliche Verwaltung, die Mitgliedschaft in der NATO und friedliche Beziehungen zu Israel. Aber der Preis dieser von oben verordneten Modernisierung waren mangelnde Begeisterung in der Bevölkerung und eine ständige »Bevormundung« durch das sich modernisierende Militär, die zu gelegentlichen Unterbrechungen von demokratischen Prozessen und Marktreformen führten. Das politische »Zentrum« entwickelte sich übertrieben säkular und entfremdete sich immer mehr von der proislamischen, zugleich aber dynamischen und flexiblen »Peripherie« (die de facto die Mehrheit der Gesellschaft bildete).

Gleichwohl gab es in den 1980er-Jahren Versuche, sich mit der islamischen Identität des Landes zu arrangieren, die hin und wieder zu fundamentalistischen Bewegungen führten (auch in den 1950er-Jahren, unter der liberal-konservativen Führung des Premierministers Adnan Menderes, hatte es solche Tendenzen gegeben). Glücklicherweise mäßigte sich eine islamistische Fraktion (die von Erdoğan, Gül und Arınç geführt wurde) und vereinte ihre Kräfte mit dem konservativen Flügel der Modernisierer, um eine »liberale« islamische Plattform zu bilden, die AKP.[7] In Anbetracht ihrer Erfolge in kommunalen Regierungen (wo die Islamisten sich bereits im gesamten Verlauf der 1990er-Jahre bewährt hatten) und in der Wirtschaftspolitik unterstützten letzten Endes die weniger strengen Säkularisten aus den Reihen der Liberalen, ebenso wie die säkulare Geschäftswelt und breite Schichten der Bevölkerung, die AKP. Die AKP repräsentierte »den Übergang des politischen Islam in eine moderat konservative demokratische Partei, die sich mit den säkularen Grundsätzen der Verfassung versöhnt hatte.«[8] Die AKP schien die türkische Demokratie zu »normalisieren«.[9] Man könnte argumentieren, »ironischerweise« hätte »das egalitaristische und republikanische Erbe« der früheren (»kemalistischen«) Elite den Boden bereitet, auf dem die neuen islamischen Aktivisten immer mehr an Einfluss gewannen und eine (vergleichsweise) pluralistischere Republik etablierten.[10]

Die Erfolge der AKP auf wirtschaftlicher und demokratischer Ebene führten auch zu einem neuen Selbstbewusstsein, das die Türkei in die Lage versetzte, eine aktive (aber keine expansionistische) Außenpolitik in die Wege zu leiten. Befreit von seiner früheren extremen Westausrichtung profitierte das Land jetzt auch vom Handel mit dem Nahen Osten, was zugleich dem Wohlstand seiner Nachbarn zugute kam.[11] Einzig die radikalen Islamisten, das Militär sowie die säkularistischen Hardliner unter dessen Sympathisanten (sowie einige Gruppen, die von der von den »Kemalisten« über Jahrzehnte hinweg aufgebauten etatistischen Wirtschaft profitierten) opponierten gegen die neue Richtung der Türkei. Es stellte sich heraus, dass die islamischen Akteure den durch die Globalisierung vermittelten Werten durchaus nahestanden, zumindest im Vergleich mit den defensiven Kemalisten.[12] Tatsächlich bestand der Erfolg der islamischen Kräfte vor allem darin, (vormals defensiv-nationalistisch orientierte) gering qualifizierte Arbeiter und kleine Kaufleute von den Vorzügen der freien Marktwirtschaft und der Globalisierung zu überzeugen.[13]

Indem sie die latente Energie der Türkei mobilisierte, drückte die AKP einem Jahrzehnt rasanter Entwicklung ihren Stempel auf: Zum Erstaunen zahlreicher Beobachter lag das jährliche Bruttoinlandsprodukt jahrelang bei etwa 7 bis 8 Prozent. Vor allem aber erreichten die früheren Islamisten diese Erfolge, ohne die persönlichen Freiheiten und den Kern der säkularen Reformen der frühen Republik (darunter die größere öffentliche Rolle der Frauen) zu beschneiden.[14] Sie erweiterten sogar einige dieser

Freiheiten und beendeten die Bevormundung durch das Militär. Nach einer Verfassungsreform im Jahr 2010 gelang es den Türken endlich, das Militär in den Hintergrund zu drängen und einen weiteren Schritt auf dem Weg zum Rechtsstaat zu gehen,[15] was ihnen unter einer säkularen Regierung wahrscheinlich nicht gelungen wäre. Warum sollte sich diese Geschichte von religiös unterstütztem Wachstum und bürgerlichen Freiheiten nicht anderswo wiederholen können? Wäre ein so erfolgreiches Programm nicht das beste Gegengift zum islamischen Extremismus, der internationalen Beobachtern so große Sorgen bereitet?

Robert Kaplan, ein bekannter Journalist und US-Militärberater, beschreibt überzeugend, wofür die Türkei in der Vorstellung der westlichen Elite stand. Seine positive Erzählung beginnt bei Turgut Özal, dem konservativen Liberalisierer der 1980er-Jahre, und findet ihren Höhepunkt in Tayyip Erdoğan, dem Premierminister der AKP von 2003 bis 2014:

> Özal war ein gerissener Politiker aus dem Herzen Kleinasiens, der wie viele Türken tief religiös war und den schlechten Geschmack der Neureichen hatte. Mit großer Begeisterung las er im Koran, sah sich Soap Operas im Fernsehen an, schlug in einer Sufi-Moschee die Stirn auf den Gebetsteppich und ging zu Texas-Barbecues. Er führte die Religion wieder in die politische Sphäre der Türkei ein, ohne die prowestliche Orientierung des Landes oder dessen Toleranz zu gefährden ... Erdoğans moderater, reformorientierter Islam stellt heute die vielversprechendste Hoffnung dar, Muslime – von Marokko bis Indonesien – mit den sozialen und politischen Realitäten des 21. Jahrhunderts zu versöhnen ... Noch nie hatte der Westen mit der Türkei so viel Glück wie heute. Die Re-Islamisierung der Türkei durch die Erneuerung der osmanischen Wurzeln des Landes hätte sich ohnehin vollzogen; Atatürks republikanisch orientierte Säkularisierung war schlichtweg übers Ziel hinausgeschossen. Die einzige Frage war, ob diese Abkehr vom Kemalismus sich auf radikalem oder auf moderatem Weg vollziehen würde; Erdoğans politische Vorstellungen lassen Letzteres vermuten. Europa sollte diese Chance am Schopf packen.[16]

Das Türkische Modell war demnach die vielversprechendste Strategie für das globale System, um den Islam regierbar zu machen. Die Rückkehr der Türkei (und implizit der gesamten islamischen Welt) zu ihren islamischen Wurzeln war unvermeidbar – und das Türkische Modell versprach, diese Energie nicht in eine gefährliche oder unberechenbare Richtung zu lenken, sondern auf einen mit Soap Operas und Texas Barbecues und letztlich mit Calvinismus gepflasterten Weg.

Ein einflussreicher, von der Europäischen Stabilitätsinitiative veröffentlichter Bericht belegt mithilfe umfangreichen Datenmaterials aus dem anatolischen Hinterland, dass der Erfolg des AKP-Regimes ein Ergebnis von unternehmerischen Aktivitäten von unten nach oben war.[17] Die Unternehmer kleiner und mittelgroßer Firmen hatten dank ihres wirtschaftlichen Engagements fernab der Politik spontan eine calvinistische Haltung zu Religion und Wirtschaft entwickelt. Demnach bewegte sich der Islam auf dem Pfad der universellen Weisheit. Dank einer neu entwickelten »muslimisch-calvinistischen« Ethik riss Geld nun überkommene Barrieren zwischen verschiedenen Zivilisationen ein: Die Türken kehrten nicht nur zu ihren muslimischen Wurzeln zurück, sondern wurden zugleich westlicher – in der Tat eine echte Win-win-Situation.

Diese Gemengelage ermöglichte es westlichen Politikern jeglicher Couleur, sich leidenschaftlich für das Türkische Modell zu begeistern und es als Vorbild darzustellen, unter ihnen George W. Bush, der 2004 bei seinem Besuch in Istanbul die Rolle des Landes als Modell (für die gesamte Region) unterstrich. Im selben Jahr verkündete der britische Außenminister Jack Straw, die Reformen der AKP würden »die Türkei auf einen unumkehrbaren Weg bringen« (und zwar in Richtung Europäischer Union, Demokratisierung und höheren Lebensstandards). Straw betonte, im Kontext des »Big Middle East Project« könne die Türkei auf der Grundlage »ihrer historischen Bindungen ihre Erfahrungen auf dem Gebiet des Veränderungsmanagements an andere Länder in der Region weitergeben« (und zwar viel besser als Großbritannien, so implizierte seine Rede).[18] All diese Bestärkungen aus den höchsten Zirkeln politischer Macht unterstrichen noch einmal die Fähigkeit der Türkei, eine Brücke zwischen den Plänen des Westens und dem Nahen Osten zu schlagen.

Manch eine Stimme in den arabischen Medien griff die Metapher von der Brücke auf:

> Der Eintritt der Türkei in die [Europäische] Union wäre auch im Interesse des gesamten Nahen Ostens. Welches Land kann die Schmerzen, Leiden und Sorgen der Länder im Nahen Osten besser erklären als die Türkei? Die Türkei kann die Brücke zwischen dem Nahen Osten und Brüssel, wo Entscheidungen mit weitreichenden Folgen getroffen werden, bilden.[19]

Solche Statements waren in der arabischen Presse häufig zu lesen. Außerdem ergaben Meinungsumfragen, dass auch unter arabischen Intellektuellen das Interesse am Türkischen Modell wuchs.[20]

Diese Begeisterung zeigte sich nicht nur unter Eliten und Meinungsführern: Im Verlauf eines Jahrzehnts verbreitete sie sich gleich einem Buschfeuer auf der ganzen Welt. Im Jahr 2012 berichteten US-amerikanische Medien von einem tunesischen Händler: »Wir wollen, dass Tunesien ein modernes Land wird, kein extremistisches ... ein Land wie die Türkei. Die Leute dort arbeiten hart und sind dabei praktizierende Moslems. Sie sind sittsam und gleichzeitig modern.«[21] Eine 2011 vom Brookings Institute durchgeführte Meinungsumfrage kam zu dem Ergebnis, »die Ägypter wollen ein Land, das vor allen anderen muslimischen, arabischen oder sonstigen Ländern, die als Option angeboten wurden, der Türkei gleicht«.[22] Ein anderer, 2011 veröffentlichter Bericht zeigte, dass der Führungsanspruch der Türkei in der breiteren arabischen Öffentlichkeit auf allgemeine Zustimmung stieß: 66 Prozent der Befragten meinten, die Türkei könne »ein Vorbild für die Länder des Nahen Ostens sein«.[23]

Die Vermarktung des Türkischen Modells

In den 2000er-Jahren forderten große westliche Medien immer wieder, die Muslime sollten dem Türkischen Modell folgen;[24] ihren Höhepunkt erreichte diese Begeisterung zur Zeit der arabischen Revolten im Jahr 2011. Einige Monate vor und nach dem Höhepunkt der arabischen Revolten zeigte sich die Diskussion zwar etwas ausgewogener, aber insgesamt blieb der Mainstream bei dieser positiven Haltung. So entwickelte sich zum Beispiel der *Economist,* der schon seit zehn Jahren von der Türkei fasziniert war, nach der Machtübernahme der AKP und stärker noch nach den Revolten in Tunesien und Ägypten, zu einem militanten Werber für die Vorzüge des Türkischen Modells. Häufig mengte die Wirtschaftszeitschrift ihrer Propaganda etwas Kritik bei und warnte die AKP, nicht allzu selbstsicher zu werden.[25] Hin und wieder ließ sie jedoch alle Zurückhaltung fallen:

> Von Nordafrika bis an den Golf scheint die Region einen Türkischen Moment zu erleben ... Das Beispiel der Türkei ... hat gezeigt, dass der Islam keine unüberwindliche Hürde in Richtung einer pluralistischen Demokratie darstellt. Aber diese Feststellung hatte kaum Folgen – bis der Arabische Frühling anbrach. Heute wird die Türkei von den Arabern als einzigartiges Phänomen betrachtet ... Das türkische Experiment mag seine Fehler haben, jedoch bietet die Türkei unter der AK-Partei unzweifelhaft ein freundlicheres Bild als zahlreiche andere – reale und hypothetische – Varianten einer islamischen Herrschaft ... Für westliche Beobachter des Nahen Ostens wäre eine Entwicklung, die der türkischen gleicht – also hin zu relativer politischer und wirtschaftlicher Freiheit –, deutlich erfreulicher als andere denkbare Szenarien.[26]

Die Türkei wurde als Prototyp gepriesen, und das nicht in abstracto, sondern vor der Negativfolie des Iran.

Manche Beobachter betonten vor allem die wirtschaftliche Attraktivität des Türkischen Modells. So wies zum Beispiel ein vom »Carnegie Endowment for International Peace« vorgelegtes Strategiepapier darauf hin, dass das Besondere des türkischen Islamismus in seiner außergewöhnlich prowirtschaftlichen Haltung liege. Selbst die liberaleren unter den islamistischen Bewegungen (in Tunesien, Jordanien und Ägypten) verblassten gegenüber der AKP, wenn es darum ging, Großkonzerne und internationale wirtschaftliche Institutionen als Partner zu akzeptieren. Sie richteten ihren Blick zu sehr auf kleine und mittlere Unternehmen, während – zu diesem Schluss kam das Papier – das Ziel der Islamisten des Arabischen Frühlings die Entwicklung eines wirtschaftlichen Liberalismus war, der ebenso fundamental, konsequent und aufrichtig sein sollte wie jener der AKP.[27]

Das waren exakt die hegemonialen Hoffnungen, die der Westen für die gesamte Region hegte. Aber wie reagierten die möglichen Adressaten dieser Botschaft? Die ägyptische Presse war voll des Lobes für die Politik der AKP. Selbst manche Liberale (die sich von ihrer eigenen Muslimbruderschaft distanzierten) betrachteten die Türkei als ein mögliches Modell, um Islamisten in demokratische Institutionen zu integrieren. Die ägyptische Muslimbruderschaft ihrerseits verkündete öffentlich, sie nehme sich, vor allem im Hinblick auf die Förderung von Investitionen (*tatwir al-istithmarat*), auf steigende Wachstumsraten, menschliche Entwicklung (*tanmiyya bashariyya*) und die Förderung der Bildung, das Wirtschaftsmodell der Türkei zum Vorbild.[28] Auch der prominenteste tunesische Islamistenführer erklärte den türkischen Islamismus der freien Marktwirtschaft zu seinem eigenen Wirtschaftsmodell.[29] Beobachter in anderen Ländern der muslimischen Welt betonten, die Türkei sei ein Land, das die religiösen Schriften des Islam flexibel auslege und damit im Gegensatz zu ihrer eigenen Reduzierung des Islam auf seine klassischen Texte stehe.[30]

Manche Kommentatoren sahen in Premierminister Recep Tayyip Erdoğan geradezu eine Verkörperung all jener positiven Attribute des Türkischen Modells. Viele Araber nannten den türkischen Premierminister wohlwollend einen »'Anid Qasimbasha« (»Sohn von Kasımpaşa«, eines heruntergekommenen, rauen Stadtviertels von Istanbul) und »qabadayi« (»harten Burschen«).[31] Solche Beschreibungen verwiesen auf Erdoğans Beharrlichkeit und Strenge, die er vor allem im Hinblick auf den israelisch-palästinensischen Konflikt an den Tag legte: Viele Araber sahen in ihm den politischen Führer, der Israel am entschiedensten entgegentrat.[32]

Auch der in Ägypten geborene, weltweit publizierende Journalist Tarek Osman bot die Türkei als Modell für die Länder des Arabischen Frühlings, insbesondere für Ägypten, an:

In der Türkei hat die AK-Partei unter Recep Tayyip Erdoğan viel Sorgfalt darauf verwendet, die Kluft zwischen der zunehmenden Religiosität der türkischen Gesellschaft und dem strikt säkularen Establishment (sowie der ebenso säkularen Armee) zu überbrücken. Das [Mubarak-]Regime hat das nicht zur Kenntnis genommen … Führende Flügel der islamischen Bewegung sind der Ansicht, die Islamisten sollten nach der prägenden Erfahrung des militanten Islamismus der 1970er- und 1990er-Jahre eine liberalere Politik einschlagen. Unter dem Eindruck der erfolgreichen Entwicklung, die die Türkei unter der AKP in den 2000er-Jahren augenscheinlich durchlaufen hat, drängen diese Flügel auf eine Rückkehr zur Denkschule der liberalen Islamisten des frühen 20. Jahrhunderts.[33]

Ungeachtet der Stimmung allgemeinen Wohlwollens stellten manche arabischen Denker das Türkische Modell weiterhin infrage. Sie äußerten nicht nur Bedenken gegenüber dem Umgang des türkischen Regimes mit den Kurden, sondern auch gegenüber dessen Haltung zu verschiedenen anderen Glaubensgemeinschaften. Als Yalçın Akdoğan (ein hochrangiger Berater Erdoğans) die Aleviten (die einer anderen muslimischen Glaubensrichtung angehören) und die PKK (eine kurdische Guerillaorganisation) attackierte, indem er sie für Terror und fehlenden Frieden in der Türkei verantwortlich machte, war dies der arabischen Presse eine willkommene Gelegenheit, darauf hinzuweisen, wie tief der konfessionell begründete Hass in der Türkei sitze.[34] Andere warfen Fragen nach den Intentionen des türkischen Umgangs mit dem Arabischen Frühling auf und warnten vor einer neuerlichen osmanischen Herrschaft über die arabische Welt – eine Sorge, die die Unterstützer der kurz zuvor gestürzten Diktatoren genauso umtrieb wie die arabischen Revolutionäre selbst.[35]

Auch zahlreiche Wissenschaftler waren begeistert von den Möglichkeiten, die die AKP der Region und der muslimischen Welt eröffnete,[36] wenngleich auch einige bestimmte Aspekte diese Sichtweise einschränkten. So schlug zum Beispiel die Anthropologin Jenny White die Bezeichnung »Muslimschaft-Modell« statt »Türkisches Modell« vor, da Letzteres in einem Maße amorph sei, das selbst ägyptischen Umstürzlern erlaube,

sich das türkische Beispiel eines autoritären Militärs zum Vorbild zu nehmen. White definierte »Muslimschaft« als »ein von der AKP gemeinsam
mit den modernistischen Theologen in Ankara entwickeltes Modell, das
den Islamismus ersetzt hat«.[37] Das Moment der persönlichen Entschei-
dungsfreiheit, ein Eckpfeiler des Liberalismus (der erst durch die Ökono-
misierung möglich wurde), eröffnete die Aussicht auf ein Modell jenseits
des Islamismus. White betrachtete diese spezifische Erfahrung als Ver-
dienst der AKP, das ihre Vorbildfunktion erst möglich machte:

> Das Modell der Muslimschaft versteht den Islam als eine persönliche
> Sache, die zum Beispiel in Form einer persönlichen Ethik in die Öf-
> fentlichkeit getragen werden kann, die zugleich aber nicht definiert,
> was eine Person in der Öffentlichkeit tut … Die Ennahda-Partei lässt
> sich ausdrücklich vom Vorbild der AKP leiten und hat erklärt, sie
> fühle sich demokratischen Werten und Frauenrechten verpflichtet …
> Junge, moderne Muslime, die soziale Gerechtigkeit und materiellen
> Wohlstand anstreben, werden ihr Spiegelbild eher im türkischen Mo-
> dell der Muslimschaft als in einem politisch amorphen »Türkischen
> Modell« finden.[38]

Die Krise und ihre liberale Lösung:
Das Problem individualisieren und kulturalisieren!

Die Revolte im Juni 2013 brachte die westliche und arabische Berichterstattung über die Türkei völlig durcheinander. In den Monaten nach dem
Gezi-Aufstand wandte sich selbst Reuters hin und wieder gegen die sonst
so geliebte Türkei. Aber bis 2014 hatte die hegemoniale westliche Presse
zu einer konsistenten Linie gefunden, während die arabische Presse dafür
etwas länger brauchte. Ungeachtet einiger Schwankungen blieben die arabischen Meinungen geteilt; die einen sprachen begeistert von der Rückkehr des Osmanischen Reiches, die anderen beklagten sie. Manche Dschihadisten sahen in der Türkei einen Verbündeten in künftigen regionalen
Konfessionskriegen; andere meinten, die Türkei würde sich in einem
kommenden *globalen* Krieg auf die Seite der »Ungläubigen« schlagen. Ein

Kolumnist machte sich lustig über jene, die sich einen Erdoğan erträumten, der zu Pferd von Ankara auszog, um Quds zu erobern.[39] Inmitten dieser aufgewühlten Stimmung traten türkische und arabische Intellektuelle bei Al Jazeera auf (und schrieben Gastkommentare auf der Website des Nachrichtensenders) und stellten die Gezi-Revolte als reaktionären, kemalistischen Aufstand der Eliten dar.[40]

Einige Attacken neokonservativer Experten gegen die türkischen Geheimdienste verstärkten den Eindruck, die Türkei sei als einziger Staat der Region in der Lage, ein Gegengewicht zu Israel zu bilden. Die großen panarabischen Medien veröffentlichten immer wieder Artikel (sowohl von türkischen als auch arabischen Autoren), in denen die Türkei gegen die Neokonservativen verteidigt wurde. Darin argumentierten diese Ideologen, dass die Neokonservativen außer Israel keinen politisch und wirtschaftlich starken Staat in der Region haben wollten.[41] Dabei hielten sie nicht nur am politischen und religiösen, sondern auch am wirtschaftlichen Modell der Türkei als bester Zukunftsstrategie fest.

Dennoch wuchs in der arabischen Presse gegen Ende 2013 die Kritik am Türkischen Modell. In Anbetracht der Entwicklungen in Tunesien, Ägypten und Syrien und der Unfähigkeit Washingtons und Ankaras, in diesen Ländern ihre Agenden durchzusetzen, hielten viele Kolumnisten die Verbindung aus Türkischem Modell und moderatem Islam für gescheitert.[42] Es gab aber auch schärfere Reaktionen auf die Entwicklung in der Türkei. Auf Erdoğans Tränen über die Tochter eines hochrangigen Führers der Muslimbruderschaft, Mohammed al-Beltagi (das Mädchen war nach dem Putsch in Ägypten im Juli 2013 ermordet worden), reagierten ägyptische Kolumnisten mit der Behauptung, es seien keine Tränen der Trauer oder der Anteilnahme gewesen, sondern Tränen aus enttäuschtem Ehrgeiz: Erdoğan betraue den Verlust seiner imperialen Herrschaft über Ägypten. Seine Träume von einem neuen Osmanischen Reich seien am Ende. Auch seien Erdoğans Tränen auf eine »Hysterie« nach seinen innenpolitischen Misserfolgen zurückzuführen. Eine ägyptische Zeitung warf den türkischen Behörden vor, ihre Landsleute gegen alle aufzuwiegeln, die nicht Mitglieder der ägyptischen Muslimbruderschaft seien.[43] Dieselbe Zeitung hatte 2011 eine Reihe von Artikeln über das »Türkische Modell« gedruckt, in denen die Hoffnung zum Ausdruck gebracht wurde, die ägyptische Demokratie werde sich durch eine Nachahmung der AKP langsam und allmählich entwickeln. Darüber hinaus zeigten Meinungsumfragen, wie sehr die Meinung der arabischen Öffentlichkeit in Bewegung geraten war: Der Anteil der Befragten, die die Türkei als Vorbild ansahen, nahm im gesamten Befragungszeitraum ab – wenngleich selbst 2013 immerhin noch 51 Prozent der Befragten der Meinung waren, die Türkei könne als gutes Beispiel dienen.[44]

Die hegemoniale westliche Presse reagierte insofern deutlich geschlossener und zugleich offener, als bereits im Grundtenor der Berichterstattung das Rezept zur Lösung des Problems durchklang. Der Titel eines Editorials der *Financial Times* fasste die Analyse des türkischen Dilemmas aus liberaler Sicht zusammen: »Das Türkische Modell wird durch Arroganz zerstört.« Dieser Artikel wurde von anderen, vormals unbedingten Unterstützern des türkischen AKP-Modells aufgegriffen: »Den Kern der Probleme in der Türkei bildet der autoritäre Stil, den Herr Erdoğan sich zu eigen gemacht hat, seit die AK-Partei 2011 ihren dritten Wahlsieg errungen hat.«[45] Jetzt begannen auch die *New York Times* und andere, ihr Augenmerk ganz besonders auf Erdoğans autoritären Stil zu legen. Auf diese Weise entstand der Eindruck, der Rest des Türkischen Modells sei intakt. Die Türken und die Kurden hätten bis 2011 ein liberal-konservatives Paradies genossen. Mit dem persönlichen Angriff des Westens auf Erdoğan ging ein kultureller Reduktionismus einher, entdeckten doch manche Autoren die türkisch-osmanischen Wurzeln seines Autoritarismus neu.

In Reaktion auf die immer offensichtlicher werdenden Misserfolge und Schwächen des Türkischen Modells richteten Erdoğans frühere Unterstützer ihre Wut gegen ihn und seine islamistischen Wurzeln. Mitunter brachten sie auch die strukturellen Probleme zur Sprache, die sie in den vorangegangenen zehn Jahren in den Hintergrund gedrängt (wenn auch nicht völlig vernachlässigt) hatten (so zum Beispiel die Abhängigkeit der Türkei von »Hot money«-Zuflüssen). *Foreign Affairs*, die womöglich einflussreichste von einem Thinktank herausgegebene außenpolitische Zeitschrift der USA, zeigte sich auch Anfang 2014 noch begeistert über den wirtschaftlichen Erfolg des Türkischen Modells (zugleich nannte sie Erdoğan als den Grund dafür, dass diese erfolgreiche Politik aufgegeben werde):

> Ein Bauboom und ein Boom in der Infrastruktur-Entwicklung trugen zu den guten Zeiten bei. Seit Beginn der Amtszeit Erdoğans wurde das Autobahnnetz des Landes um über 16 000 Kilometer erweitert. Die Zahl der Flughäfen wurde auf 50 verdoppelt, und Turkish Airlines fliegt heute Ziele in über 100 Ländern an, mehr als jede andere Fluglinie der Welt. Neue Wohnblöcke für gehobene Ansprüche und Shoppingmalls scheinen jede größere Stadt zu flankieren.[46]

Foreign Affairs vergaß allerdings zu erwähnen, dass Millionen türkische Bürger gegen genau diese Bau- und Straßenprojekte revoltiert und dadurch weltweit Diskussionen über eine Ablösung Erdoğans ausgelöst hatten. In derselben Weise pries die Mainstream-Presse auch die von dem weltweit aktiven islamischen Geistlichen Fethullah Gülen angeführten, beinahe aggressiv prowestlichen Teile des türkischen Regimes in zahlreichen Berichten als Gegengift für Erdoğans Autoritarismus an, wobei sie ignorierten, dass der Gülen-Flügel des Regimes sich zehn Jahre lang aktiv an Erdoğans Bemühungen beteiligt hatte, jegliche Opposition autoritär an den Rand zu drängen.[47]

Was passierte in diesem Kontext mit den etwas subtileren Argumenten zur Verteidigung der AKP-Politik? Heute ist die akademische Gemeinschaft über die AKP zerstritten. Momentan gibt es keine allgemein anerkannte Erklärung für den Niedergang des islamischen Liberalismus in der Türkei (und folglich auch keine schlüssige Erklärung dafür, warum die akademische Gemeinschaft die Situation falsch beurteilte und sich während der ersten zehn Jahre der AKP-Regierung dazu hinreißen ließ, ein immer autoritärer werdendes Regime zu stützen). Wenn man bedenkt, wie lange die akademische Welt gebraucht hat, um zu einem Konsens über den islamischen Liberalismus zu kommen (nimmt man Şerif Mardins Arbeit »Centre-Periphery Relations« als den Anfangspunkt dieser Debatte an, hat es etwa 30 Jahre gedauert), könnte es ziemlich lange dauern, bis sich eine überzeugende Erklärung durchsetzen kann.[48]

Eine der interessanten aktuellen Analysen stammt ebenfalls von Mardin und baut ihre Erklärung auf dem Begriff des »Nachbarschaftsdrucks« auf – einem Konzept, das die konstituierende Macht der Politik in den Hintergrund verbannt und den Ursprung der wichtigsten Dynamiken in der Gesellschaft verortet. In einer Reihe von Interviews hat Mardin den zunehmenden Autoritarismus und Konservatismus in der Türkei mit einem Argwohn gegenüber Außenseitern und anderen, ähnlichen Eigenschaften der türkischen Nachbarschaftskultur erklärt. Mardin führte demnach den wachsenden Autoritarismus nicht auf die Politik, die Visionen oder die globalen Verbindungen der AKP zurück, sondern vielmehr darauf, dass die Partei sich in immer höherem Maße der eigenen gesellschaftlichen Basis unterwerfe. Wenn auch einige seiner früheren Arbeiten diese Analyse vorausahnen lassen, hat Mardin bisher keine umfassende Theorie für dieses Konzept vorgelegt – eine Lücke, die inzwischen andere Gelehrte zu schließen versuchen.[49] Heute ist noch nicht klar, ob diese Sicht der Dinge das Fundament einer voll entwickelten wissenschaftlichen Analyse bilden kann.

Jenny White hat eine wesentlich ausführlichere Erklärung angeboten (die sich freilich auf ähnliche Themen stützt). Sie erklärt den Niedergang der Freiheit unter der Herrschaft der AKP mit den Eigenarten der türkischen Kultur. White zufolge ist das Problem nicht etwa das »Muslimschaft-Modell« an sich, sondern vielmehr dessen Hybridisierung mit dem Kollektivismus der Türken:

> In einer durch machtvolle Gruppenidentitäten und -normen geprägten Gesellschaft kollidiert die Überzeugung, dass individuelle Freiheit wünschenswert sei, beinahe notwendigerweise mit kollektiven Normen ... Die Türken haben *schon immer* innerhalb machtvoller kollektiver Rahmen, der Familie, der Gemeinde, der Nation, Entscheidungen getroffen und persönliche Ziele verfolgt ... Die Koexistenz subjektiver Freiheiten mit den Anforderungen des Kollektivs führt, über alle sozialen Grenzen hinweg, zu mitunter *überraschenden* und

widersprüchlichen Diskursen und Praktiken. So ist es zum Beispiel keineswegs ungewöhnlich, dass jemand behauptet, er sei liberal und konservativ zugleich. [Hervorhebung C.T.][50]

Dieser Logik folgend führt White den Autoritarismus der AKP im Hinblick auf Alkohol und den Platz der Frauen in der Gesellschaft auf die türkische Kultur zurück. Als Lösung des Problems empfiehlt sie daher eine »Entnationalisierung«, die vermutlich der Muslimschaft mehr Raum eröffnen und den schädlichen Einfluss des Kollektivismus zurückdrängen würde.[51]

Aufschluss über diese Perspektive gibt die Tatsache, dass sie die Verbindung von Liberalismus und Konservatismus als türkische Kuriosität darstellt und dadurch verschleiert, wie tief diese Verbindung auch in der westlichen Moderne verwurzelt ist. Aufgrund der heute vorherrschenden Faszination für de Tocqueville könnte man sogar argumentieren, der liberale Konservatismus sei heute der populärste aller Diskurse, und das nicht zuletzt auch in den Vereinigten Staaten. Sosehr sich die Liberalen im Laufe der Jahrhunderte gegen den Kollektivismus auch gewehrt haben mögen, so haben sie doch häufig weniger anrüchige Gemeinschaften (religiöse, familiäre, manchmal sogar nationale) eingeführt, um Kollektive mit mehr subversiver Sprengkraft (zum Beispiel die Klasse) zu bekämpfen. Die Widersprüchlichkeit des türkischen Liberalisierungsprozesses ist keineswegs ungewöhnlich.

Analysen, wie die von Mardin und White, verstärken sicherlich die allgemeine Tendenz, die demokratischen Schwächen der AKP zu kulturalisieren. Diese Tatsache sollten wir nie aus den Augen verlieren: Ebenso wie der binäre Gegensatz (islamische) Gesellschaft versus (säkularer) Staat nicht nur eine Analyse, sondern zugleich auch einen performativen Eingriff ins Soziale darstellte, so verhält es sich auch mit der Kulturalisierung (dasselbe gilt für das Konzept vom »Nachbarschaftsdruck«, das kemalistischen und elitären Kritikern der gesellschaftlichen Basis der AKP gerade recht kam). Dagegen zeige ich in diesem Buch, dass die Ursache der Krise der Türkei ihr neoliberal-liberales Demokratie-Modell war (und nicht Erdoğan, der Schurke, oder die »türkische Kultur«). Tatsächlich erlaubte dieses Modell es Erdoğans Autoritarismus, sich zehn Jahre lang als demokratisch auszugeben.

Um also nicht auf den fahrenden Zug des Erdoğan-Bashings (oder den des »Nachbarschafts«-Bashings) aufzuspringen, müssen wir einen Moment innehalten und uns fragen: Woher kam die Faszination für das Türkische Modell? Warum wurde das Türkische Modell so aggressiv propagiert, in letzter Zeit auch in einigen Modifikationen (»Das reale Türkische Modell« = »Das bestehende Türkische Modell« ohne Erdoğan, oder »Muslimschaft« = »AKP« ohne Nationalismus)? Welche Dynamik gerät aus dem Blick, wenn man die Schwächen des Türkischen Modells der türkischen Kultur zuschreibt?

WIE SICH DER NIEDERGANG DES ISLAMISCHEN LIBERALISMUS DURCH DIE POLITISCHE GESELLSCHAFT ERKLÄRT

Dieses Buch wählt einen Ansatz, der über die Personalisierungen und Kulturalisierungen der jüngsten Analysen des türkischen Autoritarismus hinausgeht. Dabei soll der Einfluss struktureller und exogener (sowie kultureller) Faktoren auf die Entwicklung der Türkei skizziert werden. Entwicklung und Verbreitung des islamischen Liberalismus (in der Türkei wie in der gesamten Region) stießen an Grenzen, die zu würdigen außerhalb des Zuschnitts der vorhandenen Literatur liegt:

1. Das Türkische Modell *(die Verbindung von Neoliberalisierung und Demokratisierung durch den Islam)* setzte einen spezifischen Rahmen voraus und konnte nicht in andere Länder der Region exportiert werden. Genauer gesagt machten die religiösen und politischen Verhältnisse in Ägypten dort selbst den halbherzigen Versuch einer Nachahmung unmöglich. Darüber hinaus beruhte das Türkische Modell nicht allein auf den nationalen Besonderheiten, sondern war zugleich an sein regionales Gegenüber gebunden. Die Türkei brauchte die antisystemische Orientierung des Iran (mit der darauf folgenden Militarisierung des

Golfs) und den ägyptischen Militärstaat, um sich für Investitionen aus aller Welt als *der* sichere Hafen der Region präsentieren zu können. Diesen strukturellen Vorteil konnte die Türkei nur in Relation zu den anderen behaupten; das Türkische Modell hätte also per definitionem *nicht* auf die gesamte Region übertragen werden können.

2. Das Türkische Modell erfuhr internationale Unterstützung unter anderem, um einen Gegenentwurf zum Iranischen Modell – *der Verbindung von Korporatismus und Revolution durch den Islam* – zu bilden (was auch im Inneren der Grund war, das Modell zu entwickeln). »Korporatismus«, ein non-individualistisches Modell, das auf der Integration von Interessengruppen von oben nach unten basiert, prägte zahlreiche Regime im Nahen Osten der Nachkriegszeit.[52] Während in der Türkei, in Ägypten und Tunesien neoliberale Reformen seinen kollektivistischen Geist untergruben, unterstützte die iranische Revolution den Korporatismus, indem sie subalterne Gesellschaftsschichten (die vorher durch den exklusiveren Korporatismus der Schah-Ära marginalisiert worden waren) mobilisierte. Das Iranische Modell stellte sich, nicht ohne nach wie vor als Bedrohung für die Türkei und andere islamische Länder wahrgenommen zu werden, als nicht nachhaltig und hochgradig instabil heraus (es war revolutionär *und* korporatistisch *und* islamisch zugleich). Die Erschütterungen, die vom Iranischen Modell ausgingen, steigerten und reduzierten die Relevanz des Türkischen Modells zugleich.

3. Die Prozesse der Neoliberalisierung durch Demokratisierung zu stabilisieren, war selbst in der Türkei an Grenzen gekommen, und mit den arabischen Revolten zeigten sich bereits weitere. Doch im Zusammenspiel mit arabischen (und iranischen) Dynamiken wurden die ohnehin schwachen Verbindungen zwischen Demokratisierung und Neoliberalisierung nun vollends zerstört. In dem türkischen Regime, in dem es schon vorher Tendenzen zur Diskriminierung konfessioneller Minderheiten gegeben hatte, verstärkten sich diese Tendenzen, und dadurch wurde nicht nur die Demokratisierung im eigenen Land, sondern auch der Anspruch unterminiert, in der Region über dem Konflikt zwischen Saudi-Arabien und dem Iran zu stehen.

4. Die Verengung der Debatte auf die Beziehung von Islam und Demokratie führt nicht weit. Wenn die Dynamiken eines Landes es insgesamt in eine demokratische Richtung führen, könnten islamische Kräfte durchaus eigene Praktiken und Diskurse in Bezug auf die Demokratie entwickeln. *Die Frage sollte daher besser sein, ob eine nachhaltige Demokratisierung unter den Bedingungen der Neoliberalisierung möglich ist.* Zwei Begriffe sind hier von entscheidender Bedeutung: *Liberalismus*, die Verherrlichung von Privateigentum und individueller Freiheit, und die *Neoliberalisierung* (die Privatisierung von Eigentum, die Umstrukturierung des Wohlfahrtsstaats, um den Bürger auf sich selbst zu verweisen, sowie die Förderung des Finanzmarkt-Kapitalismus) gehen heute häufig Hand in Hand.[53] Dieses Buch zeigt, dass Neoliberalisierung und Demokratisierung nur für eine bestimmte Zeit gemeinsam funktionieren (durch die Hilfe religiöser Kräfte). Sobald sie beginnen, sich gegenseitig zu unterminieren, machen sich islamische Akteure in zunehmendem Maße undemokratische und nicht-neoliberale Verhaltensweisen zu eigen (wie in der Türkei). Wenn sie sich nicht von Anfang an miteinander verbünden (wie in Ägypten), können islamische Akteure nie den Liberalismus und die Neoliberalisierung befördern.

5. Wo lag also der Fehler des Türkischen Modells? Wo stößt die enge Verbindung aus Demokratie und wirtschaftlichem Liberalismus an ihre Grenzen? Von Anfang an war das Türkische Modell *exkludierend* (es war ethnisch und religiös hierarchisch strukturiert). Problematisch für das Türkische Modell war der anhaltende, bewaffnete Widerstand einer ethnischen Minderheit. Die kurdische Frage ist jedoch ein türkisches Spezifikum und lässt sich nicht direkt in eine allgemeine Theorie der inneren Widersprüche der Neoliberalisierung übertragen. Eher verallgemeinerbar war dagegen der Umstand, dass eine der gesellschaftlichen Schlüsselgruppen, die an der Neoliberalisierung *partizipierte* und von ihr profitierte (nämlich die neue Mittelklasse), gegen das neoliberale Regime (wenn auch nicht einzig und allein gegen die Neoliberalisierung) revoltierte. Der Aufstand drängte das Regime, seinen Konservatismus und Autoritarismus zu verstärken. Die Gezi-Revolte im Sommer 2013 lenkt unsere Aufmerksamkeit deshalb auf die Wider-

sprüche im Wesen des Neoliberalismus: Er führt zu einer gesellschaftlich erdrückenden Welt, und zwar selbst für die Gruppen, die er bereichert. Das Türkische Modell war zumindest vorübergehend erfolgreich insofern, als es weite Teile der armen Bevölkerungsschichten in den Städten befrieden konnte; die Unzufriedenheit der neuen Mittelklasse hat dagegen über die Grenzen der Türkei hinaus fatale Folgen, ist ihr langweiliges Leben doch das, was das Türkische Modell für die Mittelschichten der gesamten Region bereithält.

Die Fehldeutung im Falle Türkei kommt nicht von ungefähr; sie geht auf eine akademische und intellektuelle Mode der vergangenen Jahrzehnte zurück, die Zivilgesellschaft vor Politik und Staat stellte und dadurch die meisten dieser Dynamiken nicht erkannte. Das Grundproblem vieler muslimischer Gesellschaften sei demnach die Struktur des Staates, die nicht islamisch, sondern säkular sei. Tatsächlich ist zu beobachten, dass viele Muslime (zum Beispiel in Indonesien) in dem Maß, in dem sie frommer werden, sich auch demokratische Werte zu eigen machen, selbst wenn diese Entwicklung sich noch nicht gänzlich auf der Ebene des Staates spiegelt. In ähnlicher Weise bringen die meisten Muslime in Bangladesch und Malaysia tiefe Gläubigkeit und echten Respekt für politische Rechte und Pluralismus miteinander in Einklang, obwohl ihre Regierungen diesem Anspruch nicht gerecht werden können.[54] Implizit oder explizit wird damit Folgendes angedeutet: Wenn man den im Entstehen begriffenen, gläubigen Zivilgesellschaften nur die richtigen Chancen eröffnet, werden sie ihre Länder auf den demokratischen Weg führen.[55] Dieser optimistische Blick auf die Zivilgesellschaft ignoriert die Struktur und die Auswirkungen politischer Projekte.

Die herrschende Lehrmeinung legt also zu viel Gewicht auf die Unterschiede zwischen Zentrum und Peripherie, Staat und Gesellschaft, Elite und Volk. Die Mäßigung peripherer Kräfte[56] wird somit zum Patentrezept groß angelegter politischer Visionen (die in unserer post-aufklärerischen Welt als totalitär gelten). Staat und Politik werden als Hindernisse wahrgenommen, die den mäßigenden Akteuren der Zivilgesellschaft bloß Platz machen müssten.

Dieses intellektuelle Misstrauen gegenüber der Politik ist aus zwei Gründen kontraproduktiv. Der erste ist ganz einfach: Viele der sogenannten mäßigenden Akteure haben eigene, weitreichende Visionen, und häufig treiben diese Visionen eine Zentralisierung des Staates zusätzlich voran. Wir müssen begrifflich unterscheiden zwischen bürgerlichen Akteuren, die Partikularinteressen oder konkrete Ziele verfolgen, und Akteuren, die das gesellschaftliche Leben in seiner Gesamtheit regulieren wollen (selbst wenn diese Regulierung in eine liberalere Richtung zielt, wie zum Beispiel im Fall der frühen AKP): Erstere konstituieren eine zivile Gesellschaft, letztere dagegen eine politische Gesellschaft. Der zweite, theoretische Grund ist, dass manche Akademiker Unterscheidungen als gegeben ansehen, die tatsächlich durch die Aktivitäten dieser (und anderer) Akteure erst konstruiert werden. Die Linien zwischen Staat und Gesellschaft, der Elite und dem Volk, werden fortwährend neu gezogen.[57]

In diesem Buch wird untersucht, wie diese Unterscheidungen gemacht werden. Im Zentrum dieses »Machens« steht die politische Gesellschaft: ein Feld von Akteuren und Organisationen mit umfassenden gesellschaftlichen Visionen. In entwickelten und gefestigten Demokratien dominieren in einer politischen Gesellschaft normalerweise die Parteien. Unter dynamischeren Umständen wird dagegen dieses Feld von gesellschaftspolitischen Organisationen und Gruppen besetzt, die schwierig zu klassifizieren und zu kennzeichnen sind. In einer politischen Gesellschaft werden die Grenzen zwischen dem Machtblock und dem Volk häufig wieder neu gezogen.

Das Verhältnis zwischen politischer Gesellschaft und staatlichen und bürgerlichen Strukturen bestimmt, ob ein Land einen nachhaltig revolutionären, »passiv-revolutionären« oder konterrevolutionären Kurs einschlägt. Während einer Revolution werden die politischen und wirtschaftlichen Strukturen einer Gesellschaft durch eine Mobilisierung von unten nach oben umgestürzt. Während einer passiven Revolution wird dagegen eine beginnende Mobilisierung von unten nach oben in vorhandenen politischen und wirtschaftlichen Strukturen »absorbiert«. Dabei ist Absorption nicht dasselbe wie Inkorporation: Eine Absorption zieht eine gründliche Neugestaltung bestimmter Politiken und Dispositionen nach sich, selbst wenn die Gesamtstrukturen unverändert bleiben.

Der italienische Denker Antonio Gramsci hat diesen Prozess zusammengefasst, indem er die passive Revolution als »Revolution-Restauration« bezeichnet hat. Eine passive Revolution bringt innovative Kombinationen von Mobilisierung und Demobilisierung mit sich. In Italien wurden in der Zeit zwischen den Weltkriegen Ex-Sozialisten, ehemalige Offiziere und Mitglieder der Mittelschichten mobilisiert, um Jagd auf Angehörige der Arbeiterklasse und Kommunisten zu machen, was für diejenigen, die den Faschismus zunächst begrüßt hatten, zum Teil katastrophale Folgen hatte. Die passive Revolution in Italien vereinte zunächst die fragmentierten herrschenden Klassen und brachte den stagnierenden italienischen Kapitalismus auf den Weg der Effizienz (seine restaurative Dimension); anschließend richtete sie das gesamte Land zugrunde, indem sie es in einen militärischen Konflikt hineinzog.

Die passive Revolution in der Türkei restaurierte das neoliberal-konservative Regime der Zeit nach 1980, indem es revolutionäre islamische Kader, Diskurse und politische Inhalte absorbierte. Der wirtschaftliche Liberalismus, kulturelle Konservatismus und politische Autoritarismus, den der Putsch von 1980 in Gang gesetzt hatte, wurden zuerst vom Özal-Regime »demokratisiert«. Trotz eines anfänglichen Jahrzehnts allgemeiner Begeisterung stagnierte der liberale Konservatismus und führte in den 1990er-Jahren zur Entfremdung breiter Bevölkerungsschichten. Die neoliberalen Akteure konnten den türkischen Kurs der Post-1980er nur retten, indem sie sich mit ihren früheren Feinden vereinten. Das Gesamtpaket (die »restaurative« Dimension der passiven Revolution) erbten die Islamisten und modifizierten es durch radikale Politik und Diskurse (ihr »revolutionäres« Gesicht). Für seine einstigen Nutznießer stellen sich die Ergebnisse nach und nach als beinahe ebenso fatal heraus, wie zu seiner Zeit der italienische Faschismus.

In den Kapiteln 4 und 5 wird näher ausgeführt, dass das Konzept der politischen Gesellschaft uns zeigen kann, ob ein revolutionärer und/oder passiv-revolutionärer Kurs aufrechterhalten werden kann, wenn er erst einmal eingeschlagen wurde, aber nicht, wo und wann ein revolutionärer

Ausbruch stattfinden wird. Islamische Akteure haben auch außerhalb der Türkei versucht, passive Revolutionen zu erreichen, jedoch ohne Erfolg. Der erfolgreiche Verlauf der passiven Revolution in der Türkei stellt sich in diesem Licht als einzigartig heraus, vor allem aufgrund der *politischen* Attribute, die die Türkei von Ägypten, dem Iran und Tunesien unterscheiden.

Kapitel 5 enthält außerdem drei abschließende Abschnitte über die wissenschaftliche Revolutionsforschung. Die wichtigste These an dieser Stelle wird sein, dass eine politische Gesellschaft und politische Blöcke notwendige Voraussetzungen für Aufstieg und Fall von Revolutionen sind. Diese Konzepte erlauben uns, revolutionäre und passiv-revolutionäre Prozesse zu analysieren, nicht aber den genauen Zeitpunkt und Ort massiver Revolten zu bestimmen. Politisch-ökonomische, sozialpsychologische und institutionalistische Theorien der Revolution haben den Einfluss politischen Handelns leider heruntergespielt. Soziologen, Politikwissenschaftler und andere Revolutionsbeobachter werden diesen Abschnitt unter Umständen vor den Kapiteln mit empirischen Ergebnissen lesen wollen, da die dort behandelten akademischen Diskussionen (sowie die einführende theoretische Erörterung am Ende von Kapitel 2) einen großen Teil der analytischen Ausführungen der folgenden Kapitel prägen.

Aufstieg und Fall des Türkischen Modells aus historischer Sicht

Das Bild des Türkischen Modells muss also korrigiert werden. Untersucht werden muss, wie die politischen Prozesse der Mobilisierung und Absorption Staat und Gesellschaft bei jeder Wendung neu konfiguriert haben. Das Türkische Modell war nicht einfach schon da. Es wurde (ob absichtlich oder nicht) ins Leben gerufen, um bestimmte Missstände zu bekämpfen. Was heute als das Türkische Modell bekannt ist, wurde zwar womöglich durch das AKP-Regime vollendet, aber seine Fundamente wurden in den 1980er-Jahren durch einen Putsch und dessen zivile Ausläufer gelegt, die wiederum als Reaktionen auf die Turbulenzen der 1970er-Jahre entstanden waren.

Die Massenmobilisierungen, Hoffnungen und Ängste, die durch die (globalen) Entwicklungen in den Jahren 1968 und 1979 ausgelöst wurden, waren zu intensiv und weitreichend, um durch die Mittel gestillt zu werden, die im Nahen Osten zur Verfügung standen. Etwas Neues musste passieren. Das türkische Militärregime von 1980 (unter General Kenan Evren) und seine leicht islamisierte Version eines türkischen Konservatismus (unter der Führung von Turgut Özal) eröffneten einen neuen Horizont. Der einzige Weg, diesen Bedrohungen zu begegnen, war die Mobilisierung. In den 1980er-Jahren versprach das türkische Regime, subalterne Gesellschaftsschichten – die organisierte Arbeiterschaft sowie Minderheiten – gegenüber den säkularen Eliten zu stärken. Vor dem Regime standen riesenhafte Aufgaben der Restauration; es musste den Widerstand der Arbeiter niederschlagen, was ihm zwischen 1989 und 1995 durchaus erfolgreich gelang. Es musste den bewaffneten Aufstand der Kurden niederschlagen, der die Folge einer regionalen Ungeheuerlichkeit war (nämlich der misslungenen Zwangsassimilation der kurdischen Bevölkerung). Zur Herausforderung wurde die kurdische Frage allerdings erst, als der globale Geist von 1968 durch die kurdisch/türkische Neuinterpretation des Maoismus und der Strategie des »Volkskrieges« eine lokale Deutung erfuhr. Hier versagten das Evren/Özal-Regime und seine Nachfolger kläglich.

Die dritte Herausforderung kam 1979 mit der (realen oder eingebildeten) Bedrohung einer islamischen Revolution. Diese galt es mehr in Schach zu halten, als sie völlig niederzuschlagen. Doch jetzt funktionierte weder Repression noch eine Politik der Eindämmung. Der letzte aussichtslose Schritt (der »sanfte Putsch« von 1997) führte am Ende dazu, dass die Herausforderung durch die islamischen Kräfte noch verstärkt wurde und schließlich sogar einige konservative Muslime ins Lager der Islamisten gedrängt wurden. Aber in dem unterschiedlichen globalen und nationalen Kontext ähnelte dieser neue Islamismus jedoch kaum der islamistischen Herausforderung im Iran. Als der türkische »Islamismus« 2002 an die Macht kam, hoffte man auf globaler und nationaler Ebene, er würde sich zum perfekten Werkzeug entwickeln, um alle drei Herausforderungen in den Griff zu bekommen.

Die Lösung, zu der die Türken (nach einigen internationalen Sondierungen) kamen, lautete, einen Teil der Bedrohung in die eigenen Reihen zu integrieren, um mit ihrer Hilfe alle anderen Bedrohungen niederzuschlagen (und schließlich auch die ursprüngliche Bedrohung selbst abzuwehren). Anfänglich schien diese Strategie zu funktionieren. Die Türkei konnte sich nicht nur mit ganz erstaunlichen Wachstumsraten in die Phase »globaler Restauration« nach 1968 einreihen, ihr gelang dies sogar fast ohne Widerstände, obwohl die Wiederbelebung des Wirtschaftswachstums nicht zuletzt durch zahlreiche Vertreibungen, Enteignungen und Ungleichbehandlungen erkauft wurde.

Die Wogen aus Mobilisierung, Demobilisierung und Gegenmobilisierung schlugen jedoch wieder zurück. Die mobilisierten subalternen Gesellschaftsschichten wurden zu selbstbewusst – und durch die Fehldeutung der Ereignisse in der gesamten Region 2011 wurde dieses übermäßige Selbstvertrauen noch verstärkt. Eigentlich waren diese (strenggläubigen) Schichten gegen Ende der 2000er-Jahre schon nicht mehr subaltern; vielmehr hatten sie eine mächtige Klasse von Kleinunternehmern hervorgebracht, große Teile der staatlichen Bürokratie übernommen und zahlreiche bürgerliche Institutionen aufgebaut, die den inneren Zirkel der türkischen Machtelite umgaben. Etwa 2010 begannen sie, ihre früheren Gönner (die türkischen Wirtschafts- und Linksliberalen sowie den etwas liberaleren Flügel des alten Machtblocks) zu attackieren. Ebenso wie im Fall der klassischen passiven Revolution Italiens zwischen den Weltkriegen gelang die Absorption der mobilisierten Kräfte nur für kurze Zeit. Heute ist es so weit, dass wir die Katastrophen beobachten können, die diese passive Revolution herbeiführen wird.

Obwohl es immer mehr Literatur über passive Revolutionen gibt, wurde bisher kaum diskutiert, wie passive Revolutionen enden. In manchen passiven Revolutionen wirken Zwang und Zustimmung eine Zeit lang erfolgreich zusammen, reißen dann aber die gesamte Nation in ein globales Blutvergießen. So verlief es im italienischen Faschismus. Die Türkei könnte jetzt auf eine ähnlich selbstzerstörerische Phase der passiven Revolution zusteuern. In meinem letzten Buch habe ich, wie ich zugeben muss, das selbstzerstörerische Potenzial der türkischen passiven Revolution nicht hinreichend betont,[58] obwohl ich in anderen Arbeiten auf ihre autoritären, »sanft-totalitären«[59] und islamisierenden Aspekte[60] hingewiesen habe. Ich hoffe, dieses Buch wird dazu beitragen, den Zusammenbruch passiver Revolutionen besser zu verstehen, wenngleich es weiterer komparativer Forschungen bedarf, um eine vollständige Theorie zu der Frage ausarbeiten zu können, wie sie enden.

Diese alternative Beschreibung des Türkischen Modells betont, dass der Schlüssel für den Aufstieg des islamischen Liberalismus (und die Überwindung des säkularen Korporatismus samt der durch ihn verursachten Probleme) in der politischen Gesellschaft liegt. Der säkulare Korporatismus konnte nur überwunden werden, weil potenziell umstürzlerische Gruppen durch die politische Gesellschaft passiv mobilisiert wurden. Driftet ein Land jedoch zwischen dem Versuch der Liberalisierung und dem einer Revolution hin und her oder wird ein mäßigender Kurs von oben aufoktroyiert, dann wird, wie meine Analyse der Entwicklung im Iran zeigt, der Korporatismus sich halten.

Die Untersuchung der Fälle Ägyptens und des Irans wirft, genau wie die Untersuchung der Türkei, Zweifel daran auf, ob es sinnvoll ist, Variablen wie »politische Chancen« oder »institutionelle Strukturen« als isolierte Faktoren zu betrachten. Diese Fälle zeigen, dass Entwicklungen innerhalb der politischen Gesellschaft deutliche Auswirkungen auf die politischen Chancen haben. Während in der Türkei-Forschung bisher Stimmen dominant waren, die vor allem die Bedeutung der Zivilgesellschaft betont haben, arbeiten viele Forscher, die sich mit islamischen Bewegungen in anderen Ländern beschäftigen, deutlich heraus, dass es politische Chancen und institutionelle Strukturen sind, die den Islamismus formen.[61] Ungeachtet dieses erheblichen theoretischen Unterschiedes sind die meisten Vertreter des Institutionalismus zu den gleichen politischen Schlussfolgerungen gekommen wie Anhänger der Zivilgesellschaft-Tradition: Werden Islamisten in den politischen Prozess miteinbezogen, dann werden beide Seiten, sowohl die Institutionen als auch die Islamisten, demokratischer.[62] Der von einer politischen Gesellschaft ausgehende Ansatz betont dagegen die konstitutive Macht der Politik selbst, ihrer Prozesse und Verfahren: Politische Plattformen und Organisationen der Islamisten haben die institutionellen Strukturen ganz unterschiedlich geformt, und wurden dabei zugleich von ihnen geformt. Für die Perspektive der politischen Gesellschaft bildet – anders als in institutionalistischen Ansätzen – darüber hinaus das Verhältnis eines Staates zum globalen Kapitalismus und zu revolutionären Aufständen weit mehr als ein Hintergrundmotiv.

Daher wäre es unredlich, das Türkische Modell schlichtweg als Verbindung von Islam und Demokratie zu betrachten. Eine Verbindung von Islam und Demokratie gab es in verschiedenen Spielarten schon in vielen Ländern der Welt. Was in dieser Region besonders wichtig war, war die Verbindung von Demokratie, wie sie im Kalten Krieg definiert wurde (liberaler Autoritarismus mit Wahlen), mit unterschiedlichen Versionen des offiziellen Islam. Dieser bereits existierenden Verbindung hauchte das Türkische Modell einen soziopolitischen Geist ein: Man setze Aktivisten mit einer revolutionären Rhetorik ans Ruder eines konterrevolutionären Staates und mobilisiere Teile der Bevölkerung, um den Rest zu demobilisieren. So lautete die türkische Antwort auf die Krisen durch den Geist von 1968, durch die iranische Revolution 1979 und durch die Herausforderung durch den radikalen Islam. Diese Antwort war spätestens 2013 gescheitert. Dieses Scheitern war nicht nur auf Spannungen innerhalb des Modells selbst zurückzuführen, sondern auch auf ein unerwartetes (und unvorhersehbares) Zusammenspiel mit den Entwicklungen im Nahen Osten. Und nicht zuletzt trugen auch die Fliehkräfte des globalen Kapitalismus dazu bei, den islamischen Liberalismus zu untergraben.

DIE GLOBALE KRISE DES KAPITALISMUS

Der Kapitalismus des 21. Jahrhunderts sieht sich mit zahlreichen Schwierigkeiten konfrontiert: Die Umwelt gerät an ihre Belastungsgrenze, die gesellschaftliche Ungleichheit wird immer größer, das Finanzsystem erweist sich als chaotisch und die Jugendarbeitslosigkeit steigt. In diesem Buch konzentriere ich mich aber nur auf ein Problem: Der Kapitalismus hat keinen Weg gefunden, die neuen Mittelklassen sozial und politisch zufriedenzustellen. Das Türkische Modell ist nicht allein an den Spannungen zwischen islamischen Vorstellungen und Demokratie gescheitert, sondern auch, weil der Kapitalismus Hoffnungen, Freuden und Ängste erzeugt hat, die er weder einlösen noch beherrschen kann. Eine umfassende Erklärung des im Westen infolge der Gezi-Revolte in Ungnade gefallenen Türkischen Modells bliebe deshalb ohne eine Analyse der globalen Krise des Kapitals unvollständig.

»Kapital« ist nicht nur die Bezeichnung einer wirtschaftlichen Realität; es ist zugleich ein von Intellektuellen, Experten, Militanten und Ideologen umgesetztes Projekt. Der regionale Konsens, der um dieses Realitäts-Projekt (das Türkische Modell) aufgebaut wurde, ist an den Untiefen des neuen Kleinbürgertums gescheitert – und zwar *nicht* an seinen »steigenden Erwartungen«, wie häufig zu hören ist, sondern vielmehr an seinen *widersprüchlichen Ansprüchen*. Das neue Kleinbürgertum strebt nach Wohlstand, Erfolg, Luxus und gesellschaftlicher Hierarchie. Es sehnt sich außerdem nach sozialer Gerechtigkeit, Gleichheit (zumindest Chancengleichheit) und nach den Annehmlichkeiten des Gemeinwesens. Es verfällt leicht den Verlockungen von »Karriere« und »Wachstum«; aber ebenso leicht kann es in eine Revolte hineingezogen werden.

Das Türkische Modell wurde darauf aufgebaut, dass in den 1980er-Jahren zuerst das Kleinbürgertum und dann das Subproletariat auf die Seite der Ökonomie gezogen wurden. Gleichzeitig führte man einen Krieg gegen (einen Teil) des Proletariats und jene Teile des neuen Kleinbürgertums, die zu sehr abhängig vom Korporatismus waren. Doch in der Zwischenzeit produzierte das Türkische Modell bereits seinen eigenen Totengräber – einen Totengräber allerdings, der nicht das Potenzial hatte, eine neue Welt zu errichten.

Die Fragen, die sich heute für alle Teile der Welt stellen, lauten: Kann uns die Revolte des neuen türkischen Kleinbürgertums Erkenntnisse über Revolten der Mittelklassen anderer Länder liefern, oder beschränkt sich ihre Bedeutung auf ihren Zusammenhang mit der Erosion einer regionalen Hegemonie? Wie unterscheidet sich diese Revolte von anderen Mittelklasse-Revolten der jüngeren Vergangenheit und deren Beziehungen zu Kapital und Staat(en)? In den letzten beiden Kapiteln dieses Buches werde ich beginnen, auf diese Fragen zu antworten; eine umfassendere Beantwortung wird jedoch eines weiteren Buches bedürfen.

HINWEISE ZU QUELLEN UND METHODIK

Die Recherchen zu diesem Buch beruhen auf unterschiedlichen Quellen, viele qualitative, aber in manchen Fällen auch quantitative. Ich habe in der Zeit der arabischen Revolten die wichtigen panarabischen und ägyptischen Medien (Zeitungen, Zeitschriften, Fernseh- und Radiosendungen) verfolgt. Auf der Grundlage einer analytischen Zusammenschau sekundärer Quellen sowie Datenmaterial von Weltbank, IWF und Vereinten Nationen konnte ich die Entwicklungs- und Wohlfahrtspolitiken von vier Regimen im Nahen Osten analysieren. Um die Revolten zu untersuchen, habe ich auf die Daten nationaler und regionaler statistischer Erhebungen (zum Beispiel das Arab Barometer sowie KONDA Research and Consultancy) zurückgegriffen. Außerdem habe ich persönlich an Demonstrationen und Revolten in der Türkei und in Ägypten teilgenommen; dabei habe ich in beiden Ländern formlose Interviews mit Teilnehmern und Führern der Demonstrationen und Revolten geführt.

Den Hintergrund für einen großen Teil der hier vorgestellten Analysen bildet meine ständige Feldarbeit in Ägypten und der Türkei. Nachdem ich seit dem Jahr 2000 die Nachbarschaftsdynamiken und das Engagement der Bevölkerung an den islamischen Bewegungen in der Türkei ethnografisch studiert hatte, habe ich meine Feldarbeit 2009 mit leicht veränderter Perspektive auf Ägypten ausgedehnt: Inzwischen vergleiche ich, wie sich der Mittelstand und die obere Mittelklasse beider Länder in islamischen Kreisen und vor allem in deren Wohltätigkeits-Netzwerken und -Organisationen engagieren.[63] Da dieses Buch im Wesentlichen eine historisch-komparative Studie ist, habe ich allerdings nur einen kleinen Teil dieser Feldarbeit aufgenommen. Aus Platzgründen konzentriere ich mich darauf, die historische Entwicklung der Bewegungen in großen Zusammenhängen zu untersuchen, und greife auf das Material meiner Feldarbeit nur im Ausnahmefall zurück.

Den Kern dieses Buches bildet die Rekonstruktion politischer, religiöser, wirtschaftlicher und gesellschaftlicher Entwicklungen in drei großen Nationalstaaten (Iran, Türkei und Ägypten). Zusätzlich werde ich einen weiteren, kleineren Nationalstaat (Tunesien) mit in meine Erörterung aufnehmen. Die hier verwendete Methode ist jedoch nicht als streng kontrollierter Vergleich zu verstehen,[64] auch wenn sie diesem Forschungszweig einige Erkenntnisse verdankt. Das Buch untersucht diese Fälle vor allem im Hinblick auf die Querverbindungen, die zwischen ihnen bestehen. Zentraler Punkt der hier erzählten Geschichte ist die Frage, wie diese vier Länder in der Vergangenheit miteinander interagiert haben, wie sie Führungsansprüche gegeneinander geltend gemacht, sich halbherzig oder begeistert Gefolgschaft geleistet und wie sie Widerstände gegen ihren wechselseitigen Einfluss aufgebaut haben. Viele der politischen, religiösen und wirtschaftlichen Maßnahmen jener Länder reagierten auf die Regime und politischen Bewegungen der jeweils anderen Länder (sowie auf größere regionale und globale Dynamiken). Diese Fälle voneinander zu isolieren, um abhängige und unabhängige Variablen unter Kontrolle zu bekommen, ist deswegen unmöglich.

Einige Abschnitte dieses Buches werden dennoch in etwa der etablierten Methode der vergleichenden Analyse entsprechen. Um zum Beispiel zu überprüfen, wie belastbar die oft gehörte Geschichte vom wirtschaftlichen Erfolg der Türkei tatsächlich ist, untersucht eines der Kapitel anhand verschiedener wirtschaftlicher Indikatoren, wie gut die Türkei im Vergleich zu den anderen Ländern dasteht. Das Ziel solcher Vergleiche ist dabei nicht das Testen von Hypothesen, sondern vielmehr, Möglichkeiten und Grenzen einer islamischen Liberalisierung in der Region einzuschätzen. Dabei geht es um Führung und Zustimmung.

Warum gerade diese vier Länder? Grundlegend für deren Auswahl waren die jeweils hohe Zustimmung zum Islam und die Tendenz zu islamischer Liberalisierung (sowie deren Vergleichbarkeit). Erstens trat in den Republiken Türkei, Ägypten und Tunesien der Neoliberalismus deutlicher als anderswo in der Region zutage. Auch der Iran hatte bereits Anzeichen eines neoliberalen Umschwungs gezeigt. Zweitens handelte es sich bei diesen vier Ländern um integrierte Territorialstaaten mit ausgeprägten nationalen Identitäten, was ihre Vergleichbarkeit erhöht. Drittens war die Wahrscheinlichkeit, dass Tunesien, Ägypten und der Iran dem Türkischen Modell folgen würden, nicht zuletzt aufgrund der ersten beiden Punkte sehr hoch. Wie ich später noch erläutern werde, ist die Wahrscheinlichkeit, einen islamischen Liberalismus auszubilden, in den anderen Ländern der Region sehr viel geringer.[65] In einem anderen Zusammenhang mögen Vergleiche zwischen ihnen und den hier behandelten Ländern durchaus sinnvoll sein, doch in einem Buch über islamische Liberalisierung ist es nicht notwendig, sie als voll entwickelte Fälle einzubringen. Und nicht zuletzt fungierten die Türkei, Ägypten und der Iran als Trendsetter für verschiedene islamische Strömungen. Es ist wichtig, die Drehungen und Wendungen der islamischen Bewegungen in diesen Ländern zu verfolgen, da ihre Kurswechsel schon in gravierender Weise Dominoeffekte in der gesamten islamischen Welt nach sich gezogen haben.

AUFBAU DIESES BUCHES

Im ersten Teil des Buches (Kapitel 1 bis 3) werde ich die alten Regime, das Verhältnis zwischen den gesellschaftlichen Klassen, die religiösen Bewegungen sowie die territorialen und imperialen Dynamiken in der Region untersuchen. Besondere Aufmerksamkeit soll dabei auf die Krisen der säkularen Diktaturen, auf neoliberale Entwicklungsprogramme und auf die verschiedenen islamischen Bewegungen gelegt werden. Dieser Teil konzentriert sich weitgehend auf die islamisch motivierten, neoliberalen Umbauten in der Türkei, in Ägypten und im Iran vor 2011. Außerdem werde ich hier auf ähnliche (islamisch-neoliberale), jedoch schwächer ausgeprägte Entwicklungen im Rest der Region hinweisen. Dabei vertrete ich den Standpunkt, dass die verschiedenen Wege, auf denen sich die Liberalisierung vollzieht, auf »Blockbildungen« (und die ihnen zugrunde liegenden sozialen und politischen Prozesse) zurückzuführen sind.

Im zweiten Teil des Buches (Kapitel 4 bis 6) wird untersucht, warum nicht nur die arabischen Diktaturen, sondern auch der demokratische Autoritarismus der Türkei nach 2011 in eine Krise stürzte. Beginnen werde ich mit einer Untersuchung der Vorboten der arabischen Aufstände (Protestbewegungen der Arbeiterschaft und Liberalen), gefolgt von einer übergreifenden Analyse der Revolten zwischen 2011 und 2013 sowie der Rollen der Türkei und des Westens in dieser Zeit (hinzu kommt eine kürzere Betrachtung der Protestdemonstrationen von 2009 im Iran). Der zweite Teil widmet sich insbesondere dem allmählichen Zurücktreten der sozialen Frage im Verlauf des Jahres 2011 und den schwindenden Aussichten auf eine Lösung der politischen Frage. Auch der Einfluss von Islamisten auf die Revolte wird in diesem Teil des Buches eine zentrale Rolle spielen.

Im Kontext einer analytischen Geschichte von arabischem und türkischem Radikalismus sollen dabei auch die Grenzen der Revolte von 2011 bis 2013 betrachtet werden. Es wird erörtert werden, ob der Aufstieg der neuen Mittelklassen im Vergleich zu den Bewegungen des 20. Jahrhunderts eine breitere Basis für Radikalismus im Nahen Osten bietet. Dieses Thema führt zu einer weiter gefassten Frage über die Rolle der neuen Mittelklassen im Spätkapitalismus, die in diesem Buch nur eingeführt wird: Wo liegen die Stärken und die Grenzen einer Mittelklasse-Revolte?

Das Buch schließt mit der Frage, ob die Nachwirkungen des Arabischen Frühlings den globalen Kapitalismus und die imperialen Gleichgewichte stören (oder auch untermauern) könnten. Die dort angestellten Überlegungen bauen auf einer suggestiven Neuinterpretation der Geschichte der Region (und in zweiter Linie auch der Welt) auf. Ich vertrete den Standpunkt, dass sich vor dem Hintergrund der konkreten Reaktionen auf die stattgefundenen Revolutionen die disparaten Ereignisse, sozialen Gruppen sowie Institutionen auf ein gemeinsames Feld führen lassen. Was den Nahen Osten zugleich spaltet und vereint, ist sein Verhältnis zu 1789, 1968, 1979 und 2011. Die Deutung der Geschichte des Nahen Ostens als eine Geschichte der Integration in den Kapitalismus kann nur dann aufrechterhalten werden, wenn sich die Rolle dieser explosiven Ereignisse der Weltgeschichte in die Erzählung integrieren lässt.

REGIMEKRISEN:
KEIN (SÄKULARER) AUSWEG

ALS ANTWORT AUF welches Problem verstand sich das Türkische Modell? Was brachte politische Führer und Intellektuelle im Nahen Osten und im Rest der Welt dazu, den islamischen Liberalismus zu unterstützen? Für welche Krankheit war das Türkische Modell die Kur, vielleicht auch: Gegen welches Gift sollte es als Gegengift wirken? Die Krankheit war die Krise säkularer Diktaturen und neoliberaler Entwicklungsprogramme (mit korporatistischen Ansätzen). Weitaus bedrohlicher war jedoch das Gift der radikal-islamischen Bewegungen und Regime. Die gesamte Region versank in Finanz- und Immobilienspekulationen und in Geschäften, die nur mäßigen oder überhaupt keinen Gewinn abwarfen. Das forderte massive Aufstände der Bevölkerung geradezu heraus, obwohl eine linke Opposition fehlte, die eine solche Widerstandsbewegung hätte organisieren können.

Aus der Kritik an Säkularismus und Konservatismus und dem Streit über deren wirtschaftliche und politische Konsequenzen heraus entstand im gesamten Nahen Osten eine islamistische Opposition. Da es ihr jedoch nicht gelang, sich hinreichend von Säkularismus auf der einen oder Konservatismus auf der anderen Seite zu unterscheiden, zeigte die islamische Opposition gegen Ende der 1990er-Jahre dieselben Stagnations- und Krisenerscheinungen wie die alten Regime und Gesellschaften. Anstatt sich also als echte Alternative zum bestehenden System herauszustellen, produzierte der Islamismus die Organisation und lieferte letztlich auch die Stimmung, um die zerfallenden Strukturen wiederzubeleben.

Die Stagnation und die fortwährenden Krisen waren unter anderem auf die politische Unordnung zurückzuführen, die vielen Ländern des Nahen Ostens zusetzte. Die sozioökonomischen, politischen und kulturellen

Entwicklungspfade einer Nation sind nur dann nachhaltig, wenn sie in ihrer Kombination auf einem gut organisierten Machtblock ruhen. Ein Machtblock ist dabei nicht nur eine kurzfristige Koalition politischer Gruppen, sondern vielmehr eine »Artikulation« der Interessen, Gesinnungen und Ansichten verschiedener dominanter Gesellschaftsschichten.[1] Ein hegemonialer Machtblock ist darüber hinaus in der Lage, weite Teile der subalternen Gesellschaftsschichten dafür zu gewinnen, die Politik der Regierung und die Aufrechterhaltung ihrer Herrschaft zu unterstützen.[2]

Der Machtblock selbst bildet sich erst durch die Interaktion zwischen staatlichen Stellen, der politischen Gesellschaft und der Zivilgesellschaft. Auch wenn politische Parteien hier häufig eine wichtige Rolle einnehmen: Definieren lässt sich die politische Gesellschaft besser als ein ganzes Feld von Akteuren und Organisationen, die umfassende Vorstellungen über die gesellschaftliche Entwicklung einbringen. Wie wir sehen werden, handelt es sich dabei nicht zwingend um politische Parteien. »Professionalisierung« (als das Maß, in dem Politiker zu autonomen Experten geworden sind) ist eine Grundbedingung für die Fähigkeit einer politischen Gesellschaft, solide Blöcke zu bilden. Professionalisierung führt auch zur Entwicklung von politischen Programmen, Plattformen des Austauschs und Vorstellungen über die Zukunft. Professionelle Kader entwickeln klare programmatische Profile, die sie von ihren Konkurrenten unterscheiden. Nicht persönliche Launen oder Moralvorstellungen, sondern politische Programme bestimmen über konkrete politische Maßnahmen.

Auf Basis dieser Begriffe sollen nun in diesem Kapitel die Regime, die politischen Gesellschaften und die Blöcke des Nahen Ostens untersucht und dabei die Dynamiken hinter den nicht enden wollenden Krisen beleuchtet werden.

SÄKULARISTISCHER KORPORATISMUS

Die kemalistische »Revolution« in der Türkei war die erste bedeutende Bildung eines republikanischen Staates in dieser Region. Säkularismus

und Korporatismus der Türkei bestimmten in den nachfolgenden Jahrzehnten die Agenden zahlreicher progressiver Strömungen. Aus verschiedenen Spielarten des säkularen Republikanismus (und seines Stiefbru-
ders, des auf Modernisierung setzenden Monarchismus im Iran), die auf
unterschiedliche Weise vom Kemalismus beeinflusst waren, entstanden
erdrückende politische, kulturelle und wirtschaftliche Strukturen. Über
den Verlauf eines Jahrhunderts hinweg führten diese nun zur Kristallisa-
tion einer neuen Art von oppositionellem Vokabular, das auf einer kritischen Einstellung zum Autoritarismus und zum Militarismus beruhte.

Aus Sicht der säkularistischen Regime war der von ihnen eingeschla-
gene Kurs die einzige Möglichkeit, der auf dem Islam beruhenden (und
später vom Kolonialismus verstärkten) Rückständigkeit zu entkommen.
Saudi-Arabien, die Golfmonarchien und die anderen Königreiche in der
Region gingen (mit Ausnahme des Iran) einen anderen Weg. Nicht nur
der Säkularismus, auch die meisten Aspekte der Revolution von oben und
der mit ihr einhergehenden Zentralisierung waren ihnen ein Gräuel. Ihre
Autorität stützte sich auf die vorhandenen Stammesstrukturen und eine
enge Auslegung des klassischen Islam. In Saudi-Arabien, der traditionellen Führungsmacht des konservativen Blocks in der Region, beruhte die
Autorität der Regierung außerdem auf dem durch Öl entstandenen Reichtum und auf einer besonderen, buchstabengetreuen Auslegung des Islam
(dem Wahhabismus). Die von diesen Regimen betriebene Politik – Aufrechterhaltung der Stammesstrukturen, Unterordnung der Frau, Abhängigkeit von internationalen Partnern, seichte Religiosität und Wohlstand
ohne Produktivität – entwickelte sich für die Anhänger des Säkularismus
zu einem absoluten »Anderen« (»other«), über das sie ihre Identität noch
deutlicher herausarbeiteten.

Türkischer »Säkularismus«

Will man die konservative Reaktion, die der kemalistischen Elite entge-
genschlug, und die Probleme mit dem Islamismus, die einige Zeit später
aufkamen, verstehen, muss man die spezielle Bedeutung des Begriffs »Säkularismus« *(laiklik)* für die Türkische Republik berücksichtigen. Außer-

dem sollte man einen Blick auf die Akteure werfen, die diese türkische Variante des Säkularismus organisiert, verändert oder bekämpft haben. Der Prozess religiöser Homogenisierung war ein konstituierendes Element der nationalen Einheit. Nach und nach nahm die Bezeichnung *türkisch* auch die Bedeutung »muslimisch« an: Ohne es auszusprechen, war die Definition der Nation von Beginn an quasi-religiös.[3] Mustafa Kemal führte den muslimischen Titel *gazi*, »Glaubenskrieger«. Gekämpft wurde nicht einfach um die Frage, ob man mehr oder weniger Islam ins soziale Leben integrieren solle, sondern vor allem um die Beziehung zwischen Staat und Religion.

Die Säkularisierung – verstanden als Expansion staatlicher Kontrolle über das religiöse Leben, nicht als bloßes Zurückdrängen der Religion aus dem öffentlichen Leben – wurde mit Beginn der osmanischen Tanzimat-Reformen (»Neuordnung«) von 1839 zu einem gesellschaftspolitischen Projekt. Voübergehend, vornehmlich unter der Herrschaft Sultan Hamid II. zwischen 1876 und 1909, drängten konservative Kräfte dieses Projekt in erheblichem Maße zurück. Im 20. Jahrhundert wurde der Säkularismus zu einem ausdrücklich formulierten, grundlegenden Element der offiziellen Ideologie. Im Jahr 1924 wurde in der Gründungsverfassung der Republik der Islam als Staatsreligion beibehalten, wenngleich das Kalifat, die islamischen Gerichte und Schulen sowie andere religiöse Institutionen abgeschafft wurden. Zur selben Zeit wurden das lateinische Alphabet und eine westlich orientierte Gesetzgebung eingeführt. Die Klausel über den Islam als Staatsreligion wurde 1928 abgeschafft. 1931 wurde die Säkularisierung im Programm der kemalistischen Republikanischen Volkspartei (»Cumhuriyet Halk Partisi«, CHP) offiziell als eines der sechs Grundprinzipien der Partei formuliert und schließlich im Jahr 1937 in die Verfassung aufgenommen.

Am besten lässt sich die darauf folgende Säkularisierung der Türkei als fortwährender Kampf über Wesen und Entwicklung eines »offiziellen Islam« verstehen: Der Staat nutzte die Religion, um den nationalen Zusammenhalt und die kapitalistische Entwicklung voranzutreiben. Das Projekt der Säkularisierung nahm fortlaufend neue Formen an, zugleich waren seine (zum Teil nicht intendierten) Auswirkungen das Resultat einer ganzen Reihe von Einmischungen verschiedener gesellschaftlicher Kräfte. Während dieses Prozesses kam es sowohl innerhalb des Machtblocks, der für die Reformen der späten osmanischen Periode und der Anfangsjahre der Republik stand, als auch mit den von ihm ausgeschlossenen Gesellschaftsschichten zu Konflikten. Seit den 1930er-Jahren befürworteten die dominierenden Sektoren innerhalb dieses Blocks – die militärische Führung, die Triebkräfte der Modernisierung in der staatlichen Bürokratie, eine protegierte industrielle Bourgeoisie sowie eine westlich orientierte Intelligenzia – einen mehr oder weniger vollständigen Ausschluss der Religion aus dem öffentlichen Leben.

Die rangniederen Milieus dieses Machtblocks – konservative Mitglieder von Bürokratie und Mittelklasse, die exportorientierte Bourgeoisie,[4] Händler und die Provinz-Honoratioren – neigten dazu, dem Islam mehr Raum zu geben, ihn dabei allerdings immer noch unter »säkularer« Kontrolle zu halten. Hin und wieder mobilisierten sie breitere Gesellschaftsschichten – Arbeiter, Kleinbauern, Kunsthandwerker, Arbeitslose, provinzielle Kleinunternehmer, Geistliche – gegen die dominanten Milieus, und häufig gelang es ihnen, den letzteren Konzessionen abzunötigen. Die kemalistische Republikanische Volkspartei (CHP) war das politische Vehikel (und zugleich der Macher) der in diesem Block versammelten dominanten, etatistischen Milieus, während die eher traditionell-religiösen Schichten seit dem Ende der Einparteienregierung im Jahr 1950 von diversen Parteien repräsentiert (und konstituiert) wurden: In den 1950er-Jahren von Adnan Menderes' Demokratischer Partei (Demokrat Parti, DP), in den 1960er- und 1970er-Jahren von Süleyman Demirels Gerechtigkeitspartei (Adalet Partisi, AP).

Mit anderen Worten: Der Säkularismus des alten Regimes war wesentlich dynamischer und flexibler (und eng verknüpft mit Gleichgewichten der Klassen und Blocks), als seine Kritiker es zugeben konnten. Aber so ein stark vereinfachtes Bild war notwendig, um die Mobilisierung gegen das alte Regime aufrechtzuerhalten und es zu stürzen.

DER TÜRKISCHE WEG ZUM KORPORATISMUS

Mustafa Kemal Atatürks Revolution von oben hinterließ der Türkei als Erbe einen autoritären Korporatismus, der nach 1950 allmählich, und nicht ohne Umwege, liberaler wurde. Der Klassenkampf wurde geleugnet und soziale Gruppen wurden durch Arbeitsplätze und Stellenangebote in den Staat integriert. Das ägyptische Regime schlug eine ganz ähnliche Richtung ein, ging dabei aber weniger demokratisch vor. Korporatistische Einbindung[5], die in Ägypten wesentlich umfassender war als in der Türkei, wurde durch staatliche Gewerkschaften und Quotenregelungen für Arbeiter im Parlament und in anderen gewählten Körperschaften organisiert. Eine zentrale Maßnahme in beiden Ländern bestand darin, einen staatlich gelenkten, importsubstituierenden industriellen Kapitalismus ins Leben zu rufen. Der politische und gesellschaftliche Wandel Tunesiens folgte einem sehr ähnlichen Muster.

Die schleppende Entwicklung der Bourgeoisie war sowohl Voraussetzung als auch Ergebnis des türkischen Korporatismus. Die Bourgeoisie der osmanischen Periode, die zum allergrößten Teil aus griechischen und armenischen Händlern bestand, war durch Krieg, Bevölkerungsaustausch und Massaker so gut wie vernichtet worden. Die große Mehrheit der Türken – über 70 Prozent – bestand aus Kleinbauern, die über unzählige, relativ autarke kleine Dörfer verstreut waren. Als effektive gesellschaftliche Kräfte, die in der Lage waren, die sozialen Gestaltungsaufgaben der neuen Nation zu bewältigen, blieben so einzig die Bürokraten aus Militär und Staatsdienst. Die von ihnen geschaffenen Importsubstitutions-Branchen sollten zuallererst den nationalen Interessen dienen. Zu diesem Zweck wurden sowohl den Industriellen als auch den Fabrikarbeitern verschiedene Formen staatlicher Hilfen angeboten,[6] die für Letztere unter anderem eine Sozialhilfe, Tarifabkommen, Gewerkschaften und das Streikrecht umfassten.

Die Bourgeoisie des Herstellungssektors, die selbst durch massive staatliche Subventionen gegen in- und ausländische Konkurrenten geschützt wurde, tolerierte diese Konzessionen, weil sie die Entwicklung eines inländischen Marktes förderten.[7] Aber gegen Ende der 1960er-Jahre drohte eine zunehmend selbstorganisierte Arbeiterklasse, aus der staatlichen Bevormundung auszubrechen. Im Jahr 1965 errang die Arbeiterpartei der Türkei (Türkiye İşçi Partisi, TİP) fünfzehn Abgeordnetensitze im Parlament.[8] Zugleich führten groß angelegte Streiks der Metallarbeiter zu einer Spaltung der staatlich geförderten Gewerkschaft Türk-İş und schließlich zur Gründung der militanten Konföderation der Revolutionären Arbeitergewerkschaften (Devrimci İşçi Sendikaları Konfederasyonu, DİSK). Als die Macht der Linken in den 1970er-Jahren wuchs, begann die Regierung ultrarechte nationalistische Bürgerwehren und Islamisten bei ihrem Kampf gegen linke Kräfte zu unterstützen. Schließlich machte 1980 ein Militärputsch die militante Linke zunichte und brachte drei Jahre Staatsterror mit sich, in denen Exekutionen, Folterungen und Inhaftierungen bleibende Veränderungen der politischen Landschaft bewirkten.

An der sozialpolitischen Front ähnelte das alte türkische Regime dem Korporatismus der südeuropäischen Länder, der von starken Familienverbänden geprägt war. Die Sozialpolitik basierte auf einem konservativen, familienorientierten Korporatismus, der davon ausging, dass die Empfänger von Wohlfahrtsleistungen überwiegend Menschen seien, deren Familien sie nicht unterstützen können.[9] Darüber hinaus waren Sozialleistungen (nicht nur medizinische Versorgung und Renten, sondern sogar Ferienlager und Freizeitvereine) auf der Basis gesellschaftlicher Sektoren organisiert. Das bedeutete, dass fest angestellte Mitarbeiter des staatlichen und des privaten Sektors im Vergleich zu Gelegenheitsarbeitern oder Straßenhändlern unverhältnismäßig stark privilegiert waren. Während des Aufstands gegen den Säkularismus waren es dann diese unterprivilegierten Schichten, die zuerst mobilisiert wurden.

Auch wenn er sich letztlich als repressiv und nicht überlebensfähig erweisen sollte, war der republikanische Korporatismus immer noch weit entfernt von dem monolithischen, von oben verordneten Etatismus, den seine liberalen Kritiker in ihm sahen. In den 1970er-Jahren rückte die CHP allmählich von ihrer Politik des autoritären Staatskapitalismus ab und entwickelte einen linkspopulistischen Politikstil, der demokratischer und auch populärer war. Mit dem Militärputsch von 1980 fand diese Entwicklung jedoch ein abruptes Ende.

Ägypten und Tunesien

Das kemalistische Experiment strahlte auf die gesamte Region aus, seine eifrigsten Nachahmer fand es aber in Ägypten und Tunesien. So begegnete der persische Schah Reza Schah Pahlavi den Reformen Mustafa Kemals zwar mit Wohlwollen und ausgeprägtem Interesse, bestimmte strukturelle Hindernisse (von denen im Folgenden noch die Rede sein wird) sorgten aber dafür, dass der Iran dennoch keinen mit der Türkei vergleichbaren Kurs einschlug. Die Aufmerksamkeit, mit der die politischen Führungskreise und Intellektuellen dieser drei Länder das Türkische Modell beobachteten, war jedoch noch nicht so hoch wie später in den 2000er-Jahren. Dort, wo dennoch Ähnlichkeiten existierten, könnte man sie also ebenso gut auf den Zeitgeist dieser Periode oder auf die strukturellen Positionen dieser Länder im globalen Kapitalismus zurückführen (so könnte man beispielsweise die Theorie nationaler Entwicklungspolitik, die in Form des Kemalismus erstmalig in der Region in die Praxis umgesetzt wurde, als einen Weg interpretieren, um zum Westen aufzuschließen). Darüber hinaus war es die Geschichte selbst, die sich den arabischen Ländern dabei in den Weg stellte, die Lektionen des Kemalismus selbst anzuwenden: In der Nachkriegszeit etablierte sich eine ganze Reihe säkularer Korporatismen mit sozialistischen Anklängen.

In den 1920er- und 1930er-Jahren entwickelte sich unter ägyptischen Politikern, Intellektuellen und Geistlichen eine lebhafte Debatte über die Rolle der etablierten islamischen Institutionen. Die öffentlich geführte Kontroverse hatte zweifellos heimische Ursprünge, aber der Historiker Panayiotis Vatikiotis weist darauf hin, dass die islamischen Institutionen »nicht zuletzt auch infolge des Schocks, den Mustafa Kemal dem Islam in der Türkei mit seinem Angriff von 1924 bis 1926 versetzte, in den Fokus gerieten«.[10] Reformisten jeglicher Couleur (darunter auch manche Liberale und Geistliche) ließen sich in ihrer Kampagne gegen bestimmte Aspekte des islamischen Rechts vom Kemalismus inspirieren. Fromme Stiftungen (*waqf*, pl. *awqaf*), die dem islamischen Recht und nicht dem Markt unterworfen sind (und die zum Teil unabhängig vom Staat sind), zählten zu ihren Hauptzielen. Über ein Jahrhundert lang hatten Reformer versucht, die frommen Stiftungen zu profanisieren, doch erst jetzt »wurde das türkische Vorgehen von den Abolitionisten als Vorbild hochgehalten«.[11] Im Jahr 1952 führte dieses durch den Kemalismus beeinflusste intellektuelle Klima schließlich zur Abschaffung privater Stiftungen. In Anbetracht des tiefen Einflusses, den der Kemalismus zuvor entwickelt hatte, ist es kein Wunder, dass selbst ein Befürworter der Islamisierung von oben nach unten wie Anwar as-Sadat dennoch seine Sympathie und Bewunderung für Mustafa Kemal zum Ausdruck brachte.[12]

Die von den Briten gestützte Monarchie wurde 1952 gestürzt. In den darauf folgenden Jahren brachte Präsident Gamal Abdel Nasser (die überragende Persönlichkeit des panarabischen Nationalismus) den Islam unter Kontrolle. Nassers Verstaatlichung frommer Stiftungen schwächte einen Grundpfeiler der religiösen Autonomie. Außerdem rief er die Al-Azhar-Moschee noch stärker zur Disziplin, eine islamische Institution, die stets politischen Einfluss genossen hatte. Einige Jahre nach dem Putsch der Freien Offiziere 1952 begann für die Muslimbruderschaft und andere islamistische Organisationen ihr finsterstes Jahrzehnt: Zwar wurden sie nicht vernichtet, aber sie mussten in den Untergrund gehen. Während die Stiftungen ihre gesellschaftliche Bedeutung verloren und die islamistischen Organisationen an ihrer politischen Unabhängigkeit festhielten, gelang es der Al-Azhar-Moschee, einen Mittelweg einzuschlagen. Ihre Bildungs-Infrastruktur blieb legal und intakt, was sie in die Lage versetzte, sich den Drehungen und Wendungen des ägyptischen Säkularismus anzupassen (und einen gewissen islamisierenden Einfluss darauf zu nehmen).

Während seiner ersten Monate an der Macht löste das Regime der Freien Offiziere sämtliche politische Parteien auf.[13] Bei seinen Anstrengungen zur Modernisierung stützte es sich auf die Schultern des Militärs. In seinen Anfangsjahren lehnte das ägyptische Regime, ganz ähnlich wie im Iran, eine politische Gesellschaft rigoros ab (es stand damit im Gegensatz zur Türkei unter Kemal, der das Militär und die politischen Parteien miteinander verbandelte, um die Modernisierung durchzusetzen). Zwar entwickelte sich Nasser in seinen ersten Jahren zum Volkshelden, doch das Scheitern seiner Strategie des Panarabismus bis 1967[14] und das Abebben der wirtschaftlichen Entwicklung zum Ende seiner Amtszeit 1970[15] brachten sowohl sein Regime als auch ihn selbst in Misskredit. Anhaltende Repressionen sorgten allerdings dafür, dass alle konkurrierenden Parteien (die liberale Wafd, die konservative Ahrar und andere) marginal und ohne Einfluss blieben. Die repressive Struktur des Regimes war einer der Faktoren, die es den illegalen islamischen Organisationen (darunter auch die Muslimbruderschaft) ermöglichten, zu wichtigen Akteuren auf der politischen Bühne und in der Zivilgesellschaft zu werden. Zu den Ausnahmen zählte die nicht-islamische Arbeiterpartei, die sich Ende der 1980er-Jahre zum Islam bekannte: Selbst diejenigen bürgerlichen Akteure, die über eine gewisse Stärke vefügten, sahen die Notwendigkeit, sich zu islamisieren.

Zwischen 1952 und 1956 ähnelte die ägyptische Wirtschaft dem türkischen Muster der 1920er-Jahre. Die Gründung von Staatsunternehmen und eine interventionistische Politik sollten in erster Linie die Bildung von privatwirtschaftlichem Kapital fördern.[16] Nach der Verstaatlichung des Suezkanals, die ein riesiges Staatsvermögen erzeugte, und nachdem 1961 auf breiter Front große Industrieunternehmen, Banken, Versicherungen, Außenhandelsunternehmen, Versorgungsunternehmen, Schifffahrtslinien, Fluglinien, Hotels und Kaufhäuser verstaatlicht worden waren, änderte sich diese Strategie.[17] Um diese Maßnahmen vorzubereiten, führte das Regime 1957 Instrumente zur wirtschaftlichen Planung ein.

Doch die Politik der Importsubstitution, die vom ägyptischen Regime als Entwicklungsstrategie vorgesehen war, erwies sich als sehr anfällig. Das Devisenproblem war noch gravierender als in der Türkei, da die ägyptischen Industrieunternehmen nicht über Größenvorteile der Massenproduktion verfügten, die Exporte ermöglicht hätten (wie in der Türkei). Sowjetische Finanzierungshilfen (die 1957 einsetzten) waren nach dem ersten Fünfjahresplan keine große Hilfe mehr. Der zweite Fünfjahresplan war eine Katastrophe, und nach der militärischen Niederlage im Sechstagekrieg 1967 wurde die Lage noch schlimmer.

Anfänglich zielte der »arabische Sozialismus« darauf ab, der gesamten Bevölkerung staatliche Sozialleistungen und sogar Beschäftigungsverhältnisse zur Verfügung zu stellen und alle Leistungen gerecht zu verteilen. Die ägyptische Vision war also mutiger als der türkische Korporatismus. Bald wurde jedoch deutlich, dass wegen der schleppenden Entwicklung die Sozialleistungen den fest angestellten Beschäftigten im Staatsdienst und im privaten Sektor vorbehalten bleiben würden. Wie in der Türkei waren Gelegenheitsarbeiter die Verlierer im Korporatismus.[18]

Seine Politik gründete das Regime auf zwei (sich überschneidende) Gesellschaftsschichten: die ländliche Mittelklasse und die Beschäftigten im öffentlichen Dienst.[19] Durch Bodenreformen wurde die Landaristokratie geschwächt, doch statt es an die breite Masse der Kleinbauern zu verteilen, übertrug die Regierung das enteignete Land an bessergestellte Landbewohner.[20] Diese Klasse profitierte zusätzlich vom Nasserismus, indem sie ihre Kinder auf die Universitäten schickten und diese sich dort für Positionen qualifizierten, die Universitätsabsolventen im »Sozialismus« garantiert wurden.[21] Das ägyptische Regime versuchte diese Einschränkungen der Klassenbasis durch Subventionen für Grundbedürfnisse (vor allem Brot) auszugleichen, die der gesamten Bevölkerung zugutekommen würden. Vor allem unter Sadat (einem der Freien Offiziere und Nassers anti-nasseristischer Nachfolger) und später auch unter Mubarak wurde der Brotpreis jedoch nicht mehr systematisch subventioniert. Die mangelnde Konsequenz, mit der politische Maßnahmen während der ersten Jahrzehnte des Korporatismus durchgesetzt wurden, verhinderte die Bildung von Blöcken, die so klar voneinander abgesetzt waren wie in der Türkei.

Tunesien, obschon ein kleineres und reicheres Land, folgte einem ähnlichen Weg wie Ägypten. Auch die tunesische Führung entwickelte zum Islam eine Beziehung, die dem Kemalismus nicht unähnlich war. Während sie einerseits traditionsreiche religiöse Institutionen (vor allem die Ez-Zitouna-Moschee) auflöste oder unter ihre Kontrolle brachte, rief sie andererseits neue, sozial orientierte Einrichtungen ins Leben (zum Beispiel moderne theologische Fakultäten). Darüber hinaus nutzte das Regime in großem Umfang religiöse Bilder und islamische Rhetorik, um sein nationalistisches Projekt zu legitimieren. Ebenso wie Kemal für das Volk zum *Gazi* wurde, nahm der Gründervater Habib Bourguiba (der Tunesien von 1956 bis 1987 regierte) den Ehrennamen »Großer Krieger« *(mudschahid al-akbar)* an.[22] Auch der »Code of Personal Status« (von 1956) war direkt von Atatürk inspiriert und schrieb die erbrechtliche Gleichstellung von Mann und Frau vor, verbot die Vielehe und hob das Mindestalter für die Eheschließung auf 18 Jahre an. Dennoch entschied sich Bourguiba, das islamische Recht nicht abzuschaffen, sondern es zu modernisieren, und stand Atatürks totalem Angriff auf das islamische Recht letztlich kritisch gegenüber.

In Tunesien führte die Zentralisierung, anders als in vielen anderen arabischen Staaten (etwa den Republiken Libyen, Irak und Syrien) zu einer faktisch vereinten und homogenisierten Bevölkerung mit ausgeprägter nationaler Identität,[23] ähnlich wie in der Türkei oder Ägypten.[24] Nachdem Tunesien 1956 von Frankreich unabhängig geworden war, verschrieb es sich ebenfalls einer Variante des arabischen Sozialismus. In seiner Wachstumspolitik verfolgte das Land, ebenso wie viele andere Länder in der Region (Algerien, Ägypten, Syrien, Irak und Iran), eine importsubstituierende Industrialisierung nach türkischem Vorbild. Im Gegensatz zur Türkei folgte Tunesien (vor allem zwischen 1962 und 1969) dem Beispiel Ägyptens und Algeriens: Indem es den privaten Sektor dem staatlichen unterordnete, versetzte es seiner etatistischen Wirtschaft eine radikale »sozialistische« Wendung.

Anders als in Ägypten und der Türkei war ein ursprünglich unabhängiger Gewerkschaftsbund einer der Hauptprotagonisten in Tunesiens Unabhängigkeitskrieg. Solange das Land seinen sozial-korporatistischen Kurs beibehielt, waren Macht und Unabhängigkeit dieses Gewerkschaftsbundes (der Union Générale Tunisienne du Travail, UGTT) gesichert. Normalerweise stützte die UGTT das Regime, sie verfügte aber über genügend Schlagkraft, sich dem Regime zu widersetzen, wann immer die Interessen der organisierten Arbeiterschaft gefährdet waren. Ein weiterer wichtiger Unterschied zu Ägypten war das Hervorstechen einer politischen Partei (die 1934 gegründete und Neo-Destur-Partei genannte »Neue Liberale Verfassungspartei«), die sich für die Interessen diverser

Gruppen einsetzte, von kleinen Händlern über Intellektuelle und Freiberufler bis hin zu den Gewerkschaften.

Iran

Seit den 1920er-Jahren wurde der Iran von einer monarchistischen, der Ideologie des Säkularismus nahestehenden Diktatur zusammengehalten.[25] Reza Schah (der Begründer der Dynastie der Pahlavi, die die Modernisierung des Landes vorantrieb) nahm Reformen in Angriff, die denen in der Türkei ähnelten. Innerhalb seines Machtzirkels wurde er sowohl mit Mussolini als auch mit Atatürk verglichen.[26] Schon geraume Zeit vor seinem berühmten Besuch in der Türkei im Jahr 1934 zeigten der Schah und seine Entourage Interesse an Kemals Reformen.[27] Die politischen Schritte, die der Schah nach seiner Türkei-Reise ergriff, orientierten sich dann auch direkt am türkischen Ansatz einer säkularistischen Politik von oben nach unten. Zu Themen wie der Sprachreform[28] studierte die iranische Intelligenz das Beispiel der Türkei sehr genau.

Die Frage der Kleiderordnung, die bis heute islamistische Positionen und eine Politik des Säkularismus entzweit, hatte auch damals schon massiven Einfluss auf die Beziehungen der beiden Länder, wie die Berufung des neuen iranischen Botschafters Mohammad Ali Foroughi nach Ankara zeigt:

Foroughi war sich der modischen (»sartorial«) Dimension seiner Berufung durchaus bewusst. Er hielt sich gerade in Paris auf, als er davon erfuhr, und kaufte sich sofort einen Smoking, einen Frack und einen Morgenmantel. In der Türkei angekommen, verstand er sich gut mit Mustafa Kemal und İsmet Pascha und begann sich häufig mit beiden zu treffen. Aber es fiel einem so weltläufigen Mann wie Foroughi nicht leicht, seine Pahlavi-Mütze tragen zu müssen, während alle anderen Diplomaten ohne Kopfbedeckung auftraten, und so schickte er am 28. April 1928 einen geheimen Brief an Abdolhossein Teymourtash, in dem er den mächtigen Hofminister bedrängte, sich für die Einführung des europäischen Huts einzusetzen … Foroughi kehrte

1930 in den Iran zurück, aber mit seiner Arbeit hatte er bleibende Wirkung erzielt: Bis 1932 führten Verhandlungen zwischen den zwei Staaten zu einer deutlichen Verbesserung der iranisch-türkischen Beziehungen.[29]

Dieser Einfluss wirkte keineswegs nur in eine Richtung. Als er mit dem Schah per Bahn durch Anatolien reiste, bekam Atatürk einen Wutanfall, als er einen turbantragenden Geistlichen sah. Dieses für das internationale Ansehen der Türkei blamable Zeichen von Rückständigkeit bewegte Atatürk dazu, geistliche Kleidung (für Männer) in der Öffentlichkeit zu verbieten. Der Schah war beeindruckt und setzte nach seiner Rückkehr in den Iran zügig eine Reform der Kopfbedeckungsvorschriften um.[30]

Der Schah erwies sich jedoch letztlich als Führungspersönlichkeit, die ihre Entscheidungen wesentlich willkürlicher traf (und weniger Rücksicht auf die politischen Parteien nahm), als Atatürk dies tat, was nicht zuletzt daran lag, dass die Zentralisierung der Wirtschaft, der Politik und der Verwaltung unter seinen Vorgängern deutlich schwächer vorangetrieben worden war als zur selben Zeit in der Türkei.[31] Sowohl Erik-Jan Zürcher als auch Ervand Abrahamian haben darauf hingewiesen,[32] dass Kemalismus und Pahlavismus in einem zentralen Aspekt voneinander abwichen: Im Kemalismus wurde die Konsensfindung durch eine politische Partei organisiert. Das bewirkte einen deutlichen Unterschied zwischen den beiden Ländern. Auch der Schah hat versucht, durch mehrere Parteien Konsens bilden zu lassen, von denen eine sich ausdrücklich auf das kemalistische Vorbild bezog, aber wegen der Angst des Schahs vor dem Republikanismus war die Lebensdauer dieser Experimente kurz.[33] Diese Divergenz wirkte sich sogar auf die unterschiedliche Entwicklung der islamischen Bewegungen in den beiden Ländern aus. Die obsessive Fixierung auf die Bekleidungsvorschriften hält in beiden Ländern bis heute an, aber der politische Konsens darüber wurde in der Türkei durch eine Partei organisiert (und war demnach »freiwilliger« und daher tückischer), während im Iran zu verschiedenen Zeiten verschiedene Bekleidungsvorschriften durch den Staat (und später durch paramilitärische Organisationen) erlassen wurden. Die politische Partei bleibt das wirkungsvollste

Instrument, die zwei Seiten der Unterordnung, die Seite des Zwangs und die Seite der Freiwilligkeit, zusammenzuführen.

In den 1970er-Jahren war der Iran mit mehreren Problemen konfrontiert. Etliche säkulare Autoritätsfiguren, allen voran Mohammad Reza Pahlavi (der Sohn von Reza Schah, der ihm 1941 auf den Thron gefolgt war), büßten an Ansehen ein, weil es ihnen nicht gelang, das Land zu säkularisieren und zu industrialisieren.[34] Dieses Scheitern wurde begleitet von einer unentschlossenen politischen Öffnung, die dem Land international aufgezwungen wurde.[35] Zugleich zeigten sich sogar einige säkulare Intellektuelle, Studenten und Angehörige der Mittelklasse zutiefst unzufrieden mit dem säkular-modernen Lebensstil und suchten Antworten in der Religion – ein Trend, der sich schon seit Jahrzehnten abgezeichnet hatte, sich aber in den 1970er-Jahren verstärkte.

Die geistliche Führung entwickelte sich bis zur Revolution von 1979 zum wichtigsten Quell des islamischen Widerstandes, auch wenn die meisten Geistlichen während der ersten zehn Jahre der Diktatur, trotz ihrer Anstrengung, das Land zu modernisieren, nicht offen opponierten.[36] Die Wende kam in den 1960er-Jahren, als der Schah durch die »Weiße Revolution« das Land industrialisieren und die Vorrechte von Landbesitzern, Händlern und Geistlichkeit beschneiden wollte. Der Widerstand gegen die halbherzige, vom Schah ins Rollen gebrachte Revolution von oben wurde von Geistlichen angeführt, die außerhalb der politischen Mehrheit standen. Ihre Opposition richtete sich gegen die Versuche des Regimes, größere Ländereien (zum Beispiel solche, die religiösen Stiftungen gehörten) aufzuteilen, das Wahlrecht für Frauen und ihre Gleichberechtigung in der Ehe einzuführen und Angehörige religiöser Minderheiten für den Staatsdienst zuzulassen. Im Zuge dieser Widerstandsbewegung erwarb sich Ruhollah Chomeini, ein Außenseiter in der geistlichen Führung, nationales Ansehen.

Das alte Regime im Iran nahm sich die ersten Jahrzehnte des türkischen Regimes als Vorbild, griff aber hin und wieder stärker in das Alltagsleben ein (so führte es zum Beispiel ein komplettes Verschleierungsverbot in der Öffentlichkeit ein, das mehrere Jahre in Kraft war, statt eines Teilverbotes wie in der Türkei, das nur für Bildungsstätten und öffentliche

Einrichtungen galt). Diese vermeintliche Fortschrittlichkeit schuf einen Präzedenzfall für den islamischen Widerstand im Iran. Darüber hinaus wurde die iranische Monarchie immer autoritärer, während die Türkei in einigen Aspekten demokratischer wurde. Die Netzwerke, die sich auf den Basaren und um die Moscheen herum bildeten, leisteten zwar häufig Widerstand (in den 1930er- und 1960er-Jahren), verhandelten zwischenzeitlich aber auch mit der Regierung (in den 1920er- und frühen 1950er-Jahren) und bildeten so das Fundament für die Tradition der bürgerlichen Gesellschaft im 20. Jahrhundert. Eine starke und autonome politische Gesellschaft gab es allerdings nicht, da die großen Parteien nach einem Putsch gegen Mohammad Mossadeghs gewählte nationalistische Regierung im Jahr 1953 verboten worden waren. Der politischen Opposition blieb nichts anderes übrig, als weitgehend im Verborgenen und unter Einschränkungen zu arbeiten.

Anstatt einen ähnlichen Kurs wie die Golfstaaten einzuschlagen, was angesichts seines großen Ölreichtums auch für den Iran ein gangbarer Weg gewesen wäre, folgte die Monarchie in ihrer Entwicklungspolitik ebenso wie in anderen Bereichen den republikanischen Vorbildern Türkei und Ägypten. Von den 1920er- bis in die 1940er-Jahre hinein wurde die staatliche Sozialabsicherung ausgeweitet und neben den zivilen Staatsbediensteten auch den Industriearbeitern zugänglich gemacht. Spätere Erweiterungen der Sozialleistungen kamen in Schüben, auf die vor allem während der kurzen Regierungszeit Mossadeghs immer wieder Rückschläge folgten.[37] Die strukturellen Ergebnisse waren insgesamt ähnlich wie in der Türkei und in Ägypten (und auch mit den Sozialhilfeprogrammen in Lateinamerika vergleichbar): Sowohl von der wirtschaftlichen Entwicklung als auch den staatlichen Sozialleistungen profitierten fest angestellte Beschäftigte stärker als Gelegenheitsarbeiter (und städtische Gebiete stärker als ländliche Regionen), vor allem nach der Weißen Revolution der 1960er-Jahre. Das Ergebnis war ein exkludierender Korporatismus, der weite Teile der Gesellschaft weder an der Produktion noch an Einrichtungen sozialer Absicherung teilhaben ließ. Innerhalb der regierenden Schichten kam es daher kaum zur Bildung politischer Blöcke. Anders als in der Türkei, in Ägypten und in Tunesien, wo ebenfalls säkulare

Politiken verfolgt wurden, gelang es dem iranischen Machtblock, schwächere Artikulationen nicht aus der gesellschaftlichen Ebene nach oben dringen zu lassen.

DER NIEDERGANG DES KORPORATISMUS DURCH NEOLIBERALE POLITIK

In der Türkei vollzog sich der Wandel zum Neoliberalismus erst spät. Umso mehr wurden die Türkei und Ägypten durch die Erfahrungen, die sie mit der neoliberalen Entwicklung gemacht hatten, zum Vorbild für die anderen säkularen Staaten: Algerien und Tunesien folgten ihnen auf dem Fuße. Zu Beginn waren die neoliberalen Maßnahmen der Türkei tief greifender als jene in Ägypten. Nachdem in den 2000er-Jahren beide Länder ihre Anstrengungen zum neoliberalen Umbau verstärkt hatten, waren sie wieder gleichauf. Der Irak und Syrien taten wesentlich weniger, um ihre Volkswirtschaften zu liberalisieren. Im Jemen hatte es Anzeichen einer Neoliberalisierung gegeben, in einem extrem armen und von territorialen Konflikten zerrissenen Land ging diese Entwicklung allerdings nicht sehr weit. Das Experiment, das Algerien gewagt hatte, wurde bald durch einen Bürgerkrieg unterbrochen. Die Türkei, Ägypten und Tunesien wurden so zu den wichtigsten Motoren des Neoliberalismus in der Region.

Die Türkei

In der Türkei setzte die im September 1980 an die Macht gekommene Militärjunta die neoliberalen Reformen, die am 24. Januar 1980 von verschiedenen Politikern vorgeschlagen worden waren, in Kraft. Zum einen war die Neoliberalisierung eine Reaktion auf die Bedrohung durch die organisierte Arbeiterschaft und die Linke, zum anderen aber auch ein pragmatischer Weg, die durch die Importsubstitution entstandenen Budgetprobleme zu lösen. Weil die geschützten türkischen Industrien teure Hightech-Maschinen benötigten (die importiert werden mussten), war das türkische Wirtschaftswachstum jahrzehntelang nur dank massiver

Staatsverschuldung und Subventionen aus dem Ausland möglich gewesen. Diese Problematik führte zu einer starken Abhängigkeit von Devisenzuflüssen, ein Problem, vor dem auch andere Modernisierer in der Region standen, die eine importsubstituierende Politik betrieben.[38]

Um die Linke zu bekämpfen und abweichende Auslegungen des Islam zu unterdrücken, wurde mit dem Putsch von 1980 auch der Einflussbereich des offiziellen Islam ausgeweitet. Im selben Zug erklärten die Generäle das neue iranische Regime zu einem der größten Feinde der Türkei. Nachdem das Militär sämtliche Parteien und bürgerlichen Organisationen aufgelöst hatte, führte eine neue Mitte-Rechts-Partei (die von Turgut Özal geführte Mutterlandspartei Anavatan Partisioder, ANAP) den Prozess der Neoliberalisierung fort. Säkulare Geschäftsleute, fromme Händler und eine neue Klasse säkularer, im privaten Sektor tätiger Akademiker bildeten den Kern der Partei. Der untergeordnete Flügel des Machtblocks schien die Kontrolle zu übernehmen, aber diesen Übergang innerhalb der Grenzen des alten Regimes zu vollziehen (und damit den existierenden Machtblock aufrechtzuerhalten), sollte sich als unmöglich herausstellen.

Die Türkei entwickelte sich rasch zu einem exportorientierten Land, für dessen Exportstrategie vor allem industriell gefertigte Güter von Bedeutung waren. So schreiben Buğra und Savaşkan: »Der Anteil des gesamten Exports am Bruttoinlandsprodukt betrug 1980 3,1 Prozent, erreichte im Jahr 2000 10,5 Prozent und nahm danach weiter zu.«[39] Bis 2012 war der Anteil der Industriegüter am Export auf 90 Prozent gestiegen. Entgegen den gängigen Theorien der freien Marktwirtschaft förderte die Regierung die exportorientierte Bourgeoisie sehr aktiv durch Subventionen und günstige Kredite.[40]

Die türkische Gesellschaft blieb entlang der Klassengrenzen geteilt. Beschwerden gegen die Neoliberalisierung wurden hauptsächlich von Unterstützern der Sozialdemokratischen Populistischen Partei (Sosyaldemokrat Halkçı Parti, SHP), einem Ableger der CHP, geäußert. Doch die neue Partei war schwächer als die CHP der 1970er-Jahre; in Abwesenheit einer starken kommunistischen oder sozialistischen Linken (deren Führer und Mitglieder massenhaft gehängt, inhaftiert oder ins Exil getrieben worden waren), musste die SHP keinen starken Druck von links fürchten. Nach

dem Vorbild der westlichen Parteien des »Dritten Wegs«, etwa New La-
bour in Großbritannien, versprach die SHP daher nicht, gegen die Neoliberalisierung zu opponieren, sondern sie zu bändigen. Dennoch waren
die Leistungen der SHP in den kommunalen Verwaltungen und auf Re-
gierungsebene miserabel. Zutiefst in Korruption verstrickt, gelang es ihr
nicht, auch nur annähernd an die Leistungen der »Dritter Weg«-Parteien
im Westen und in Lateinamerika anzuknüpfen. Der Weg zu einem normalen (säkularen) Sozialliberalismus blieb der Türkei deswegen letztlich
versperrt. Dieser Umstand sollte neben vielen anderen Faktoren dazu führen, dass sozialliberale, dem Mainstream zuzurechnende Sozialdemokra-
ten, liberalisierte Marxisten und andere Befürworter einer Politik des
»Dritten Weges« ihre Hoffnungen auf eine islamische Version des »Blai-
rismus« setzten.

Ägypten

Anwar as-Sadat und Husni Mubarak, die beiden Nachfolger des Präsidenten Nasser, verbanden Neoliberalisierung und die Kooperation mit Islamisten dosiert. Obwohl diese Entwicklung dem türkischen Muster nach
1980 entsprach (nachdem die Islamisten eingebunden wurden, um die
durch Neoliberalisierung verursachten Nöte zu lindern), blieb Ägypten
das autoritärere der beiden Länder. Dennoch wurden den Islamisten dort,
wo ihnen Chancen gewährt wurden, echte Chancen eröffnet. Ebenso
wichtig wie die Einbeziehung islamischer Aktivisten war für Sadat die
Hinwendung zur Religion in der Zeit von 1970 bis 1981 als Basis seiner
Legitimität. Auch Nasser hatte den Islam zur Unterstützung seiner Politik
benutzt, aber Sadat tat das wesentlich systematischer. Er griff häufig und
gern auf islamisches Vokabular zurück, um die Ägypter im vierten ara-
bisch-israelischen Krieg von 1973 gegen Israel zu mobilisieren. Direkt
nach diesem Krieg wurde er als der »Gläubige Präsident« oder Al-Ra'is Al-
Mu'min bekannt.[41] In der regierungsfreundlichen Presse wurde diskutiert, was eine islamische Wirtschaft ausmacht; kein Wunder, dass dabei
großer Wert auf persönliche Eigentumsrechte und individuelle Initiative
gelegt wurde. Unter dem Schutz des Regimes gediehen islamische Invest-

ment-Firmen und Banken. Darüber hinaus legte die Verfassung von 1971 fest, dass der Islam eine wichtige Rolle bei der Gesetzgebung spielen soll-te,[42] und ein historischer Verfassungszusatz von 1980 unterstrich, dass die *Scharia* das Hauptfundament der Gesetzgebung bilden sollte. Diese Stär-kung des Islam führte nicht unbedingt zu einem klar definierten Block von Kräften, die auf hegemoniale Weise mit dem Regime verbunden wa-ren, aber sie half zweifellos, Religiosität auf diffuse Art in ganz Ägypten zu verbreiten. Ironischerweise wurde Sadat im darauffolgenden Jahr von Is-lamisten ermordet.

Mubarak hatte nicht die religiöse Anziehungskraft des gläubigen Prä-sidenten Sadat, aber auch er hat versucht, islamische Aktivisten durch Wahlen und andere Mechanismen einzubinden, obwohl er die religiösen Aktivitäten an den Universitäten etwas strenger kontrollierte. Er versuch-te außerdem, die religiöse Legitimierung des Regimes mithilfe der islami-schen wissenschaftlichen Institution Azhar auszubauen. Seine Maßnah-men in diesen Kreisen haben aber möglicherweise die Legitimation dieser Institution ebenso sehr untergraben, wie sie die islamische Glaubwürdig-keit des Regimes gestärkt haben.[43]

Man hat lange darüber gerätselt, ob die USA an dieser Kooperation zwischen dem Regime und dem Islam beteiligt waren. Dokumente, die vor Kurzem von WikiLeaks veröffentlicht wurden, deuten darauf hin, dass Henry Kissinger die Muslimbruderschaft als Sadats »Knüppel« ge-gen Linke sah. Nach diesen Dokumenten unterstützte das Regime die Is-lamisten sowohl finanziell als auch organisatorisch. Am wichtigsten war jedoch, dass das Regime die Universitäten mit Muslimbrüdern und ande-ren Islamisten besetzte, um ein Gegengewicht gegen Marxisten und Nas-seristen herzustellen.[44] (Letztlich wurde Sadat von einer Organisation er-mordet, die auf dem Campus entstanden war.) Höchstwahrscheinlich waren die USA an den Bemühungen, einen offiziellen Islam gegen die Lin-ke zu installieren, beteiligt (möglicherweise sogar aktiv).

Obwohl die Ausgangslage der ägyptischen und der türkischen Isla-misten vergleichbar war, unterschieden sich ihre Strategien. Diese Unter-schiede deuten darauf hin, dass man die Struktur der politischen Gesell-schaft berücksichtigen muss, wenn man analysieren will, warum ähnliche politische Ausgangslagen manchmal zu unterschiedlichen Ergebnissen führen können. Der Abschnitt über islamistische Opposition weiter unten wird auf diese Frage eingehen.

Die Islamisierungsstrategien des Regimes von oben nach unten gingen Hand in Hand mit einer Politik der wirtschaftlichen Liberalisierung. Von den 1970er- bis in die 1990er-Jahre hinein erlebte Ägypten umfassende Maßnahmen zur Privatisierung und Deregulierung. Diese Reformen brachten in der ersten Hälfte der 1980er-Jahre anhaltendes Wirtschaftswachstum mit sich, begleitet von sinkenden Reallöhnen sowie zunehmender Arbeitslosigkeit und Armut.[45] Vom IWF erzwungene Reduzierungen der Subventionen für Brot, Zucker und andere Grundnahrungsmittel führten 1977 zu Aufständen mit 77 Todesopfern. Daraufhin gewährte der IWF sehr schnell riesige Kredite, mit denen die Subventionen wieder auf das vorherige Niveau angehoben wurden. Danach wurden die Subventionen ganz allmählich und klammheimlich wieder abgebaut.[46]

Es war ein Glücksfall für das Regime, dass die steigenden Ölpreise zu höheren Transferzahlungen aus den Golfstaaten und einigen Öleinnahmen von der Sinaihalbinsel führten. Als in den 1980er-Jahren die Ölpreise wieder fielen und touristische Ziele von Islamisten angegriffen wurden, gingen die Einnahmen aus Ölexporten und Tourismus wieder zurück. Ägypten wurde zu einem der höchstverschuldeten Länder der Welt. Die Regierung versuchte, die Staatsschulden durch Überbewertung der ägyptischen Währung zu finanzieren. Das führte dazu, dass die Exporte stärker zurückgingen und das Handelsbilanzdefizit sich noch weiter erhöhte.[47]

Nach Sadats Politik der Liberalisierung (»Open Door«-Politik) führten Kürzungen der staatlichen Kredite an Bauern und ein Rückbau der ländlichen Versorgung zu vermehrter Armut auf dem Lande;[48] Veränderungen, die mit denen in der Türkei ab den 1980er-Jahren vergleichbar waren. Die politische Opposition gegen diese ländlichen Reformen war schwach.[49] Rückblickend betrachtet scheint Sadats Neoliberalisierung (und selbst die ersten paar Jahre unter Mubaraks Regierung) halbherzig gewesen zu sein, ungeachtet der Proteste, die sie hervorrief. Deregulierung, Privatisierung und die Verlagerung des Schwerpunkts von der Industrie auf Dienstleistungen und Finanzen waren nicht überzeugend.[50]

Das Regime versuchte es 1993 mit einem ökonomisch orthodoxen IWF-Bereitschaftskreditabkommen, demzufolge die USA Militärschulden erlassen wollten, wenn die Haushaltsdisziplin eingehalten wird (und auch als Belohnung für politische Folgsamkeit während des Golfkriegs 1990 bis 1991). Die Regierung senkte die Ausgaben, erhöhte ihre Devisenreserven und reduzierte ihre Haushaltsdefizite. Fallende Ölpreise, der daraus resultierende Staatsbankrott und die IWF-Vereinbarung führten zu einer uneingeschränkten Privatisierung.[51] Allerdings beruhte der größte Teil des ägyptischen Wirtschaftswachstums auf staatlichen Investitionen (zum Beispiel für Bewässerungsprojekte) und nicht auf Exporten; tatsächlich nahm die Einbindung in die Weltwirtschaft sogar ab.[52]

Einige der Gründe für das Scheitern dieses erneuten neoliberalen Versuchs, Wachstum zu erzeugen, waren die Finanzkrise in Asien, fortgesetzte Anschläge gegen Touristen, niedrige Arbeitsproduktivität und Vetternwirtschaft. Zu Beginn der 1990er-Jahre ging es mit dem Privatisierungsprogramm rapide voran, aber bald verlangsamte es sich. Die meisten der neu privatisierten Unternehmen gingen jedenfalls an Regime-Insider.[53] Bis Mitte der 1990er-Jahre hatte das Militär den islamistischen Aufstand (und die Anschläge auf Touristen) niedergeschlagen, aber es war bereits großer Schaden angerichtet worden. Dass die Vetternwirtschaft des Regimes explizit öffentlich war, diskreditierte die neoliberale Politik noch mehr, und unter diesen Umständen wurde es immer schwieriger, die reine Marktwirtschaft zu erhalten.

Insgesamt blieb der säkularistische Niedergang des ägyptischen Korporatismus eine Angelegenheit von oben nach unten. Die türkische Neoliberalisierung dagegen wurde nur durch eine Islamisierung von unten nach oben zur herrschenden Ideologie. Die Islamisierung von oben mit gleichzeitiger Kontrolle der Islamisten, wie Sadat und Mubarak es machten, verschob den Versuch einer völligen islamischen Neoliberalisierung um Jahrzehnte.

Tunesien

Wie in Ägypten und der Türkei (und anders als im ölreichen Iran) führte die Industrialisierung durch eine Importsubstitutionsstrategie in Tunesien zu unlösbaren Zahlungsbilanzkrisen und einer Verlagerung auf exportgeführtes (und marktorientiertes) Wachstum. Diese Verlagerung begann wohl gegen Ende der 1960er-Jahre, beschleunigte sich aber in den 1980er-Jahren.[54] Im Jahr 1969 waren diese Veränderungen bereits greifbar, als sich Habib Bourguiba, der Gründervater, gegen mehr linksorientierte Flügel innerhalb des Regimes wandte, um Kleinkapitalisten und Landeigentümer zurückzugewinnen. Die Rolle des Staates bei Planung und Förderung des nationalen Wirtschaftswachstums ging von diesem Zeitpunkt an deutlich zurück.[55] Außerdem begann das Regime in den 1970er-Jahren mit einer Politik der Islamisierung von oben nach unten. Bemerkenswert in diesem Kontext war, dass Bourguiba den Verband zum Schutz des Korans gründete,[56] als Gegengewicht zur Linken.[57] Aber anstatt einfach nur der Politik des Regimes ein islamisches Mäntelchen umzuhängen, wie es möglicherweise Bourguibas Absicht war, hatte diese Organisation eine kühne Vision: Sie nahm für sich in Anspruch, eine islamische Gesellschaft und einen islamischen Staat schaffen zu wollen, und zwar von unten nach oben, und dabei jeden einzelnen Menschen zu überzeugen.

Wie in Ägypten führte auch in Tunesien der rasche Rückzug des Staates aus der Versorgung mit Gütern des alltäglichen Grundbedarfs zu sozialen Unruhen. Ausgelöst durch Aufstände wegen zu hoher Brotpreise rief die offiziell anerkannte Gewerkschaft UGTT im Jahr 1977 zum Generalstreik auf, in demselben Jahr, in dem es auch in Ägypten zu Aufständen wegen der Brotpreise kam. Im gesamten Verlauf der 1980er-Jahre blieben die Beziehungen der UGTT zum Regime angespannt; die Gewerkschaft sah sich immer stärkeren Repressalien ausgesetzt, obwohl sie sich eine gewisse Autonomie bewahren konnte – einen Handlungsspielraum, dessen Größe von der betreffenden Region und Branche abhing.[58]

Wie in vielen Ländern der Welt wurde mehr Liberalisierung als Medizin gegen die Unzulänglichkeiten der ursprünglichen neoliberalen Reformen angesehen. Als 1984 die Reduzierung von Subventionen für Verbrauchsgüter abermals zu Aufständen führte (die wieder von der UGTT unterstützt wurden), beschloss das immer neoliberalere Regime, den IWF um Hilfe zu bitten. Der IWF zwang Tunesien in ein hartes Bereitschaftskreditabkommen, was dazu führte, dass Tunesien zum orthodoxesten neoliberalen Regime in der arabischen Welt wurde. Das Ergebnis war nachhaltiges Wachstum in den folgenden Jahren, begleitet von steigenden Exporten und zollfreien Importen. Die hohe Arbeitslosigkeit blieb ein Problem, obwohl die Gewerkschaften mit der Regierung verhandelten, um die Arbeitslosigkeit so weit wie möglich zu bekämpfen.[59]

DIE KRISE DES NEOLIBERALEN AUTORITARISMUS

Der Neoliberalismus, in Verbindung mit unterschiedlichen Ausprägungen und Arten von »säkularem« Autoritarismus, führte in diesen drei Kernländern in den 1990er- und 2000er-Jahren zu immer größeren Schwierigkeiten. Die vom IWF überwachten Zentrumsparteien, so gespalten und ungeschickt wie sie waren, wirtschafteten die türkische Ökonomie in den gesamten 1990er-Jahren immer weiter herunter (obwohl sie sie immer noch ziellos »liberalisierten«), ein Missmanagement, das letztlich zu dem finanziellen Zusammenbruch von 2001 führte, durch den das gesamte Land über Nacht viel ärmer wurde.[60] Die Ursachen der Krise lagen im Ausbau des Finanzkapitalismus: In den 1990er-Jahren wurde das Wachstum immer abhängiger von einer Spirale aus privater und staatlicher Verschuldung und dann staatlichen und privaten Reinvestitionen in riskante Anleihen und Wertpapiere.[61]

Jamie Peck hat darauf hingewiesen, dass heutzutage das Versagen einer freien Marktwirtschaft mithilfe der Grundsätze der freien Marktwirtschaft gelöst wird.[62] Man holte sich also eilig Rat bei Kemal Derviş, einem hochrangigen Weltbankmanager. Er entwickelte die Blaupause für die aggressiven Deregulierungs- und Privatisierungsmaßnahmen, die die Türkei im folgenden Jahrzehnt im Griff hatten. Die ohnehin schon engen Verbindungen zu (und Unterwerfung unter) Institutionen des Washington Consensus wie IWF und Weltbank wurden noch enger.[63] Die Frage war nur, ob diese Politik unter einem (islamisierten) säkularen Autoritarismus zu Massenunruhen führen würde. Ein Block von politischen Führern, Intellektuellen, Unternehmern und Aktivisten beantwortete sie mit einem schallenden »Nein!«. Die Interventionen von IWF und Weltbank führten in der Türkei zu ganz anderen Ergebnissen als in Tunesien und Ägypten.

In Ägypten fand die entscheidende neoliberale Veränderung zu Beginn der 2000er-Jahre statt. Die Klasse der Geschäftsleute, die innerhalb des Machtblocks in einer untergeordneten Position verblieben war, gewann die Oberhand.[64] Nach 2004 wurde sogar das Kabinett von Geschäftsleuten dominiert und damit der Höhepunkt der Neoliberalisierung des Staatsapparates erreicht. Das Kabinett richtete die gesellschaftliche Sicht auf Ungleichheit, Armut und Arbeitslosigkeit neu aus und definierte diese Probleme nicht als soziale Probleme, sondern als Probleme des politischen Managements.[65] Darüber hinaus verlor der Staat seine relative Autonomie und wurde allmählich von der Klasse der Geschäftsleute ausgeplündert. Der Rückzug des Staates aus der Wirtschaft führte, anders als es in den tonangebenden westlichen Kreisen erwartet wurde, nicht dazu, die Korruption zu beseitigen, sondern sogar zu noch mehr Korruption.

Trotz zahlreicher Unterschiede gab es in der Türkei und in Ägypten auch gewisse Parallelen im Hinblick auf den Prozess der Vermarktlichung. In beiden Ländern hatte sich die Industrialisierung in den vorangegangenen Jahrzehnten verlangsamt. Die Wachstumsmaschinen waren der Tourismus, der Finanzsektor und das Baugewerbe (wenn auch mit einem gewissen Volumen an industrieller Fertigung an den Rändern, so zum Beispiel in der Textilbranche, die sowohl in der Türkei als auch in Ägypten bedeutend war). Die Dominanz von Tourismus, Bau- und Finanzgewerbe verhinderte großen Fortschritt in der Industrialisierung und technologischen Entwicklung, trotz nachhaltigen Wachstums in beiden Bereichen,[66] und bildete einen scharfen Kontrast zu der Hightech-orientierten Neoliberalisierung in Indien.

Ägypten hörte 2007 auf, Öl zu exportieren, und auch seine Einnahmen aus dem Suezkanal gingen nach der globalen Krise von 2008 zurück. Obwohl keine dieser Entwicklungen Ägypten in eine schwere Wirtschaftskrise stürzte, bereiteten sie doch den Boden für wirtschaftliche Schwierigkeiten, die sich nach 2011 noch weiter verschärften. In den folgenden Abschnitten und im nächsten Kapitel wird analysiert, warum in Ägypten trotz dieser Krise kein vorherrschender islamischer Block nach türkischem Muster entstehen (und den korrupten neoliberalen Säkularismus beiseitefegen) konnte.

Tunesien war praktisch das einzige Land im gesamten Nahen Osten, in dem die säkulare Neoliberalisierung sich reibungslos zu entwickeln schien. Der einzige offensichtliche Preis dafür war eine autoritäre Politik und massive Vetternwirtschaft,[67] begleitet von chronischer Arbeitslosigkeit, die auch für die Neoliberalisierung aller anderen Länder in der Region typisch war. Zine el-Abidine Ben Ali, ein General, der 1987 nach einem Putsch den (schwer kranken) Gründervater Bourguiba abgelöst hatte, drosselte den zivilen Ansatz des Regimes und stärkte den Sicherheitsapparat. Das hielt das Regime allerdings nicht davon ab, sich mit einem stetigen Wachstum zu brüsten, das hauptsächlich auf anhaltenden Exporten beruhte (die zum großen Teil aus Industriegütern bestanden). In dieser Hinsicht nahm Tunesien eine Sonderstellung ein, und der Erfolg war nur mit der Türkei vergleichbar.

Aufgrund der vergleichsweise erfolgreichen neoliberalen Politik galt Tunesien als Musterschüler von IWF und Weltbank. Internationale Organisationen sahen zwar die Probleme, die Autoritarismus und Vetternwirtschaft mit sich brachten, diese wurden jedoch als unwichtige Fußnoten einer insgesamt positiven Bewertung betrachtet, und sie wurden als weit weniger gravierend als die Vetternwirtschaft und »Korruption« in anderen Ländern angesehen, Italien und Griechenland eingeschlossen.[68] Tunesien erhielt begeisterten Applaus für seine vermeintlichen Fortschritte in internationaler Wettbewerbsfähigkeit, beim Abbau der Armut, der Stärkung der Frauenrechte, des Finanzmanagements, des Wirtschaftswachstums und in menschlicher Entwicklung.

Erst nach der Revolution des »Arabischen Frühlings« begannen Analysten, die wahren sozialen Kosten des Ben-Ali-Regimes aufzudecken, zum Beispiel die Exklusion der traditionellen Händler und der aufsteigenden Mittelschicht zum Vorteil von Ben Alis Günstlingen. Auch den Problemen Arbeitslosigkeit, regional bedingten Ungleichheiten und Armut galt nun ihre Aufmerksamkeit. Das Problem ist nur, dass es nachträgliche Erklärungen für die Regimekrise waren.[69] Das wirft Zweifel auf hinsichtlich der Frage, inwieweit die Revolte von 2010 und 2011 darauf zurückgeführt werden kann. Wahrscheinlich werden wir nach dem Eifer des Gefechts zu einer ausgewogeneren Bewertung der Neoliberalisierung unter Ben Ali kommen.

DIE HERAUSFORDERUNG DER IRANISCHEN REVOLUTION: REVOLUTIONIERTER KORPORATISMUS

Der Iran, der vorher auf einem vergleichbaren Kurs gewesen war, entwickelte schließlich seinen eigenen Ausweg aus dem säkularen Korporatismus. Anstatt den Korporatismus einfach nur durch Vermarktlichung zu demontieren, wurde er im Iran revolutioniert und islamisiert. Die Revolution war eine nicht-neoliberale Reaktion auf die stagnierende Entwicklung des Landes und seine Ungerechtigkeiten, auf Säkularismus und Autoritarismus. Aufgrund dieser Eigenart wurde der Iran zu einer Macht, mit der man in der gesamten Region zu rechnen hatte (ebenso sehr wie die zerfallenden alten Regime und ihre Eliten). Mit anderen Worten: Die säkularen und islamischen Erscheinungsformen der Neoliberalisierung, die in den 1980er-Jahren und danach im Nahen Osten aufblühten, waren Reaktionen nicht nur auf das Versagen des säkularen Korporatismus, sondern auch auf die iranische Revolution.

Die islamische Revolution von 1979 ließ also nicht nur im Iran, sondern in der gesamten Region ganz neue Dynamiken entstehen. Sie rückte nicht einfach nur den Islam ins Zentrum von Politik, Gesellschaft und Wirtschaft; vielmehr ermächtigte sie die Armen, die Arbeiterklasse und die Mittelschichten auf paradoxe und militarisierte Art und Weise. Ihre elektrisierende Botschaft rüttelte die Region so sehr auf, dass sich der

Nahe Osten immer noch nicht davon erholt hat. Man könnte sogar behaupten, dass die islamische Revolution als eine Bedrohung, auf die die
Eliten in der Region irgendwie koordiniert reagieren mussten, zur Entstehung des »Nahen Ostens« (ursprünglich eine Kategorie und ein Kon-
strukt des Kalten Krieges) beigetragen habe.

Die politische Dynamik der Revolution

Wie kam es zur islamischen Revolution? Welche politischen Akteure
spielten die entscheidende Rolle bei der Konstruktion des islamischen Regimes? Während der islamischen Revolution wie auch davor, gab es im
Iran keine effektive politische Organisation (zum Beispiel Parteien oder
andere sozialpolitische Organisationen).[70] Zwar gab es durchaus etablierte säkulare und religiöse Parteien (oder besser Interessengruppen), aber
ohne starken Rückhalt in der Bevölkerung.[71] Die offizielle Partei der Revolution, die »Islamisch Republikanische Partei«, existierte vor der Revolution noch gar nicht, sie wurde 1979 gegründet.[72] Islamische und säkulare sozialpolitische Organisationen wie etwa die Fedāʿiyān-e Eslām (»Die
sich für den Islam Aufopfernden«) und die Volksmodschahedin (Mod-
schahedin-e Chalgh, MEK) waren aktiv daran beteiligt, den Schah zu stürzen,[73] aber sie waren nicht stark genug, um die populären Errungenschaften der Revolution gegen die Geistlichkeit zu verteidigen.[74]

Die Schwachstelle in der politischen Gesellschaft des Iran war, dass die
politische Führung nicht durch Parteien und sozialpolitische Organisationen gebildet wurde. Zwischen 1979 und 1983 drängte die geistliche
Führung die meisten politischen Organisationen zunächst aus der Lega-
lität und vernichtete sie dann in ihrer Existenz. Die gewaltsame Reaktion
der sozialpolitischen Organisationen auf diese repressive Atmosphäre lieferte dem neuen Regime den Vorwand, die Repressionen noch zu verschärfen, was letztlich zur fast völligen Zerstörung dieser Organisationen
und ihrer Sympathisanten führte. Nach der Unterdrückung der inoffiziel-
len islamischen und säkularen Parteien 1983 ließ das islamische Regime
Quasi-Parteien (statt offener Parteien) zu, und zwar in Form von Radikalen, pragmatisch Moderaten, Konservativen und (später) islamischen Li-

beralen, die sich in Behörden, im Parlament und in der Zivilgesellschaft (zum Beispiel in frommen Stiftungen) in verschiedenen Interessengruppen (ohne explizite Programme und Organisation) zusammenfanden. Ali Gheissari und Vali Nasr beschreiben, wie sich diese Interessengruppen von politischen Akteuren im gebräuchlichen Sinn unterschieden:

> Die … Interessengruppen existierten nur inoffiziell. Es gab keine formale Organisation, kein Programm, keine Regeln oder Plattformen, um die Mitgliedschaft zu definieren, und es gab keine Parteibasis oder -strukturen. Diese Interessengruppen existierten als informelle Zirkel innerhalb der revolutionären Elite, mit unklaren und häufig wechselnden Grenzen. Aus den Interessengruppen entstanden jedoch Proto-Parteistrukturen, und zwar vor allem, weil sie Wahlergebnisse direkt beeinflussten.[75]

Diese Interessengruppen bildeten zwar eine politische Gesellschaft, diese war aber weder stark noch autonom oder professionell. Daher haben sie die Zivilgesellschaft nicht in dem Maße durchdrungen, wie es bei den türkischen Islamisten der Fall war. Der Punkt, auf den es dabei ankommt, ist nicht etwa, dass es im Iran keine politische Gesellschaft gegeben hätte, sondern vielmehr, dass diese politische Gesellschaft nicht in Strukturen organisiert war, die mit den türkischen vergleichbar gewesen wären. Diese Interessengruppen *waren* durchaus organisiert, nämlich insofern, als sie verschiedene Teile des Staatsapparates besetzt hatten;[76] aber sie *waren nicht* organisiert im Hinblick darauf, *nachhaltige* Beziehungen zur Gesellschaft zu knüpfen und die Bürger zu mobilisieren. Sogar während der Revolution hatten sozialpolitische Organisationen und politische Parteien sehr spät interveniert, und über den größten Teil des Jahres 1978 wurde die Mobilisierung von der Geistlichkeit und von Religionsstudenten beherrscht.[77] Dieser Umstand verwischte die Grenzen zwischen Staat, politischer Gesellschaft und Zivilgesellschaft.

Diese Besonderheit der Interaktion von politischer Gesellschaft, Staat und Zivilgesellschaft führte dazu, dass sich ein ziemlich ungewöhnlicher Machtblock bildete. Im Unterschied zu Ägypten hatte der iranische

Machtblock mehr Substanz; er basierte auch, relativ gesprochen, in höherem Maße auf der Mobilisierung untergeordneter Gesellschaftsschichten. Im Unterschied zur Türkei war der Machtblock jedoch sowohl *unberechenbar* als auch *brüchig*, und die Grenzen zwischen den dominanten und den untergeordneten Sektoren waren durchaus fließend. Zum Ende der 1980er-Jahre bildeten die konservative Geistlichkeit und die Händler den dominanten, die radikale Geistlichkeit und die religiöse (urbane) Mittelschicht den untergeordneten Sektor des Blocks (obwohl sie zu Beginn des Jahrzehnts einflussreicher gewesen waren). Beide mobilisierten das Subproletariat für ihre Vorhaben, aber das Proletariat und die säkulare Mittelklasse wurden nach und nach demobilisiert (und unterdrückt). Die Oberklassen des alten Regimes (Landeigentümer und Bourgeoisie) wurden mit Entschiedenheit aus dem Machtblock ausgeschlossen. Diese Gleichgewichte würden sich in den 1990er-Jahren entscheidend verschieben.

Veränderungen im religiösen Leben

Die zerstreute Struktur der politischen Gesellschaft (und die daraus resultierende Instabilität des Machtblocks) setzte dem, was die Islamische Republik erreichen konnte, gewisse Grenzen. Veränderungen des Alltagslebens nach der Revolution hingen weitgehend von staatlichen und paramilitärischen Organisationen ab, und nicht von politischen Parteien. Der Staat schrieb Geschlechtertrennung und Kleiderordnung vor (Verschleierung und Kleidung in dunklen Farben für Frauen), und hin und wieder verbot er Musik. Das Regime schränkte auch Beziehungen zwischen Mädchen und Jungen ein. Während des Fastenmonats tagsüber zu essen wurde gesetzlich verboten. Diese Vorschriften wurden nicht nur von der offiziellen Polizei durchgesetzt, sondern auch von paramilitärischen Organisationen wie der Basidsch.

Unter dem Schah stand den Frauen der öffentliche Raum zwar auf dem Papier offen, aber diese Aufgeschlossenheit war nur im säkularisierten, wohlhabenden und westlich orientierten Norden von Teheran eine Realität.[78] Die Islamische Republik versprach, die Dominanz der Städte über die Peripherie zu beenden und auch den öffentlichen Raum in den

Städten nach Geschlechtern zu trennen (Gleichberechtigung der Klassen in Verbindung mit Ungleichbehandlung der Geschlechter).[79] Fast ein Jahrzehnt manifestierte sich diese Politik als strenge Geschlechtertrennung in den urbanen Zentren, die durchgesetzt wurde von paramilitärischen Gruppen, die sich aus Hausbesetzern und Jugendlichen aus der Provinz rekrutierten.

Es gab auch Gegentrends. Als sich gegen Ende des Ersten Golfkriegs die wirtschaftlichen Bedingungen verschlechterten, musste das Regime auch Frauen den Zugang zum öffentlichen Raum gestatten. Ironischerweise eröffnete das Regime, indem es verschleierten Frauen die Städte öffnete, im Vergleich zur Zeit des Schahs mehr Frauen aus Hausbesetzer-Vierteln den Zugang zum öffentlichen Leben.[80] Diese Entwicklungen wurden jedoch durch die Struktur der politischen Gesellschaft und des Staates eingeschränkt, die sie zwar tolerierten, aber nicht als Kernelemente in ihr eigenes Projekt übernahmen.

Zusammenfassend lässt sich sagen, dass die Spiritualität der Revolution, von der sich manche Beobachter (insbesondere Michel Foucault) eine weniger autoritäre Struktur erhofft hatten, tatsächlich zu verstärktem Autoritarismus führte. Den Grund dafür könnte man freilich nicht nur in der Spiritualität und Religiosität an sich suchen, sondern auch in der Politik, durch die Spiritualität und Religiosität erlebt und durchgesetzt wurden. Die vom Staat und von paramilitärischen Organisationen dominierte Islamisierung im Iran hielt bei zahlreichen Intellektuellen die Hoffnung am Leben, dass eine Religiosität, die durch demokratische Parteien und in der Zivilgesellschaft vermittelt wird, zu völlig anderen Ergebnissen führen würde. Dieser implizite oder auch explizite Kontrast zum Iran war eine intellektuelle Komponente des Türkischen Modells und seiner Version des Islam.

Improvisieren der islamischen Wirtschaft

Während der ersten zehn Jahre der Revolution war die islamische politische Gesellschaft im Iran gespalten, zwei Klassen standen gegeneinander: die Mittelklasse des Basars versus das Subproletariat. Die kleinen Ladenbesitzer und Kunsthandwerker (die im Folgenden als »Kleinhändler« bezeichnet werden) waren die primären am Sturz des Schahs beteiligten Klassenkräfte.[81] Die Sektoren des Subproletariats bildeten bestenfalls eine sekundäre Klasse.

Während der Revolution besetzten die Arbeiter und ihre Verbündeten zahlreiche Unternehmen. Diese Besetzungen erkannte der entstehende islamische Staat an, sei es nun freiwillig oder unfreiwillig, und bekräftigte sie, indem er die wichtigsten Industriebranchen, den nationalen Handel und die Banken zu einem Teil des öffentlichen Sektors erklärte. Zugleich bestimmte Artikel 44 der revolutionären Verfassung, dass dem öffentlichen Sektor ein kooperativer Sektor gegenübergestellt werden sollte, der auf islamischen Grundsätzen beruht. Der private Sektor sollte diese beiden Kernsektoren lediglich ergänzen.

Die radikale Quasi-Partei, die das Subproletariat versammelte, bestand in den 1980er-Jahren aus Abolhassan Banisadr (dem ersten Präsidenten), dem Revolutionsrat, der Revolutionsgarde, den Revolutionskomitees, einer Mehrheit der Abgeordneten der ersten beiden Parlamente und einigen prominenten Geistlichen. Diese Partei setzte sich für eine vollständige Verstaatlichung, eine Landreform, progressive Besteuerung und Gleichheit ein. Die konservative Pro-Kleinhändler-Partei (die sich aus einer Mehrheit der Geistlichkeit und dem Wächterrat zusammensetzte) lehnte diese Maßnahmen ab. Ende der 1980er-Jahre hatten die Konservativen (die den Machtblock dominierten) die meisten der radikalen Maßnahmen verhindert.[82]

In den ersten Jahren der islamischen Revolution gewann man mit populistischen Maßnahmen die Herzen der Armen.[83] Trotz fehlender Eindeutigkeit und Differenzen innerhalb der politischen Gesellschaft im Hinblick auf den »Kapitalismus« im Allgemeinen, wurde das Großkapital als »unislamisch« definiert.[84] So wurden zum Beispiel zwischen 1980 und 1982 die Immobilienpreise eingefroren, um den armen Bevölkerungsschichten den Zugang zu erschwinglichem Wohnraum zu erleichtern.

Die progressiven Maßnahmen zu Beginn der Revolution führten zu Verbesserungen der Einkommensverteilung, aber dieser Fortschritt war bis Mitte der 1980er-Jahre im Sande verlaufen.[85] Letztlich war der Effekt des ersten revolutionären Jahrzehnts die Expansion der kleinmaßstäblichen Warenproduktion und die Durchsetzung einer Ethik, die darauf hinauslief, »Kapitalisten« und »Imperialisten« für gesellschaftliche Probleme verantwortlich zu machen. Mit anderen Worten: Ein hauptsächlich von Händlern getragener kleinteiliger Kapitalismus erwies sich als der wichtigste wirtschaftliche Nutznießer der Revolution. Da jedoch die Kontrolle über den Staatsapparat die Möglichkeit zu weiterer Kapitalbildung eröffnete, blieb die vollständige Transformation dieser Kleinhändler zu ausgewachsenen Kapitalisten im Bereich des Möglichen.

Die Konservativen konnten sich bei diesem Prozess auf ihre Netzwerke im Basar verlassen, aber dem radikalen Flügel der politischen Gesellschaft fehlte ein ähnlicher Rückhalt in der Zivilgesellschaft, da die Arbeiterräte schon in der Frühphase der Revolution auf staatliche Organe reduziert worden waren[86] und das Subproletariat sich nicht selbst organisierte. Letztendlich wurden sozialpolitische Organisationen (auch islamische), die radikale Maßnahmen hätten unterstützen können, in den ersten vier Revolutionsjahren brutal unterdrückt,[87] sodass der radikale Flügel des Machtblocks eingeschränkt war. Der anfängliche Schwung der Verstaatlichung in den frühen 1980er-Jahren beruhte sowohl auf gesellschaftlichem Druck von unten und den Erfordernissen des Krieges[88] als auch auf der Organisiertheit des radikalen Flügels des Machtblocks. Das Nachlassen dieses gesellschaftlichen und politischen Drucks (und das Ende des Kriegs mit dem Irak) führte daher letztendlich zu einem vergleichsweise liberalen Jahrzehnt in der Wirtschaft.

Revolutionierter Korporatismus

Diese wechselnden politischen Grabenkämpfe führten zu einem zwiegespaltenen System der Sozialhilfe und Entwicklungsförderung.[89] Einerseits setzte das islamische Regime die korporatistische Politik des Schahs nicht nur fort, sondern erweiterte sie sogar: Die Arbeiterklasse und die neue Mittelklasse wurden durch Industrialisierung und sektorspezifische Sozialleistungen unterstützt. Andererseits baute das Regime einen dritten Sektor auf, der darauf abzielen sollte, die Armen in Lohn und Brot zu bringen und sie militärisch zu befähigen (Abrahamian nennt das einen »Wohl-fahrtsstaat für Märtyrer«). Eine Reihe von Stiftungen *(Bonyaden)* und pa-ramilitärischen Organisationen wurde für die Armen zur Einkommens-quelle und zum Tor für Aufstiegschancen.

Manche der Wohlfahrtsinstitutionen der Islamischen Republik hatten ihre Wurzeln in der revolutionären Mobilisierung. Chomeini-nahe Akti-visten organisierten unter Einsatz revolutionärer Rhetorik im Basar Hilfs-netzwerke. Ihr Ziel war es, nicht nur die Armen finanziell zu unterstützen, sondern sie auch symbolisch zu erhöhen. Das Wort *Mostazafan* (die per-sische Aussprache des koranischen Begriffs *Mustadafin*) war in den vor-angegangenen Jahrzehnten von islamischen Linken unter dem Einfluss von Franz Fanon und anderen Marxisten aktualisiert worden, um das Subproletariat als Retter der Spätmoderne darzustellen. Diese symbo-lische Perspektive wurde während der Revolution von Aktivisten wie dem Geistlichen Mehdi Karroubi aufgegriffen und im Basar popularisiert. Er und andere führten außerdem diese sich entwickelnden Netzwerke einige Wochen vor dem Sturz des Schahs in einer Dachorganisation zusammen, was letztlich zur Gründung der wichtigsten Hilfsorganisation der Repu-blik führte, dem Imam-Chomeini-Hilfsfonds (»Imam Khomeini Relief Committee«).[90] Karroubi wurde später zu einer Schlüsselfigur, zuerst im untergeordneten Flügel des Machtblocks und dann in der liberalen isla-mischen Bewegung.

Die Bonyad-Stiftungen, die einen Großteil der iranischen Wirtschaft kontrollieren, zählen zu den umstrittensten Institutionen der Islamischen Republik. Für ihre Kritiker sind sie die zentralen Brennpunkte der Kor-ruption in der iranischen Gesellschaft und die größten Hürden auf dem Weg zu marktwirtschaftlichen Reformen. Die Bonyad-Stiftungen wurden eingerichtet, um den Armen zu helfen und die Armut auszumerzen. Die meisten ihrer Vermögenswerte wurden von der Familie des Schah und anderen in- und ausländischen Eliten konfisziert. Da sie dafür gedacht wa-ren, den Mostazafan zu dienen, wurden sie vor zentraler Planung, stren-ger Regulierung und auch vor den Regeln des freien Marktes geschützt. Sie sind nur sich selbst und – zumindest auf dem Papier – den Mostaza-fan Rechenschaft schuldig. In der Praxis kontrollieren jedoch regimenahe

Händler und Geistliche diese autonomen Organisationen und besetzen sie mit regimefreundlichem Personal. Die Bonyaden, die theoretisch Non-Profit-Organisationen sind, investieren in alles, von textil-bis hin zu metallverarbeitenden Firmen, und erzielen Gewinne (ihre Befürworter könnten sagen, ihre Überschüsse seien keine Gewinne, sondern dienen der Selbstermächtigung der Mostazafan). Während in- und ausländische, marktwirtschaftlich orientierte Kritiker auf die Ineffizienz der Bonyaden hingewiesen und ihre Privatisierung gefordert haben, betonen linke Kritiker, dass in diesen Institutionen aus sozialer Gerechtigkeit die Günstlingswirtschaft geworden ist und fanatisch regimetreue Arbeiter, Händler und Geistliche produziert werden (die aus einer etwas analytischeren Sicht als die Keimzelle des konservativen Blocks beschrieben werden könnten). Wie dem auch sei – diese riesigen, nicht-marktwirtschaftlichen und nicht-staatlichen Organisationen verteilen Wohlstand um und lindern Armut, aber eher zugunsten der Unterstützer des Regimes statt der gesamten Bevölkerung. Die größte Bonyade im Iran nennt sich interessanterweise Bonyad-e Mostazafan va Janbazan (Stiftung der Unterdrückten und Kriegsveteranen).

Im Gegensatz zu den vom alten Regime übernommenen Institutionen sind diese neuen Institutionen klassen- und sektorübergreifend, obwohl sie hauptsächlich solchen Menschen zugutekommen, die vom korporatistischen Regime ausgeschlossen wurden. Diese beiden Wohlfahrtssysteme (das eine vom Schah übernommen, das andere durch die Revolution geschaffen) vereinten sich nicht miteinander. Die revolutionären Institutionen hingen nicht nur von der Staatskasse ab, sondern auch von freiwilligen Spenden aus der Bevölkerung, die auf der Tradition der islamischen Almosensteuer (*Zakāt*) basierten (in vielen Fällen konnten solche Spenden sogar von Bürgern stammen, die das Regime verabscheuten).[91] Außerdem wurden diese Institutionen von revolutionären Kadern betrieben (die revolutionäre Kleidung trugen und revolutionäre Sprache verwendeten), die es vermieden, sich zu professionalisieren. Sie setzten kontextuelle statt standardisierter und technischer Bewertungsmethoden ein, um zu entscheiden, wer Hilfe bekommt, und solche Hilfsleistungen werden viel häufiger in Form von Bargeld und Gutscheinen ausgezahlt als über bargeldlose Zahlungssysteme. Solche Hilfsinstitutionen mobilisierten außerdem Hunderttausende von Freiwilligen. In erster Linie kam es dort nicht auf bürokratisches Funktionieren an, sondern auf Leidenschaftlichkeit und Gesinnung.[92] Die Empfänger von Hilfsleistungen waren meist bemüht, den revolutionären Geist dieser Institutionen zu imitieren, aber es gibt auch Studien, nach denen gewisse Gruppen aus der armen Bevölkerung sie einfach nicht in Anspruch nahmen. Nach dem Ersten Irakkrieg in den 1980er-Jahren konnte das Regime die absolute Armut deutlich reduzieren, womöglich mithilfe dieser Institutionen (sowie mit stabilem Wirtschaftswachstum).

Eine zentrale Rolle bei der Konsolidierung des Korporatismus spielte der Krieg mit dem Irak. Zwar war er verheerend, aber die Kriegsanstrengungen halfen, den Korporatismus zu festigen und seinen konservativen und revolutionären Kritikern den Wind aus den Segeln zu nehmen. Außerdem ermöglichte es der entstehende »Kriegs-Korporatismus« dem Regime, die traditionellen horizontalen Netzwerke der »Ulama« (der islamischen Religionsgelehrten) und der Basarhändler aufzubrechen und sie definitiv mit dem korporatistischen Staat zu verschmelzen – ein »Erfolg« der Moderne, der unter dem Schah undenkbar gewesen wäre.[93] Obwohl also diese beiden Gruppen enorm von der Revolution profitierten, war ihr Zugewinn nie unkontrolliert, und ihre Macht wurde letztlich dem Staat untergeordnet.

Ebenso wichtig wie die Sozialleistungen der Hilfsorganisationen und ihre Bestrebungen, den revolutionären Diskurs unter den Eliten und in der Bevölkerung anzufachen, war die von ihnen ausgehende Ermächtigung von Akteuren des Subproletariats. Diese Institutionen boten dieser »Klasse«, die eigentlich gar keine Klasse ist, die besten Chancen für Aufstieg und politische Einflussnahme. Das Subproletariat ist nur zum Teil der Landbevölkerung aus dem marxschen 18. Brumaire VIII vergleichbar und hängt von der Expansion dieses dritten Sektors ab (anstatt einfach nur von der Regierungsbürokratie wie im Frankreich des 19. Jahrhunderts). Die Islamische Republik, die unablässig die Ermächtigung der Unterdrückten im Munde führt, verschafft ihnen tatsächlich Macht, aber nur, indem sie sie einem riesigen, dezentralisierten Apparat unterwirft.

Diese Nicht-Klasse ist zwar nicht in der Lage gewesen, sich selbst zu organisieren, aber ihre Organisation durch das revolutionäre Regime von oben nach unten ist zu einer zentralen Quelle von bereitwilliger und aktiver Zustimmung von unten nach oben geworden.

DER AUFSTIEG ISLAMISTISCHER OPPOSITION

In den anderen Ländern der Region entstand die islamistische Opposition im Verlauf von Jahrzehnten, und zwar durch Friktionen, Konflikte und manchmal Kooperationen mit dem jeweiligen Regime. Die iranische Revolution stärkte das Selbstbewusstsein der islamistischen Opposition und beförderte ihre Unabhängigkeit von den konservativen Flügeln der säkularistischen Regime.[94] Trotz zahlreicher Unterschiede zwischen ihnen unterschieden sich die islamistischen Strömungen in der gesamten Region sowohl vom säkularistischen Republikanismus als auch von seiner aufkommenden liberalen Alternative. Sie waren davon überzeugt, dass ein islamischer Staat und eine islamische Wirtschaft sämtliche Übel, die von Republikanismus und Liberalismus herbeigeführt worden waren, beseitigen würden. Wie allerdings eine islamische Wirtschaft aussehen sollte (und wodurch sie sich vom Korporatismus und vom Neoliberalismus unterscheiden würde), war nur unklar formuliert. Was ein islamischer Staat mit sich bringen würde, war auch nicht ganz klar. Der ultimative – und vielleicht unbeabsichtigte – Beitrag der islamistischen Opposition im Rest der Region (außerhalb des Irans) würde die Schaffung von Massenorganisationen sein, die es der politischen Gesellschaft ermöglichen würde, die existierenden Staaten mit ihrer Bevölkerung zu verbinden.

Die Opposition wurde nicht von dem exakten wirtschaftlichen und politischen Ausbau des tatsächlichen islamischen Regimes maßgeblich geformt, sondern vielmehr vom Schreckgespenst der iranischen Revolution. Islamisten mussten Stellung beziehen – entweder für oder gegen sie.[95] Ein Journalist von der Zeitung des AKP-Regimes lässt diese revolutionären Tage Revue passieren und erinnert sich, wie die Islamisierung von oben unter dem Eindruck dieses Schreckgespenstes ins Stocken geriet:

[Die Junta vom 12. September 1980] unternahm eine echte Anstrengung, um das religiöse Leben zu regulieren, und zwar durch Restauration und konservative Interventionen, die auf einer [modernisierten] Religion basierten. Aber ihre restriktiven und regulatorischen Interventionen gingen ins Leere *[bozguna uğradı]*. Die Generationen der Muslime in den 1980er- und 1990er-Jahren bezogen ihre intellektuelle Nahrung nicht aus dem Lehrplan [der Junta], sondern aus [dem Ereignis], das damals die größte Aufregung erzeugte, nämlich der iranischen Revolution und ihren Ideologen.[96]

Mehmet Metiner, ein bekannter islamistischer Aktivist der Türkei, war voll des Lobes darüber, dass es dem iranischen Regime gelungen war, zehn Jahre nach der Revolution die revolutionäre Leidenschaft zu reproduzieren, wie er es bei einem Besuch 1989 miterlebt hatte. In seinem Buch über den Iran macht Metiner darauf aufmerksam, wie die Massen der Armen sich mobilisierten, um der Märtyrer der Revolution zu gedenken:

Ich achte auf die äußere Erscheinung der Menschen, die sich auf dem Friedhof der Märtyrer versammelten; sie sehen alle arm aus. Ihre Armut kann man auch an ihrem Verhalten erkennen. Sie sind die [Mostazafan], wie Imam Chomeini stets sorgfältig betont. Das heißt, dass sie *die eigentlichen Begründer der Revolution sind*.[97]

Aber warum engagieren sich diese Menschen so leidenschaftlich für das Regime? In seinem Buch fokussiert sich der Autor auf die Loyalität zur Person Chomeini (sowie natürlich zum Islam selbst), aber auf einer Seite nennt er einen institutionellen Grund. Das Hotel, in dem der Autor abgestiegen war, gehörte der Bonyad-e Mostazafan va Janbazan:

Das Hotel gehörte früher einem der Männer des Schah. Es wurde an die Stiftung übertragen, nachdem seine Eigentümer vor der Revolution geflohen waren. Sämtliche Einnahmen des Hotels fließen an die Stiftung, von der sie an die Benachteiligten und Armen verteilt werden. Die Benachteiligten und Armen sind zweifellos die ureigensten Kinder *[öz evlet-*

ları] der Revolution ... Die islamische Revolution im Iran ... übernahm die Verantwortung, ihre eigenen Kinder zu schützen ... und zu ehren.[98]

Ähnliche Lobpreisungen füllten die Seiten der einflussreichsten islamischen intellektuellen Zeitschrift der 1980er-Jahre, *Girişim*, für die Metiner regelmäßig Beiträge schrieb. Im Jahr 2013 äußerte ein Mitglied der ägyptischen Organisation al-Dschihad ähnliche Ansichten, warnte jedoch vor dem sektiererischen Wesen des iranischen Regimes: »In den frühen 1980er-Jahren ließen wir uns alle von der iranischen Revolution inspirieren und bewunderten Chomeini, und wir bewundern immer noch Vieles an der islamischen Regierung des Iran. Aber wir sind anders, und wir wollen nicht, dass sie uns beherrschen.«[99] Selbst (sunnitische) Islamisten, die mit der Revolution sympathisierten, machten sich Sorgen über schiitische Einflüsse. Metiner selbst versuchte jahrelang, diese Sorgen zu zerstreuen, räumte aber auch ein, dass aufgrund der speziellen Stellung der schiitischen Geistlichkeit und Gerichtsbarkeit im Iran ein direkter Export des Regimes in die Türkei nicht infrage kam.[100]

Ganz offenkundig und in erster Linie vermittelte die iranische Revolution Hoffnung und Kraft, da sie zeigte, dass man den Spieß gegen die Säkularisten umdrehen konnte. Aber sie ermutigte die Islamisten auch, außerhalb der überkommen Schubladen zu denken, und versetzte sie dadurch in die Lage, neue Koalitionen einzugehen. So legten zum Beispiel die Islamisten in Tunesien nach 1979 einen Schwerpunkt auf Gleichberechtigung und ähnliche linke Themen, was ihnen neue Felder für die Mobilisierung eröffnete (zum Beispiel die Studenten- und die Arbeiterbewegung).[101] Die iranische Revolution war einer der Schlüsselfaktoren, aufgrund derer sich die tunesischen Islamisten nicht mehr nur mit moralischen und individuellen Fragen beschäftigten, sondern Themen wie »soziale Gerechtigkeit« und »Antiimperialismus« einbezogen.[102]

Die Türkei

Der Aufstieg des türkischen Islamismus forderte sowohl die Kemalisten als auch die Konservativen heraus. In den frühen 1970er-Jahren war islamistische Politik hauptsächlich die Domäne von Kleinunternehmern aus der Provinz, die sich durch die Industriepolitik der Regierung, zunehmende Militanz der Arbeiterschaft und rapide Verwestlichung in die Defensive gedrängt sahen. Die fehlende Reaktion etablierter Wirtschaftsverbände und politischer Parteien auf die Bedürfnisse von Kleinunternehmen, die sich in einer Importsubstitutionswirtschaft in ihrer Existenz bedroht sahen, bewegten Necmettin Erbakan, den Ex-Präsidenten der Union der Kammern und Börsen der Türkei (Türkiye Odalar ve Borsalar Birliği, TOBB), 1970 die Nationale Ordnungspartei (Milli Nizam Partisi, MNP) zu gründen. Die MNP setzte sich nicht nur für die wirtschaftlichen Interessen von Geschäftsleuten und Händlern aus der Provinz ein, sondern sprach auch ihre religiösen Gefühle und ihre Abneigung gegen westliche Konsumkultur an. Dadurch gewann sie die Unterstützung der frommeren Kleinbauern und Kunsthandwerker, die sich auch durch Erbakans ziemlich skizzenhaftes Programm zur Entwicklung der Wirtschaft angesprochen fühlten, das sich auf Privatunternehmen im kommunalen Besitz gründete, die vom Staat geschützt und reguliert wurden: Erbakans Versprechen eines »dritten/kommunalen Sektors« schien eine Barriere gegen die wachsende Macht von Big Business zu sein. So unterstützten einige religiöse Intellektuelle und Kommunen im Laufe der 1970er-Jahre diese Partei und unterstützten nicht mehr das rechte Zentrum. Dieser Sinneswandel wurde von folgender Dynamik angetrieben: Manchen der rigoroseren frommen Kommunen war das rechte Zentrum zu säkular und modern, während am anderen Ende des Spektrums viele Intellektuelle, Verleger und Geistliche (mitsamt ihren Studenten) eine islamische Richtung wollten, die unabhängig vom Staat war. Sie waren sowohl gegen den kommunistischen Osten als auch gegen einen mit dem Westen verbündeten Staat – ihr Motto war: »Weder der Osten noch der Westen.«

Die MNP wurde 1971 vom Militär aufgelöst und 1972 als Nationale Heilspartei (Millî Selamet Partisi, MSP) neu gegründet, mit praktisch unverändertem Programm. Der wichtigste Erfolg der MSP in den 1970er-Jahren waren größere Freiheiten für den Betrieb der Imam-Hatip-Schulen, deren Absolventen in den folgenden Jahrzehnten die wichtigsten

Aktivisten und Führer der islamistischen Bewegung stellen würden. Offiziell sollten diese Schulen angehende Prediger *(Hatips)* und Vorbeter *(Imame)* ausbilden. Da es jedoch für Schüler an normalen öffentlichen Schulen nicht möglich war, die Gebote des Islam zu befolgen, schickten auch religiöse Familien, die ihre Kinder nicht unbedingt zu Predigern oder Vorbetern ausbilden lassen wollten, ihren Nachwuchs auf diese Schulen. Nach und nach besetzte diese Generation von Imam-Hatip-Absolventen immer mehr wichtige Positionen in der öffentlichen Verwaltung und bildete so eine neue religiöse Mittelklasse, die in der Lage war, mit der säkularistischen Intelligenzia in Wirtschaft, Kultur und Politik zu konkurrieren. In einem Land, dessen Intellektuelle zuvor automatisch der Linken zugeordnet worden waren, sollte das Entstehen dieser neuen, erklärtermaßen muslimischen Intelligenzia zu einem wichtigen Baustein für die Entwicklung des Islamismus zu einer hegemonialen Alternative werden.

Nach dem Putsch von 1980 wurde die Herausforderung von links niedergeschlagen und eine kontrollierte Öffnung gegenüber religiösen Gruppen initiiert. Der Islamunterricht wurde Bestandteil des Lehrplans an öffentlichen Schulen. Bestimmten religiösen Gemeinschaften, die vorher halb im Verborgenen arbeiten mussten, wurde gestattet, fortan auch öffentlich in Erscheinung zu treten. In diesem Umfeld expandierten vor allem die »post-sufistischen« Gülen- und Süleymancı-Bewegungen (die die Lehren des mystischen Sufismus systematisch mit den Naturwissenschaften, dem türkischen Nationalismus und einer einigermaßen rationalistischen Auslegung religiöser Schriften verbanden).[103] In der 1982 verabschiedeten Verfassung enthielt die Definition dessen, was es bedeutete, »türkisch« zu sein, vorher nicht da gewesene Bezüge zum Islam.[104]

Diese Konzessionen kann man als den Versuch betrachten, den Reiz der iranischen Revolution und des sozial radikalen Islamismus durch eine »Politik der Integration« einzudämmen und zu entschärfen. Die andere Seite dieses Prozesses war die Demobilisierung potenziell revolutionärer Kräfte. Diese »Revolution-Restauration« hielt den Machtblock (vorübergehend) intakt und befriedete teilweise die Populisten. Während der Militärdiktatur von 1980 bis 1983 wurden einige Maßnahmen ergriffen, um die Forderungen der Islamisten zu erfüllen und ihr aufständisches Potenzial zu entschärfen.

Mit diesen Veränderungen beabsichtigte man, den säkularen Staat zu konsolidieren (anstatt ihn zu untergraben), dennoch führten sie zu weiteren Konflikten, da sie religiöse Akteure im ganzen Land stärkten. Obwohl diese Reformen eigentlich den post-sufistischen religiösen Gemeinschaften zugutekommen sollten, so waren doch islamistische Kreise und Parteien ihre ungewollten Nutznießer. Der Stimmenanteil der islamistischen Parteien stieg von 8 Prozent im Jahr 1987 auf 16 Prozent im Jahr 1991 und auf über 20 Prozent in den Jahren 1994 und 1995 (während alle anderen Parteien allmählich unter 20 Prozent sanken und dort stecken blieben).

Die türkische Vision islamischer Ökonomik und ihre Entradikalisierung

Im Jahr 1980 löste das Militär die MSP auf. Als es 1983 den Parteien wieder erlaubt wurde, sich zu organisieren, nutzte Erbakans Wohlfahrtspartei (Refah Partisi, RP) den revolutionären Wind, der aus dem Iran herüberwehte. Die islamistische Partei hatte nun eine antiliberale, auf soziale Gerechtigkeit ausgerichtete Plattform. Diese religiöse Mobilisierung entwickelte auch eine kommunitaristische Vorstellung des Marktes nach Karl Polanyi, aber – inkonsequent – mit marktwirtschaftlichen und national-entwicklungspolitischen Elementen versetzt. Das neue Parteiprogramm der RP vereinte widersprüchliche Thematiken. Die Partei vetrat die Interessen einer wachsenden Klasse von frommen Geschäftsleuten, die sich vermutlich besser an die Neoliberalisierung anpassen würde als die vom Staat protegierte Bourgeoisie (obwohl sich einige Jahre später zeigen sollte, dass diese neue, angeblich unabhängige Klasse ebenso sehr an staatlicher Protektion interessiert war wie die konkurrierende etablierte säkulare Bourgeoisie). »Schwere« (vom Staat geführte, massive und unflexible) Industrialisierung wurde aus dem Parteiprogramm gestrichen, stattdessen betonte man die neue Kraft des Marktes. Zweifellos hatte die Partei also *einige* neoliberale Neigungen. Andererseits räumte das Parteiprogramm den moralischen, kollektivistischen Gemeinschaften eine zentrale Rolle als Marktregulierer ein.[105] Aufgrund dieser moralischen Kontrolle würde es keine Ausbeutung geben, nicht einmal in privaten Unternehmen.

Also nahm die Partei (ihre Zeitungen, ihre Ideologen und Politiker) für sich in Anspruch, »anti-kapitalistisch« zu sein, und berief sich auf nicht-marxistische Sozialisten wie Robert Owen (von dem auch Polanyi stark beeinflusst war). Owens Sozialismus war im islamischen Gewand in der Türkei angekommen. Die Parteiprogramme versprachen jedem Arbeiter einen auskömmlichen Lohn und gewerkschaftliche Organisierung; auf den Parteitagen hingen Plakate, auf denen das »Ende der Ausbeutung« verkündet wurde. Dieser widersprüchliche Diskurs, in dem die Akzeptanz offener Märkte mit kommunitaristischem Sozialismus zusammenmenging, führte zu enormer Unterstützung durch die städtischen Armen.

In der Türkei wie im gesamten Nahen Osten entwickelten islamistische Intellektuelle dieser Zeit Vorstellungen von der idealen muslimischen Stadt – mit einer Moschee im Zentrum, darum herum Märkte, Schulen und kulturelle Zentren.[106] Dies konstituierte den Raum für die islamische Ökonomie. Architektonische Bescheidenheit und Harmonie mit der Natur sollten die Stadt definieren; Stadtentwicklung sollte die historische Substanz respektieren, die Gebäude Demut vor Gott reflektieren. Hochhäuser waren zu verbieten.[107]

Der Sieg von Erdoğans RP bei den Kommunalwahlen erzeugte sowohl Panik als auch Euphorie in der Hauptstadt, bei der Vorstellung, diese islamistische urbane *Vision* könnte vollständig umgesetzt werden. Tatsächlich waren die islamistischen Intellektuellen uneins in Bezug auf die Stadtentwicklung, und nicht zuletzt auch in ihrer Haltung zu (frommen) Hausbesetzern. Manche glorifizierten sie als Agenten der Vergeltung an der gottlosen städtischen Elite.[108] Andere waren ambivalenter, manchmal applaudierten sie ihnen für ihre Kreativität, was das Stadtbild betraf, dann wieder warfen sie ihnen vor, Geschichte und Natur auszuplündern. Aber eine einflussreiche Gruppe in der RP-Parteiführung sah in der Kaltstellung des säkularistischen Establishments einen Weg, um Istanbul erfolgreicher in die Weltwirtschaft zu integrieren und seine reiche osmanische Geschichte für den Tourismus auszubeuten. Diese Strategen waren auch weniger nachsichtig mit den Hausbesetzern. Für sie waren das Nomaden, die nicht zum urbanen Geist des Islam passten.[109]

In der RP trafen sich diese gegenläufigen Strömungen, und sie reagierte auf alle. Unter Bürgermeister Erdoğan wurden in der Istanbuler Stadtverwaltung die Mittel neu verteilt, die Kontrolle des Alkoholkonsums verschärft, die islamischen Symbole an öffentlichen Plätzen wieder in den Mittelpunkt gerückt und in öffentlichen Gebäuden Gebetsräume eingerichtet.[110] Obwohl Erdoğan im Wahlkampf versprochen hatte, Hochhäuser aus dem Stadtbild zu entfernen, rührte seine Stadtverwaltung, die der Finanzwirtschaft durchaus wohlgesinnt war, diese Häuser des Cashflow nicht an.

Die Ernte ihrer effizienten Stadtverwaltung fuhr die Partei 1995 bei der nationalen Wahl ein, aus der sie als stärkste Partei des Landes hervorging. Die von der RP geführte Koalitionsregierung setzte enorme Lohnsteigerungen durch und begrenzte die Bankzinsen. In den Gemeinden organisierte sie Events, die ihre Sympathie für islamische Anliegen bekundeten. Anfänglich signalisierte Erbakan, er wolle auf eine »globale Demokratie« hinarbeiten, die auf der Zusammenarbeit muslimischer Länder unter türkischer Führung beruhte.[111] Unter dem Druck der türkischen Militärelite knickte er jedoch bald ein und unterschrieb sogar eine historische Vereinbarung mit Israel über militärische Kooperation.

Andere religiöse Bestrebungen der 1980er- und 1990er-Jahre richteten sich zum Beispiel darauf, religiösen Ritualen im Alltag mehr Platz einzuräumen, vor allem in ärmeren Wohngegenden; es kam zu einer Blüte von islamischen Verlagen, Radio- und Fernsehprogrammen sowie Zeitungen und Zeitschriften; zu immer mehr frommen Schulen und Wohnheimen; zu mehr Moscheen und Koranschulen; und zu einem öffentlich ausgetragenen Streit zwischen verschiedenen islamischen Gruppen darüber, wie der Islam richtig auszulegen und zu praktizieren sei. Es kam in der Türkei also nicht nur zu einem islamischen Angriff auf den Säkularismus, sondern auch zu islamistischen Angriffen auf Glaubensüberzeugungen und -gebräuche, die vorher für islamisch gehalten worden waren (Besuche von Grabstätten, der sufistische *Dhikr* und selbst das Freitagsgebet in einer säkularen Republik). Während die post-sufistischen Gruppen (zum Beispiel die Gülen-Bewegung) an einigen dieser Bestrebungen beteiligt waren, nahmen sie an dem Kampf gegen traditionelle sufistische Praktiken nicht teil (obwohl sie die meisten dieser Bräuche, vor allem den *Dhikr*, aufgegeben hatten).

Außerdem sprach der Parteivorsitzende Erbakan häufig von der Notwendigkeit, mehr Imam-Hatip-Schulen zu eröffnen, und lud zu einem Dinner mit dem Premierminister ein, zu dem auch mehrere bekannte sufistische *Şeyhs* (Scheichs) eingeladen wurden. Eine solche Zusammenkunft fand in der Geschichte der Republik zum ersten Mal statt, und die säkularistischen Hardliner interpretierten sie als formale Anerkennung religiöser Gruppierungen, die seit den frühen kemalistischen Reformen verboten gewesen waren. Diese Vorgänge und Bestrebungen entgingen dem alten Machtblock keineswegs. Im Februar 1997 schaltete sich das Militär ein und forderte, dass die Regierung die Imam-Hatip-Schulen in ihren Freiheiten einschränken, die säkulare Pflichtschulzeit von fünf auf acht Jahre erhöhen und die religiösen Gemeinschaften kontrollieren solle. Die RP war zu zerstritten, um sich dagegen wirkungsvoll zur Wehr zu setzen, und so trat die Regierung zurück. Unter dem Regime der Generäle begannen die Repressionen und Folterungen von Neuem, wenn auch nicht in dem Ausmaß wie in den 1980er-Jahren. Am Ende wurde die RP aufgelöst. Zu diesem Zeitpunkt fing das Militär auch damit an, die eigenen Reihen von Islamisten gründlich zu säubern.

Sofort gründeten die Islamisten eine neue Partei. Die Tugendpartei (Fazilet Partisi, FP) strich die antikapitalistische Rhetorik aus dem Parteiprogramm der RP – ein klares Zeichen dafür, dass der neoliberale Flügel der aufgelösten RP dabei war, in der Partei die Oberhand zu gewinnen. Dieser prowestliche Flügel konnte sich inzwischen auch Hoffnungen auf Unterstützung von außen machen, nämlich von der Europäischen Union. Die EU hatte begonnen, sich aktiv für die Einhaltung der Menschenrechte in der Türkei einzusetzen, nachdem dieser im Dezember 1999 der Status eines EU-Beitrittskandidaten gewährt worden war. Die Islamisten dämpften ihre Kritik am Establishment zwar ab, wagten es aber, eine kopftuchtragende Frau als Kandidatin für einen Sitz im Parlament aufzustellen. Das Verschleierungsverbot in staatlichen Gebäuden war ein zentrales

Element der türkischen Säkularisierung gewesen, und selbst die RP hatte es, während sie an der Macht war, nie gewagt, einen so bedeutsamen Schritt zu unternehmen. Nun begannen die Ideologen der FP, die Verschleierung mehr als eine Frage der Menschenrechte denn als religiöse Pflicht darzustellen, in der Erwartung, dass die EU in ihrem Sinne intervenieren würde. Auf kurze Sicht ging ihre Taktik nach hinten los: Im Jahr 1999 wurde Merve Kavakçı, die verschleierte Abgeordnete, daran gehindert, ihren Abgeordneteneid zu leisten.

Dieses frühe Experiment in (neo-)liberalem Islam war nur oberflächlich und kurzfristig ein Misserfolg. Tatsächlich war es nur der erste Schritt von vielen hin zu einer neuen, flexiblen Strategie der Islamisierung: Fromme Akteure testeten die Grenzen des türkischen Säkularismus aus, nach und nach und durch trial and error, statt den Säkularismus mit einem Schlag zu Fall zu bringen. Im Jahrzehnt darauf sollte sich zeigen, dass durch diese neue Strategie alle anderen Strategien der Islamisierung marginalisiert wurden – ein Wandel, der durch die *politische* Struktur des türkischen Islamismus ermöglicht wurde.

Ende der 1990er-Jahre gab es kaum noch drastische Konfrontationen mit der säkularen Staatsgewalt, was durch die Ereignisse nach dem Militärputsch vorbereitet wurde. Man organisierte Demonstrationen, um gegen die vom Militär beschlossenen Maßnahmen gegen islamische Bildung und Kleidung zu protestieren. Dabei kontrollierten die RP- und FP-Parteiführer allerdings die Radikalen und die Parteijugend durchaus wirkungsvoll; islamistische Radikale, die sich ihrer Kontrolle entzogen, wurden letztlich an den Rand gedrängt. Die Radikalen konnten ohne politische Unterstützung die Leute nicht mobilisieren und auch keine neuen Parteien aufbauen, die ihnen diese Unterstützung verschafften. Enttäuscht und desillusioniert kehrten sie um und versuchten, das System von innen heraus zu verändern. Die meisten traten im darauffolgenden Jahrzehnt in die Partei ein; einige besetzten sogar Spitzenpositionen in der Verwaltung.

Der entscheidende Unterschied zu der Entwicklung in Ägypten war nicht der Kreislauf von Radikalisierung – Repression – Entradikalisierung – Neuradikalisierung (der in beiden Fällen immer wieder stattfand); vielmehr fehlte den türkischen Islamisten jegliche Alternative einer organisierten, religiös-politischen Institution, an die sie sich hätten wenden können (etwa eine effektive radikale Partei oder alternative und effektive sozialpolitische Organisationen). Politisch und islamisch war die Gesellschaft in der Türkei geeint (das heißt, eine legale islamistische Partei hatte das religiös-politische Monopol). Es gab mehrere Sufi-Gemeinschaften, aber sie nahmen Einfluss auf die Institutionen, indem sie mit Mitte-Links-, Mitte-Rechts- und islamistischen Parteien kooperierten, anstatt eine eigenständige Partei aufzubauen; und (im Gegensatz zu Ägypten) gab es in der Türkei nur eine bedeutende islamistische politische Partei.

Ägypten

Auch der ägyptische Islamismus wandelte sich hin zu einer entradikalisierten, ja sogar allmählich immer stärker ausgeprägten marktorientierten Haltung, weg vom Glauben an die Besonderheit einer islamischen Wirtschaft. Dieser Sinneswandel hinsichtlich der Wirtschaft war mit der Umorientierung der ägyptischen Islamisten hin zu einer Bewegung, die sich auf islamisches Recht konzentrierte, verbunden, weg vom Kampf für ein Kalifat. Allerdings erwies sich der Weg zu einem liberalen Islam in Ägypten als wesentlich steiniger als in der Türkei, und der politische und kulturelle Liberalismus blieb weit weniger entwickelt. Der ägyptische Islamismus unterschied sich vom türkischen durch den immer rigideren Pietismus und das intensivere Bestreben, islamisches Recht einzuführen. In dieser Hinsicht wurde er »legalistisch«, was in diesem Buch nicht als Präferenz für legale im Gegensatz zu illegaler Existenz definiert ist, sondern als unbeirrbarer Kampf für islamisches Recht.

Der allmähliche Aufstieg eines auf Recht, Frömmigkeit und Sittsamkeit orientierten Islam in Ägypten ohne klaren Bruch mit der korporatistischen Vergangenheit bildet einen krassen Gegensatz zu der vergleichsweise liberalen und marktwirtschaftlichen Variante des Islam in der Türkei. Die Ursprünge dieses Unterschieds sind unter anderem auf die jeweilige Organisation der Religion zurückzuführen. Im Unterschied zur Türkei trieben die Gerichte und die Gelehrten der Al-Azhar-Universität (als Experten für islamisches Recht) die Islamisierung in Ägypten voran, um den radikalen Islam zurückzudrängen und seine Wirkung einzudämmen.[112] Dennoch war die Muslimbruderschaft in der ägyptischen islamischen politischen Gesellschaft zentral, auch wenn sie das Feld mit anderen bedeutenden religiösen Gegnern teilen musste (zum Beispiel mit der Jamaa Islamiya, mit verschiedenen Sufi-Gruppen sowie diversen Predigern und Organisationen, die als Salafisten bekannt sind und alle die geistliche und politische Führung der Muslimbrüder ablehnen).

Es war nicht nur die Unfähigkeit der Muslimbrüder, den Islam für sich zu vereinnahmen, sondern auch, wie sie organisiert waren, was den Unterschied zur Türkei ausmachte.[113] Die Muslimbruderschaft war 1928 von Hasan al-Bannā gegründet worden und entwickelte sich in ihren ersten Jahrzehnten zu einer sozialpolitischen Bewegung, die sich im Umfeld von Sportvereinen und Abendschulen organisierte und sich Wohltätigkeit und antikoloniale Aktivitäten auf die Fahnen geschrieben hatte.[114] Die Gründerväter der Muslimbruderschaft lehnten Institutionen ab; sie wollten sich nicht als Verband, Verein oder irgendetwas »Offizielles« gründen, sondern präsentierten sich vielmehr als »eine Idee«.[115] Noch deutlicher gesagt: Die Muslimbrüder hatten nie etwas dagegen einzuwenden gehabt, sich zu *organisieren* (vielmehr waren sie von Anfang an selbst in einer komplexen Struktur organisiert, die als *tandhim* bekannt war), aber rechtliche und formale Institutionalisierung (und daher auch die Gründung einer formalen politischen Partei) blieb ihnen suspekt, im direkten Gegensatz zu den institutionell disponierten türkischen Islamisten.

Auch die wirtschaftlichen Vorstellungen der Islamisten unterschieden sich im jeweiligen Kontext, obwohl sie sich nach den 1970er-Jahren tendenziell annäherten. Eine Fraktion der Muslimbrüder propagierte einen islamischen Sozialismus,[116] der sich bei den türkischen Islamisten nie klar durchsetzen konnte. Ihr Verständnis von Sozialismus baute, dem Zeitgeist entsprechend, vor allem auf den Staat. Nach der Verfolgung durch Nasser in den 1960er-Jahren setzten sich zahlreiche Muslimbrüder ins Ausland ab und betrieben ihre Geschäfte, die sie nach Präsident Sadats *Infitah* (Politik der »Offenen Tür« oder Handels-Deregulierung) in Ägypten fortsetzten. Die Schaffung von Arbeitsplätzen im privaten Sektor in den 1970er-Jahren und der explosionsartige wachsende Außenhandel kamen diesen Muslimbrüdern zugute – viele von ihnen wurden reich.[117] Das Geld, das von Auswanderern in die Golfstaaten regelmäßig nach Hause überwiesen wurde, am Staat und am Finanzamt vorbei, wurde in islamische Banken investiert, und in den 1970er- und 1980er-Jahren wurde die Finanzialisierung der Wirtschaft als islamisch legitimiert. Auch der Handel mit dem Westen oder auf dem Schwarzmarkt wurde durch religiöse Urteile als islamisch abgesegnet.[118] In der Folge favorisierten die Muslimbrüder ein gemischtes Wirtschaftsmodell und gaben die unbedingte Treue zum »Sozialismus« auf.

In den 1960er-Jahren kämpften die Muslimbrüder für einen gewaltsamen Sturz des Regimes durch eine revolutionäre Avantgarde, aber durch ein immer autoritärer werdendes Regime und die eigene Radikalisierung isolierten sie sich immer mehr und konnten in diesem Jahrzehnt nicht in der Zivilgesellschaft operieren. Aber auch die politischen Positionen der Muslimbrüder wurden durch die Privatisierung und Deregulierung in den 1970er-Jahren bis in die 1990er-Jahre moderater.[119] Außerdem war es Islamisten während der 1970er-Jahre gestattet, sich innerhalb der Studentenschaft zu organisieren (sowohl an säkularen Universitäten als auch an der Al-Azhar-Universität). Der öffentliche Einfluss der Al-Azhar-Universität nahm zu, weil Sadat sowohl Islamisten als auch die Al-Azhar-Universität gegen die Linke einsetzen wollte.[120] Diese Strategie verstärkte den Einfluss der Al-Azhar-Universität und der islamischen Rechtsgelehrten.

Die Muslimbrüder versuchten, dem Regime zu helfen, islamistische Studenten daran zu hindern, an Demonstrationen, Streiks und Sabotageakten teilzunehmen, aber sie konnten die Studenten nicht vollständig unter ihre Kontrolle bringen, weil sie nicht als politische Partei organisiert waren.[121] Dieser Umstand stellt einen wichtigen Gegensatz zur islamischen Partei in der Türkei dar, die in den 1980er-Jahren eine umfassende Kontrolle über islamistische Studenten hatte – ein entscheidender Unterschied zwischen den islamischen politischen Gesellschaften der beiden Länder. Allerdings wurde durch Sadats Alleinherrschaftsanspruch die Zusammenarbeit mit Islamisten Ende der 1970er-Jahre beendet. Nach seiner Ermordung 1981 und der relativen Liberalisierung des Regimes begannen die Muslimbrüder, an Kommunal- und Parlamentswahlen teilzunehmen. Dadurch lernten sie die demokratischen Spielregeln. Könnte das die Vorarbeit für die Umsetzung des Türkischen Modells in Ägypten gewesen sein?

In jenem Jahrzehnt setzten die Muslimbrüder sich selbst und dem Staat das Ziel, die individuelle Frömmigkeit zu steigern – durch intensivere Gebete, gute Manieren und generelles Befolgen der Gebote des Islam.[122] Wie in der Türkei von Anfang der 1970er- bis Ende der 1990er-Jahre setzten sich ägyptische islamische Parteien verschiedener Ausrichtungen über ihre Zeitungen, Zeitschriften, Bücher und Versammlungen für Reinlichkeit, korrektes Beten und islamische Moral ein,[123] überwachten die Straßen und Viertel, sorgten für billige städtische Dienstleistungen sowie erschwingliche islamische Kleidung.[124] Seit den 1970er-Jahren hatten islamische Gruppen an den Universitäten eine allgemeine Geschlechtertrennung durchgesetzt.[125] Die ägyptischen Aktivisten konzentrierten sich aber – trotz ähnlicher Auswirkungen der Islamisierung im Alltag – intensiver als ihre türkischen Kollegen darauf, islamisches Recht einzuführen. Oberflächlich betrachtet scheint das lediglich ein kontextueller Unterschied zu sein (der ägyptische Staat berief sich auf eine eingeschränkte Version der islamischen Gesetze, der türkische Staat dagegen nicht). Diese Divergenz reflektiert freilich auch unterschiedliche religiöse Strategien, die unter anderem auf Unterschiede in der Verfasstheit der jeweiligen politischen Gesellschaft zurückgehen.

Für die islamistische Bewegung in Ägypten stand das islamische Recht immer im Zentrum; zu Beginn der 1980er-Jahre wurde es auch für die Muslimbrüder immer wichtiger. Als die Regierung im Mai 1980 das islamische Recht zur wichtigsten Grundlage der Gesetzgebung erklärt hatte, wurde ihr Tonfall immer versöhnlicher. Danach stellten die Muslimbrüder ihr konfrontatives Verhalten ein.[126]

Institutionelle Altlasten ließen eine islamische politische Gesellschaft entstehen, deren Struktur sich deutlich von ihrem türkischen Pendant unterschied. Die ablehnende Haltung der Muslimbruderschaft politischen Parteien gegenüber hielt bis in die 1980er-Jahre an. Omar Tilmesani, der Führer der Organisation in den 1970er- und 1980er-Jahren, blieb ein konsequenter Kritiker von politischem Pluralismus, Parteigängertum und

»Parteilichkeit« *(Hizbiyya)*. Islamische Organisationen wie die Muslimbruderschaft könnten die Interessen der Nation und der Umma verteidigen, aber, so meinte er, politische Parteien würden dazu neigen, je nach Laune und politischer Gemengelage ihr Programm zu ändern. Er berief sich dabei auf al-Bannā: Parteien würden auf dem Disput gründen und daher die islamische Gemeinschaft spalten.[127] Dieser Logik zufolge lehnte die Muslimbruderschaft das Angebot Sadats ab, zu einer legalen politischen Plattform zu werden (er hatte nicht die Absicht, eine Partei zuzulassen). Jedenfalls hatte Tilmesani in der Zeit bis 1983 seine Haltung überdacht und beschlossen, dass die Muslimbrüder an den Wahlen teilnehmen sollten, und zwar nicht direkt, sondern über Koalitionen mit legalen Parteien.[128] In den 1970er-Jahren (als die Organisation nur einzelne Kandidaten ins Rennen schickte) hatte er diese Option noch verworfen.

Zusammengefasst: Unter Mubarak bot die islamische politische Gesellschaft anfangs noch ein Sammelsurium aus politischen, religiösen und wirtschaftlichen Alternativen zum neoliberalen Säkularismus an. Daraus konnte weder ein neuer politischer Block noch eine systematische Neuordnung der existierenden Machtblöcke entstehen. Im nächsten Kapitel wird untersucht, wie diese Zukunftsaussichten sich durch westliche und türkische Einflüsse, aber auch durch die Dynamik der Liberalisierung selbst verändert haben.

Tunesien

Die Ennahda (*Ḥarakat an-Nahḍa*, »Bewegung der Wiedergeburt«), die wichtigste islamistische Partei Tunesiens, wurde in den 1970er-Jahren gegründet (nahm aber erst in den späten 1980er-Jahren diesen Namen an), als eine Gruppe von Aktivisten beschloss, sich von einer etablierten islamischen Organisation zu lösen. Der Verband zum Schutz des Korans (»Association for the Safeguard of the Koran«) hatte religiösen Wandel auf der individuellen Ebene gepredigt, davon ausgehend, dass diese Strategie mit der Zeit zu einem stärker islamisierten Staat führen würde. Außerdem waren die tunesischen Islamisten auch unter dem Eindruck der Politisierung in anderen Ländern zu der Überzeugung gelangt, dass ein solcher allmählicher kultureller Wandel nicht die richtige Strategie sei.[129] Als sie die politische Bühne betraten, waren sie vor allem von ihren Kontakten zur Muslimbruderschaft beeinflusst (von denen sie nicht nur das Organisationsmodell übernahmen, sondern auch eine islamische Denkungsart im Hinblick auf aktuelle politische und gesellschaftliche Entwicklungen).[130] Im Unterschied zu den drei anderen hier behandelten Ländern entwickelten die tunesischen Islamisten bis in die 1980er-Jahre jedoch keine differenzierten politischen Positionen. Selbst Ende der 1970er-Jahre waren sie noch darauf fixiert, zu verhindern, dass die Linken an die Macht kamen, und weit weniger am Widerstand gegen das regierende Regime interessiert als ihre islamistischen Kollegen in den anderen Ländern.[131]

Die islamistische Bewegung in Tunesien entschied sich für eine Teilnahme am System. Einer der Gründe dafür war, dass das Regime sie dazu ermutigte. Aus dem gleichen Kalkül wie in den Nachbarländern: Die Islamisten unterstützen, um die Linke zu bekämpfen. Allerdings führten die Wahlergebnisse der Ennahda im Jahr 1989 (etwa 15 Prozent landesweit, aber 30 Prozent in den städtischen Regionen) zu einem harten Durchgreifen des Regimes. Die Organisation reagierte darauf, indem sie zu einem Aufstand aufrief und angeblich einen Putsch plante.[132] Wären sie erfolgreich gewesen, hätte das Tunesien wie schon Algerien in einen blutigen Bürgerkrieg führen können. Das tunesische Militär war jedoch wesentlich effektiver als das algerische (ein guter Indikator – und Baustein – eines territorial integrierten Staates). Der Aufstand wurde niedergeschlagen und die Partei (allem Anschein nach) vernichtet.

Nach der Niederschlagung des Putsches hieß es offiziell, dass die Partei von der Bildfläche verschwunden war. Ihre Führer waren im Exil oder inhaftiert, es war ihr auch verboten worden, sich zu organisieren, oder auch nur untergründig zu wirken. Auch wenn sie gegen Ende der 1980er-Jahre die Kontrolle über einige wichtige Institutionen hatten (zum Beispiel über etliche Studentenausschüsse an wissenschaftlichen Fakultäten), letztlich verlor sie diese Institutionen an die Salafisten.[133]

In den folgenden zwei Jahrzehnten blühten in ganz Tunesien salafistische Organisationen auf, weil es keinen ernst zu nehmenden Konkurrenten gab. Nachdem tunesische Salafisten vorher nur ein Anhängsel der Salafisten in den anderen Ländern der Region gewesen waren, hatten sie sich nun ziemlich gut organisiert. Ganz ähnlich wie unter dem Mubarak-Regime in Ägypten hatten einige dieser Organisationen ziemlich dubiose Beziehungen zum Staat. Zwar distanzierten sie sich ideologisch von jeglicher Beteiligung an Politik, aber einige waren anscheinend vom Regime unterwandert worden, um sie gegen die Ennahda einzusetzen.[134]

Die Position der tunesischen Islamisten zu wirtschaftlichen Fragen war weit weniger klar als die der türkischen und ägyptischen Islamisten. Rachid al-Ghannouchi, der spirituelle Führer der Ennahda, setzte sich beharrlich für soziale Gerechtigkeit ein, wodurch er in den Augen mancher Beobachter dem Lager der linken Islamisten zuzurechnen war, obwohl er sozial nie so radikal war wie Ali Schariati oder der frühe Sayyid Qutb. Darüber hinaus hatte die Ennahda in den 1970er-Jahren kaum Wert auf soziale Gerechtigkeit und die Probleme der Arbeiter gelegt, selbst als die Aufstände gegen zu hohe Brotpreise das Land erschütterten. Erst in den 1980er-Jahren formulierte sie eine progewerkschaftliche Haltung, als es sich sozusagen von selbst ergab:[135] Eine ideologische Verpflichtung auf diese Fragen mag eine weniger wichtige Rolle gespielt haben als in Ägypten, der Türkei und dem Iran. Die Ennahda verfolgte keine konsequente Politik in Fragen struktureller Anpassung und gewerkschaftlicher Organisierung; zu diesen Themen wechselte sie die Position, je nachdem, inwieweit die Arbeiterbewegung (und vor allem das Engagement der Ennahda in der offiziellen Gewerkschaft) dazu beitragen konnte, die eigene Organisation zu expandieren und den Autoritarismus des Regimes zu begrenzen.

Dem Vorsitzenden der Ennahda, Rachid al-Ghannouchi, und anderen fehlte es auch an einem islamischen Vokabular, das sie vor der iranischen Revolution – von deren Rhetorik sie später eine Menge lernten – hätten einsetzen können, um über Probleme wie Ausbeutung, Armut und gewerkschaftliche Organisierung zu reden.[136] Die ägyptischen Islamisten hatten dagegen in dieser Hinsicht schon in den 1950er-Jahren eine eigene Sprache entwickelt. Ferner zeigt diese zentrale Bedeutung des Iran und seines sozial radikalen Islam im Hinblick auf die zunehmende Politisierung der Religion in der gesamten Region, warum die globalen Eliten dringend ein »authentisches« Modell finden mussten, um dieser Entwicklung etwas entgegenzusetzen.

Al-Ghannouchi kritisierte wie andere Islamisten den Kapitalismus genauso heftig wie den Sozialismus. Aber selbst in den Schriften dieser intellektuellen tunesischen Schlüsselfigur wurde nicht klar unterschieden zwischen Liberalismus, Utilitarismus, Individualismus, Materialismus und Kapitalismus (eine uneindeutige Verwendung von Konzepten, wie sie auch für andere Islamisten nicht untypisch ist). Al-Ghannouchi attackierte sie allesamt, weil den Reichen die Freiheit eingeräumt wurde, die Armen auszubeuten – im Grunde genommen eine popularisierte Variante der marxschen Kapitalismuskritik.[137] In einer 1980 gehaltenen Rede betonte al-Ghannouchi, dass jegliches Vermögen ausschließlich Gott gehöre: man dürfe es nur anhäufen, solange es der Religion und der Gemeinschaft der Gläubigen diene. Die Arbeiter und die Leute, die das Land bestellen, hätten das erste Anrecht auf den daraus entstehenden Nutzen.[138] Bis in die späten 1990er-Jahre hinein fühlte sich al-Ghannouchi der Idee des Gemeinwohls verpflichtet. Wenn ihre Sozialsysteme verfielen, so argumentierte er, würden die westlichen Nationen in die »Barbarei« abstürzen.[139]

Kurz gesagt, bot der tunesische Islamismus keine eindeutige Alternative zur bestehenden Ordnung an. Wie man in den folgenden Kapiteln sehen wird, konnte er jedoch diese Schwäche zum Teil durch strategisches Denken wettmachen.

VORHANG AUF FÜR DEN ISLAMISCHEN LIBERALISMUS

Zu Beginn des 21. Jahrhunderts suchte man in den globalen Macht- und Einflusszentren nach einer Medizin, um geschwächte säkulare Regime in der Region neu zu beleben. Die neoliberale Pille hatte kaum geholfen und zahlreiche Komplikationen verursacht. Sie brauchten etwas Stärkeres – und sie mussten auch ein Gegengift finden gegen die inzwischen als gefährlichste Vergiftung angesehene Bedrohung durch den Islam. Der neoliberale Islam sollte ihnen sowohl die Medizin als auch das Gegengift liefern.

Die Suche nach einer Alternative entfaltete sowohl lokal als auch global eine Dynamik. Die säkularistische Modernisierungsanstrengung, zunächst in ihrer korporatistischen, dann in ihrer neoliberalen Variante, konnte keines ihrer zentralen Versprechen (Entwicklung, Unabhängigkeit, Freiheit) erfüllen. Sie bereitete ihren eigenen Niedergang vor, indem sie sich Religiosität in die eigenen Venen injizierte. Die einzige überlebende massenhafte Opposition dagegen, der Islamismus, war frei von echten Inhalten, obwohl er – in regional unterschiedlicher Weise – die Organisationen und Blöcke entwickelte, die die Maschinerie der bankrotten gesellschaftlichen Ordnung ölen konnten. Die widersprüchliche Verbindung aus Kampf, Zusammenstoß, Konkurrenz und Verbundenheit zwischen Islamismus und säkularem Neoliberalismus führte zur Integration der islamischen Herausforderung in die bestehende regionale Ordnung (auch wenn diese Integration sich später als explosiv herausstellen sollte). In den nächsten beiden Kapiteln wird darauf eingegangen, wie die daraus entstandene Verbindung aus Islam und politischem und wirtschaftlichem Liberalismus sich zum »Türkischen Modell« entwickelte. Während dieses Modell zwar die wirtschaftliche Entwicklung einer bestimmten Art förderte, bewahrte es gleichzeitig Autoritarismus und Ungleichheit. Der Export dieses Modells in die anderen Länder des Nahen Ostens sollte Konsequenzen haben, die weder von den Befürwortern aus den Reihen der globalen Elite noch von heimischen Aktivisten beabsichtigt waren.

DIE LIBERALISIERUNG
DES ISLAM

LOKALE UND GLOBALE ELITEN konnten sich einen liberalen Islam wünschen, soviel sie nur wollten, aber sie konnten ihn nicht einfach aus dem Hut zaubern. Zuallererst müssten die islamischen Akteure es sich selbst wünschen, ganz abgesehen davon, dass sich ein solcher Wunsch nicht ohne wirkungsvolle Organisation in eine gesellschaftliche Kraft verwandeln konnte. Nur in manchen Ländern waren die Voraussetzungen für einen so fundamentalen religiös-politischen Wandel erfüllt.

DIE ENTWICKLUNG DES LIBERALEN ISLAM

Der (möglicherweise nur vorübergehend) außergewöhnliche Fall der Türkei erlaubt uns, die Zufälligkeit der Faktoren zu verstehen, die einen breiten Kreisen zugänglichen liberalen Islam möglich machten. Wie konnten sich die türkischen Islamisten in Richtung Liberalisierung entwickeln? Wie ermöglichte die intellektuelle und politische Landschaft ein liberaleres religiöses Leben?

Die geistigen und sozialen Wurzeln des liberalen Islam

Nach der Krise von 1997, als klar wurde, dass mehr Konzessionen nötig waren, um von der herrschenden Elite toleriert zu werden, begann eine neue Generation von Islamisten, Erbakans Führung infrage zu stellen. Dieser Generationenkonflikt in den späten 1970er-, den 1980er- und den frühen 1990er-Jahren äußerte sich im Streit zwischen leidenschaftlichen jungen Radikalen und der konservativeren Mitte.[1] Nach Charles Kurzman ist der liberalere Islam in diesen Jahren durch die Ausbreitung der Massenbildung, der Lese- und Schreibfähigkeiten, des Journalismus und alternativer religiöser Institutionen gestärkt worden.[2] Das kann man so sehen, bis in den 1990er-Jahren die Halbintellektuellen, die zum Teil aus diesem Veränderungsprozess hervorgegangen waren, ziemlich wahrscheinlich zu Radikalen wurden.[3]

Die Jugend las begeistert die Werke des ägyptischen Denkers Sayyid Qutb und des iranischen Islamisten Ali Schariati. Damit verlagerte sich der islamistische Diskurs in eine revolutionärere Richtung, der Einfluss des mehr oder weniger von der Partei akzeptierten pakistanischen Denkers Sayyid Abul Ala Maududi nahm ab. Ali Bulaç, der in dieser Zeit einflussreichste islamistische Intellektuelle der Türkei (der später in Ungnade fiel), liefert uns einen Einblick in das, was die Jugend von Schariati lernte. In einem Buch über die iranische Revolution, in dem Schariati der einzige Denker war, dessen Position in konzentrierter Form erörtert wurde, stellte Bulaç dessen Begründung dar, warum fast alle islamischen Staaten und Königreiche eigentlich unislamisch gewesen seien:

> Die ersten Kalifen führten ein sehr einfaches Leben. Für ein luxuriöses Leben gibt es im [echten] Kalifatsystem keine Entschuldigung. Aber später [unter den Umayyaden] wurde das Kalifat zu einem Königreich gemacht … Im gesamten Verlauf der Geschichte … haben die Unterdrückten immer gekämpft und die [nominal islamischen Staaten] haben sie ausgebeutet … Der wahre Islam kann nur verwirklicht werden, wenn Unterdrückte und Intellektuelle Hand in Hand zusammenarbeiten.[4]

In den späten 1990er-Jahren lehnten liberale Islamisten solche Ansichten standhaft ab, durch die der gesamte Islam in der Zeit nach den Umayyaden infrage gestellt wird. In einem einflussreichen Buch attackierte Yalçın Akdoğan solche »radikalen« Ideen (seine Worte), die vermutlich auf zu großes Vertrauen in übersetzte Autoren zurückzuführen seien, die der Türkei »fremd« seien.[5] Akdoğan nahm vor allem Sayyid Qutb ins Visier.

Ähnlich radikale Ideen, die allerdings weniger profund und nachhaltig waren, wurden auch von türkischen Persönlichkeiten wie İsmet Özel geäußert. Alle diese Denker hatten eine Vision von einer islamischen Gesellschaft, die sich fundamental vom säkularen und demokratischen Kapitalismus unterschied, obwohl es auch zwischen ihnen Unterschiede gab. Ali Schariati schlug eine egalitärere Gesellschaftsordnung vor, und Abul Ala Maududi hielt am Grundsatz des Privateigentums fest. Qutb stand dazwischen, wandte sich gegen Ende seines Lebens aber immer mehr vom sozioökonomischen Egalitarismus ab und der Vision einer idealen, ausschließlich islamischen Gesellschaft zu. Ähnliche Differenzen existierten auch unter der radikal-islamischen Jugend in der Türkei, aber eine systematische Auseinandersetzung – in Form differenzierter Pläne oder Programme – fand nicht statt. Es waren Zeitschriften für Intellektuelle (wie zum Beispiel die *Girişim* in den 1980er-Jahren), in denen diese Strömungen sichtbar wurden.

Gegen Ende der 1990er-Jahre verlagerte sich das Interesse der Intellektuellen fort von Qutb, Abul Ala Maududi und Schariati und richtete sich auf Abdolkarim Soroush und Mohammed al-Jabiri. Deren liberalere Auslegung des Islam, die nicht nur die Lebensfähigkeit, sondern bereits die Idee eines »islamischen Staates« ablehnte, begann, die öffentliche Debatte zu beherrschen. Zur gleichen Zeit mischten sich Journalisten wie Abdurrahman Dilipak und Religionsgelehrte wie Hayrettin Karaman, von denen man wusste, dass sie islamische politische Strukturen und Staaten für überlegen hielten, in die Debatte ein mit dem Argument, dass eine Demokratie unter den bestehenden Umständen den islamischen Idealen am nächsten käme. Mit dieser Position hielten sie die Option offen, auf längere Sicht eine islamische Herrschaft zu errichten, aber welcher Zeitrahmen dafür vorgesehen war, wurde nicht angesprochen.

Die meisten theologischen Debatten drehten sich um die Legitimation von Demokratie. Sekundäre Gemeinplätze in dem Jahrzehnt nach dem Putsch von 1997 waren die Erwünschtheit einer Koexistenz mit anderen Religionen (anstatt sie zu bekämpfen oder zu bekriegen), die religiöse Notwendigkeit, sich für einen starken türkischen Staat einzusetzen (tatsächlich ein altes Thema der Konservativen) und mit den Ländern des Westens zu kooperieren (und sich gleichzeitig gegenüber der islamischen

Welt zu öffnen). Diese geistlichen Veränderungen wurden hauptsächlich in den Zeitungen *Yeni Şafak* und *Vakit* (später *Akit*) artikuliert, und teilweise auch in einer programmatischen Broschüre der AKP mit dem Titel *Conservative Democracy*.

Yalçın Akdoğan, der Autor dieser Broschüre, war ein Akademiker (und später einer der Topberater Erdoğans). Diese ideologisch maßgebliche Broschüre bezog sich mehr auf westliche konservative und liberale Theorien als auf islamische Quellen. Soroush war der einzige islamische Gelehrte, der darin über längere Passagen zitiert wurde:

> Die Menschenrechte müssen unabhängig von der Religion definiert werden ... Pluralismus muss akzeptiert werden ... Religion ist etwas anderes als religiöses Verständnis und Interpretation ... Die Religion ist eine Einheit, ihre Deutung dagegen nicht. Wird das akzeptiert, wird die Tür zum Pluralismus geöffnet ... Die Religion erkennt die Freiheit an, Religion abzulehnen.[6]

Diese theologische Debatte gipfelte darin, dass »state building« (der Aufbau funktionsfähiger Staaten) auf den Sozialwissenschaften aufbauen sollte, da es nicht auf Religion aufbauen kann (die dieses Feld menschlichem Handeln und dessen Trial-and-Error-Methoden überlassen hat).

Die symbolische Bedeutung von Soroush war ebenso wichtig wie seine Ideen. Obwohl er anfänglich für das iranische Regime aktiv war, wandte er sich später als islamischer Liberaler gegen das Regime (auch wenn manche Beobachter ihn eher als kritischen Insider sehen denn als Anti-Regime-Figur). Gerade ihn zu ehren, statt irgendeinen anderen islamischen Denker, war auch ein Weg, eine gewisse Distanz zum iranischen Regime zu halten. Demnach führten islamische Zeitungen und Parteibroschüren während der gesamten 2000er-Jahre einen mal offenen, mal verdeckten Kampf gegen das iranische Regime.

Mehmet Metiner, der im vorigen Kapitel zitierte radikale Islamist, stand an der vordersten Front des offenen Kampfes gegen den Iran. Metiner hatte mit Liberalismus und kurdischem Nationalismus geflirtet, bevor er schließlich der AKP beitrat und ins Parlament gewählt wurde. In seinem 1989 erschienenen Buch über den Iran hatte er die Revolution gelobt, weil sie nicht ihre eigenen Kinder gefressen hatte. Zwei Jahrzehnte und eine passive Revolution später war für ihn das Gegenteil zum bezeichnenden Merkmal des Regimes geworden:

> Der Iran ist dabei, seine eigene Revolution und seine revolutionären Werte zu zerstören [indem er das syrische Regime stützt] ... Die Revolution im Iran hat zuerst ihre eigenen Kinder gefressen. Die Menschen, die um der Freiheit willen eine Revolution gemacht hatten ... errichteten eine dogmatische Diktatur, die die Freiheiten aller Andersdenkenden vernichtete.[7]

Während manche Hardliner einen solchen Sinneswandel als Ausverkauf betrachteten (so zum Beispiel die Zeitung *Milli Gazete*), deuteten die meisten ihn auf zwei verschiedene (wenn auch sich zuweilen überschneidende) Arten. Öffentlich verkündete man, das alte Ziel einer völlig anderen islamischen Gesellschaftsordnung sei unrealistisch, und daher müssten sich die Rechtgläubigen den Realitäten in der Türkei und der Welt anpassen. Eine andere Erklärung, die zumeist unter Aktivisten zirkulierte, anstatt der breiten Öffentlichkeit präsentiert zu werden, lautete, das alte islamische Ziel bestehe nach wie vor, aber die Parteiführer verfolgten eine langfristigere und indirekte Strategie, die sie den Realitäten in der Türkei und der Welt anpassen müssten. In meiner umfassenden Ethnografie eines vormals radikal-islamischen Viertels in Istanbul[8] habe ich festgestellt, dass viele Menschen häufig zwischen diesen Positionen wechseln oder sie manchmal sogar miteinander verbinden, eine Art und Weise, die weit davon entfernt ist, konsequent zu sein. Die direkte und kompromisslose Ablehnung dieser beiden Standpunkte war nur bei einer Minderheit zu beobachten.

Wie der liberale Islam in der Türkei zur vorherrschenden Kraft wurde

Ähnlich liberale Vorstellungen kursierten schon in den 1990er-Jahren. Ohne politische Organisation wären sie jedoch nicht *massenwirksam* geworden, nicht zu einem mehr oder weniger konsequenten *Projekt eines Machtblocks*. Der Umstand, dass die ehemaligen Radikalen im Handel aktiv waren, warf Zweifel auf an ihrem alten Traum einer völlig anderen »islamischen Wirtschaft«. Dessen ungeachtet lief dieses halbherzige Infragestellen keineswegs auf eine völlige Ablehnung einer islamischen Ökonomie hinaus, bis eine neue politische Partei, die AKP, die freie Marktwirtschaft bei ihren Anhängern durchsetzte. Immer mehr Intellektuelle und Aktivisten gaben allmählich ihre dogmatische Einstellung auf, als die Partei immer mehr Bedeutung gewann und unter den Einfluss jener geriet, die darauf gedrängt hatten, die Religion von Politik und Wirtschaft zu trennen. Wie war diese Partei entstanden? Nun, die neoliberal, (relativ) pro-demokratisch und pro-US-amerikanisch eingestellte jüngere Generation der Tugendpartei (Fazilet Partisi, FP) versuchte zunächst, die vorhandenen Parteistrukturen zu übernehmen, verlor aber auf einem wichtigen Parteitag am 15. Mai 2000 eine Wahl und gründete daraufhin 2001 eine neue Organisation, die AKP. Die AKP-Führer versprachen den säkularen Medien und den Militärs, sie würden die Religion nicht für politische Zwecke einspannen. Aber was genau meinten sie damit?

Die AKP versicherte der alten Elite, das Kopftuchverbot nicht infrage zu stellen. Sie betonte ihre Loyalität zur freien Marktwirtschaft (entsprechend den Interessen ihrer eigenen bürgerlichen Parteibasis) und zur parlamentarischen Demokratie. Außerdem waren ihre Führer betont pro-europäisch und für den EU-Beitritt der Türkei. Sie reisten häufig in die Vereinigten Staaten und trafen sich dort zu Gesprächen, über deren Inhalte sie Stillschweigen bewahrten. Abdullah Gül war einem Publikum in den USA mit der Erklärung behilflich, die Mitglieder der AKP seien »die WASPs der Türkei« [»WASP« steht für »White Anglo-Saxon Protestant«]. So versuchte die neue Parteiführung dabei, das Territorium der rechten Mitte der türkischen Politik für sich zu reklamieren – also letztlich die Allianz aus exportorientierten Geschäftsleuten, religiösen Intellektuellen und staatlichen Eliten wiederherzustellen, auf die die untergeordnete Fraktion des Machtblocks traditionell gebaut hat, die aber mit dem Aufstieg des radikalen Islam unmöglich geworden war. Als logische Folge nahm die AKP eine Reihe von Politikern aus den inzwischen ge-

scheiterten Parteien der rechten Mitte auf. Der liberale (nicht so rigide säkularistische, proamerikanische und weniger autoritäre) Flügel der Militärs sowie Journalisten der rechten Mitte, die für die säkularen Medien arbeiteten, signalisierten, dass sie bereit waren, mit einer solchermaßen
reformierten islamischen Partei zusammenzuarbeiten. Diese Annäherung krönte die jahrzehntelangen Bemühungen liberaler Akademiker aus
der Türkei und dem Westen.

POST-SUFISMUS: VON FEINDSCHAFT
ZUR FREUNDSCHAFT

Wesentlich für diesen Wandel waren die wechselnden Geschicke einer
post-sufistischen Gemeinschaft. Die Gülen-Bewegung (die nach ihrem
spirituellen Führer Fethullah Gülen benannt wurde) wurde vor dem
Putsch von 1997 häufig zum Ziel islamistischer Attacken. Die Islamisten
nahmen diese Gemeinschaft als Verbündete der türkischen und der US-
amerikanischen Regierung wahr. In den 2000er-Jahren wurde die Bewegung nicht nur ein notwendiger Verbündeter gegen einen repressiven
Säkularismus, sondern auch zu einem respektierten Mitglied des inzwischen größer gewordenen islamisch-konservativen Blocks. Dadurch, dass
diese post-sufistische Gemeinschaft mit einbezogen wurde, gewann das
AKP-Regime weiter an liberaler Glaubwürdigkeit.

Die Gülen-Bewegung berief sich in einigen zentralen Themen auf die
von Said Nursî begründete Tradition (das heißt, sie war »Nurcu«).[9] Die
Nurcu-Auslegung des Islam beruht auf einem wissenschaftlichen (man
könnte auch sagen positivistischen)[10] Verständnis des Islam, einem stillen
(statt bewaffneten und öffentlichen) Kampf gegen die Linke, Unterstützung für das rechte Zentrum (statt einer unabhängigen islamischen politischen Partei), einer Synthese der sufistischen und textualistischen Elemente des Islam und einer Gesamtstrategie, die darauf abzielt, das
Individuum, nicht den Staat zu islamisieren. Allerdings bewegte sich diese Gemeinschaft mehr in Richtung Zentrum als andere Nurcu-Gruppen,
und zwar vor allem, weil sie sich für eine Kooperation zwischen der Tür-

kei und dem Westen und einen Dialog zwischen den Religionen einsetzte. Die Gemeinschaft war türkisch-nationalistisch, und in den Schulen,
die sie in aller Welt erbaute, war eine Türkisierung wichtiger als eine Islamisierung. Eine Verschleierungspflicht stand auf ihrer Agenda nicht vorne, aber sonst ging es im Hinblick auf das Verhältnis zwischen den Geschlechtern zunehmend patriarchalisch zu, so sahen es jedenfalls viele
Beobachter.[11] Der öffentliche Diskurs der Gemeinschaft (wie er von einflussreichen Medien, etwa der Zeitung *Zaman* und dem Fernsehsender
Samanyolu verbreitet wird) drehte sich nicht um den Islam, sondern in
erster Linie um einen gewissen Nationalstolz, eine pragmatische und in
der politischen Mitte angesiedelte Außenpolitik und die Ablehnung eines
autoritären Säkularismus. Die interne Struktur der Gülen-Bewegung war
allerdings ziemlich komplex. Im inneren Kreis (der weit weniger öffentlich war) war man fromm und fühlte sich dem Islam stärker verpflichtet.
Und schließlich lautete der Schlüsselbegriff in der Gülen-Bewegung *Verantwortlichkeit*. Im Vergleich zu anderen Islamisten war ihr Verständnis
von Verantwortlichkeit individualistischer und marktorientierter. In diesem Sinn war die Gemeinschaft eher konservativ und nationalistisch als
islamistisch.

In der Türkei vor 1997 waren die Beziehungen zwischen den Islamisten und der Gülen-Bewegung nicht nur konfliktträchtig, sondern manchmal auch gewalttätig, da die Islamisten gegen das prowestliche Islam-
verständnis der Gülen-Bewegung kämpften, um die Jugend davon
abzuschirmen. In den 1980er- und 1990er-Jahren benutzte der konservative Flügel des Machtblocks die Gülen-Bewegung (und eine andere post-
sufistische Gemeinschaft, die Süleymancıs) als Gegengift gegen den Islamismus. Bis zu den Wahlen 1999 unterstützte die Gülen-Bewegung
öffentlich die Parteien des rechten Zentrums (und einmal sogar nationalistische Parteien des linken Zentrums) und kritisierte die Islamisten ganz
offen (zum Beispiel tadelte Gülen die Bewegung für die Legalisierung der
Verschleierung an Universitäten). Die Gülen-Bewegung begrüßte den
Militärputsch von 1980 und auch (in indirekter Weise) den Putsch von
1997 (dem sie allerdings später selbst zum Opfer fiel).

Nach 1997 gelangten die Islamisten allmählich zu der Ansicht, dass

Gülen eine realistischere Agenda habe als der Islamismus der alten Schule. Der Grund für diesen Sinneswandel war der Ausschluss von Gülen-Anhängern aus der Armee nach dem Putsch von 1997. Nach diesem Putsch emigrierte Gülen in die Vereinigten Staaten und baute sein Image als Opfer eines rigiden Säkularismus aus. Er ließ sich in Pennsylvania nieder mit dem Ziel, eine Brücke zwischen der islamischen Welt und Washington zu bauen, und zwar mit der Hilfe von einflussreichen NGOs, die begeistert waren von seiner neuen Auslegung des Islam. Nachdem die AKP im Jahr 2002 an die Macht gekommen war, wurde auch in der Türkei der Einfluss der Gemeinschaft wiederhergestellt. Parallel zu dieser Entwicklung änderte sich nach und nach auch die Haltung der islamistischen Presse – aus Kritik wurde Lob und Bewunderung. In den 2000er-Jahren wurde die Gemeinschaft als unbestrittenes Mitglied des islamischen Blocks gegen die Kemalisten wahrgenommen. Die Beziehung zwischen der AKP und der Gülen-Bewegung ging über ein simples Bündnis hinaus und ähnelte vielmehr (trotz zahlreicher verbliebener Spannungen) einem Zusammenschluss, da viele Gülen-Anhänger in die AKP eintraten und Führungspositionen besetzten.

Der aufkommende Autoritarismus des liberalen Islam

Obwohl die AKP für Liberale hauptsächlich wegen ihrer prodemokratischen Haltung attraktiv war, war der Einsatz der Partei an dieser Front nie mehr als eine Pro-forma-Sache. Erdoğan war bereits für seine autoritären Tendenzen bekannt; zwischen 1994 und 1998 hatte er mit eiserner Hand Istanbul regiert.[12] Auf dem Gründungsparteitag der AKP verpflichtete sich die Parteiführung auf innerparteiliche Demokratie, aber die anfänglichen Bestrebungen in diese Richtung wurden bald zunichtegemacht. Im Jahr 2003 annullierte das Gründungskomitee der AKP innerparteiliche Wahlen zum Zentralkomitee der Partei und stattete den Parteivorsitzenden Erdoğan mit der alleinigen Autorität aus, die Mitglieder des Zentralkomitees zu ernennen oder zu entlassen. Die türkischen Liberalen und Konservativen (und ihre westlichen Verbündeten) waren bereit, diese offenen Anzeichen von Autoritarismus zu ignorieren, da die AKP ihre einzige Hoffnung gegen die Rudimente des korporatistischen Säkularismus und eine islamische Bedrohung nach iranischem Muster darstellte.

Ein weiterer Text für die Demokratisierung war die offizielle Einstellung zu den Massakern an Armeniern im Jahr 1915. Der Machtblock hatte stets jegliche Verantwortung für diese Massaker abgelehnt – auch heute noch ist es in der Türkei strafbar, sie als Völkermord zu bezeichnen. In der Hoffnung auf mehr Demokratisierung, versuchte eine internationale Gruppe von Gelehrten 2005 einen Kongress zu organisieren, auf dem die Völkermord-These offen diskutiert werden sollte. Die Reaktion des AKP-Innenministers Cemil Çiçek war: Die Organisatoren der Tagung würden »der Nation einen Dolch in den Rücken stoßen«. Daraufhin sagten die Gelehrten die Tagung zunächst ab und verlegten sie dann aufgrund dieser halb versteckten Drohung an eine andere Universität. Auch unter jeder der vorangegangenen Regierungen wäre es schwierig – oder gar unmöglich – gewesen, einen solchen Kongress abzuhalten, aber der Vorfall war ein deutlicher Hinweis auf die nationalistisch-autoritären Tendenzen innerhalb der AKP, für die Çiçek eine der Führungsfiguren war. Dessen ungeachtet blieben liberale Akademiker, die einzig Çiçek für den Schurken hielten, unbeirrbare Unterstützer der Partei. Auch heute noch datieren manche Liberale den Autoritarismus der AKP zurück auf das Jahr 2007, denn vorher sei die Partei angeblich für demokratische Reformen gewesen. Sie haben also über die schlechte Behandlung durch die eigene Partei zur Blütezeit des islamischen Liberalismus hinweggesehen.

Dieses autoritäre Verhalten hatte Mitte der 2000er-Jahre seine Entsprechungen in der Beziehung der Partei zum Volk. Zwar verabschiedete Erdoğans Regierung auf Drängen der EU eine Reihe von demokratischen Reformen, aber gleichzeitig missachtete sie ihren Wählern gegenüber die fundamentalsten Normen von Repräsentanz und Rechenschaftspflicht. Anstatt die Sorgen der Bevölkerung ernst zu nehmen, tadelte Erdoğan öffentlich jede Person, die ihn auf Hunger, Arbeitslosigkeit oder Wohnungsnot ansprach. Auf Parteitagen sagte er den Armen, sie sollten sich gefälligst zusammenreißen und selbst etwas für sich tun, anstatt das von der Regierung zu erwarten.

Im Mai 2010 sagte er den Angehörigen der Opfer eines Minenunglücks, das Leiden der Minenarbeiter sei untrennbarer Bestandteil ihres Jobs, gar ihr »Schicksal«. Erdoğan hatte auch Opfern von Überflutungen und Erdbeben in armen Regionen vorgeworfen, sie seien selbst schuld an ihrem Unglück (weil sie sich einen gefährdeten Ort zum Wohnen ausgesucht und minderwertige Baumaterialien für ihre Häuser verwendet hätten). Und er lehnte, nachdem es danach zu sozialen Protesten gekommen war, jede Verantwortung dafür ab. Als seine Äußerungen über das »Schicksal« in der Presse kritisiert wurden, zog der Premierminister den Glauben seiner Kritiker in Zweifel und empfahl ihnen, ihre Beschwerden der Generaldirektion für religiöse Angelegenheiten vorzulegen. Auf diese Weise manipulierte Erdoğan den religiösen Diskurs, um die öffentliche Debatte über die Bergbauindustrie und andere soziale Probleme zu beenden.

Die Entmilitarisierung und die Haltung der Regierung gegenüber den Kurden hielten manche Analysten für einen Beweis ihrer Loyalität zur Demokratie. Die AKP sei in der Lage gewesen, das Militär zurückzudrängen – das in dieser neuen, liberalen, revisionistischen und reichlich vereinfachenden Interpretation der türkischen Geschichte immer häufiger als Wurzel allen Übels abgestempelt wurde –, deswegen könnte man ihre »geringfügigen« Missachtungen der Bürgerrechte verzeihen. Aber selbst hier war das Resultat ein gemischtes. Im Verlauf der »Ergenekon«-Prozesse attackierten regierungsfreundliche Staatsanwälte und Journalisten beherzt einige mörderische Gruppen innerhalb der Regierung. Ein Netzwerk mit dem Namen »Ergenekon« (nach einer zentralasiatisch-türkischen Legende) hatte angeblich Angehörige von Minderheiten ermordet und Gewalt geschürt. Allerdings wurden auch einige Oppositionelle, die (bestenfalls) lose oder ideologische Verbindungen zu diesen mörderischen Gruppen hatten, ebenfalls inhaftiert. Darüber hinaus wurde danach jegliche Opposition gegen die Regierung öffentlich als »pro-Ergenekon« gebrandmarkt, und zwar ohne jeden Beweis (so zum Beispiel ein groß angelegter Streik von Tekel-Arbeitern 2010, die durch Privatisierungen ihre Rechte verloren hatten). Einerseits wurden ethnisch repressive Gesetze annulliert; andererseits erhöhten die Gerichte und Sicherheitskräfte den Druck auf legale kurdische Parteien und Verbände mit der Behauptung, sie hätten

Verbindungen zu der illegalen Guerilla-Organisation Kurdische Arbeiterpartei (Partiya Karkerên Kurdistanê, PKK). Selbst Kinder wurden vor Ge-
richt gestellt, weil sie an Demonstrationen teilgenommen hatten, die von
legalen kurdischen Parteien organisiert worden waren. Während säkulare und religiöse Liberale die Ergenekon- und Kurden-Prozesse feierten,
äußerten Kritiker (Kemalisten, säkular-nationalistische Kurden und Sozialisten, die in den 2000er-Jahren alle immer weniger unterstützt wurden, während die liberale Pro-AKP-Intelligenzija enormen Zulauf hatte)
den Verdacht, die AKP sei nur insoweit demokratisch, als es der Partei
und ihrem Block nützen würde.

KONSOLIDIERUNG DES NEUEN MACHTBLOCKS

In den späten 2000er-Jahren wurden nicht nur Islamisten, sondern auch
zahlreiche Liberale und Marxisten in die konservative Agenda der AKP
integriert. Diese Liberalen und Linken vereinten ihre Kräfte mit den Ex-
Islamisten, zum Teil aus sozialwissenschaftlichen Gründen (nach denen
fromme Menschen tendenziell die »Peripherie« und die »Zivilgesellschaft« repräsentieren und gegen das Zentrum und die Tradition des autoritären Staates opponieren), zum Teil motiviert durch die europäische
und US-amerikanische Suche nach einem »moderaten Islam«, um die Bürokratie, die kemalistische Intelligenz und den zunehmenden Aktivismus
von Arbeiterschaft, Umweltschützern und Jugend zu bekämpfen – die inzwischen allesamt als ein Block gegen die Demokratie wahrgenommen
wurden. Eine weitere Hoffnung war, dass die AKP mithilfe ihrer Verbindung aus islamischem Konservatismus und Demokratie das Kurdenpro-
blem würde lösen können.

Daher war es kein Wunder, dass zahlreiche türkische und westliche Liberale und Linke mobilisiert wurden, um Verfassungsänderungen zu unterstützen, die die Macht der Exekutive auf Kosten der Macht der Judika-
tive (die nach wie vor irrtümlicherweise als Hochburg der Säkularisten
wahrgenommen wurde) und des Militärs erweitern würden. Nach einer
erfolgreichen Volksabstimmung im Jahr 2010 wurde die Verfassung von

1980 tatsächlich geändert. Anstatt jedoch militärischen Exzessen Einhalt zu gebieten, erhöhte die Regierung den militärischen Druck auf die kurdische Nationalbewegung und (zum Entsetzen der wenigen Linken in der Regierungskoalition) den polizeilichen Druck auf die Arbeiterschaft und andere türkische Aktivisten. Außerdem erhielt die AKP von diesen Kräften eine Carte blanche für die Säuberung der Medien von »antidemokratischen« (sprich: »anti-AKP«) Elementen vor und nach der Volksabstimmung. Insgesamt beruhte der Erfolg der AKP nicht etwa darauf, den Autoritarismus abzubauen (wie es alle neoliberalen Parteien seit 1980 getan haben), sondern ihm ein »demokratisches« und »islamisches« Mäntelchen umzuhängen. Der Liberalismus muss, wie jedes andere Projekt auch, manche seiner Feinde unterdrücken; sein relativer Erfolg besteht in der Verbindung solcher Repressionen mit fluktierender Inklusivität.

Die gescheiterten Manöver eines neuen CHP-Führers (Kemal Kılıçdaroğlu), die Partei nach links zu drängen, zeigten, dass der neue Machtblock artikulieren konnte, was er wollte, es war »common sense«. Man konnte nichts unternehmen, ohne auf Islam, Demokratie und freie Marktwirtschaft einerseits bzw. Säkularismus, Autoritarismus und Etatismus andererseits zurückzufallen. Die AKP-freundlichen Medien (von Konservativen und Ex-Islamisten über säkulare Liberale bis hin zu liberalisierten Ex-Marxisten) warfen der neuen CHP-Führung wiederholt vor, eine versteckte Agenda zu haben: Der neue Parteiführer sei bestenfalls die naive Marionette eines geplanten Coups. AKP-freundliche Journalisten meinten außerdem, dass Studentenproteste gegen Privatisierungen und Massenstreiks Teil des geplanten Coups seien.[13] Danach wurden sämtliche Versuche, innerhalb der CHP eine Bewegung nach links zu fördern, für militaristische Verschwörungen gehalten. Die autoritären Kräfte in der CHP nutzten dieses Umfeld, um Initiativen des neuen Parteiführers zu vereiteln. Kılıçdaroğlu reagierte darauf mit einem Kemalismus der alten Schule.[14] Wichtiger als die erdrutschartigen Wahlsiege der AKP war somit ihr Erfolg, ihre Gegner zu destabilisieren und marginalisieren.

Kurzum, die Türkei (unterstützt von ihren westlichen Verbündeten) schwelgte vor dem Arabischen Frühling gegen Ende 2010 und im Jahr 2011 in einer Dystopie von fast totalem Konsens. Ein Umbau der islamischen politischen Gesellschaft hatte zum größten hegemonialen Block in der türkischen Geschichte geführt. Die führenden Akademiker, die von der Öffentlichkeit am glühendsten verehrten Intellektuellen, viele Aktivisten und der Großteil der Bevölkerung waren eins geworden mit dem Regime, wenn auch mit unterschiedlicher Loyalität.

DIE KONSERVATIVE LIBERALISIERUNG
DES RELIGIÖSEN LEBENS

Mitte der 2000er-Jahre konnte man in der Türkei erleben, wie der Kapitalismus fromme Lebensmuster in sich aufsog. Das Ergebnis war etwas, das wir als »liberale Islamisierung« bezeichnen können. Im Unterschied zur legalistischen oder zur revolutionären Islamisierung ist die liberale Islamisierung individualistisch, auf Wirtschaft und Konsum orientiert und flexibel. Sie ist pragmatisch und passt sich leicht an die Umstände an. Diese Eigenschaften bedeuten allerdings keineswegs, dass die liberale Islamisierung völlig frei wäre von Legalismus und Gesetz; es bedeutet vielmehr, dass islamisches Recht und Gesetz (wenn sie denn überhaupt zur Anwendung kommen) von ökonomistischen und individualistischen Dispositionen absorbiert werden. Kurz gesagt kann liberale Islamisierung definiert werden als flexible Umsetzung von Geschlechtertrennung und Verschleierungsgebot; Flexibilität und Orientierung auf (wirtschaftliche und politische) Nützlichkeit hinsichtlich der täglichen Gebetsrituale und der Freitagsgebete; Flexibilität, »Toleranz« und Berücksichtigung der wirtschaftlichen Folgen bei der Einschränkung »un-islamischer« Praktiken (etwa Alkoholkonsum, außereheliche Partnerschaften und gemischtgeschlechtliche Schulen).

Anders als in der Alltagssprache bedeutet das Wort »liberal« in diesem Fall nicht »völlig frei und demokratisch«. Ein liberales Projekt ist eines, bei dem das Individuum, seine persönliche Freiheit und sein Eigentum im Mittelpunkt stehen; und Staat und Gesellschaft aufgefordert sind, die marktorientierte Verantwortlichkeit, die Produktivität und ökonomische Leistungsfähigkeit dieses Individuums zu fördern (und dadurch implizit auch seine Freiheiten und sein Eigentum). Ich beziehe mich mit dieser Definition von Liberalismus auf John Lockes *Zwei Abhandlungen über die Regierung*, die Freiheit nicht nur als das Recht auf Leben und Eigentum definieren, sondern auch postulieren, dass privates Eigentum die Grundlage jeglicher Freiheit sei (siehe zum Beispiel Kapitel 16, Abschnitt 192), und das ungehinderte Anhäufen von Eigentum als einen Eckpfeiler des guten Lebens ansehen.

Darüber hinaus waren die Ziele und Strategien des türkischen Islamismus zwar »liberalisiert«, aber nicht konsequent liberal. Diese Liberalisierung muss man relativ und im Kontext sehen. Im US-amerikanischen Kontext könnte der türkische Islamismus als konservativ erscheinen, aber im Vergleich zu seiner eigenen Vergangenheit und zu anderen bedeutenden Bewegungen in der Region war er »liberal«. Kreationismus zum Beispiel und Mobilisierung gegen Schwule (*Yeni Şafak*, 23. März 2010) wurden zu Kernaspekten des Islamismus; sie ersetzten die Mobilisierung für die Scharia und für einen Islamischen Staat, wodurch der türkische Islamismus näher an den US-amerikanischen Konservatismus heranrückte und sich vom ägyptischen und iranischen Konservatismus entfernte.

Wie kamen die türkischen Islamisten vom Propagieren einer umfassenden und strengen Auslegung ihrer Religion zu dieser neuen Interpretation? Die politische Gesellschaft war für die Liberalisierung des türkischen Islamismus zentral. Die AKP vereinnahmte den Islamismus, um den liberalen Konservatismus noch weiter zu festigen.[15] Während das Gebet zum Beispiel seine zentrale Stellung im Alltagsleben eingebüßt hatte, legten islamische Führer und Aktivisten Wert darauf, vor und nach öffentlichen politischen Treffen zu beten.[16] Solche öffentlichen Auftritte waren in der Geschichte der Türkischen Republik schon immer ein zentraler Aspekt für die Karriere von Politikern des rechten Zentrums gewesen. Diese Politiker führten einen westlichen Lebensstil, mobilisierten jedoch islamische Symbole, um die Massen anzusprechen. Als die Parteien des rechten Zentrums in der Türkei schwächer wurden, stießen islamistische Parteien in die Lücke und machten sich dabei einige lang erprobte Strategien der rechten Mitte zu eigen. Der Wandel im Stellenwert des Gebets im sozialen und politischen Leben ergab sich also mehr aus Veränderungen in der Struktur der politischen Gesellschaft als nur aus säkularistischen Vorschriften des Staates.

Das Zusammenspiel von politischer und Zivilgesellschaft setzte zwar der Geschlechtertrennung am Arbeitsplatz ein Ende, reproduzierte sie aber in abgeschwächter Form in weniger öffentlich sichtbaren Nachbarschaften. Inoffiziell wurde Geschlechtertrennung praktiziert, aber an offiziellen Örtlichkeiten wie in Behörden oder auf Parteitagen fiel sie nicht mehr auf. In diesem neuen, flexibleren sozialen Klima gewannen gut ausgebildete und geschäftsorientierte Frauen mehr Sichtbarkeit. Anstatt den Alkoholkonsum überall zu verbieten (die islamistische Utopie), schränkte die AKP den Verkauf und Konsum von Alkohol ein, nach dem gleichen konservativen Muster wie in den Vereinigten Staaten. Diese Veränderungen kann man nur im Kontext politisch bedeutsamer wirtschaftlicher Strukturen verstehen, wie zum Beispiel der Aufwärtsmobilität von Frauen und der Wichtigkeit von Alkohol für die türkische Wirtschaft (nicht zuletzt im Tourismus). Aber die Aufwärtsmobilität von Frauen (auch frommen Frauen) gab es seit zwei Jahrzehnten, und es war auch nie ein Geheimnis gewesen, dass ein totales Alkoholverbot der türkischen Wirtschaft schaden würde. Letztlich waren es gesellschaftlicher Wandel und politische Entscheidungen (weg von der Rigidität der RP hin zur Flexibilität und »Toleranz« der AKP), die die islamische Position im Hinblick auf die Sichtbarkeit von Frauen und Alkoholkonsum veränderten.

Wir können die geschmeidigen Versuche der AKP, islamisches Recht und Gesetz anzuwenden, als weitere Demonstration eines liberalisierten Islam betrachten. Im Jahr 2005 versuchte die Regierung, Ehebruch zu kriminalisieren. Obwohl sie sich dabei nicht auf islamisches Recht bezog, war klar, dass diese Initiative dadurch angeregt worden war, was sofort zu Reaktionen aus Europa und von säkularen liberalen Intellektuellen (den Verbündeten der AKP) in der Türkei führte. Die Regierung beschloss, dieses Vorhaben aufzugeben. Das war nicht nur ein Zeichen nicht nur für die anhaltende Verbundenheit mit den gültigen Geboten des Islam, es war *auch* ein Zeichen der Fähigkeit, mit dieser Verbundenheit flexibel umzugehen, um Verbündete nicht vor den Kopf zu stoßen (ein Maß an Flexibilität, das bisher weder die großen islamistischen Organisationen in Ägypten noch das iranische Regime an den Tag gelegt haben).

In den 2000er-Jahren entwickelten Kulturzentren und Netzwerke von Freunden, Moscheen und islamischen Schulen eine pragmatische und geschäftsorientierte Einstellung zur Religion. Während zum Beispiel die Führer von Wohlfahrtspartei (Refah Partisi, RP) und Tugendpartei (Fazilet Partisi, FP) ihre Mitglieder und Kontakte dazu anhielten, zu beten, wann immer der Ruf zum Gebet ertönte, betonten die AKP-Führer und die Parteimitglieder, harte Arbeit an sich sei ein Bestandteil der Religion, und riefen die Menschen öffentlich nicht zum Beten auf.[17] Die Einhaltung der religiösen Gebote wurde mehr zur persönlichen Sache (so übten zum Beispiel frühere Aktivisten nicht länger Druck auf die Menschen in ihrem Umfeld aus, jeden Tag in der Gemeinschaft zu beten). Und Teile der Elite machten sich schließlich diese wachsende Religiosität zu eigen und wurden selbst achtsamer.

Wie stabil war diese religiöse Konstellation? Die Liberalisierung von Frömmigkeit hing von den Parametern ab, die in den ersten drei Kapiteln dieses Buches umrissen werden: der Integration der Türkei in westliche politische, diplomatische und wirtschaftliche Strukturen; stabilem Wirtschaftswachstum; der Professionalität der AKP, ihrer Monopolisierung der islamischen Thematik und ihrer Kontrolle über islamische Radikale und Ex-Radikale; und, wenn man das Fehlen von etwas überhaupt als Faktor zählen kann, der beinahe weltweit fehlenden Hoffnung auf eine unmittelbare islamische Revolution, was zur Entradikalisierung von Islamisten beitrug. Bis Ende der 2000er-Jahre sollten sich diese Faktoren jedoch irregulär verändern. Danach sollte es sich als eines der unberechenbarsten Elemente der türkischen passiven Revolution erweisen, welchen Platz man der Frömmigkeit einräumte.

DIE GRENZEN DER ISLAMISCHEN
LIBERALISIERUNG IN ÄGYPTEN

In politischen und akademischen Kreisen setzte man große Hoffnungen in die Liberalisierung der Muslimbruderschaft. Zum Beispiel beschuldigten Sullivan und Abed-Kotob das Mubarak-Regime, die Interessen Ägyptens und der (zumeist »zivilen«) ägyptischen Gesellschaft nicht vertreten zu haben. Islamistische Bewegungen (außer den militanten) waren ein Bestandteil dieser Zivilgesellschaft, und auf lange Sicht, so die Erwartung dieser Autoren, würden sie das Land noch weiter zivilisieren und demokratisieren: Die islamischen Bewegungen seien *unvermeidlich* und *zähmbar*.[18]

Zahlreiche andere Gelehrte wiesen auf eine zunehmende Tendenz innerhalb islamischer Gruppen in Ägypten hin, sich für allmähliche Veränderung, harte Arbeit, technologischen Wettbewerb und ökonomisch wachstumsorientierte Bildung einzusetzen.[19] Warum erfüllten sich diese Hoffnungen nicht? Warum führte die Zähmung (die ausgiebig stattfand) nicht zu einer politischen und wirtschaftlichen Liberalisierung?

Die Muslimbrüder gaben in der Tat einen großen Teil ihrer radikalen Ideen auf. Ab den 1980er-Jahren wandelten sie sich von Kämpfern für die Errichtung eines transnationalen Kalifats[20] zu Befürwortern von Demokratie, Frauen- und Minderheitsrechten – obwohl manche Gelehrte und Aktivisten die Aufrichtigkeit solcher Verkündungen bezweifelten.[21] Die Muslimbrüder begannen sogar, islamisch-modernistische Argumente (zum Beispiel die *Schūrā* als islamisches Äquivalent von Demokratie) für Demokratie und ein Mehrparteiensystem einzusetzen (womit sie al-Bannās Ablehnung politischer Parteien aufgaben). War der liberalisierte Islam endlich in Ägypten angekommen?

Solche Entwicklungen fort von einem antistaatlichen Verständnis von Islamisierung wurden in der Tat begleitet von der Kommodifizierung der Religion (der Neugestaltung islamischer Symbole zu Artefakten, die gehandelt werden können) in manchen urbanen Sektoren wie in der Türkei in den 1990er-Jahren.[22] Die Verschleierung wurde weniger konservativ, offenherziger und zu einem Bestandteil des neuen urbanen Chics.[23] Für die Armen blieb die Religion wichtig, weil sie sie in die Stadt integrierte, aber auch ihr Alltag wurde weniger puritanisch, durch die generelle Akzeptanz eleganter Tänzer und Sänger und teurer Ferien. Die Armen mussten sich nicht mehr ständig fragen, ob dieser Lebensstil den Vorstellungen der Muslimbruderschaft von einem ganz und gar islamischen Leben entsprach.[24]

Dennoch weigerte sich die islamistische Führung, marktorientierte Praktiken zuzulassen (zum Beispiel eine nicht der Norm und Sittsamkeit des Schleiers entsprechende offenherzige und flexible islamische Kopfbedeckung oder die Mobilisierung von islamischen Symbolen für Konsumzwecke). Die fragmentierte und kaum professionalisierte Struktur der politischen Gesellschaft schloss eine solche Liberalisierungsstrategie aus. Dadurch, dass die urbane Mittelschicht und die bäuerlichen Schichten in die ägyptische islamistische Bewegung integriert waren, wurde ein Monopol der Muslimbruderschaft über die islamische politische Gesellschaft verhindert. In den 1980er- und 1990er-Jahren zog sich durch die islamische Szene ein deutlicher Riss entlang von Klassen- und geografischen Grenzen: Radikale bewaffnete Organisationen (Jamaa Islamiya und al-Dschihad) rekrutierten die urbanen und ländlichen Armen,[25] während die Muslimbrüder hauptsächlich Rentier-Kapitalisten, die Aristokratie der Arbeiterschaft, Kleinhändler und Hochqualifizierte ansprachen.[26] Die Jamaa Islamiya wurde von Universitätsabsolventen geführt, die aus der Mittelklasse oder Arbeiterklasse stammten, und setzte sich für soziale Gerechtigkeit ein. Die Muslimbruderschaft unterstützte dagegen die Regierungspolitik der freien Marktwirtschaft auf dem Land, und die Landeigentümer gegen die Kleinbauern.[27]

Solche Konflikte bilden einen Gegensatz zur Türkei, wo die Konservativen durch die islamische Zivilgesellschaft, durch Vetternwirtschaft und die politische Gesellschaft vergleichsweise besser integriert waren. Obwohl auch in der Türkei die ländlichen Regionen und die Randgebiete der Städte von Armut geprägt waren, hatten die Armen dort Zugang zu sozialen Institutionen (auch wohltätigen Organisationen) durch Klientelnetzwerke der politischen Parteien. Die relativ friedliche Integration dieser Sektoren in die politische Gesellschaft schuf auch für liberalisierte Frömmigkeit ein einladenderes Umfeld.

Staatliches Handeln führte auch zu einer weiteren Fragmentierung der islamischen politischen Gesellschaft in Ägypten. Das verschärfte Durchgreifen in der zweiten Hälfte der 1990er-Jahre verhinderte ein weiteres Erstarken von radikal-islamischen Organisationen. Die Repression führte jedoch nicht dazu, dass die radikalen Islamisten in der Muslimbruderschaft aufgingen, einfach weil sie nicht professionell organisiert war: Die Muslimbruderschaft hatte kein ausgearbeitetes, in sich schlüssiges Programm, und ihr fehlte die Struktur einer politischen Partei,[28] was diesen Radikalen einen alternativen Zugang hätte eröffnen können. Es war die Existenz einer programmatischen Partei in einem repressiven Kontext, die die Integration und Entradikalisierung von radikalen Islamisten in der Türkei ermöglicht hatte. Der bis weit in die 1990er-Jahre hinein anhaltende Widerwille der Führung der Muslimbruderschaft, die Organisation zu einer politischen Partei zu machen, reflektiert dieses halb professionelle Erbe: Zwischen politischem und religiösem Fachwissen wurde kaum differenziert. Es war nicht immer klar, ob die Organisation wirklich von den politisch fähigsten Leuten geführt wurde. Es ist keineswegs so, dass offizielle Repression zu sozialen Resultaten führt. Die politische Gesellschaft gestaltet die indirekten Auswirkungen von Staatsterror. Die Repression in Ägypten in den 1990er-Jahren bot ähnliche Chancen und Bedrohungen für den Islamismus (im Hinblick auf die Faktoren, auf die man sich institutionell konzentrieren würde), aber die Art und Weise, wie die politische Gesellschaft sie filterten, führte in der Türkei zu einer liberalisierenden Strategie, in Ägypten zu einer weiteren Stärkung legalistischer Strategien.

Auch durch die Autoritätsstruktur, einer weiteren Komponente einer politischen Gesellschaft neben sozialpolitischen Organisationen, unterschied sich der ägyptische vom türkischen Islamismus. Eine wichtige Veränderung seit den radikalen Anfängen der Muslimbruderschaft im Vergleich zu ihren mittleren Jahrzehnten war, dass die Führung durch Lehrer an die Führung durch Händler überging, die sich parallel zum Wandel vom Radikalismus zum Konservatismus vollzog. Ein weiterer Wandel fand Anfang des 21. Jahrhunderts statt, als innerhalb der Organisation die

Professionellen immer mehr an Einfluss gewannen und sich die Macht mit den Händlern der alten Garde teilten. Der zunehmende Einfluss von »Professionellen« (als sozioökonomische Schicht) kann in einer politischen Gesellschaft zur »Professionalisierung« führen, doch ist dies kein deterministischer Zusammenhang. Professionelle können auch legalistische oder revolutionäre Tendenzen haben, wobei ihre Haltung von ihren Beziehungen zu anderen Schichten und von der Struktur der politischen Gesellschaft abhängt.

Ganz ähnlich wie bei dem Wandel in der Türkei spielte die Religion eine immer unwichtigere Rolle im Diskurs der neuen Führer (die Akademiker und Angehörige der freien Berufe waren), im Gegensatz zu sowohl der ersten Führungsgeneration als auch der Führung während der mittleren Jahrzehnte.[29] Diese Veränderung konnte in der Tat zu einem liberalisierten Islam führen. Im Unterschied zur Türkei hatten diese neuen Führer die Bewegung jedoch nicht unter Kontrolle.[30] Die Professionalisierung der Autoritätsstruktur war nicht abgeschlossen, und die Tendenz zur Professionalisierung führte in Ägypten nicht zu den gleichen Ergebnissen, weil die politische Gesellschaft in der Türkei größere Aufnahmefähigkeit hatte, wegen des Wankelmuts der internationalen Verbündeten Ägyptens und weil die Muslimbrüder kein in sich schlüssiges Programm hatten.

Gegen Ende der 1990er-Jahre war die Führung der Muslimbruderschaft durch eine Pattsituation geprägt. Die Liberalisierer waren inhaftiert und die Legalisten nutzten Repressionen als Vorwand, um ihren Kandidaten als Führer der Bewegung durchzusetzen. Nach 2004 gewann die liberalisierende Jugend nach dem Tod eines wichtigen konservativen Führers erneut an Einfluss.[31] Aber selbst nach dieser partiellen Liberalisierung setzte das ägyptische Regime seine leichten Repressionen gegen die Muslimbruderschaft fort.

Die 2000er-Jahre: Weitere Konsolidierung legalistischer Strategien

Die Muslimbruderschaft schwankte auch weiterhin zwischen einer Wiederbelebung konservativer (oder genauer: »legalistischer«) Tendenzen und kleiner Zugewinne von Reformisten, wobei die Konservativen von 2009 bis 2010 mehr Boden gutmachen konnten. In der Zeit von 2002 bis 2010 fanden zahlreiche interne Kämpfe statt, und hinter den Kulissen gelang einem wichtigen Konservativen der Aufstieg. Chairat al-Schater, der sich erst nach den Ereignissen von 2011 als der kommende führende Kopf herausstellte, drängte allmählich die Reformisten in den Hintergrund, indem er das Führungsbüro (Maktab al-Irshad) und den Schūrā-Rat der Muslimbruderschaft vollständig unter seine Kontrolle brachte.

Wie manche seiner Gesinnungsgenossen, die »Qutbisten« (wie sie in der breiteren Öffentlichkeit genannt wurden), war al-Schater ein wohlhabender, neoliberaler Geschäftsmann. Dadurch unterschied sich der neue »Qutbismus« von demjenigen früherer Generationen, der eher auf der neuen Mittelklasse gründete (und sich stärker an sozialer Gerechtigkeit orientierte).[32] Anders als in der Türkei war also der Wandel zu intensiviertem wirtschaftlichen Liberalismus nicht mit politischer Liberalisierung verbunden. Das neue Online-Magazin sowie zahlreiche Stellen, die in der Verwaltung geschaffen wurden, schufen eine große Anhängerschaft, deren Loyalität direkt dem Führungsbüro der Muslimbruderschaft anstatt der gesamten Bewegung galt. Al-Schaters Einfluss wurde bestätigt, als Muhammad Badi'e im Jahr 2010 Mohammed Mahdi Akef als obersten Führer ersetzte.[33]

Viele der islamischen Liberalen wurden im Verlauf eines internen Konflikts im Jahr 2010 ausgebootet. Das Regime nutzte diese Krise als Vorwand, um gegen die Muslimbruderschaft vorzugehen; sie behauptete, die Organisation werde inzwischen von »Fundamentalisten« kontrolliert. Auch das ständige Zirkulieren des Namens »Qutb« in der Zeit von 2009 bis 2010 (mehr als ein kompromissloser Gegner des Säkularismus denn als Prophet sozialer Gerechtigkeit) ermöglichte es den Gerichten, die repressiven Maßnahmen zu entschuldigen. Dass die Autoritätsstrukturen immer noch nicht völlig professionalisiert waren, behinderte also weiterhin die Normalisierung der Beziehungen zwischen Staat und islamischer politischer Gesellschaft. Ungeachtet all dieser Repression zog sich die Muslimbruderschaft noch weiter auf eine legalistische Position zurück (und versuchte dadurch, dem Staat entgegenzukommen), anstatt ihre Auslegung des Islam entweder zu revolutionieren oder zu liberalisieren.

2010 hatten die dynamischsten Strömungen innerhalb des ägyptischen Islamismus die vorhandenen Institutionen akzeptiert und taten ihr Bestes, um den (»säkularen«) Staat zu ermutigen, islamisches Recht in die Praxis umzusetzen.[34] Die ägyptischen Islamisten begannen also, sich auf das Gesetz zu verlassen, um die Bürger im islamischen Sinne zu disziplinieren; das bedeutete indirektes Disziplinieren durch das Gesetz und direktes Disziplinieren durch eine Partei, während die Letztere im türkischen Fall zum vorherrschenden Kanal der Islamisierung geworden war. Ägyptische Islamisten islamisierten die Gesellschaft auch, indem sie bestimmte islamische Organisationen der Zivilgesellschaft (zum Beispiel die al-Gamaiya al-Sharaiya) unterwanderten, die selbst auf einer legalistischen Auslegung des Islam basieren und in ihren Interpretationen des islamischen Rechts wesentlich unflexibler sind als politische islamische Organisationen.[35] So erklärt zum Beispiel die al-Dschamāʿa al-islāmiyya in ihrer Broschüre (unter den Überschriften *el-Dawa, el-Amal el-Salih, el-Ighatha, el-Tanmiyya*), dass sie bei der wörtlichen Auslegung des Koran bleibt und sich gegen ein allgemeines Verständnis stellt, obwohl es die meisten islamistischen Parteien vermieden, sich darauf festzulegen, welcher Art von Islam sie folgen. Nach 2005 boten die Büros von Parlamentsabgeordneten direktere Kontaktmöglichkeiten, aber diese waren vor 2011 naturgemäß beschränkt (im Vergleich zu jenen der AKP). Kurzum, obwohl die Muslimbruderschaft eine sehr mächtige Organisation war, blieben ihre direkten Kontakte zur Bevölkerung relativ eingeschränkt (im Vergleich zu den islamischen Parteien in der Türkei). In vielen Fällen wurden solche Kontakte durch die rechtmäßigen staatlichen Experten und legalistische Organisationen der Zivilgesellschaft vermittelt (Anzeichen einer hochgradig fragmentierten Zivilgesellschaft und politischen Gesellschaft). Das Ergebnis war, dass sich der legalistische Islam verschanzte.

Legalismus und die halb professionelle Organisationsstruktur prägten auch die Vorstöße der Muslimbruderschaft auf der parlamentarischen Bühne. Als Reaktion auf den Druck des Regimes in den Jahren 2009 und

2010 beschlossen einige Muslimbrüder, die Parlamentswahlen 2010 zu boykottieren. Allerdings lehnte das von Konservativen dominierte Führungsbüro diese Idee ab und die Muslimbruderschaft nahm an der Wahl teil. Die Liberalisierer, die vorgeschlagen hatten, die Wahlen zu boykottieren, wurden moralisch scharf verurteilt. Die Entscheidung der Führer infrage zu stellen, so das Büro, sei »unmoralisch« und gegen die Grundsätze der Muslimbruderschaft gewesen.[36] Diese Aussage war typisch für die moralistische Haltung der Organisation zur Politik (die durch die fragmentierte islamische politische Gesellschaft erzeugt und bestärkt wurde).

Diese politische Struktur half dem Führungsbüro, die Organisation intakt zu halten, förderte aber nicht gerade ihre Attraktivität für die Massen. Die Bruderschaft konnte in den manipulierten Wahlen nur einen Sitz gewinnen, während die regierende Nationaldemokratische Partei (NDP) sich etwa 80 Prozent der Sitze sicherte. Durch dieses Wahlergebnis fühlten sich die islamischen Liberalisierer noch weiter ermutigt. Sie starteten eine Kampagne gegen das Führungsbüro der Muslimbruderschaft, das seinerseits drohte, sie aus der Bruderschaft auszuschließen. So sah das Gleichgewicht der Kräfte innerhalb der Muslimbruderschaft aus, als 2011 der Aufstand ausbrach.

Die Entwicklungen in der Türkei und in Ägypten konvergierten Mitte der 1990er-Jahre insofern, als beide Länder sich von der integrativen Politik der 1980er-Jahre abwandten (als Reaktion auf das Vorrücken der Islamisten zu Hause und auf den Bürgerkrieg in Algerien), aber die Ergebnisse unterschieden sich, und zwar unter anderem aufgrund der unterschiedlichen Strukturen ihrer politischen Gesellschaften. Im Gegensatz zum türkischen Fall führten staatliche Repressionen in Ägypten nicht zum Entstehen einer erfolgreichen liberalen islamischen Organisation. Um die Gründe dafür zu verstehen, müssen wir uns ansehen, in welcher Hinsicht die internen Organisationen der politischen Gesellschaften in den beiden Ländern sich unterschieden.

TUNESIEN:
LIBERALISIERUNG OHNE RAUM ZUM ATMEN

Bis 2011 hat man mit Vergleichen zwischen Tunesien und Ägypten einerseits und dem Iran und der Türkei andererseits ein methodisches Problem: Nur in den letzteren beiden Ländern waren islamische Akteure an der Macht. Tunesien ist ein noch problematischerer Fall, da die potenziellen tunesischen Anhänger des Türkischen Modells bis 2011 massiv unterdrückt wurden und jegliches Zeichen einer islamischen Liberalisierung durch die Umstände erheblich eingeschränkt wurde. Trotz dieser Umstände sehen wir deutliche Anzeichen einer politischen Liberalisierung, allerdings weniger Anzeichen einer Liberalisierung in der Wirtschaft und im Alltagsleben.

Die Ennahda hatte, obwohl sie anderen Islamisten im Nahen Osten im Hinblick auf ihre Position im politischen Prozess (siehe Kapitel 1) durchaus ähnelte, eine Besonderheit: das außergewöhnliche strategische Denken ihres Führers, seinen intellektuellen Tiefgang und seine demokratischen Referenzen. Rachid al-Ghannouchi verfasste bemerkenswerte Texte, die sein vielschichtiges und flexibles Verständnis von Politik und Gesellschaft in der Moderne vor Augen führen. Er zeigte mit großem Geschick komplexe Taktiken und Strategien auf, die darauf abzielten, die Gesellschaft zu islamisieren. In seiner Person verbanden sich islamische Philosophie, der spirituelle Ratgeber und der politische Führer – das hatte es seit den Tagen von Maududi, al-Bannā, Qutb, Schariati und Chomeini nicht mehr gegeben.

Al-Ghannouchi machte sich auch einen Namen als islamischer Demokrat. Im Gegensatz zu den oben erwähnten islamischen Denkern beschäftigte er sich ernsthaft mit den Stärken des Westens (und nicht nur mit seinen Schwächen) und wusste (anscheinend) Pluralismus wirklich zu schätzen. Zwar erweckten manche seiner Interviews und Schriften den Eindruck, al-Ghannouchi würde ein völlig pluralistisches politisches System befürworten, aber in anderen Werken bestand er darauf, nicht-islamische Parteien auszuschließen.[37] Das war ein Widerspruch, und als al-Ghannouchi immer bekannter wurde, zerbrachen sich liberale Gelehrte und Journalisten den Kopf, um das zu erklären.[38]

Al-Ghannouchis Qualitäten machten die Ennahda für die »internationale Gemeinschaft« interessant: Sie war eine Partei, die einen entscheidenden Beitrag dazu leisten konnte, Islam und Demokratie zu versöhnen. Aus der Sicht dieses Buches ist die Tiefe von al-Ghannouchis strategischem Denken bemerkenswert (und nicht nur sein aufrichtiges Interesse an der Demokratie). Wenn sich die Parteikader eine pragmatische, professionelle und flexible Herangehensweise an Politik und Wirtschaft wirklich zu eigen machten, konnte das Tunesien auf den Weg zu einer passiven Revolution bringen. Eine solche Verinnerlichung würde die islamische politische Gesellschaft Tunesiens derjenigen der Türkei näherbringen. Ein islamisches neoliberales Regime in Tunesien würde darüber hinaus auch noch davon profitieren, einen *spirituellen* Ratgeber als politischen Führer zu haben, was die Zustimmung in der Bevölkerung noch weiter steigern würde. Aber hatten die tunesischen Islamisten al-Ghannouchis Denken wirklich verinnerlicht, und konnten sie daraus eine funktionierende *massenwirksame* Strategie entwickeln? Und würde eine solche Strategie erfolgreich umgesetzt werden können ohne die politischen Erfahrungen jahrzehntelangen Regierens auf kommunaler Ebene, selbst wenn das tunesische System sich plötzlich und unerwartet für Islamisten öffnen würde?

Zu der Frage, inwieweit die Partei al-Ghannouchis theoretisch-theologische Verbindung von Islam und Demokratie verinnerlicht hatte, gibt es gewisse Anzeichen, dass sie dabei nicht sehr weit gekommen war.[39] Aber zu der interessanteren Frage, inwieweit die Ennahda al-Ghannouchis strategisches Denken operationalisiert hat, können Ereignisse und Aktionen Aufschluss geben (jedenfalls besser als die Erklärungen und sozialen Texte der Partei). In einigen der folgenden Kapitel werden wir untersuchen, ob der tunesische Islamismus sich tatsächlich im Zusammenhang mit einer politischen Strategie liberalisierte.

BELAGERTE LIBERALISIERUNG IM IRAN

Wenn wir wie Bourdieu und Migdal davon ausgehen, der Staat sei kein zentralistischer Akteur, sondern ein Feld, ist das im Iran mehr der Fall gewesen, wo im Verlauf der vergangenen drei Jahrzehnte ein erheblicher Teil des politischen Wettbewerbs innerhalb des Staates stattgefunden hat, dem sich die politische Gesellschaft unterworfen hatte. Anstatt sich innerhalb einer leicht erkennbaren, autonomen und differenzierten politischen Gesellschaft zu entwickeln, haben Interessengruppen an der Schnittstelle zwischen politischer Gesellschaft und Staat, in der Grauzone, wo sich beide überlappen, ihre Muskeln spielen lassen. Diverse Interessengruppen haben sich um verschiedene Teile des Staates eine endlose Schlacht geliefert; entsprechend haben sich auch Teile des Staates untereinander bekriegt. Wie konnten sich im Kontext dieser internen Kämpfe liberalisierte Islamisten entwickeln, und welche Aussichten hatten sie im Vergleich zu ihren türkischen und ägyptischen Gesinnungsgenossen?

Islamische liberale Akteure in einem islamischen Staat

Nach dem Irak-Debakel verlor die radikale Fraktion ihre Basis. Ihre Agenda von Anti-Imperialismus, Export der Revolution und Militanz war diskreditiert.[40] Die konservativen und pragmatischen Moderaten fühlten sich ermutigt und starteten eine breite Kampagne gegen alle Grundsätze des Radikalismus. Nach den 1980er-Jahren kam es hauptsächlich zwischen den konservativen, pragmatisch-moderaten und islamisch-liberalen Fraktionen zu Konflikten. Die Liberalen, viele von ihnen desillusionierte Radikale,[41] versuchten, das Prestige aus ihrer radikalen Vergangenheit und der (verwestlichten) islamischen intellektuellen Strenge genauso wie die ehemaligen Radikalen in der Türkei in den Dienst einer liberalen Demokratie zu stellen.[42]

Die religiöse liberale Fraktion, die eine mögliche liberale Islamisierung im Iran hätte anführen können, zeigte dagegen nie den politischen Willen und die nötige Geschlossenheit, um sich von den Konservativen abzugrenzen und eine liberale islamische Gesellschaft aufbauen zu können.[43] Tendenzen in der Zivilgesellschaft verstärkten die Schwächen der liberalen islamischen politischen Akteure. So stellte sich zum Beispiel die Studentenbewegung, der wichtigste bürgerliche Verbündete des islamischen Liberalismus, offen als »Antithese« zu politischen Parteien, Institutionen und politischen Akteuren dar: als Agent einer »Kritik an der Macht«, nicht der Organisation von Macht.[44]

Auch Mohammad Chātami, der liberale islamische politische Führer der 1990er-Jahre, war nicht willens, eine Partei zu gründen.[45] Die liberalen islamischen Kräfte blieben auch weiterhin als lose Bündnisse organisiert, anstatt zu richtigen politischen Akteuren mit konkreten und schlüssigen programmatischen Visionen zu werden. Die politische Gesellschaft unter Chātami war vielfältig, aber auch zersplittert und polarisierend,[46] ganz anders als der konservativ-liberale Block, der sich in der Türkei um die AKP herum gebildet hatte. Die islamischen Liberalen waren womöglich *gegen* die Konservativen vereint, aber sie standen nicht vereint *für* ein gut verständliches und detailliertes Programm. Die naturgemäß zerstreute Zivilgesellschaft und die von den Liberalen organisierte politische Gesellschaft führten zu zahlreichen Bündnissen, aber nie zu einem nachhaltigen Machtblock.

Die Wähler gaben den islamischen Liberalen im Jahr 1997 die Gelegenheit, diese Situation zu ändern, als Chātami Präsident wurde. Die Liberalen, die in der politischen Gesellschaft kaum und in Zivilgesellschaft und Staat etwas besser organisiert waren, sahen sich mit einer konservativen, straff organisierten Blockade auf allen Ebenen des Staates und der Gesellschaft konfrontiert, einem regelrechten Block (der sich allerdings als kurzlebig erwies). Der Wächterrat, der Schlichtungsrat, das Parlament und paramilitärische Kräfte mobilisierten sich, um Reformen schwierig oder gar unmöglich zu machen. Intellektuelle und Professoren wurden von ihnen eingeschüchtert und unterdrückt, und sie schränkten auch den Handlungsspielraum von Chātami und seinen Unterstützern ein, und zwar vor allem dadurch, dass sie die finanzielle Ausstattung und die Zuständigkeiten von staatlichen Institutionen, die sich unter konservativer Kontrolle befanden, erheblich verbesserten.[47]

Im Mai 1999 schlossen die Konservativen zahlreiche Zeitungen. Es kam zu Studentenprotesten. Von den Revolutionsgarden unter Druck gesetzt, verurteilte Chātami diese Proteste. Konfrontiert mit einer großen Gegendemonstration gaben die Studenten auf: Die schwache politische Gesellschaft verkrüppelte die Zivilgesellschaft. Im Jahr 2000 gedachten Studenten der Aufstände von 1999 und wurden dabei von Bürgerwehren attackiert. Die noch verbliebenen reformistischen Zeitungen wurden geschlossen. Die Reformisten konnten nicht viel tun; sie verabschiedeten eine Reihe von Gesetzesvorlagen, aber der Wächterrat blockierte die meisten von ihnen. Während seiner gesamten Amtszeit versuchte Chātami, Frauen und Studenten mit Reform-Gesetzesvorlagen und anderen Mitteln zu unterstützen; er versprach, die »Zivilgesellschaft« (so seine Worte) zu erweitern, aber er kam damit nicht sehr weit.[48] De facto versuchte Chātami sogar, den Konflikt mit den Konservativen zu entschärfen, und ermutigte alle reformorientierten Kräfte, Zusammenstöße mit ihnen zu vermeiden,[49] wodurch das Potenzial für eine vom Staat unabhängige politische Gesellschaft weiter reduziert wurde. Diese Entwicklungen zeigen, dass nicht nur die ständigen Versuche der Regierung, die Opposition zu desorganisieren, sondern auch die Vorgehensweise und die Manöver von Politikern zur *zerstreuten Struktur* der politischen Gesellschaft im Iran beitrugen.

Der daraus resultierende Mangel an konsistenten Beziehungen zwischen Zivilgesellschaft und politischer Gesellschaft kann nicht ausschließlich auf mangelnde Chancen zurückgeführt werden (in der politischen Soziologie meist der erläuternde Bezugsrahmen). Es gab in diesen Jahren eine Menge Gelegenheiten, solide Bindungen zur Zivilgesellschaft zu knüpfen. Eine islamische Organisation, die so strukturiert ist wie entweder die AKP oder gar die Muslimbruderschaft (hätte sie denn im Iran existiert), hätte solche Bindungen bilden können.

Bei den Kommunal- und Gemeinderatswahlen 1999 war die Wahlbeteiligung hoch. Da jedoch die Reformisten in den folgenden Jahren keine nennenswerte Initiative ergriffen, sank die Wahlbeteiligung im Jahr 2003.[50] Und das Fenster, das sich in den Institutionen geöffnet hatte, schloss sich irgendwann aufgrund der Unentschlossenheit der politischen

Führung wieder: Als der Wächterrat im Jahr 2003 reformistische Kandidaten abblockte, ging niemand auf die Straße, um sie zu schützen,[51] ein Beleg für den Mangel an soliden Bindungen zwischen der politischen Gesellschaft und der Zivilgesellschaft. Die Reformisten kamen über die Mittelklasse nicht hinaus, waren elitär und dialogorientiert; sie taten nichts, um Streiks, Proteste und zivilen Ungehorsam zu ihren Gunsten zu mobilisieren.[52]

Dass die politische Organisation zerstreut war (und die lockere Form der Verbindungen zwischen der politischen Gesellschaft und der Zivilgesellschaft), reproduzierte sich auch bei den Wahlen von 2009, nach denen wochenlang massenhaft gegen die angeblich manipulierten Wahlergebnisse protestiert wurde. Bei der Intensität der Proteste hätte man den Eindruck haben können, es gäbe eine stabile Opposition, aber dafür war zu vieles uneindeutig. Erstens war der von den Protestierenden favorisierte Kandidat, Mir Hossein Mussawi, ein Regime-Insider und kein unabhängiger politischer Führer wie Erbakan oder Erdoğan. Er war in den blutigen Jahren während der Herrschaft Chomeinis Premierminister gewesen, aber ihm wurde auch angerechnet, ein gerechtes Zuteilungssystem für Nahrungsmittel und Benzin aufgebaut zu haben.[53] Innerhalb des Staates geprägte Akteure *können* zu Akteuren innerhalb der politischen Gesellschaft werden, aber diese Transformation erfordert erhebliche Anstrengungen, die im Falle Mussawis nicht erbracht wurden. Sein Aufstieg reproduzierte also die Unterordnung der politischen Gesellschaft unter den Staat und den Mangel an Autonomie.

Zweitens gab es keine vereinte Partei oder Proto-Partei, die die Wahlen (und die Proteste) hätte überdauern und die Existenz eines dauerhaften und konsistenten Programms hätte belegen können[54]; eine Partei, die eine Alternative zur existierenden Politik hätte sein können. Das Regime verschlimmerte dieses Problem noch, indem es zwei der bedeutenden reformistischen Parteien auflöste. Diese lockere Organisiertheit (und das Fehlen eines Programms) in der iranischen politischen Gesellschaft kann der türkischen (islamischen) politischen Gesellschaft gegenübergestellt werden, die in den vergangenen vier Jahrzehnten immer vereint gewesen ist und ein Programm hatte. Und schließlich ist es fraglich, ob die Protestierenden eine gemeinsame Vision hatten; aber noch fraglicher ist, ob sie eine gemeinsame Vision mit Mussawi hatten (über eine unzureichend definierte Liberalisierung hinaus). In ihren Wahlkampagnen konzentrierten sich die beiden reformistischen Spitzenkandidaten mehr auf Mahmud Ahmadinedschads Schwächen und Probleme statt auf ihre eigene Politik und Versprechungen.[55] Mussawi hat nicht »geführt« in dem Sinne, dass er Menschen mobilisiert und davon überzeugt hätte, ein bestimmtes sozialpolitisches Projekt zu unterstützen. In den Begriffen des konzeptionellen Rahmens, der hier verwendet wird, blieb er ein Akteur innerhalb der Domäne des Staates und wurde nicht zu einem professionellen Politiker (einer im positiven Sinne mobilisierenden Figur mit einem sozialpolitischen Projekt).

Der wichtigste Grund, warum Mussawi Stimmen erhielt, bestand darin, dass er gegen Ahmadinedschads Konservatismus war: Was die Protestierenden und Mussawi zusammenbrachte, war, *wogegen* sie waren, und nicht, *wofür*. War die Reformbewegung eine liberal-islamische Bewegung, eine konservativ-demokratische, eine liberal-demokratische oder nichts davon? Wollte sie die Islamische Republik stürzen oder sie von innen heraus reformieren? Darüber wurde wild spekuliert. Die entstandene Phalanx von Kräften unterschied sich jedenfalls nicht allzu sehr von der breit angelegten und lockeren Koalition, die die islamische Revolution angeführt und die keine starke hegemonische Ordnung produziert hatte. In der iranischen Politik hat es nie das Bilden von so festen Blöcken wie in der Türkei gegeben. In Abwesenheit einer hegemonischen Ordnung konnten die Reformisten keinen neuen Ausgleich schaffen, was wiederum Aufzwingungen von oben die Tür öffnete.

Während der gesamten 1980er- und 1990er-Jahre gab es Anzeichen von Blockbildung, aber keine dieser Tendenzen führte zu einem dauerhaften Block, der ein Jahrzehnt überdauert hätte. Der konservative Block, der sich von Mitte der 1990er- bis Mitte der 2000er-Jahre in Opposition zu den Liberalen bildete, ist ein solcher Fall. Er zerfiel in zwei Lager: die konservative Geistlichkeit und die populistisch-konservativen Professionellen (wie sie zum Beispiel von Mahmud Ahmadinedschad repräsentiert wurden).

Gegen Ende der 2000er-Jahre fingen die Konservativen in der Klasse der Professionellen genauso wie in der führenden Klasse an, nicht nur die liberalen Fraktionen innerhalb dieser Klassen zu bekämpfen, sondern auch die Geistlichen und die Händler innerhalb des konservativen Blocks. Obwohl sich diese Kämpfe eine Zeit lang innerhalb des konservativen Lagers abspielten (und sich auf Meinungsverschiedenheiten über spezifische Politik und Besetzung von Posten beschränkten), hatten sie Auswirkungen, die Anfang der 2010er-Jahre zu enormen politischen Konsequenzen führten.[56] Der Oberste Religionsführer Ali Chamene'i (der Führer des dominanten Flügels des konservativen Blocks) und Mahmud Ahmadinedschad entzweiten sich öffentlich; ein Zerwürfnis, das den Weg für einen weiteren (verwässerten) Wahlsieg der Liberalen ebnete, nämlich den von Hassan Rohani im Jahr 2013.

Vergleichbare Vorkommnisse in der Türkei und im Iran in den 2000er-Jahren lassen Zweifel daran aufkommen, ob »Chancen« unabhängig und isoliert von anderen Variablen entstehen können; vielmehr zeigen sie, dass Chancen durch Entwicklungen innerhalb der politischen Gesellschaft beeinflusst werden. Im Gegensatz zur Türkei, wo die Militärs 2007 vergeblich versuchten, die Präsidentschaft von Abdullah Gül zu blockieren (die zusätzliche Chancen für islamische Liberale schuf), sind im Iran die Chancen für eine Öffnung letztlich wieder kleiner geworden. Um Güls Präsidentschaft zu blockieren, hatten sich einige Fraktionen aus dem Militär, aus der Zivilgesellschaft und der Kemalistischen Partei (CHP) zusammengetan, aber durch die entschiedene Führung der AKP wurde diese Bedrohung letzten Endes abgewehrt. Nachdem Güls Präsidentschaft im Frühjahr durch halb legitime Methoden vereitelt worden war, hatte die AKP diesen zweifelhaften Vorgang zu dem zentralen Thema ihres Wahlkampfes gemacht und ließ Gül vom Parlament zum Präsidenten wählen. Die Öffnung von Institutionen hatte also im Iran und in der Türkei aufgrund politischer Interventionen sehr unterschiedliche Auswirkungen. Zwar könnte man sich auf den Standpunkt stellen, die Wahlen im Iran im Jahr 2009 seien keine echte institutionelle Öffnung gewesen, aber wir könnten auch fragen, was eine so zersplitterte Bewegung hätte erreichen können, selbst wenn sie bessere Chancen gehabt hätte, vor allem nach den Erfahrungen der liberalen islamischen Regierung zwischen 1997 und 2005.

Insgesamt produzierte die iranische politische Gesellschaft, zerstreut wie sie war in ihrer politischen Organisation, schwache Blöcke und eine im Hinblick auf den Staat unzureichend integrierte Zivilgesellschaft. Auch im Iran gab es Tendenzen zur Professionalisierung, aber sie wirkten sich schwächer auf die islamische Bewegung aus als in Ägypten oder der Türkei. Professionell orientierten Politikern fehlten außerdem engagierte internationale Verbündete (ebenso wie in Ägypten). Dass es im Iran keine starke islamische Klasse von Geschäftsleuten gab, bedeutete, dass die Klassenbasis für liberale Politiker hauptsächlich auf andere Professionelle beschränkt war, während (so könnte man argumentieren) sich vor allem in der Türkei die Interessen der Professionellen innerhalb der politischen Gesellschaft mit den Interessen der Professionellen als auch der Klasse von Geschäftsleuten in der Gesellschaft insgesamt trafen. In absehbarer Zukunft wird sich durch diese politischen Strukturen wahrscheinlich nichts daran ändern, dass die liberale Option im Iran schwach ist, obwohl zunehmende Unterstützung des Westens für den liberalen Islam im Iran (nach seinem unumkehrbaren Scheitern in der Türkei) das Gleichgewicht der Kräfte verschieben wird.

Unvollständige Liberalisierung des religiösen und alltäglichen Lebens

Aufgrund der Zerstreuung und der Unterordnung der politischen Gesellschaft wurde offizieller und paramilitärischer Druck, im Alltag mehr Frömmigkeit zu zeigen, nicht durch eine ebenso starke (zivile oder politische) Mobilisierung gestützt. Im Unterschied zur Türkei und zu Ägypten gab es im Iran keine systematisch organisierten politischen Parteien oder Berufsverbände, die einen islamischen Lebensstil gefördert hätten. Daher demonstrierten die Menschen auf der Straße einen islamischen Lebensstil, zu Hause und in anderen geschlossenen Räumen ging man dagegen durchaus un-islamischen Aktivitäten nach (konsumierte zum Beispiel islamisch nicht korrekte Videos, Tonbänder, Bücher, Zeitschriften und

CDs).[57] Für diese ethnografischen Beobachtungen gibt es auch einige
quantitative Belege. Umfragen über Wertvorstellungen zeigten nach
Mansoor Moaddel, dass Ägypter den Islam intensiver praktizieren als Iraner, obwohl die Letzteren in einer Islamischen Republik leben.[58] Davon
abgesehen ging der Anteil der Iraner, die mindestens einmal pro Woche
an gemeinschaftlichen Gebeten teilnehmen, von 56 Prozent im Jahr 1975
auf 40 Prozent im Jahr 2000 zurück[59] – eine ziemlich blamable Entwicklung für eine islamische Revolution.

Während eine modische Verschleierung in Ägypten und in der Türkei
zu einem Symbol der islamischen Mobilisierung wurde, wurde sie im Iran
zu einem Symbol des Widerstands gegen das Regime. Im Iran gab es keine gut organisierte islamische politische Gesellschaft, die sich der Mode
im Namen des Islam hätte bemächtigen können. Es gab Anzeichen dafür,
dass die Frauen- und Jugendbewegungen der 1990er-Jahre eine liberale
theologische Haltung vertraten.[60] Allerdings waren sie nicht in der Lage,
das Land ohne Hilfe der politischen Gesellschaft in Richtung eines liberalisierten Islam zu drängen, was einmal mehr zeigt, dass die Zivilgesellschaft *aus eigener Kraft* keine umfassenden sozialen Veränderungen in
die Wege leiten kann.

Zahlreiche Studien deuten darauf hin, dass Studenten aus armen und
Mittelschichtsfamilien sowie Frauen aus der unteren Mittelschicht und
der Mittelschicht sich dem Zugriff der Islamisten weitgehend entzogen.[61]
Aber die Wahlen von 2005, die von den Konservativen gewonnen wurden, deuteten auf ein anderes Muster hin, vor allem in den Randbezirken.
Außerdem wiesen einige andere Studien darauf hin, dass in den 1990er-
Jahren Modernisierung, Kommerzialisierung und die Stärkung des Individualismus mit der Islamisierung Hand in Hand gingen, anstatt sie zu
untergraben.[62] Das alles kann man als eine kontinuierliche, aber ziemlich
unvollständige Islamisierung deuten: Die Islamisierung hing aufgrund
der fehlenden politischen Durchdringung durch sozialpolitische Organisationen oder Parteien mehr von Zwang als von Zustimmung ab und
wurde von staatlichen Institutionen organisiert genauso wie von paramilitärischen Organisationen, die durch sozialpolitische Splittergruppen
mobilisiert wurden.

Wir wollen diese Erörterung mit einer einfachen Frage abschließen: Welches Modell fördert Frömmigkeit mehr, das türkische oder das iranische? Mohammad Ali Zam, der Direktor des Teheraner Büros für kulturelle und künstlerische Angelegenheiten, stellte im Jahr 2000 der internationalen Presse einen Bericht vor, nach dem 75 Prozent der Iraner die täglichen Gebete nicht mehr einhielten.[63] 79 Prozent der türkischen Bürger halten sie, wie Forschungen ergeben haben, ein.[64] Diese Zahlen mögen übertrieben sein, da sie auf Eigenangaben beruhen, aber klar ist, dass zwischen den Ambitionen des iranischen Regimes und der Religiosität der Bevölkerung eine Diskrepanz bestand, vor allem im Vergleich zu der Bevölkerung, die unter dem säkularen Regime der Türkei lebte. Das hatte unter anderem mit dem Umstand zu tun, dass der iranische Gottesstaat übertriebene Erwartungen im Hinblick auf Frömmigkeit hatte, was womöglich die Bürger der Ausübung einfacher religiöser Pflichten entfremdet hatte. Aber dennoch legt dieser Bericht nahe, dass, um zu verstehen, wie es den türkischen Islamisten gelungen ist, in einem säkularisierten Kontext die Frömmigkeit aufrechtzuerhalten, eine Analyse der politischen Gesellschaft erforderlich ist.

Was kann uns eine Analyse der Islamisierung im Iran aus einer vergleichenden Perspektive über die Verbreitung bestimmter religiöser Gebräuche lehren? Die revolutionäre Islamisierung im Iran bietet einen aufschlussreichen Kontrast zu der liberalisierten, partiellen und milden Islamisierung in der Türkei (und der legalistischen Islamisierung in Ägypten), die durch jahrelange Arbeit der politischen Gesellschaft und der Zivilgesellschaft im Zusammenspiel mit einer partiellen Islamisierung durch den Staat erreicht wurde. Man kann durchaus einräumen, dass die ägyptischen und die türkischen Islamisten, wenn sie denn eine erfolgreiche Revolution durchgeführt hätten, kaum Skrupel gehabt hätten, die gleichen Maßnahmen durchzusetzen (zum Beispiel die Geschlechtertrennung und die Verschleierung von Frauen zu erzwingen). Freilich war es nicht nur die relativ fest verankerte infrastrukturelle und despotische Macht (nach Michael Manns Begrifflichkeit), die ein solches Ergebnis verhinderte (obwohl es aus institutioneller Sicht zweifellos gerechtfertigt wäre, diesen Gegensatz hervorzuheben). Ein solches Ergebnis war auch durch die weiter entwickelte Zivilgesellschaft und politische Gesellschaft in der Türkei (und die weiter entwickelte Zivilgesellschaft in Ägypten, im Gegensatz zum prärevolutionären Iran) weniger wahrscheinlich.

Wir können Pietismus im Iran als »erzwungene revolutionäre Islamisierung« bezeichnen, als einen revolutionären Prozess, bei dem Zwang mehr ins Gewicht fällt als Zustimmung. Mit dieser Beschreibung greife ich auf Gramscis Vergleich der französischen und der russischen Revolution zurück. Bei jeder Revolution spielt Zwang eine Rolle, aber in Russland hat Zwang nach und nach die bereitwillige Beteiligung breiter Sektoren ersetzt; bald beteiligte sich nur noch eine kleine Zahl von Intellektuellen und städtischen Arbeitern (die sich bis 1929 bereitwillig dafür mobilisieren ließen, die oberen Klassen, die Landbevölkerung und andere Arbeiter zu unterwerfen). Ganz anders die revolutionären Prozesse in Frankreich im 18. und 19. Jahrhundert, bei denen wiederholt ein breites Spektrum von Bürgern für republikanische Ideen und Institutionen mobilisiert wurde. Der Rückgang der freiwilligen Beteiligung in Russland (der sich zwischen 1917 und 1929 zunächst allmählich, danach ziemlich rasant vollzog) kann mit der Iranischen Revolution verglichen werden, bei der sich (nach 1981) die freiwillige, nicht-offizielle Beteiligung am revolutionären Prozess zunehmend auf einen relativ kleinen Kreis konzentrierte, der aus Mitgliedern des Subproletariats, aus Religionsstudenten und paramilitärischen Gruppen bestand,[65] die nach wie vor mobilisiert werden, um islamische Sitten im öffentlichen Raum zu überwachen.

POLITIK UND GESELLSCHAFT IM KONTEXT DER NEUERSCHAFFUNG VON RELIGIOSITÄT

In den 1960er- und 1970er-Jahren hatten viele Islamisten ein gemeinsames, umfassendes Verständnis des Islam. Aber ihre Ziele und Strategien divergierten in den darauffolgenden Jahrzehnten. Die Unterschiede in der Struktur ihrer politischen Organisation (vereint versus fragmentiert versus zerstreut) und die Art der Identifikation mit Autorität (professionalisiert versus moralistisch und semi-professionalisiert) können die Unterschiede in der Islamisierung der täglichen Übungen zum Teil erklären. Eine vereinte und professionalisierte islamische politische Gesellschaft förderte in Interaktion mit vergleichsweise demokratischeren staatlichen Traditionen die liberalisierte Islamisierung in der Türkei. Eine fragmentierte und semi-professionalisierte politische Gesellschaft in Interaktion mit einem Staat, der islamisches Recht teilweise integrierte, führte letztlich in Ägypten zu einer legalistischen Islamisierung. Eine zerstreute (und sogar noch weniger professionelle) politische Gesellschaft in Interaktion mit einem revolutionären Staat führte zu einer erzwungenen, revolutionären Islamisierung im Iran. Tunesien hätte, dank der größeren Professionalität mancher seiner islamischen Führer, der Schauplatz eines liberalisierteren Islam sein können, aber ein zunehmend autoritärer Staat ließ eine solche Entwicklung nicht zu.

Der Aufbau der politischen Gesellschaft spielt eine zentrale Rolle, wenn man diese Unterschiede verstehen will. In der Türkei stand eine legale politische Partei im Zentrum der politischen Gesellschaft; sie war nur mit kleineren Herausforderungen von radikalen politischen Organisationen konfrontiert, die sie letzten Endes absorbierte. In Ägypten stand eine illegale Organisation im Zentrum, die nicht zu einer politischen Partei hatte werden wollen. Sie war mit ernsteren Herausforderungen von radikalen Organisationen konfrontiert, die sie nicht absorbieren konnte. Im Iran standen Fraktionen im Zentrum, die Parteien waren relativ schwach und radikale Organisationen waren vernichtet worden. In Tunesien hätte die legale politische Partei die politische Gesellschaft dominieren können, wurde daran jedoch von einem repressiven Staat gehindert.

Diese zentrale Rolle der politischen Gesellschaft erfordert eine grundlegende Überprüfung unserer Denkweisen im Hinblick auf Frömmigkeit, Gesellschaft und Staat. Unter dem Einfluss der Veränderungen in den Institutionen[66] haben sich viele Gelehrte auf mit dem Staat zusammenhängende Variablen konzentriert, um verschiedene Varianten der Islamisierung zu erklären. Konkret heißt das, dass sie sich auf Repression, auf die Öffnung der Institutionen und auf die Spaltungen innerhalb des säkularen Staates konzentriert haben, die Islamisten sich zunutze machen.[67] Andere haben untersucht, wie ein säkularer oder nicht-säkularer Staat zu einem aktiven Gehilfen der Islamisierung wird.[68] Während eine solche Denaturalisation von Religiosität ein gutes Gegengift gegen die Romantisierung einer Frömmigkeit von unten ist, ignoriert sie die aktive Mitwirkung der Gesellschaft beim Aufbau nicht nur der Religion, sondern auch des Staates (und der Chancen, die die staatliche Struktur bieten könnte).

Das Konzept einer »politischen Gesellschaft« zielt auf diese Lücke in unserem Verständnis. Dieser Ansatz geht, anders als der, der sich auf die »Zivilgesellschaft« stützt,[69] nicht davon aus, dass islamische Mobilisierung sich *gegen* den Staat oder unabhängig von ihm entwickelt, während immer noch ernst genommen wird, dass Kreativität von unten kommt.[70] Dieses Konzept versetzt uns in die Lage, analytisch zu unterscheiden zwischen dem Bereich politischer Führung und Strategie (politische Gesellschaft) und dem verbindenden Bereich (Zivilgesellschaft), wenn auch diese Bereiche sich erfahrungsgemäß überlappen können (da manche innerhalb des Staates oder der Zivilgesellschaft eingesetzte Akteure auch Führungsrollen besetzen können). Politische Akteure unterscheiden sich auch von staatlichen Akteuren: Obwohl staatliche Akteure breit angelegte und umfassende Visionen für die Gesellschaft haben mögen, streben sie nicht unbedingt danach, die Gesellschaft zu *führen*, sondern geben sich möglicherweise damit zufrieden, soziale Akteure zu dirigieren und zu gängeln.[71]

Insgesamt heißt das, dass ohne eine aktive politische Gesellschaft die Normalisierung eines sozialpolitischen Projekts zumindest problematisch, wenn auch vielleicht nicht unmöglich ist. Diverse politische Projekte wetteifern um die Gestaltung der Gesellschaft. Sie sind um politische Parteien, sozialpolitische Organisationen und Autoritätsfiguren herum organisiert. Während sie miteinander wetteifern, interagieren sie (unterschiedlich intensiv) mit Zivilgesellschaft und Staat. Das Projekt mit der besser entwickelten Organisation innerhalb der politischen Gesellschaft und mit der nachhaltigeren Interaktion mit Zivilgesellschaft und Staat hat die besten Aussichten, das Schicksal einer Nation zu bestimmen. Wie kollektiv der religiöse Weg, den eine Gesellschaft einschlägt, beschritten wird, hängt also davon ab, auf welche Weise die politische Gesellschaft mit Staat und Zivilgesellschaft interagiert.

VON DER ANALYSE VON BLÖCKEN ZUR POLITISCHEN ÖKONOMIE

In den ersten beiden Kapiteln wurde nachvollzogen, wie eine vereinte und professionalisierte Gesellschaft in ihrer Interaktion mit religiösen Tendenzen und Gebräuchen in der Türkei solide Blöcke konstituierte. Dagegen führte eine zerstreute politische Gesellschaft im Iran zu unberechenbaren und brüchigen Blöcken. In Tunesien und Ägypten blieb der Staat im Vergleich zur Türkei und zum Iran wesentlich stärker von oben nach unten organisiert. In Tunesien gab es kaum Anzeichen für eine politische Gesellschaft und Blockbildung. In Ägypten blühte die fragmentierte islamische politische Gesellschaft unter einer »säkularen« Diktatur auf, konnte aber nicht zur Bildung von festen Blöcken führen, und zwar nicht nur aufgrund der Fragmentiertheit der politischen Gesellschaft, sondern auch, weil sie in einer Diktatur teilweise im Untergrund operieren musste.

Im nächsten Kapitel wird analysiert, wie diese (tatsächlichen oder potenziellen) politischen Gesellschaften und Blöcke (die selbst auf bestimmten sozioökonomischen Gleichgewichten beruhten) Gesellschaftsklassen und politische Ökonomien umformten. Mit anderen Worten: Religion und Politik hatten enorme Auswirkungen auf das Bilden, Bewahren und Revidieren sozioökonomischer Strukturen.

WEGE DER ÖKONOMISCHEN LIBERALISIERUNG

WORIN BESTEHEN DIE ökonomischen Voraussetzungen und Ergebnisse des Türkischen Modells? Der liberale Islam besitzt eine starke ökonomische, aber auch eine politische und eine kulturelle Dimension – wobei sich die politische und wissenschaftliche Diskussion jedoch meist auf die Verbindung dieser Komponenten konzentrierte. Zudem hat die Wirtschaftspolitik der AKP weit weniger Aufmerksamkeit gefunden als die von ihr betriebene »Demokratisierung« der Türkei, doch sie hat zweifellos mindestens ebenso viel zur Transformation des Landes beigetragen.

Ein vollständiges Bild des Türkischen Modells, des islamischen Liberalismus, können wir nur gewinnen, wenn wir die ökonomische Umgestaltung der Türkei in die Analyse der politischen und kulturellen Strukturen einbetten. Eine ökonomische Liberalisierung durch den Islam war nur dank der Schaffung eines neuen hegemonialen Blocks in der Türkei möglich. Daher ist die Annahme unbegründet, dass eine wirtschaftliche Liberalisierung ohne einen ähnlichen hegemonialen Block ähnliche Ergebnisse erbringen würde. Ein neuer hegemonialer Block ist jedoch undenkbar ohne neue untergeordnete Sektoren (wie auch die Wiederherstellung einiger der früheren Unterordnungen). Unter diesem Gesichtspunkt kann eine umfassende Analyse des liberalen Islam nicht abgetrennt werden von einer Diskussion darüber, wer im Gefolge des Aufstiegs der liberalisierten Religion zu den Verlieren und den Gewinnern zählt.

In diesem Kapitel wird zunächst untersucht, wie der neue türkische Machtblock die Erträge der marktwirtschaftlichen Transformation verteilt. Anschließend befassen wir uns mit der Frage, ob auch islamische und liberale Akteure in Ägypten, in Tunesien und dem Iran zur Durchführung eines derartigen innovativen Programms imstande sind. Im zweiten Teil des Kapitels wird der »Erfolg der Türkei« in vergleichender Perspektive bilanziert, was wichtige Implikationen bezüglich der möglichen Kosten seiner Wiederholung in einem anderen Kontext beinhaltet.

VERMARKTLICHUNG UND TEILWEISE
NEUEINBETTUNG UNTER DEM LIBERALEN ISLAM

Bis 2013 wurde die türkische Wirtschaft in der medialen Berichterstattung meist als Erfolgsgeschichte dargestellt, wenngleich eine kleine Zahl von Kritikern schon damals ein eher niederschmetterndes wirtschaftliches Bild zeichnete, in dem schwere Zeiten für die Bürger und ein wirtschaftlicher Niedergang unmittelbar bevorzustehen schienen. Doch die Wirklichkeit war wesentlich komplexer, die Einstufung von Gewinnern und Verlierern war ambivalent und veränderte sich auch häufig, obwohl es tatsächlich auch klare Gewinner (die global aufgestellten Konzerne) und klare Verlierer (die klassische Arbeiterschaft) gab.

Ursprünglich verfolgte die AKP in Zusammenarbeit mit dem IWF eine Politik der Privatisierung sowohl von Staatsunternehmen als auch von Rohstoffvorkommen. Die Regierung verstärkte die Privatisierungen und zog ausländische Direktinvestitionen in Rekordhöhe an.[1] Die AKP privatisierte auch Staatswälder und andere Grünflächen in erheblichem Ausmaß – was mit der Behauptung gerechtfertigt wurde, dass lediglich Flächen verkauft werden würden, die ihre »forstwirtschaftliche Nutzungsqualität« eingebüßt hätten. Immobilienspekulanten wussten, wie sie diese Botschaft zu deuten hatten. In den ersten sieben Monaten des Jahres 2003 gab es 829 Waldbrände, durch die Waldflächen von insgesamt 1755 Hektar vernichtet und dadurch privatisierungsfähig wurden. In den folgenden Jahren wurden weitere ähnliche Gesetze verabschiedet, weshalb die Waldbrände in dieser Dekade weiter zunahmen.[2] Der Boden wurde reif fürs Geschäft.

Ähnlich wie andere vom IWF angeleitete Regierungen setzte auch die AKP Lohnkürzungen durch, beschnitt die Rechte der Gewerkschaften und schränkte das Streikrecht ein. Im Kontext dieses umfassenden Kampfes gegen die Arbeiterbewegung war eine anhaltende und (zeitweilig) sogar erhöhte Arbeitslosigkeit der Preis für das Wachstum. Dennoch waren die islamischen Gewerkschaften in dieser Zeit relativ erfolgreich: sie erreichten zwar keine Lohnerhöhungen, konnten jedoch viele sozialstaatsähnliche Leistungen durchsetzen (wie etwa Urlaubsvereinbarungen, Autokredite und Unterstützung bei den Ausgaben für die Schulbildung der Kinder).

Durch die neoliberalen Entwicklungsprogramme der 1980er- und 1990er-Jahre war es gelungen, die (anfänglich sehr hohe) Inflation einigermaßen unter Kontrolle zu bekommen, doch das Haushaltsdefizit blieb hoch. In der neuen Phase des Neoliberalismus in der Türkei konnte schließlich auch dieses hartnäckige Problem gelöst werden, während zugleich die Inflation in den einstelligen Bereich zurückging und sich dort stabilisierte.[3] Doch trotz der boomenden Exportwirtschaft war die Türkei nicht in der Lage, das Handelsbilanzdefizit auszugleichen, da die Importe noch stärker stiegen. Die Exportindustrie war weiterhin abhängig vom Import von Kapital und Technologie – ein Hinweis darauf, dass die neoliberale Wirtschaftspolitik nicht imstande gewesen war, die von klassischen Volkswirtschaftlern erwarteten negativen Auswirkungen der Importsubstitution zu beheben. Daher blieb die Volkswirtschaft weiterhin abhängig vom Vertrauen internationaler Konzerne und von ausländischen Kapitalzuflüssen.[4] Durch diese Abhängigkeit wurde die Volkswirtschaft in hohem Maße verwundbar durch einen Rückgang oder eine Umkehrung der Kapitalströme. Bis 2013 wurde daher in internationalen und orthodox-marktwirtschaftlichen Kreisen im Inland das Leistungsbilanzdefizit als Hauptproblem des Landes eingestuft.[5]

Wie gelang es dem neuen Regime, die Zustimmung der unteren Bevölkerungsschichten aufrechtzuerhalten und sogar zu steigern, als es einen beispiellos wirtschafts- und unternehmerfreundlichen Kurs einschlug? Dies wurde erreicht mittels einer Restrukturierung des Wohlfahrtsstaats, die man auch als »Immobilien-Keynesianismus« bezeichnen könnte. Dank ihrer Neuerungen auf diesen beiden Gebieten konnte die Regierungspartei ein dynamisches Gleichgewicht zwischen den Klassen begründen oder neu begründen und die Grenzen zwischen den Gewinnern und Verlierern der Neoliberalisierung verwischen.

Der türkische Wohlfahrtsstaat brach nicht zusammen, er wurde lediglich etwas zurückgebaut und neu angepasst. Im Gegensatz zu den erheblichen Sozialkürzungen in Ägypten restrukturierte das türkische Regime den Wohlfahrtsstaat, um den Bedürfnissen der schwächsten gesellschaftlichen Gruppen entgegenzukommen, wie etwa den Behinderten (nicht aber der organisierten Arbeiterschaft und den Staatsbediensteten). Dennoch gab es einige Bereiche mit stark eingeschränkten sozialen Leistungen. So waren die Bildungsausgaben in der Türkei weiterhin relativ niedrig geblieben, obwohl es Mitte der 1990er-Jahre Studentenproteste gegeben hatte. Doch die AKP-Regierung führte eine Restrukturierung des Gesundheitswesens durch, schaffte korporatistische Privilegien ab und liberalisierte das System, was die Vorteile der Festangestellten einschränkte, jedoch den informell Beschäftigten und den Kleinhändlern zugutekam.[6] Dies erfolgte vor dem Hintergrund einer generellen Erhöhung der Gesundheitsausgaben, etwa im Vergleich zu Ägypten.

Unverändert übernommen aus der alten korporatistischen Tradition wurde die Auffassung, dass familiäre Netze die wichtigste Säule der Sozialfürsorge seien. Die geschlechterbezogene Dimension dieser Auffassung (wonach der Zugang von Frauen zum Wohlfahrtssystem durch den arbeitenden Mann ermöglicht wird) wurde durch die Auslegung des islamischen Rechts durch die AKP zusätzlich verstärkt.[7] Weitere Anknüpfungspunkte an das überkommene Wohlfahrtssystem waren die Praxis der Wahlgeschenke (das Verteilen direkter Zuwendungen, vor allem an Arme, kurz vor einer Wahl) und andere Formen direkter Geldtransfers.[8] Aufgrund dieser »Verstöße« gegen die reine Marktwirtschaft (der Abweichung der AKP vom neoliberalen Dogma »Keine staatliche Einmischung in die Wirtschaft«) wie auch dank des Wirtschaftswachstums nahm die absolute Armut während der Regierungszeit der AKP nur unwesentlich zu.[9]

Die urbanen Ausdrucksformen der islamischen freien Marktwirtschaft

Ein weiterer Bestandteil dieses Konsenses war die urbane Vision einer islamischen freien Marktwirtschaft. Wie die islamistische Herausforderung zu ihren Hochzeiten eine räumliche Dimension besessen hatte, so galt dies auch für die Absorbierung des Islamismus durch den Kapitalismus. Schon vor 1997 hatte Bürgermeister Erdoğan das religiöse Erbe Istanbuls nicht als Grundlage für die Schaffung einer islamischen Republik verstanden, sondern es vielmehr als Mittel genutzt, um ausländisches Kapital und Touristen anzuziehen. Dieser Prozess beschleunigte sich nach 2002.

Der urban-islamische Neoliberalismus sprach nicht nur Touristen an, sondern auch breite Schichten des Volkes. In den 1990er-Jahren entwickelten sich Ramadan-Zelte für die Armen, wo das Fastenbrechen gefeiert wurde, zu einem Symbol des wachsenden politischen Anspruchs des Islamismus. Diese Ramadan-Zelte wurden zunehmend zu Zentren gemeinschaftlichen Konsums. Die von der AKP beherrschten Kommunalverwaltungen begannen nächtliche Ramadan-Feiern zu organisieren, die bis Tagesanbruch dauerten und bei denen sich Menschen aller Schichten bei Sufi-Musik (neben Pop und Rock), dem Rauchen von Wasserpfeifen, Comedy-Shows und Speisen unterschiedlichster Art vergnügten. Aus der gesamten Region strömten muslimische Touristen in die Stadt, insbesondere zu den historischen Moscheen in Sultanahmet und Eyüp, was das Image von Istanbul als »Weltstadt« weiter festigte. Darin lag auch eine gewisse Ironie: Noch in den 1990er-Jahren hatten islamistische Zeitungen ihren puritanischen Ramadan dem konsumorientierten Fastenbrechen der wohlhabenden säkularisierten Muslime gegenübergestellt, die ausgelassene Feste feierten. Diese Sektoren verschmolzen im Gefolge der passiven Revolution zu einem neuen Block, der den Fastenmonat in die Sphäre der öffentlichen Unterhaltung eingliederte.

Der Neo-Osmanismus, der in der Außenpolitik für großen Wirbel sorgte, wurde zu einem weiteren konsumistischen Thema im urbanen

Raum. In Anlehnung an die osmanische »Tulpenzeit« der Zwanzigerjahre des 18. Jahrhunderts ließ die AKP die Stadt in großem Stil mit Blumen schmücken. Diese Periode, in der mit der Einführung des Buchdrucks ein erster Vorgriff auf die Industrialisierung erfolgte, war geprägt durch die Ästhetisierung von Kunst und Architektur. Sie fand 1730 ein jähes Ende durch einen gegen die Dekadenz der Aristokratie gerichteten Volksaufstand, der von dem Janitscharen und Matrosen Patrona Halil angeführt wurde: Die Paläste wurden geplündert, viele führende Modernisierer fanden den Tod.[10] Die neue Tulpenbegeisterung der AKP diente nicht nur der Verherrlichung der osmanischen Reformer – und ihres verschwenderischen Lebensstils –, sie zeigte auch, indem nicht nur die Wohngegenden der Wohlhabenden, sondern auch die Armenviertel üppig mit Tulpen geschmückt wurden, dass demonstrativer Konsum nun für alle erschwinglich werden würde. Diese Strategie sollte sicherstellen, dass es in der Tulpenzeit der Republik keinen neuen Patrona Halil geben würde. Dies war tatsächlich eine kluge Vorgehensweise und sie verhinderte einen Aufstand des Subproletariats. Sie schürte jedoch unbeabsichtigt die Revolte des neuen Kleinbürgertums (siehe dazu Kapitel 6).

Die Zustimmung zu dieser zerstörerischen Schöpfung hatte auch eine finanzielle Dimension in den »städtischen Transformationsprojekten« der Regierungszeit der AKP (deren Hintergrund in den 1980er-Jahren lag). Kommunale und nationale Behörden ließen Grünflächen, Parks, historische Stätten und informelle Siedlungen planieren, um Luxusresidenzen, Sozialwohnungen und Einkaufszentren zu errichten. Die enormen Ausmaße dieser Projekte brachten viele Städte an den Rand einer ökologischen Katastrophe.

Im Verlauf dieser schöpferischen Zerstörung wurden die Hauseigentümer unter den informellen Siedlern (vor allem die besser vernetzten) finanziell entschädigt, während die Mieter vertrieben wurden. Mit anderen Worten, vom Rentierismus der neoliberalen Ära profitierten häufig (wenngleich auf ungleiche Weise) auch arme städtische Bevölkerungsgruppen. Erwartungen an eine »Modernisierung« veranlassten informelle Siedler auch dazu, ihre eigenen Hoffnungen in diese Projekte zu setzen. Sie freuten sich darüber, dass ihre ländlichen Holzöfen durch Erdgas ersetzt wurden, und strömten zunehmend in die Einkaufszentren, die sie als soziale Begegnungsstätten erfuhren. Die sozialen Kosten wurden ihnen erst später bewusst. Die Rechnungen für die Energieversorgung und die Lebenshaltungskosten schossen in die Höhe, und das neue soziale und natürliche Umfeld sorgte dafür, dass viele von ihnen marginalisiert oder ausgeschlossen wurden.[11] Doch es entwickelte sich kein organisierter Widerstand, denn diese Marginalisierung vollzog sich nur langsam und nicht über Nacht.

Zudem war die Naturzerstörung, die diese Projekte nach sich zogen, ungleich verteilt. Die Parks in den innerstädtischen Bereichen (wo es keine informellen Siedlungen gab) wurden gnadenlos planiert, während viele Siedler, die in riesigen staatlichen Wohnbauprojekten landeten, ebenfalls weniger Zugang zu Grünflächen hatten. Zugleich aber richteten die AKP-Behörden in den ärmeren Wohnvierteln viele kleine Parks ein (die nicht nur den sunnitischen Armen der Stadt zugutekamen, der Kernwählerschaft der AKP, sondern gelegentlich auch den Aleviten).

Selbst auf die Gefahr hin, dass keine dieser Konzessionen Wirkung zeigte, verfolgte die Regierung eine Teile-und-Herrsche-Strategie und schürte unter den Siedlern ethnische und religiöse Gegensätze. Sie unterdrückte die wenigen Proteste, die durch diese städtische Transformation hervorgerufen wurden, weitgehend unbemerkt (weil die tonangebenden Medien der Thematik keine Aufmerksamkeit schenkten). In Istanbul konnte nur in zwei Stadtbezirken (in Gülsuyu und Başıbüyük) die Mobilisierung gegen die Stadtentwicklungsprojekte der AKP aufrechterhalten werden.

Somit beruhte das »erfolgreiche Türkische Modell« im Wesentlichen auf der Zustimmung der Stadtbewohner. Die Früchte des Neoliberalismus wurden materiell und symbolisch verteilt auf der Grundlage von Raumentwicklungsstrategien, die darauf zielten, das Bild und die Teilrealität einer islamischen freien Marktwirtschaft zu erzeugen, die nicht nur den Wohlstand der Gutsituierten steigerte, sondern auch den Armen zugutekam.

WER SIND DIE ISLAMISCHEN
NEOLIBERALISIERER IN ÄGYPTEN?

Auch Ägypten war durch Armut, Arbeitslosigkeit und gesellschaftliche Polarisierung geprägt. Als Ausweg aus der Misere betrachtete man vielfach das Mikrofinanzwesen, das auch international von hohen Erwartungen begleitet wurde.[12] Wie die Türkei suchte auch Ägypten in der Stärkung der Wohlfahrtsorganisationen eine Lösung für die Probleme, die sich aus Veränderungen der staatlichen Sozialpolitik ergaben. In der Türkei wie in Ägypten beinhaltete die Wohlfahrtsdebatte auch einen Diskurs darüber, dass man »die Menschen lehren solle, wie man Fische fängt«, anstatt ihnen Fische zu geben – das heißt, dass man den Armen dazu verhelfen solle, sich selbst zu helfen, anstatt sie »abhängig« zu machen.[13] Daher wurde in beiden Ländern das überkommene Wohlfahrtssystem durch eine neue »Wohlfahrtspolitik« abgelöst, die auf (weitgehend intransparenten) Partnerschaften zwischen dem Staat und Wohltätigkeitsorganisationen beruhte, welche die unternehmerischen Fähigkeiten der Armen fördern sollte.[14] Dadurch eröffnete sich ein sozioökonomischer Raum, in den sich auch eine liberalisierte Muslimbruderschaft mühelos einfügen konnte.

Doch war die Bruderschaft überhaupt bereit, eine solche Rolle zu übernehmen? Entsprechend ihrer nur partiellen religiös-politischen Liberalisierung war auch die wirtschaftliche Liberalisierung der Organisation eher halbherzig. Ihre neue politische Agenda umfasste ein auf die sozialen Gemeinschaften gestütztes Wohlfahrtssystem, das auf widersprüchliche Weise mit dem Neoliberalismus verbunden war. In den 1980er- und 1990er-Jahren unterstützte das Programm der Bruderschaft die staatliche und gemeinschaftliche Fürsorge für die Armen, eine Verminderung der Gegensätze zwischen den sozialen Schichten und die Schaffung sozialer Sicherheit für alle Bürger. Das Programm der 1987 gebildeten Wahlallianz mit anderen islamischen Parteien umfasste sowohl liberale wie auch antiliberale Elemente: Auf der einen Seite wurde ein Abbau der staatlichen Bürokratie verlangt, der Privatsektor galt als Rückgrat der Volkswirtschaft und es wurde die Almosenvergabe befürwortet; andererseits sprach sich das Programm für ein zinsbefreites Bankenwesen aus, für umfassende staatliche Regulierung und eine strategische Wirtschaftsplanung.[15] In einem Artikel, der 1987 in der Zeitung der Muslimbruderschaft erschien, wurde die Schaffung sozialer Sicherheit für alle gefordert, eine Verringerung der Klassenunterschiede, eine Erhöhung der Sozialausgaben, die Förderung wirtschaftlicher Solidarität, der Schutz des Privateigentums sowie die Verpflichtung aller körperlich dazu befähigten Bürger, wirtschaftlich produktiv zu sein.[16] Die Widersprüche, die hier aufscheinen, erinnern an das Programm »Gerechte Ordnung« der türkischen Islamisten aus den 1980er- und den beginnenden 1990er-Jahren (vor deren Schwenk zur freien Marktwirtschaft). War diese partielle wirtschaftliche Liberalisierung also nur eine Übergangsstufe, die zu einer weiter reichenden Neoliberalisierung führen würde wie im Falle der türkischen Islamisten?

Obwohl von verschiedenen Seiten auf eine wirtschaftliche Liberalisierung gedrängt wurde, war die Muslimbruderschaft in den 1980er-Jahren in ihrer Programmatik und ihrer praktischen Politik nicht durchgehend neoliberal. In dieser Zeit wurde die wirtschaftspolitische Position der Organisation maßgeblich von ihrer Hauptpublikation, der Zeitung *al-Liwa* formuliert. In verschiedenen Artikeln in *al-Liwa* wurden 1989 und 1990 die Aufgaben des Staates folgendermaßen definiert (ich habe die am eindeutigsten nicht-neoliberalen Elemente kursiv gesetzt): die staatliche Festlegung von Preisen, um Monopole und Preisabsprachen zu bekämpfen; die Sicherstellung einer gerechten Landverteilung durch die Anwendung des Grundsatzes aus dem islamischen Recht, *dass ungenutztes Land verfällt; der Aufbau von Grundstoffindustrien;* die Kontrolle des Außenhandels; *die Herstellung von Vollbeschäftigung;* die Bereitstellung nicht nur von Gütern des täglichen Bedarfs, sondern auch die Gewährleistung von schulischer Bildung, einem Mindestmaß an Freizeit, angemessener Kleidung und dergleichen.[17] In weiteren Artikeln wurden darüber hinaus Investitionsprojekte gefordert, die in erster Linie einer möglichst großen Zahl von Menschen Einkommen ermöglichen sollten, sowie weitere Projekte und Maßnahmen, die Spekulation und Luxuskonsum entgegenwirken sollten.[18] Auch in Reden von Parlamentsabgeordneten der Bruder-schaft wurden diese Forderungen erhoben.

Im Parlament gab es nach wie vor große Spannungen unter den Mit-gliedern der Muslimbruderschaft (wie auch zwischen der Bruderschaft und ihren politischen Verbündeten). Sowohl die Arbeiterpartei (eine isla-mische Partei, in der viele ehemalige Linke eine politische Heimat gefun-den hatten) als auch die Muslimbruderschaft vertraten die Auffassung, dass es einen öffentlichen und einen privaten Wirtschaftssektor geben sol-le, doch Adil Hussayn (Arbeiterpartei) wies dem Staat die Aufgabe zu, so-ziale Gerechtigkeit herzustellen, während nach Ansicht von Shahhata und Kamal (Muslimbruderschaft) das Privateigentum den Kern der islami-schen Wirtschaft bilden solle. (Hussayn entwickelte sich gegen Ende der 1980er-Jahre zunehmend zu einem Privatisierungsbefürworter.[19]) Shah-hata und Kamal standen nicht allein; sie brachten die Meinung des zu-nehmend einflussreicher werdenden neoliberalen Wirtschaftsflügels der Muslimbrüder zum Ausdruck.

Trotz ihres grundsätzlichen Bekenntnisses zum Privateigentum gab es in der Führung der Muslimbruderschaft unterschiedliche Meinungen da-rüber, wie weit eine Privatisierung gehen und wann man sie durchführen solle. Iryan (der gute Beziehungen zur ägyptischen Linken unterhielt) war etwas zurückhaltender, während al-Bannā und Shahhata eher Ungeduld an den Tag legten.[20] Shahhata verkündete sogar, dass ein Teil der öffent-lich Bediensteten im Zuge einer Privatisierung entlassen werden sollte, und setzte sich dadurch in auffälligen Gegensatz zu den Bekundungen von *al-Liwa,* die sich für Vollbeschäftigung aussprach.

Das grundsätzliche Bekenntnis zu Privatisierungen wurde in gewisser Weise überlagert durch die tatsächlichen politischen Kräfteverhältnisse. In der Volksversammlung setzten sich die Arbeiterpartei und die Mus-limbruderschaft einerseits für Lohnsteigerungen und bessere Arbeitsbe-dingungen ein (sowie für mehr Gewerkschaftsrechte), während sie ande-rerseits die Ansicht vertraten, dass die Löhne einer Kontrolle unterworfen und an die Produktivität gekoppelt werden sollten. Während die Arbeiter-partei Streiks in gewissem Rahmen unterstützte, herrschte Stille in Bezug auf die Frage des Streikrechts in einem künftigen islamischen Staat.[21] Ge-

gen Ende der 1980er-Jahre vollzog die Muslimbruderschaft einen Links-
schwenk, was sich auch anhand gewisser Veränderungen ihrer politischen Rhetorik erkennen ließ (sie sprach vermehrt von »Abhängigkeit«,
äußerte sich kritisch über den Einfluss des IWF und der US-Politik auf die
ägyptische Wirtschaft und dergleichen). Diese Wende war auf den Einfluss der Arbeiterpartei zurückzuführen, aber auch politischem Druck geschuldet: Da die Muslimbrüder in dieser Zeit zur bedeutendsten Opposi-
tionskraft gegen Mubarak aufstiegen, mussten sie Stellung beziehen zur
Frage der Armutsbekämpfung. Grundsätzlich aber hielt die Organisation
an ihrer Definition von sozialer Gerechtigkeit fest, die sie als Gleichgewicht zwischen den verschiedenen Klassen begriff (nicht als eine Folge
der Aufhebung von Klassen), und an der Beseitigung extremer Armut.[22]

Auch nach dem Jahr 2000 war die Haltung der Muslimbruderschaft
zum Neoliberalismus noch einigermaßen widersprüchlich. Einige orthodoxe Volkswirtschaftler stellten sich auf die Seite der Bruderschaft, die
nun gewisse Liberalisierungen im ländlichen Raum unterstützte. Darüber
hinaus geriet die Organisation zunehmend unter den Einfluss einer neu-
en unternehmerfreundlichen (aber antiliberalen) Elite (wobei insbesondere der konservative Vorsitzende Chairat al-Schater hervorstach).[23] Dennoch verbanden sich in den Veröffentlichungen und Wahlprogrammen
der Muslimbrüder nach wie vor protektionistische Forderungen mit der
Betonung der Dynamik einer freien Marktwirtschaft. In der Wahlperiode
von 2005 bis 2010 setzten sich die Abgeordneten der Muslimbruderschaft
für höhere Löhne ein, unterstützten Streiks und widersetzten sich Privatisierungen. Die Neoliberalisierung der Muslimbruderschaft vollzog sich
nur langsam und widersprüchlich.

Trotz all dieser Widersprüchlichkeiten und marktfeindlichen Tendenzen ergaben meine Gespräche in Ägypten in den Jahren 2009 und 2010
jedoch, dass die linken Intellektuellen keine Zweifel hegten, dass die Muslimbruderschaft zur Gänze »neoliberal« sei. Meine Gespräche mit Kaufleuten, die der Organisation angehörten, sowie mit anderen führenden
Vertretern zeigten, dass es sich bei ihnen tatsächlich um Neoliberale handelte. Doch die Lehrer, Arbeiter und Ingenieure in den mittleren und unteren Rängen der Organisation legten eine eher zurückhaltende Einstel-

lung gegenüber einer Liberalisierungspolitik an den Tag, bezogen eine pragmatische Haltung in Wirtschaftsfragen oder lehnten eine freie Marktwirtschaft sogar vollständig ab.

Zudem herrschte keine Einheitlichkeit in der islamischen politischen Gesellschaft (anders als in der Türkei). Keine Organisation verfügte über das Monopol auf die Vertretung der praktizierenden Muslime (gegenüber den säkularen Kräften). Daher war 2011 die islamistische Opposition noch zwischen der Muslimbruderschaft und radikaleren Gruppen gespalten, von denen jedoch keine eine *eindeutig* neoliberale Position vertrat und die sich allesamt mit dem Regime in einem hartnäckigen und verfahrenen Kampf um die Vorherrschaft befanden.

Zusammenfassend kann festgestellt werden, dass die Islamisierung im religiösen Bereich und im Alltagsleben ihre Entsprechung in islamischen Wirtschaftskonzepten fand. Es gab jedoch keinen Konsens über ein Wirtschaftsmodell, der es den islamischen Akteuren ermöglicht hätte, als einheitlicher politischer Block aufzutreten. Dies sollte gravierende Folgen für den Versuch einer passiven Revolution in Ägypten nach sich ziehen, wie wir in Kapitel 5 zeigen werden.

DIE UNSICHERE NEOLIBERALISIERUNG DER TUNESISCHEN ISLAMISTEN

Im Hinblick auf die Verbindung von Islam und Wirtschaftsliberalismus steht der tunesische Islamismus auf wesentlich dünnerem Eis. Wie bereits in Kapitel 1 erwähnt, verfügten Rachid al-Ghannouchi und die Nahda-Bewegung (Ennahda) weder über ein ausgearbeitetes Konzept einer islamischen Wirtschaft noch über eine klare Haltung zu Fragen der wirtschaftlichen Entwicklung und zu Arbeitsthemen. Nach dem Jahr 2000 verabschiedeten sich die tunesischen Islamisten zunehmend von der Überzeugung, dass die islamische Wirtschaft ein spezifisches, einzigartiges Modell darstelle, und schlugen damit gewissermaßen einen türkischen Weg ein. Doch ihr Bekenntnis zum Markt war niemals so eindeutig und dezidiert wie jenes der AKP.

Um diesen partiellen Schwenk zur Vermarktlichung zu verstehen, müssen wir berücksichtigen, dass der tunesische Islamismus im Rahmen eines relativ erfolgreichen, wenn auch instabilen wirtschaftlichen Modells agierte (wie auch in der Türkei), und dass er sich ebenfalls einer langen Tradition von Arbeitskämpfen und linker Mobilisierung gegenübersah (die in mancher Hinsicht militanter waren als in der Türkei). Der tunesische Islamismus hatte sogar einige Aspekte dieser Mobilisierung in sein eigenes Denken und seine strategischen Überlegungen übernommen. Der erste dieser Faktoren begünstigte die islamische Neoliberalisierung, der zweite dagegen hemmte sie.

Es gab einige Hinweise auf eine unvollkommene Neoliberalisierung. In einem Interview etwa bezeichnete al-Ghannouchi einen umverteilenden Wohlfahrtsstaat nach dem Muster des sozialdemokratischen Schweden (der allerdings zu dieser Zeit ebenfalls gewisse neoliberale Züge annahm) als sein ökonomisches Modell. Das *Grundgesetz*, das Programm von Ennahda, blieb nach wie vor den Prinzipien der islamischen Wirtschaft verpflichtet. Darin wird beispielsweise die Arbeit als die Quelle rechtmäßigen Einkommens und des Wachstums bezeichnet, und die wichtigsten Grundprinzipien des Programms zielen auf Umverteilung. In den praktisch-politischen Vorschlägen und Forderungen der Ennahda-Partei ab 2011 kam demgegenüber jedoch eine deutliche Marktorientierung zum Vorschein: sie setzte sich ein für die Förderung vor allem kleiner und mittelgroßer Unternehmen, die Entwicklung Tunesiens zu einem regionalen Finanzzentrum, eine Senkung der Unternehmenssteuern, vor allem für kleine und mittlere Firmen, und die Schaffung eines investitionsfreundlichen Umfelds. Doch im Wahlprogramm von 2011 wurde auch die Schaffung von Arbeitsplätzen gefordert (im privaten wie im öffentlichen Sektor) und die Bekämpfung der Armut durch eine keynesianische Politik des Wohnungsbaus und der Infrastrukturentwicklung.

Zugleich bezeichneten die tunesischen Islamisten auch den »freien Markt« (in ihren eigenen Worten) des türkischen Islamismus als ihr wichtigstes Wirtschaftsmodell, was eine gewisse Verwirrtheit, wenn nicht Unseriosität zum Ausdruck brachte: Wie konnte man gleichzeitig

Schweden und die Türkei als wirtschaftliche Modelle wählen? Sollte sich eine dieser Botschaften an Wähler in der Mitte und auf der Rechten, die anderen an die auf der linken Seite richten? Es gibt auch einzelne Berichte über eine wachsende »Mittelschicht« in Tunesien, die religiös, auf den freien Markt ausgerichtet und politisch liberal eingestellt sei. Es ist jedoch unklar, wie groß diese Schicht ist, insbesondere im Vergleich zu den Selbstständigen und gut ausgebildeten Arbeitskräften in der Türkei und in Ägypten.[24]

Hatten sich schon die tunesischen Islamisten der 1980er-Jahre wesentlich unklarer als ihre iranischen, türkischen und ägyptischen Gesinnungsfreunde bezüglich ihrer Alternative zu Kapitalismus und Sozialismus geäußert, so blieben auch ihre Aussagen über eine Verbindung zwischen dem Islam und der von ihnen angestrebten Fortsetzung der neoliberalen Politik des alten Regimes vage. Einige Forscher haben auf das entschiedene Eintreten der Ennahda-Partei für den freien Markt hingewiesen, die aus ihren Proklamationen und Positionspapieren aus dem Jahr 2012 hervorgeht.[25] Es gilt jedoch auch zu berücksichtigen, dass diesbezüglich unter den führenden Repräsentanten der Partei große Uneinigkeit herrschte. Wir können auch nicht schlüssig nachvollziehen, wie Ennahda oder el-Ghannouci von ihren marktwirtschaftsfeindlichen Positionen von Anfang der 1980er-Jahre zu ihren neuen Ansichten fanden.

Es ist daher ebenso wie in Bezug auf Ägypten keineswegs gesichert, dass die tunesischen Islamisten zu einem Konsens auf der Grundlage eines neoliberalen Islam gelangt seien. Auch wenn es ihnen gelingen sollte, jene Art von Bündnissen zustande zu bringen, die von den türkischen Islamisten gebildet wurden, erscheint es zweifelhaft, ob sie eine ähnlich eindeutig neoliberale Politik (auf nachhaltige Weise) verfolgen würden. Darüber hinaus werden die tunesischen Islamisten, wie in den beiden folgenden Kapiteln gezeigt werden wird, kaum imstande sein, vergleichbare (und dauerhafte) politische Festlegungen zu treffen. Die sozioökonomischen wie auch die politischen Voraussetzungen für einen liberalen Islam sind in Tunesien sehr brüchig und fragil.

IRAN: NEOLIBERALISIERUNG UNTER
DEM REVOLUTIONIERTEN KORPORATISMUS

Im Iran kam die Liberalisierung der Wirtschaft nicht allzu weit, obwohl diesbezügliche Versuche unternommen wurden. Nach der Machtübernahme durch den pragmatischen Akbar Haschemi Rafsandschani im Jahr 1989 wurde die Privatisierung vom Regime zum Hauptziel erhoben, doch die Restbestände des radikalen Islam erschwerten dieses Vorhaben.[26] Obwohl es dem Regime (im Jahr 1992) gelang, die radikalen Kräfte aus wichtigen Institutionen wie dem Parlament zu entfernen, scheiterte Rafsandschanis Fünfjahresplan aufgrund eines starken Rückgangs der Ölpreise, hoher Arbeitslosigkeit und landesweiter Proteste.[27]

Die radikalen Islamisten im Iran reagierten auf die politische Repression, der sie ausgesetzt waren, ähnlich wie ihre türkischen Gesinnungsfreunde: mit politischer und wirtschaftlicher Liberalisierung, um die internationale Glaubwürdigkeit des Regimes und das Vertrauen der Märkte zu überlisten. Nachdem sie 1992 politisch kaltgestellt worden waren, wandelten sich Radikale wie Mir Hossein Mussawi und Mehdi Karroubi im Laufe weniger Jahre zu islamischen Liberalen.[28] Der Chātami-Plan, der vor dem Hintergrund dieser Liberalisierung entstand, trug alle Züge des Neoliberalismus.[29] Chātami versuchte auch, das iranische Wohlfahrtssystem zu rationalisieren und zu standardisieren, indem er zwei unterschiedliche Elemente (die revolutionären und die korporatistischen Institutionen) unter einem Dach zusammenführte. Dieser Versuch schlug jedoch fehl.[30] Aufgrund ihrer schwachen Verbindung zur Zivilgesellschaft (die sich als Unfähigkeit manifestierte, die Opposition im Staat niederzuhalten) konnte Chātamis liberale islamische Regierung den Neoliberalismus nicht vollständig umsetzen, es gelang ihr jedoch, ausländisches Kapital in den Ölsektor zu holen.[31]

Im Verlauf dieses Privatisierungsprozesses wurden wie auch in der Türkei die Bauwirtschaft und der Finanzbereich zu den Triebkräften des Wachstums des privaten Sektors. Private Unternehmen, die in der Schah-Zeit entstanden waren (und die zum Teil aufgrund von Schwarzmarktmechanismen die Revolution überlebt hatten), konnten dank ihrer Zusammenarbeit mit dem einen Liberalisierungskurs verfolgenden Staat expandieren.[32] Doch anders als in der Türkei untergruben diese Entwicklungen nicht den öffentlichen Sektor (und schon gar nicht den kooperativen »islamischen« Wirtschaftssektor). Die Konservativen kämpften mit Argumenten der islamischen Linken der 1980er- und 1990er-Jahre gegen Chātamis entschlossene Bemühungen um eine wirtschaftliche Liberalisierung, obgleich es Chātamis Anhängern gelang, eine Änderung von Artikel 44 der Verfassung durchzusetzen und eine Privatisierung von Schlüsselbereichen der Wirtschaft zu legalisieren: der Schwerindustrie, von Öl- und Gasraffinerien, des Bergbaus, der Energieerzeugung, des Bankenwesens, der Luftfahrt, des Schiffbaus, der Versicherungswirtschaft, der Infrastruktur und der Telekommunikation.[33]

Der neue Staatspräsident Mahmud Ahmadinedschad stoppte nach 2005 die Liberalisierungspolitik und versuchte die Armut zu bekämpfen (durch Erhöhung der Mindestlöhne, die Vergabe von Anteilen an Staatsbetrieben und die Steigerung der Sozialausgaben), wodurch ausländisches Kapital abgeschreckt wurde. Während der Regierungszeit von Ahmadinedschad wurde auch die Kritik an den Eliten wieder aufgenommen (nun nicht mehr der Kapitalisten, sondern der neuen Managerschicht, die im Gefolge der neoliberalen Wende der 1990er-Jahre entstanden war) und an den Imperialisten, die für die sozialen Probleme im Iran verantwortlich gemacht wurden.[34] Zugleich förderte der neue Präsident die Wiederbelebung der Dritte-Welt-Rhetorik, die zur Solidarität mit den Unterdrückten aufrief (insbesondere indem er das Bild eines revolutionären Regimes schuf, das sich der *mostazafan,* der Unterdrückten, annahm).[35] Aus diesen Gründen wurde im Iran der Markt nie so stark idealisiert wie in der Türkei, obwohl auch unter Ahmadinedschad weitere Privatisierungen erfolgten.

Um diese Privatisierungsbemühungen (und ihre Widersprüche) besser zu verstehen, müssen wir uns eingehender mit den Auseinandersetzungen zwischen den verschiedenen politischen Kräften im Iran befassen. Gegen Ende des ersten Jahrzehnts des 21. Jahrhunderts hatten die politischen und geistigen Führer des Landes die Privatisierung als Notwendigkeit anerkannt (der oberste geistliche Führer Ali Chamene'i verkündete 2006, dass 80 Prozent des Staatsvermögens privatisiert werden sollten). Doch politischer Druck von unten wie auch sehr unterschiedliche Auffassungen über die Privatisierungspolitik in der politischen Führung verhinderten eine durchgreifende Liberalisierung. Die politischen Konflikte, die diese »Privatisierung ohne Liberalisierung« hervorrief, entfalteten sich vor allem im konservativen Lager, wobei die Fronten zwischen den Geistlichen und den traditionellen Konservativen auf der einen und den gut ausgebildeten Beschäftigten mit ländlicher Herkunft (die ihren sozialen Aufstieg der revolutionären Bürokratie verdankten) auf der anderen Seite verliefen. (Zu dieser Spaltung innerhalb des konservativen Blocks siehe Kapitel 2.) Diese hoch qualifizierten Arbeitskräfte mit ländlicher Herkunft übernahmen die ökonomische Agenda der islamischen Liberalen und nutzten sie im Sinne der Entwicklung eines revolutionär-korporatistischen Systems.

Dies führte zur Entstehung eines »Subunternehmer-Staates«, wie Kevan Harris es bezeichnete: einer Wirtschaftsordnung, die weder zentraler staatlicher Kontrolle unterliegt, aber auch nicht privatisiert und liberalisiert ist. Der Subunternehmer-Staat dezentralisiert seine sozialen und wirtschaftlichen Aufgaben, ohne jedoch die Wirtschaft zu liberalisieren oder auch nur die Staatsunternehmen zu privatisieren. In der Folge vergrößerte sich der charakteristische tertiäre Sektor der iranischen Wirtschaft in komplexer und unvorhersehbarer Weise. Anstatt zu einer Liberalisierung zu führen, verstärkte der revolutionäre Korporatismus die Bedeutung von Organisationen wie der Bonyaden (die, wie in Kapitel 1 ausgeführt wurde, den Kern der spezifischen »islamischen Wirtschaft« des Iran bilden). Unter dem populistisch-konservativen Präsidenten Ahmadinedschad erfolgte die Privatisierung unter Bezug auf die in Artikel 44 der Verfassung festgelegte Dreiteilung der Wirtschaft. Im Zuge dieser »Privatisierung« wurden öffentliche Güter nicht an Privatunternehmen verkauft, sondern an nicht-staatliche öffentliche Unternehmen (wie etwa Pensionsfonds, die Bonyaden und militärische Auftragnehmer).[36]

Populismus geht zwar in vielen Fällen (wie etwa in Lateinamerika) mit Neoliberalisierung einher, doch Ahmadinedschad verlieh diesem Privatisierungspopulismus einen weiteren revolutionären Dreh, indem er die

Privatwirtschaft von dem Privatisierungsprojekt weitgehend ausschloss. In den beiden Amtszeiten von Ahmadinedschad erfolgten mehr Privatisierungen als unter Rafsandschani und Chātami zusammen. Doch nur 10 bis 15 Prozent der privatisierten Bereiche und Betriebe gingen an den Privatsektor.[37] Vielmehr profitierte vor allem der sogenannte nicht-staatliche öffentliche Sektor oder der kooperative Sektor von der Privatisierung.

Diese Auseinandersetzungen über die Privatisierung trugen dazu bei, die Balance in der politischen Gesellschaft des Landes wiederherzustellen, indem sie das Verhältnis zwischen den politischen Gruppierungen und den gesellschaftlichen Akteuren neu definierten. Eine neue konservative Fraktion ging gestärkt aus diesen Konflikten hervor und schmiedete durch die Verankerung des Wohlfahrtsstaats sowie durch populistische Programme wie »Gerechtigkeitsaktien« (den Verkauf verbilligter privatisierter Unternehmensanteile an die Armen des Landes) ein Bündnis mit benachteiligten Schichten. Diese Fraktion könnte im Lauf der Zeit zur neuen oligarchischen Unternehmenselite des Iran werden, wenn sie dem russischen Modell folgt: Sie könnte sich die Früchte der Privatisierung aneignen (zum Beispiel durch eine Anhäufung von »Gerechtigkeitsaktien« und die allmähliche Umwandlung des kooperativen in einen korporativen Sektor). Doch dies wird (anders als im Falle Russlands) erschwert durch die fortdauernde revolutionäre Mobilisierung und einen permanenten Diskurs über soziale Gerechtigkeit. Und selbst wenn es dazu käme, würde sich der daraus entwickelnde Kapitalismus deutlich von jenem in der Türkei ab dem Jahr 2000 entstandenen unterscheiden.

In diesen zwei Jahrzehnten der Instabilität und häufiger wirtschaftspolitischer Kurswechsel stiegen die Sozialausgaben (unabhängig davon, wer die Regierung stellte). Entgegen der allgemeinen Annahme, dass die gemeinnützigen Stiftungen (Bonyaden) den klientelistischen Hinterhof der Konservativen darstellen, nutzten alle Fraktionen sie zu ihrem Vorteil und bauten sie aus.[38] Eine zerstreute politische Gesellschaft, die dem Staat untergeordnet ist, kann privatisieren, aber nicht liberalisieren.

Nachdem der populistische Staatspräsident Ahmadinedschad durch Hassan Rohani, einen sogenannten Gemäßigten, abgelöst worden war, gingen

die Türen für Gespräche mit westlichen Unternehmensführern wieder auf
und es wurde ein bemerkenswert wirtschaftsfreundlicher Ton angeschla-
gen. Doch auch diese unternehmerfreundliche Rhetorik war mit Einschränkungen versehen. Bei einem Treffen mit Firmenchefs in New York
erklärte Rohanis Stabschef angeblich, dass der »Iran nun der Wirtschaft
aufgeschlossen gegenübersteht und private Investitionen willkommen heißt,
falls und wenn die Sanktionen aufgehoben werden«.[39] Als ich Anfang 2015
dieses Buch abschloss, hatten die westlichen Staaten gerade verkündet, dass
sie die Sanktionen außer Kraft setzen würden (sofern der Iran sich an ein
provisorisches Abkommen halte, das im April 2015 abgeschlossen wurde).
Dadurch würden zweifellos weitere Chancen für eine Liberalisierung im
Iran entstehen, doch die genauen Auswirkungen bleiben abzuwarten.

In diesen beiden Jahrzehnten einer im Zickzack verlaufenden »Liberalisierung« wurde der korporatistische Teil des Gesundheitswesens weiter gestärkt (während in der Türkei im Zuge der Liberalisierung dessen
Abbau betrieben wurde). Die korporatistische Organisation für Soziale Sicherheit (SSO) erfasste 2007 41 Prozent der Arbeitnehmer. Durch eine
eher neoliberale denn korporatistische Maßnahme kürzte Ahmadinedschad 2011 die Subventionen für Benzin und Nahrungsmittel, ließ jedoch
die Gesundheitsdienstleistungen der SSO unangetastet.[40] Nutznießer dieses Systems waren vor allem die Beschäftigten im formellen Sektor. Mit
anderen Worten, anstatt die Armen zu mobilisieren, um gegen die Be-
vorzugung der organisierten Arbeiterschaft und der neu entstandenen
Mittelschicht zu protestieren (wie es die türkische Regierung tat), schütz-
te das iranische Regime diese Schichten durch seinen fest verankerten
Korporatismus. Harris schreibt dazu: »Wenn man einen großen öffentlichen Sektor in eine Politik einbezieht, die eine soziale Sicherung gegen
ökonomische Risiken bilden soll … dann entsteht der Eindruck, dass der
Iran nach wie vor beträchtliche Ressourcen aufwendet, um die formellen
proletarischen Schichten und die Mittelschichten durch dieses Wohlfahrtssystem vor den Marktrisiken abzuschirmen und zu dekommodifi-
zieren.« Die Dekommodifizierung, die Abkoppelung sozialer Sicherheit
vom Arbeitsmarkt, bestand weiter fort im Iran, und zwar nicht als Neben-
effekt, sondern als ein Grundprinzip des Regimes. Es ist daher nicht über-

raschend, dass sich die Rebellion der iranischen Mittelschichten in den Jahren 2009 bis 2011 nicht gegen die Kommodifizierung richtete, was ursprünglich den Kern der türkischen Revolte im Jahr 2013 bildete. Das Ergebnis der sprunghaften und inkonsequenten Liberalisierung kann man als einen »ökonomischen Mangel an Ordnung« bezeichnen: als Unfähigkeit des Landes, sich (mit Unterstützung breiter Gesellschaftsschichten und festgefügter Machtblöcke) in eine konsistente, wachstumsfördernde Richtung zu entwickeln – sei es zu einer auf dem Markt beruhenden gemischten Wirtschaft oder einer staatlich dominierten Wirtschaft oder auch zu einem Szenarium, in dem der dritte Sektor zur Wachstumsmaschine ausgebaut wird. Es liegt nicht daran, dass es im Iran keine Machtblöcke geben würde, doch diese bilden sich sehr schnell und zerfallen auch schnell wieder. Nachdem wir die allgemeine Struktur der iranischen Wirtschaft und ihrer staatsbezogenen oder rein wirtschaftlichen Variablen untersucht haben, ermöglicht uns die Beschäftigung mit der politischen Gesellschaft und den Machtblöcken, zu verstehen, warum die ökonomischen Modelle, die im Laufe der Jahrzehnte ausprobiert wurden, weder populär geworden sind noch nachhaltiger Natur waren.

Wenn sich die radikalen Islamisten in den 1980er-Jahren in einer professionalisierten und auf eine Massenbasis gestützten Organisation zusammengeschlossen hätten – anstatt sich auf verschiedene staatliche Einrichtungen ohne mobilisierende Verbindungen zur Bevölkerung aufzusplittern –, hätten sie bereits frühzeitig Umverteilungsmaßnahmen in die Wege leiten und der Arbeiterschaft und dem Subproletariat Handlungsperspektiven erschließen können, als die konservativen und liberalen Kräfte deren Stellung zu untergraben suchten. Oder im anderen Fall hätte eine (vereinte und professionalisierte) liberale islamische politische Gesellschaft, sofern es sie im Iran gegeben hätte, die Zivilgesellschaft aufseiten der Technokraten und zur Unterstützung der wirtschaftsliberalen Reformen in den 1990er-Jahren mobilisieren können. Darüber hinaus hätte sie sich der erneuten Ausbreitung antiimperialistischer und anti-elitistischer Stimmungen in der Bevölkerung widersetzen können.

Zusammenfassend lässt sich also feststellen, dass die islamische politische Gesellschaft, die nur über eine schwache politische Organisation verfügte, die Zivilgesellschaft nur unzureichend in den Staat zu integrieren vermochte. Die städtischen Armen und die radikalen Militanten, deren Hoffnungen durch eine jahrzehntelang gepflegte revolutionäre Rhetorik und eine entsprechende Politik geschürt wurden, sind daher weiterhin anfällig für eine (destabilisierende) Mobilisierung durch Teile der Bürokratie und paramilitärische Organisationen. Dies mag teilweise den Aufstieg von Ahmadinedschad nach Jahren der Experimente mit einem moderaten Pragmatismus und Liberalismus erklären. Doch es gibt keine unabhängige, sich auf das Subproletariat beziehende Zivilgesellschaft und keine politische Gesellschaft, die Druck auf den Staat ausüben könnten, und daher bleibt der Einfluss der Armen auf gelegentliche Unmutsausbrüche beschränkt – die autoritäre und konservative anstatt radikale Lösungen und das Entstehen flüchtiger, temporärer und zerbrechlicher politischer Blöcke fördern. Im wirtschaftlichen Bereich konnte somit bislang noch kein neues »Kräftegleichgewicht« etabliert werden.

Die Neoliberalisierung in der Türkei unterschied sich demgegenüber nicht nur durch die Konsistenz ihrer Politik, sondern auch durch die Tatsache, dass islamische Kräfte und Teile des Volkes hinter ihr standen. Weder die tunesische noch die ägyptische Neoliberalisierung erfreuten sich einer vergleichbaren Unterstützung durch islamische Kräfte und Volksteile (wenngleich Erstere konsistenter war und am ehesten dem türkischen Muster ähnelte, soweit es dafür quantifizierbare Indikatoren gibt). Der iranische Neoliberalismus ist im Gegensatz zu den drei anderen genannten nie »am Ziel angekommen«. Die ständige Umformung und Neubildung politischer/sozialer Blöcke im Iran gipfelte schließlich in einer dynamischen, aber ineffizienten Verschmelzung von Korporatismus, Neoliberalismus und revolutionärer Wirtschaftspolitik.

EINE BILANZ DER NEOLIBERALISIERUNG IN KORPORATISTISCHEN KONTEXTEN

Wie beeinflussten diese unterschiedlichen Wege der Neoliberalisierung die allgemeine Wohlfahrt der Bürger in den jeweiligen Ländern? Lässt sich eindeutig feststellen, dass den Menschen einer dieser Wege mehr Nutzen brachte als die anderen? Ist die Beseitigung aller Relikte des Korporatismus der beste Weg in die Zukunft, zumindest aus der Sicht der Mehrheit?

Im restlichen Teil dieses Kapitels wird der islamische Neoliberalismus in quantitativer Hinsicht untersucht, und zwar in Bezug auf die grundlegenden Unterschiede zum »säkukaren« Neoliberalismus und zum irregulär liberalisierten revolutionären Korporatismus. Es ist noch zu früh, um die islamischen Neoliberalisierungsansätze miteinander zu vergleichen, da sie noch nicht umgesetzt sind (außer in der Türkei und teilweise im Iran). Die nachfolgenden quantitativen Vergleiche konzentrieren sich auf Neoliberalisierungen im Allgemeinen, zeigen jedoch auch (im Fall von Tunesien und Ägypten), welche Arten von neoliberalisierten Staatswesen islamische Bewegungen hervorbringen können, wenn sie an die Macht gelangen und diese dauerhaft behaupten können. Statistische Indikatoren können uns zwar nicht alle Antworten auf diese Fragen liefern (und einige Antworten sollte man auch im Rahmen von historisch-qualitativen Analysen suchen, die in diesem Buch geboten werden), doch Zahlen können durchaus als konventioneller Maßstab für Wohlstand, Ungleichheit, Armut und Haushaltsprioritäten dienen.

Doch die Zahlen in diesen Vergleichen sollten aus verschiedenen Gründen mit einer gewissen Vorsicht zur Kenntnis genommen werden. Zum einen sollte man sie nicht als »die ganze Geschichte« auffassen, denn wie Wohlstand und Armut tatsächlich wahrgenommen werden, lässt sich nicht mit Zahlen ausdrücken (zumindest nicht mit dieser Art von Zahlen). Anders gesagt, die Leser sollten sich nicht zu der Annahme verleiten lassen, dass diese Tabellen die ganze Wahrheit verkünden. Zum anderen sind diese Zahlen von den Regierungen manipuliert (in erster Linie, um die Arbeitslosigkeit und die Ungleichheit herunterzuspielen). Da sich praktisch nicht ermitteln lässt, inwieweit eine Regierung diese Zahlen manipuliert oder geschönt hat, sind öffentlich zugängliche Daten nicht streng vergleichbar. Und drittens messen diese Zahlen möglicherweise unterschiedliche Arten von Realitäten in den verschiedenen Ländern. So spielt es zum Beispiel eine große Rolle, ob jemand im Iran oder in der Türkei 5 Dollar am Tag verdient, da sich (neben anderen Unterschieden) die Preise für Güter und Dienstleistungen in den beiden Ländern stark unterscheiden. Selbst wenn wir diesen Faktor neutralisieren (etwa durch die Hinzuziehung von Kennziffern für die Kaufkraft), kann sich die Zufriedenheit über die Verfügbarkeit eines bestimmten Produkts zwischen den einzelnen Ländern stark unterscheiden.

Trotz all dieser Einschränkungen ist ein quantitativer Vergleich der Länder des Nahen Ostens nötig. Orthodoxe Verteidiger des Türkischen Modells mögen einwenden: »Probieren geht über studieren. Man kann viele Aspekte des türkischen Weges zwischen 2002 und 2011 kritisch sehen, aber es ist unbestreitbar, dass dieses Modell funktioniert hat. Es hat den Bürgern Wohlstand gebracht.« Die Frage ist jedoch, ob wir eine Schüssel mit Pudding oder eine Schüssel mit Schlamm betrachten. Die Zahlen legen den Schluss nahe, dass wir es gewissermaßen mit einem gemischten Pudding zu tun haben. Fachleute, die nach wie vor den türkischen Weg bis zum Jahr 2011 rühmen, übersehen die Komplexität, die sogar durch konventionelle Messdaten zutage gefördert wird. In den folgenden Kapiteln wird auch gezeigt werden, dass diese Beobachter die Ursachen des Niedergangs in der Türkei nach 2011 völlig verkennen und diesen oberflächlich mit dem persönlichen Regierungsstil des Ministerpräsidenten und mit dessen islamistischen Wurzeln zu erklären versuchen, anstatt die vielfältigen Schichten jenes Modells zu untersuchen, das der globale politische Mainstream ein Jahrzehnt lang so hoch gelobt hat.

Obwohl dieses Buch häufig auf die AKP Bezug nimmt, soll in dieser Bilanz nicht die gegenwärtige türkische Regierungspartei im engeren Sinn auf den Prüfstand gestellt werden, sondern vielmehr die türkische islamische Neoliberalisierung seit den 1980er-Jahren (deren Erbe, Verstärker und Revisor die AKP ist). Dennoch ist es aufschlussreich zu untersuchen, wie viel die von der AKP bestimmte Türkei von dem erreicht hat, was die Partei gemäß ihrem Markennamen dem Land versprochen hat: Gerechtigkeit und Entwicklung.

Neubewertung der »Entwicklung« im Slogan »Gerechtigkeit und Entwicklung«

Das Wirtschaftswachstum der Türkei war atemberaubend. Wie aus Tabelle 3.1 hervorgeht, hat die Türkei in den vergangenen drei Jahrzehnten alle zum Vergleich herangezogenen Länder übertroffen. Besonders bemerkenswert ist, dass sie anfangs ärmer war als der Iran und schließlich auch diesen hinter sich gelassen hat. Darüber hinaus zeigt Tabelle 3.2, dass die türkische Wachstumsrate sowohl in ihrer Höhe als auch ihrer Beständigkeit von keinem anderen Land erreicht wurde (zumindest nicht bis 2013), obwohl die Türkei von den Auswirkungen der globalen Finanzkrise von 2008 härter getroffen wurde, wahrscheinlich aufgrund ihrer stärkeren Integration in den Weltmarkt.

Tabelle 3.1. Bruttoinlandsprodukt pro Kopf
(zu gegenwärtigen Preisen, in US-Dollar)

	1980	1985	1990	1995	2000	2005	2010
Ägypten	552	998	1779	1057	1566	1283	2776
Iran	2445	1670	1559	1417	1510	2925	5638
Tunesien	1502	1282	1658	2210	2248	3218	4199
Türkei	2235	1838	3863	3962	4149	7044	10015

Quelle: IWF, World Economic Outlook Database, Oktober 2013.

Tabelle 3.2. Prozentuale Veränderung des BIP
(in konstanten Preisen)

	2000	2001	2002	2004	2006	2007	2008	2009	2010	2011
Ägypten	5,4	3,5	3,2	4,1	6,8	7,1	7,2	4,7	5,1	1,8
Türkei	6,8	-5,7	6,2	9,4	6,9	4,7	0,7	-4,8	9,2	8,8
Tunesien	4,3	4,9	1,7	6,0	5,7	6,3	4,5	3,1	2,9	-1,9
Iran	5,1	3,7	8,2	6,1	6,2	6,4	0,6	4,0	5,9	3,0

Quelle: IWF, World Economic Outlook Database, Oktober 2013.

Doch in keinem der anderen Kernindikatoren für Entwicklung (Arbeitslosigkeit, Bildungsausgaben, voraussichtliche Dauer der Ausbildung, teilweise auch Gesundheit) konnte sich die Türkei ähnlich deutlich von den anderen Ländern absetzen. Mit anderen Worten, das ökonomische Modell, für das sie sich entschieden hat, hat zu einem beträchtlichen Anstieg des Wohlstands geführt, aber nicht zu einem besseren Leben für die Bevölkerung insgesamt.

In Bezug auf die »humane Entwicklung«, wie sie vom Entwicklungsprogramm der Vereinten Nationen definiert wird, hat die Türkei eher schlecht abgeschnitten. Der Human Development Index (HDI) berücksichtigt nicht nur das Bruttonationaleinkommen (BNE) pro Kopf, sondern auch die Lebenserwartung (die einen unvollkommenen Indikator für die Qualität der Gesundheitsversorgung darstellt) sowie die tatsächliche (durchschnittliche) Bildungsdauer, die ein 25-Jähriger absolviert hat, und die voraussichtliche Dauer der Ausbildung eines Kindes im Einschulungsalter (als Indikator für die Qualität der Ausbildung). Nimmt man das BNE aus dieser Berechnung heraus (bei der die Türkei, wie die Tabellen 3.1 und 3.2 belegen, recht gut abschneidet), zeigt sich, dass sich der Iran in einigen Bereichen besser als die Türkei entwickelte und dass Tunesien die Türkei in anderen Bereichen überflügelte.[41] In der Türkei war der Wohlstand weitaus höher als im Iran und in Tunesien, doch dieser höhere Wohlstand brachte keine höhere Lebensqualität für die Bürger mit sich. Im Jahr 1980 lag der Iran hinter der Türkei (in Bezug auf die durchschnittliche Bildungsdauer von Erwachsenen, nicht aber im Hinblick auf die voraussichtliche Dauer der Schulbildung, wie aus den Daten des UNO-Entwicklungsprogramms hervorgeht). Diese Umkehrung der Bildungschancen ist ein Hinweis auf eine bemerkenswerte Transformation.

Tabelle 3.3. Indikatoren des Human Development Index

	Lebenserwartung bei der Geburt (2013)	Durchschnittliche Dauer der Schulausbildung (2012)	Voraussichtliche Dauer der Schulausbildung (2012)
Ägypten	71,2	6,4	13,0
Iran	74,0	7,8	15,2
Tunesien	75,9	6,5	14,6
Türkei	75,3	7,6	14,4

Quelle: United Nations Human Development Report, 2014.

Anhand der jeweiligen Ausgaben der vier Länder für Bildung und Gesundheit lässt sich die Dynamik ermessen, die hinter diesen Unterschieden liegt. Im Hinblick auf die öffentlichen Bildungsausgaben war die Leistung der Türkei besonders kritikwürdig, wie aus Tabelle 3.4 hervorgeht. Lediglich bei den Gesundheitsausgaben hatte die Türkei eindeutig die Führungsposition inne.

Tabelle 3.4. Öffentliche Ausgaben für Bildung
(in Prozent des BIP)

	1990	2000	2005	2006	2007
Ägypten	...	...	4,8	4,0	3,7
Iran	4,0	4,4	4,7	5,1	5,5
Tunesien	5,8	6,2	6,5	6,4	6,5
Türkei	2,1	2,6	...	2,9	...

Quelle: Beruhend auf Entwicklungsindikatoren der Weltbank
(aufgerufen im Oktober 2013 und aktualisiert im November 2014).

Man könnte einwenden, dass in dem Kriterium »humane Entwicklung«, wie es von den Vereinten Nationen definiert wird, die Dauer der schulischen Ausbildung überbetont wird (zulasten der Qualität der Ausbildung) und dass der HDI auch nichts über den Inhalt der Schulbildung aussagt. Dass der Iran besser abschneidet als die Türkei, kann vielleicht auch nur daran liegen, dass er nur deshalb so stark in Bildung investiert, um die Bürger des Landes ideologisch zu disziplinieren (da der Iran ein ideologisch geprägter Staat ist). Diese Kritik wäre jedoch unzulänglich. Wie wir noch zeigen werden, hat die ideologische Indoktrination durch die Schule (sofern dies tatsächlich eine Priorität war, was nachzuweisen wäre und nicht lediglich vermutet werden darf) nicht dazu geführt, die ideologische Zuverlässigkeit der iranischen Bevölkerung sicherzustellen. Es ist allerdings richtig, dass wir mehr vergleichende (und auch qualitative) Studien über das Bildungswesen in beiden Ländern benötigen, um eine genauere Vorstellung davon zu bekommen, was tatsächlich der Grund für die höheren Bildungsausgaben des Iran war. Dies wird umso wichtiger, als die AKP seit 2011 die Schulausbildung verstärkt islamisiert. Wird die Türkei mehr für Bildung ausgeben, wenn sie ein weniger liberales Land wird? Wie wird sich die Qualität der Bildung im Iran und in der Türkei verändern, wenn sich ihre strukturell-ideologischen Positionen im globalen Kapitalismus verändern?

Tabelle 3.5. Gesundheitsausgaben (in Prozent des BIP)

	2000	2005	2006	2008	2010
Ägypten	2,2	2,0	2,3	2,0	1,9
Iran	1,9	2,4	2,4	2,5	2,8
Tunesien	3,0	2,9	3,0	3,0	3,8
Türkei	3,1	3,7	4,0	4,4	5,1

Quelle: Beruhend auf Entwicklungsindikatoren der Weltbank
(aufgerufen im Oktober 2013 und aktualisiert im November 2014).

Das problematische Abschneiden der Türkei in Bezug auf die Indikatoren zur humanen Entwicklung wirft einige Fragen auf. Zum einen bedeutete das starke Wachstum des Bruttonationaleinkommens und des Bruttoinlandsprodukts nicht, dass die Bürger, *die von diesem Wachstum profitierten* (das heißt, selbst wenn wir die fortdauernde Ungleichheit unberücksichtigt lassen), tatsächlich ein *gutes Leben* führen konnten. Zum Zweiten umfasst ein gutes Leben wesentlich mehr, als eine dicke Brieftasche zu besitzen; dazu gehören auch jene Bereiche, die der HDI zu erfassen versucht (Bildung und Gesundheit), auch wenn die UNO-Indikatoren keineswegs vollständig sind. Drittens gibt es keine eindeutige Korrelation zwischen Geld und einem guten Leben: Individuen, Gruppen und Nationen können eher entlang von bestimmten Achsen entwickelt werden, weniger aber entlang anderer. Ein letztes Wort zur Entwicklung: Die (islamische) Liberalisierung kann zwar mit einer Steigerung der Einkommen verbunden werden, lässt sich aber schwerlich als Mittel zur Ermöglichung eines allgemein befriedigenden Lebens betrachten.

Bewertung der »Gerechtigkeit« im Slogan »Gerechtigkeit und Entwicklung«

Entwicklungsindikatoren können nicht Gerechtigkeit messen. Ein Problem des HDI besteht darin, dass er Ungleichheit nicht berücksichtigt, das heißt, er beruht auf denselben Annahmen wie das Bruttoinlandsprodukt und das Bruttonationaleinkommen.[42] Ein kurzer Blick auf die Zahlen zur Ungleichheit in Tabelle 3.6 zeigt, dass sich der Iran und die Türkei in einem wesentlichen Aspekt weitgehend ähnelten: In beiden Ländern herrschte in hohem Maße Ungleichheit. Die iranische Revolution hat trotz ihrer Versprechungen gegenüber den Unterdrückten die Ungleichheit nicht vermindert. Der Gini-Koeffizient blieb in beiden Ländern weiter ziemlich hoch, wenngleich es in der Türkei diesem Maßstab zufolge sogar noch etwas mehr Ungleichheit gab. In den vergangenen Jahren hat sich der Gini-Koeffizient für die Türkei etwas verbessert, doch die Ungleichheit ist noch immer höher als im Iran (Tabelle 3.7). Andere Maßstäbe für Ungleichheit, wie das Einkommensquintil-Verhältnis und der Anteil der ärmsten und der reichsten Bevölkerungsschichten am nationalen Einkommen und den nationalen Ausgaben unterstreichen, dass die Türkei und der Iran gleichermaßen durch Ungleichheit geprägte Staaten waren. Daher können sie kaum als Modelle dienen, denen in der Frage der sozialen Gerechtigkeit nachzueifern wäre. Das Einkommensquintil-Verhältnis (das Verhältnis zwischen dem durchschnittlichen Einkommen der reichsten 20 Prozent der Bevölkerung und dem durchschnittlichen Einkommen der ärmsten 20 Prozent) ist in dieser Hinsicht sehr aussagekräftig. Gemäß diesem Maßstab ist die Türkei das am stärksten durch Ungleichheit bestimmte der vier Länder.

Tabelle 3.6. Ungleichheit in den Jahren ab 2000

	Anteil der ärmsten 10 Prozent an Einkommen oder Ausgaben	Anteil der reichsten 10 Prozent an Einkommen oder Ausgaben	Verhältnis der reichsten 10 Prozent zu den ärmsten 10 Prozent	Gini-Index
Ägypten	3,9	27,6	7,2	32,1
Iran	2,6	29,6	11,6	38.3
Tunesien	2,4	31,6	13,3	40,8
Türkei	1,9	33,2	17,4	43,2

Quelle: United Nations Human Development Report 2009.

Es gibt nur sehr wenige qualitativ hochwertige Vergleichsdaten zu *Wohlstands*ungleichheiten (anders als zu Einkommensungleichheiten). Die verfügbaren Zahlen sind nicht nur für die Türkei ziemlich beunruhigend, sondern auch für Ägypten (siehe Tabelle 3.8; für Iran und Tunesien existieren keine Daten). Nach der zehnjährigen Herrschaft der AKP entfällt auf das oberste ein Prozent der türkischen Bevölkerung mehr als die Hälfte des nationalen Wohlstands. Zugleich haben anscheinend die im Zuge der arabischen Volksaufstände erhobenen Forderungen nach sozialer Gerechtigkeit das ständige Anwachsen des Wohlstandsgefälles nicht verhindern können. Diese Zahlen legen die Vermutung nahe, dass die Superreichen im Nahen Osten Wege gefunden haben, Eigentum anzuhäufen und zu monopolisieren und diese Monopolisierung vor den etablierten und mächtigen internationalen Institutionen (wie dem IWF, der Weltbank und den Vereinten Nationen) zu verbergen, da deren Daten diese auffälligen Ungleichheiten nicht in den Fokus rücken.

Tabelle 3.7. Ungleichheit 2003–2012

	Quintil-Verhältnis	Gini-Index
Ägypten	4,4	30,8
Iran	7,0	38,3
Tunesien	6,4	36,1
Türkei	8,3	40,0

Quelle: United Nations Human Development Report 2014.

Anmerkung: Zwar zeigt der Gini-Index, dass sich die Ungleichheit in Tunesien im Laufe der Jahrzehnte ein wenig verringert hat, doch die regionalen Ungleichheiten und die Unterschiede zwischen Stadt und Land haben sich deutlich verschärft – ein Faktor, der durch diese Maßzahl nicht erfasst werden kann.

Tabelle 3.8. Anteil des reichsten 1 Prozent am Vermögen
(in Prozent des Gesamtvermögens)

	2000	2010	2011	2012	2013	2014
Ägypten	32,3	42,0	43,7	45,6	46,5	48,5
Türkei	38,1	47,3	49,1	51,3	52,3	54,3

Quelle: Global Wealth Databook 2014, Credit Swiss Research Institute.

Ein differenzierteres Bild erhalten wir, wenn wir die Entwicklung eines anderen Maßstabs für soziale Ungleichheit betrachten, den Einkommensanteil, der auf die verschiedenen Quintile der Bevölkerung entfällt.[43] Einige der entsprechenden Indikatoren werden in den Tabellen 3.9 bis 3.12 zusammengefasst.[44] Zu beachten ist allerdings, dass diese Tabellen die Entwicklung der sozialen Ungleichheit nicht vollständig wiedergeben können, da es nur in Bezug auf die Einkommen verlässliche Daten gibt, im Hinblick auf das Vermögen fehlen solche Daten. Tabelle 3.8 und die folgenden Tabellen zeigen deutlich, dass die Einkommensdaten die rasant zunehmende soziale Ungleichheit nur unzureichend abbilden können.

Tabelle 3.9. Einkommensanteile nach Quintilen
in den 1980er-Jahren

	Einkommensanteil der				
	oberen 20 Prozent	vierten	dritten	zweiten	unteren
Ägypten	n/a	n/a	n/a	n/a	n/a
Iran (1986)	52,73	20,70	13,39	8,60	4,58
Tunesien (1985)	49,57	21,02	14,24	9,63	5,54
Türkei (1987)	50,03	20,27	13,98	9,81	5,91

Quelle: World Bank Database, zusammengestellt im Oktober 2013 und aktualisiert im November 2014.

Tabelle 3.10. Einkommensanteile nach Quintilen
Mitte der 1990er-Jahre

	Einkommensanteil der				
	oberen 20 Prozent	vierten	dritten	zweiten	unteren
Ägypten (1996)	39,91	21,17	16,40	13,01	9,51
Iran (1994)	49,10	21,35	14,39	9,66	5,50
Tunesien (1995)	47,86	21,84	14,74	9,90	5,66
Türkei (1994)	47,68	21,56	14,81	10,15	5,80

Quelle: World Bank Database, zusammengestellt im Oktober 2013, aktualisiert im November 2014.

In den Jahrzehnten, für die Daten verfügbar sind, war anscheinend Ägypten das Land mit der geringsten Ungleichheit; die übrigen drei Länder waren durch starke soziale Ungleichheit geprägt. Doch auch in Ägypten nahm die Ungleichheit zu, als sich der Neoliberalismus durchsetzte: Der Anteil der unteren 40 Prozent der Bevölkerung am Nationaleinkommen ist zurückgegangen. Von Mitte der 1980er-Jahre bis 2010 hat sich im Iran eine langsame, aber stetige Zunahme des Anteils der unteren 20 Prozent und eine stärkere Abnahme des Anteils der oberen 20 Prozent vollzogen. Nur im Iran und in Tunesien hat sich in diesen drei Jahrzehnten der Anteil der unteren 20 Prozent erhöht. In der Türkei verzeichneten sowohl die oberen als auch die unteren 20 Prozent einen Rückgang ihres Einkommensanteils im Verhältnis zum Anteil der dazwischen liegenden Bevölkerungsschichten.

Tabelle 3.11. Einkommensanteile nach Quintilen um 2000

| | Einkommensanteil der | | | | |
| | oberen | vierten | dritten | zweiten | unteren |
	20 Prozent				
Ägypten (2000)	42,10	20,65	15,83	12,47	8,95
Iran (1998)	49,89	21,46	14,17	9,32	5,16
Tunesien (2000)	47,31	21,64	14,89	10,20	5,96
Türkei (2002)	47,73	21,62	14,79	10,10	5,76

Quelle: World Bank Database, zusammengestellt im Oktober 2013, aktualisiert im November 2014.

Da sich in der Türkei der Anteil des zweiten Quintils nicht stark veränderte (im Unterschied zum Iran, wo wir eine leichte Erhöhung des Anteils dieses Quintils im Laufe der Jahrzehnte beobachten), sind die deutlichsten Gewinner das dritte und das vierte Quintil, die man grob als Mittelschicht und obere Mittelschicht bezeichnen kann. Bezogen auf diese Indikatoren scheint das Iranische Modell stärker (wenn auch nur geringfügig) den Belangen der unteren 40 Prozent der Bevölkerung entgegenzukommen als das Türkische Modell.

Ein weiterer Gerechtigkeitsaspekt ist die Frage der Integration in die Gesellschaft. Inwieweit kann die Bevölkerung insgesamt am produktiven Leben der Nation teilhaben? Es gibt verschiedene Möglichkeiten, diese Partizipation zu messen,[45] doch die Beschäftigung ist die aussagekräftigste Kennziffer. Aus Tabelle 3.13 geht hervor, dass im Iran wie in der Türkei nur wenig für die Schaffung von Arbeitsplätzen getan wurde. Tunesien bildet diesbezüglich das Schlusslicht, während Ägypten die größten Erfolge auf diesem Gebiet erzielt hat, vielleicht auch aufgrund des fortdauernden Korporatismus.

Tabelle 3.12. Einkommensanteile nach Quintilen 2005

	Einkommensanteil der				
	oberen	vierten	dritten	zweiten	unteren
	20 Prozent				
Ägypten	41,46	20,89	16,05	12,64	8,96
Iran	41,16	21,96	15,54	10,91	6,43
Tunesien	44,62	22,10	15,73	11,08	6,47
Türkei	47,53	22,01	15,07	10,13	5,26

Quelle: World Bank Database, zusammengestellt im Oktober 2013, aktualisiert im November 2014.

Tabelle 3.13. Arbeitslosigkeit, insgesamt
(in Prozent der Erwerbsbevölkerung)

	1989	1991	1997	2001	2002	2005	2008	2010
Ägypten	6,9	9,6	8,4	9,4	10,2	11,2	8,7	9,0
Iran	–	11,1	–	–	12,8	12,1	10,5	–
Tunesien	16,1	–	15,9	15,1	15,3	14,2	12,4	13,0
Türkei	8,6	8,2	6,8	8,4	10,4	10,6	11,0	11,9

Quelle: World Bank, World Development Indicators (aktualisiert im November 2014).

Der Liberalismus wird meist mit dem Prinzip der Inklusivität, der Teilhabe verbunden. Die gängige Kritik am Liberalismus (die auf dem Gedanken der sozialen Gerechtigkeit fußt) konzentriert sich auf die Frage, wie es ihm gelingt, das Spiel zu manipulieren, auch wenn er die Menschen einschließt. Doch die Arbeitslosenzahlen weisen darauf hin, dass durch Liberalisierung tatsächlich Menschen eher ausgeschlossen werden können, wenn sie stärker Fuß fasst. Daten über tödliche Arbeitsunfälle stützen diese Interpretation, denn Tod ist zweifellos die ultimative Form von Ausschließung. Nur wenige Länder können es mit der Türkei aufnehmen im Hinblick auf die Zahl der tödlichen Arbeitsunfälle. Die Internationale Arbeitsorganisation (ILO) verfügt über keine vergleichbaren Daten für Tunesien, Ägypten und den Iran, doch die wenigen Jahre, für die Daten vorliegen, erlauben die Vermutung, dass in diesen Ländern die Zahl der tödlichen Arbeitsunfälle relativ niedrig ist (wenngleich Tunesien, die zweite neoliberale Erfolgsgeschichte in der Region, in Bezug auf das Verhältnis zwischen der Zahl der tödlichen Unfälle und der Gesamtbevölkerung schon sehr nahe an die Türkei herankommt). Ein Bergwerksunglück im Jahr 2014 lenkte die Aufmerksamkeit auf diese Tragödie, aber dass Arbeiter während ihrer Tätigkeit zu Tode kommen, ist in der Türkei gang und gäbe (Tabelle 3.14).

Tabelle 3.14. Anzahl tödlicher Arbeitsunfälle in der Türkei

2002	2009	2010	2011	2012	2013
878	1171	1454	1710	745	1235

Quelle: ILOSTAT Database, aufgerufen am 21. November 2014; nur für 2013, Istanbul İşçi Sağlığı ve İş Güvenliği, 2013, Yılı İş Cinayetleri Raporu, 13. Januar 2014.

Im Jahr 2013 kamen durchschnittlich pro Tag ungefähr vier Arbeiter ums Leben. Dies sind die erschütternden menschlichen Kosten des türkischen Wirtschaftswunders. Dass die Investoren (und ihre Medien) die Türkei als sicheres Anlageland einstufen, hat nicht nur geopolitische Gründe – ein Faktor, der häufig überbetont wird. Ein anderer, nicht genannter Grund besteht darin, dass Unternehmen, die ihren Beschäftigten schlimme Arbeitsbedingungen auferlegen, weitgehend ungeschoren davonkommen und nicht mit nachhaltigen Protesten oder mit staatlichen Sanktionen rechnen müssen.

Kann »Entwicklungshilfe« den Armen helfen und dabei die Gerechtigkeit ausblenden?

Verfechter des »guten« türkischen Wirtschaftsmodells (das bis 2013 Bestand hatte) mögen einwenden, dass dieses Modell trotz dieser Zahlen nachahmenswert sei, weil es den Ärmsten der Armen helfe. Es nütze vielleicht nicht der industriellen Arbeiterschaft, doch diese Schicht werde in der Weltwirtschaft ohnehin bald verschwinden. Wir sollten uns daher darauf konzentrieren, die Menschen zu hoch qualifizierten Arbeitskräften und Unternehmern zu machen, anstatt den Anteil der organisierten Arbeiterschaft und der Staatsbediensteten am Nationaleinkommen zu erhöhen, und dies würde letztlich auch der Förderung sozialer Gerechtigkeit dienen. In dem Maße, wie das Türkische Modell die Menschen aus der Armut hole, schaffe es zumindest die Bedingungen dafür, dass jeder seinen Traum verwirklichen könne, Geschäftsmann oder -frau zu werden. Doch inwieweit halten diese Argumente einer Überprüfung anhand der Fakten stand?

Tabelle 3.15. Einwohner unterhalb der Armutsgrenze

	Einwohner unterhalb der Armutsgrenze von 1,25 US-Dollar pro Tag (in Prozent)	Einwohner unterhalb der nationalen Armutsgrenze, 2000–2009 (in Mio.)
Ägypten	2,0	22,0
Iran	1,5	Keine Zahlen verfügbar
Tunesien	2,5	3,8
Türkei	2,7	18,1

Quelle: United Nations Human Development Report 2011.

Diese Ergebnisse sind durchwachsen, gelinde gesagt. Wie Tabelle 3.15 zeigt, hat die Türkei bis 2009 in Bezug sowohl auf die relative als auch auf die extreme Armut eher schlecht abgeschnitten (wobei ein Einkommen von weniger als 1,25 US-Dollar pro Tag als Definition für Letztere betrachtet wird). Nimmt man aber 2 US-Dollar pro Tag als Armutsgrenze, dann sieht es ein wenig besser für die Türkei aus. In allen vier Ländern sank die Zahl der Menschen, die von weniger als 2 Dollar am Tag leben müssen, ab Mitte der 1980er-Jahre stetig (siehe dazu Tabelle 3.16). In der Türkei war dieser Wert in den 1980er-Jahren am niedrigsten, 2010 näherte er sich jedoch stark jenem von Tunesien an. Auch der Rückgang der Armutsrate (im Verlauf von zwei Jahrzehnten) ist im Vergleich zum Iran nicht berauschend und erstaunlich niedrig im Vergleich zu Tunesien.

Dennoch ist es bemerkenswert, dass die extreme Armut in der Türkei bis 2010 sehr deutlich sank.

Tabelle 3.16. Anteil der Armen mit 2 US-Dollar pro Tag
(in Prozent der Gesamtbevölkerung)

	1985	1986	1987	1990	1991	1994	1996	2000	2002	2005	2010
Ägypten				27,60		26,30	19,40		20,08		
Iran	13,80		13,10		8,24				8,03		
Tunesien		6,80			8,91			7,38	7,54	3,05	
Türkei	25,10		19,00				12,80		7,64	4,46	

Anmerkung: Die Armutsgrenze von 2 US-Dollar pro Tag beruht auf der Kaufkraftparität.

Quelle: Auf der Grundlage der Weltentwicklungsindikatoren der Weltbank, aufgerufen im Oktober 2013 und aktualisiert im November 2014.

Neoliberalisierung und islamische Ökonomie: Leistungen und Schwächen

Der neoliberale türkische Islam förderte das Wachstum und stärkte die Wettbewerbsfähigkeit der Türkei auf den regionalen und globalen Märkten. Er dehnte auch die Leistungen des Wohlfahrtsstaats auf einige bislang davon ausgeschlossene gesellschaftliche Gruppen aus. Doch er verfestigte (und verstärkte in einigen Fällen) auch die soziale Ungleichheit und führte zu einer höheren Arbeitslosigkeit. Während er die extreme Armut etwas abmilderte, förderte er die soziale Ungleichheit. Die eindeutigsten Opfer des Neoliberalismus waren die Arbeiter, sofern man der Zahl der tödlichen Arbeitsunfälle eine gewisse Aussagekraft zubilligt. Die AKP setzte auch die neoliberale Praxis im Bildungsbereich fort, in den kaum investiert wurde. Insgesamt betrachtet, führte der islamische Neoliberalismus nicht zu einer höheren Lebensqualität der Bürger. Zudem erscheint es fraglich, ob seine Errungenschaften – Wirtschaftswachstum, breiterer Zugang zum Gesundheitswesen, Stärkung der Wettbewerbsfähigkeit und Linderung extremer Armut – nachhaltiger Natur sind in Anbetracht der zahlreichen Schwachstellen der türkischen Wirtschaft (vor allem ihrer

Abhängigkeit von internationalen Geldzuflüssen und dem hohen Niveau von Kapitalimporten und daher einer boomenden Weltwirtschaft). Vielleicht kann man das Türkische Modell kurz und prägnant so zusammenfassen: die Fähigkeit der Unternehmen, einen Großteil des Vermögens des Landes für sich zu monopolisieren, verbunden mit der Fähigkeit, diese Monopolisierung den Unterdrückten in der Region (und dem Rest der Welt) als »Gerechtigkeit« zu verkaufen.

Der Iran, der islamische Erzrivale der Türkei, hat sich mit seinem streng »islamischen« Wirtschaftsmodell auch nicht wesentlich besser entwickelt. Sein umgewälzter Korporatismus, nun mit einer Prise Neoliberalismus angereichert, konnte kein nachhaltiges Wachstum hervorbringen. Die Revolution konnte sogar eines ihrer zentralen Versprechen, die Herstellung sozialer Gerechtigkeit, nicht einhalten. Dennoch konnte der Iran ein ebenso hohes (in manchen Bereichen sogar höheres) Niveau der menschlichen Entwicklung erreichen wie die Türkei. Es sollte auch erwähnt werden, dass die unbefriedigende Leistungsbilanz des Iran nicht allein der inhärenten Unterlegenheit seines Wirtschaftsmodells zuzuschreiben ist, sondern auch einem globalen Handelsembargo sowie der Instabilität der Blockformation (im Vergleich zur Türkei).

Eine stabile Blockbildung war tatsächlich das kennzeichnende Merkmal des islamischen Neoliberalismus, nicht lediglich die wirtschaftliche Stabilität seiner Politik. Tunesien hatte mit seiner säkularen Neoliberalisierung in allen Bereichen, in denen die Türkei glänzte (Wachstum, Exportorientierung und Armutsbekämpfung), ebenfalls große Erfolge erzielt. Doch dieses Modell war aufgrund der von oben verordneten Natur der Neoliberalisierung störanfällig, nicht nur aufgrund des Inhalts seiner Politik. Daher sollte man das Türkische Modell in seiner Gesamtheit betrachten, um seine Bedeutung bewerten zu können: nicht nur den islamischen Neoliberalismus, sondern auch den islamischen Liberalismus, sofern man den Liberalismus als ein allgemeines politisches und kulturelles Projekt versteht, das die Mobilisierung breiter Schichten im Dienste einer wirtschafts- und unternehmensorientierten Gesellschaft ermöglicht.

Kurz gesagt, Zustimmung für den Neoliberalismus zu finden war das große Versprechen, das das Türkische Modell der Region gab. Andere

Länder, die als Beispiele für neoliberale Erfolge gelten, wie etwa Tunesien, konnten ein wirtschaftsfreundliches Programm durch islamische Unterstützung weiter festigen. Fälle von neoliberaler Stagnation, wie Ägypten, konnten darauf hoffen, die Überreste des Korporatismus auszumerzen und eine konsistentere (und populärere) Wirtschaftspolitik verfolgen zu können, die sich auf das Türkische Modell stützte.

Doch bei diesen Hoffnungen wurde zu vieles vorausgesetzt und zu vieles missachtet. Sie beruhen darauf, dass es starke islamische Akteure gibt, die bereit sind, einen solchen Weg einzuschlagen oder mitzugehen. Sie missachten die besonderen Faktoren (wie etwa die spezifische Struktur der politischen Gesellschaft), die erforderlich sind, um diese Akteure in die Lage zu versetzen, feste gesellschaftlich-politische Blöcke zu formieren und auf diese Weise mittels Zustimmung zu regieren.

AUF DEM WEG ZUR REVOLTE VON 2011

Das Türkische Modell hat tatsächlich einigen sozialen Schichten Vorteile gebracht. Zugleich beinhaltete es einen sorgfältig geplanten langwierigen Krieg gegen andere Gruppen. In Anbetracht der Zahl der Todesopfer in der Arbeitswelt ist das nicht nur eine Metapher. Unterscheidet sich das Türkische Modell wirklich so stark vom herkömmlichen Neoliberalismus? Quantitative Indikatoren aus Tunesien können als Beleg dafür gedeutet werden, dass die *Islamisierung* allein nicht viel beiträgt zur *Neoliberalisierung*. Eine erfolgreiche Version Letzterer ist auch möglich ohne die Erstere, wenn man sich lediglich auf die Zahlen konzentriert (die sich bei Tunesien und der Türkei in mancherlei Hinsicht ähneln). Doch wenn die oberen Schichten fast überall auf der Welt (zum Beispiel in den USA) auf die Durchsetzung eines stärker durch Ungleichheit geprägten Systems drängen, dann ist es nur wenigen Oberschichten so gut gelungen wie der türkischen, ihre Politik als gerecht und im Interesse der Armen liegend darzustellen. (Der »mitfühlende Konservatismus« der US-Republikaner und ihre auf den »Durchschnittsamerikaner« zugeschnittenen politischen Botschaften verhalfen ihnen jedenfalls nicht dazu, dreimal hintereinander die Präsidentenwahlen zu gewinnen.) Darüber hinaus trug die Islamisierung anscheinend auch dazu bei, eine Revolution zu verhindern (was vielleicht das Hauptmotiv jener war, die das Türkische Modell vorantrieben). Der Kurs einer liberalen Islamisierung dürfte daher wahrscheinlich keine besonders hoch entwickelte Gesellschaft hervorbringen, er kann aber der richtige Weg sein, um sicherzustellen, dass die Vermarktlichung breitestmögliche gesellschaftliche Zustimmung findet.

In den beiden folgenden Kapiteln soll herausgearbeitet werden, dass auch die wahrscheinlichen Gewinner einer Liberalisierung nicht alle auf dieselbe Weise vom Türkischen Modell profitieren können. Die sozialen und politischen Strukturen der anderen Länder in der Region hatten bereits eine Übernahme des Türkischen Modells erschwert, doch die Aufstandswellen der jüngeren Zeit haben diesen Weg wohl endgültig verbaut. In Kapitel 6 wird gezeigt werden, dass das Türkische Modell nach 2013 in seinem Ursprungsland in eine tiefe Krise stürzte.

DER AUFSTAND GEGEN DEN AUTORITÄREN LIBERALISMUS

DIE EREIGNISSE IN TUNESIEN und Ägypten Ende 2010, Anfang 2011 kamen nahezu völlig unerwartet. Viele selbst ernannte Hellseher behaupteten später, sie hätten die Aufstände vorhergesehen – womit sie sich jedoch der Lächerlichkeit preisgaben.[1] Diese explosiven Ereignisse schufen neue Realitäten und lassen sich nicht auf Fakten und Informationen zurückführen, die vorher bereits über diese Länder bekannt waren. Die politischen Einstellungen der Bürger und die nationalen Machtblöcke wurden im Laufe weniger Wochen zutiefst erschüttert. Doch ob diese Ereignisse zu einer dauerhaften Veränderung der gesellschaftlich-politischen Strukturen dieser Länder führen konnten, war abhängig von den konkreten Kräfteverhältnissen.[2]

In den Kapiteln 4, 5 und 6 wird herausgearbeitet werden, dass diese Aufstände sehr komplexe Folgen nach sich zogen entsprechend der Ausformung der politischen Gesellschaften und der Machtblöcke (sowie ihrer transnationalen Interaktionen). Anstatt zu einer revolutionären Transformation zu führen, sprengten die Aufstände eher das Potenzial einer friedlichen Liberalisierung nach dem Vorbild des Türkischen Modells (und untergruben damit auch die Nachhaltigkeit des Türkischen Modells in der Türkei selbst). Möglicherweise haben sie vielleicht auch den Keim für tief reichende strukturelle Reformen in der Zukunft gelegt, dies jedoch bleibt abzuwarten.

DIE UNVORHERGESEHENE ENTWICKLUNG
ZU DEN AUFSTÄNDEN VON 2011

Die Mobilisierung der Leute, so, dass sie auf die Straße gingen, die sich über ein ganzes Jahrzehnt erstreckte, ebnete den Weg für die Revolte in Ägypten 2011. Da die Islamisten zunächst weitgehend unbemerkt ihre Kräfte sammelten,[3] hatten die meisten öffentlichen Demonstrationen und Protestaktionen ein nicht-islamisches Gesicht. Zwischen 1998 und 2008 nahmen ungefähr zwei Millionen ägyptische Arbeiter an mehr als 2600 Fabrikbesetzungen teil. Joel Beinin weist darauf hin, dass diese Mobilisierung »die größte und nachhaltigste soziale Bewegung in Ägypten seit der Kampagne zur Vertreibung der britischen Besatzer nach dem Zweiten Weltkrieg war«.[4] Die Spannungen eskalierten nach 2006, als jedes Jahr mehr als 600 kollektive Aktionen der Arbeiterschaft stattfanden.[5] Die Textilarbeiter standen an der Spitze der Aktionen, aber auch viele Arbeiter aus dem privaten und dem staatlichen Sektor wie auch Industriearbeiter und Hochqualifizierte (Lehrer, Angestellte, Apotheker, Ärzte und Hochschulprofessoren) beteiligten sich an der Bewegung. Mit den Aktionen wurde gegen niedrige Löhne protestiert sowie gegen die geringen Bonuszahlungen nach Privatisierungen, gegen die Schaffung gewerkschaftsfreier Bereiche und die Deregulierung der Arbeitsbeziehungen.[6]

Die Streiks wurden durch lokale Arbeiternetzwerke initiiert; die Gewerkschaftsfunktionäre widersetzten sich ihnen hartnäckig (und wurden manchmal sogar selbst von den Arbeitern eingesperrt).[7] Die Streiks führten nicht nur zu höheren Bonuszahlungen, sondern auch zur erstmaligen Anerkennung regimeunabhängiger Gewerkschaften. Diese Arbeiterbewegung verfügte über keine nationale Führung: Liberale und linke Aktivisten aus Kairo (wie etwa die Gruppe Kefaya) versuchten Bündnisse mit den streikenden Arbeitern aufzubauen, doch diese waren sehr kurzlebig. Die ökonomischen Aktionen der Arbeiter gewannen eine nationale Dimension auch dank der Unterstützung durch Menschenrechtsgruppen und andere Nichtregierungsorganisationen sowie durch die Bemühungen von Politikern der Linken. Diese Verbreiterung führte schließlich unter anderem zu einer landesweiten Kampagne für Mindestlöhne. Doch die Nichtregierungsorganisationen und die Politiker verbanden diese Aktionen der Arbeiter nicht mit ihren politischen Forderungen. Die Arbeiter widersetzten sich auch Vereinnahmungsversuchen durch jugendliche Aktivisten, die für eine Politisierung der Arbeiterbewegung eintraten.[8]

Die medienerfahrene Jugendbewegung, eine liberale demokratische Opposition, fand mehr internationale Aufmerksamkeit. Der erste große Erfolg der liberalen Kräfte auf der Straße war der Protest gegen Wahlfälschungen im Jahr 2005.[9] Die Protestierer versammelten sich um eine Dachorganisation namens Kefaya (»Genug«), die 2004 gegründet worden war und Linke wie auch Islamisten umfasste, aber von den Liberalen geführt wurde. Kefaya löste sich allmählich auf, nachdem es der Gruppe nicht gelungen war, politische Reformen durchzusetzen. Im Jahr 2008 entstand eine etwas weiter links orientierte Nachfolgeorganisation, nachdem Journalisten und Blogger die Bürger zu einem Generalstreik aufgerufen hatten, um die streikenden Arbeiter in der Stadt al-Mahalla al-Kubra zu unterstützen. Dieser Generalstreik kam nicht zustande, doch aus der Kampagne ging ein – im Vergleich zu Kefaya – stärker aktivistisch ausgerichtetes und auch dauerhafteres Netzwerk hervor: die Jugendbewegung des 6. April.

Die letzte große Aktion der nicht-islamistischen Opposition gegen das Mubarak-Regime war eine Kampagne gegen die Folter. Der brutale Mord an dem Blogger Chalid Sa'id durch die Polizei führte 2010 zur Bildung einer weiteren Gruppe aus Bloggern und Journalisten, die sich »Wir sind alle Chalid Sa'id« nannte. Diese beiden Gruppen riefen die Ägypter auf, am Feiertag der Polizei, dem 25. Januar 2011, dem Beispiel ihrer tunesischen Brüder und Schwestern zu folgen. Dieses Mal stieß ihr Aufruf nicht auf taube Ohren.

Wie in Ägypten gab es auch in Tunesien eine (wenn auch kürzere) Vorgeschichte des Aufstands. Doch im Fall dieses kleinen nordafrikanischen Landes fanden die Proteste vor 2011 international größere Beachtung. Die Proteste begannen in Gafsa, einer kleinen Bergbaustadt südlich von Sidi Bouzid (jener Provinzstadt, in der die Proteste von 2011 ihren Ausgang nahmen). Im Januar 2008 kam es in Gafsa zu großen Demonstrationen, als Arbeiter gegen die als ungerecht empfundene Einstellungspraxis eines großen Gasunternehmens auf die Straße gingen. Im Laufe der folgenden Monate rückten Arbeitslosigkeit und soziale Gerechtigkeit in umfassenderem Sinn in den Mittelpunkt der Proteste, die sich schließlich auch gegen die politische Unterdrückung zu richten begannen. Die Proteste breiteten sich zunächst auf die Nachbarstädte aus und sprangen dann auch auf den Universitätscampus über, wo sie zum großen Teil vom Studentenverband der (verbotenen) Kommunistischen Arbeiterpartei Tunesiens organisiert wurden. Der Staat reagierte mit Repressionen und Folter, doch die Proteste dauerten bis in den Sommer hinein an.[10]

Im Mai 2010 organisierten Aktivisten, die sich einer gemäßigten, die Mittelschicht ansprechenden Rhetorik bedienten, über die sozialen Medien Facebook und Twitter eine Aktion, die sich gegen die Überwachung durch die Regierung und die Kontrolle des Internets richtete. Die »Tunesien in Weiß«-Kampagne rief die Menschen auf, sich weiß zu kleiden und sich in die Cafés an der Bourghiba-Straße zu setzen (der wichtigsten Straße in Tunis, wo im Januar 2011 große Demonstrationen stattfinden sollten). Die Aktion dauerte sechs Tage, aber dann gingen die Sicherheitskräfte zügig gegen die Protestierer vor.[11]

Am Ende des Sommers 2010 kam es abermals zu landesweiten Protesten in Tunesien. In der Region Ben Guerdane an der libyschen Grenze protestierten Landbewohner gegen die Verschlechterung ihrer Lebensbedingungen, nachdem durch eine Verschärfung der Sicherheitsmaßnahmen der Schmuggel zum Erliegen gekommen war, ihre Haupteinnahmequelle. Obwohl sich der Zorn zunächst gegen die Entscheidung der libyschen Behörden richtete, die Grenze zu schließen, entschloss sich das Regime von Zine el-Abidine Ben Ali, mit Repression und Inhaftierungen auf die Demonstrationen zu reagieren, wodurch schließlich der tunesische Staat zum Adressaten der Proteste wurde. Dennoch bewegten die militanten Proteste die tunesische Regierung, mit den libyschen Behörden über eine Wiedereröffnung der Grenze zu verhandeln.[12]

Die Vorgeschichte des tunesischen Aufstands unterschied sich von jener in Ägypten vor allem durch die relativ weit fortgeschrittene Politisierung der Arbeiterschaft. Auch die Verbindungen zwischen der linken politischen Gesellschaft und der linken Zivilgesellschaft waren weiter gediehen, wenngleich sowohl die Zivilgesellschaft als auch die politische Gesellschaft aufgrund der Diktatur sehr schwach waren. Die halb autonome Stellung der Union Générale Tunisienne du Travail (UGTT) gegenüber dem Regime (siehe Kapitel 1) ermöglichte maßgeblich diese Politisierung und den Aufbau einer Verbindung zur Zivilgesellschaft. Die Gewerkschaftsführung war versiert in Verhandlungen, nicht aber in der Organisation von Aufständen, doch einige Kader auf der mittleren Ebene legten revolutionäre Neigungen an den Tag, gehörten politischen Gruppen an und waren auf den Straßen sehr aktiv.[13] Dass im weiteren Verlauf des Jahres 2011 die Kontinuität der klassenmäßigen Zusammensetzung und der zentralen Forderungen der Proteste auf dem Land und in der Hauptstadt Tunis gewahrt werden konnte, war zum großen Teil diesen Kadern zu verdanken. Demgegenüber wiesen die klassenmäßige Zusammensetzung und die Forderungen der Proteste auf dem Tahrir-Platz und in al-Mahalla al-Kubra in Ägypten wesentlich weniger Kontinuität auf. Die unterschiedliche Struktur der Zivilgesellschaft und der politischen Gesellschaft in den beiden Ländern sollte in den folgenden Jahren auch zu unterschiedlichen Entwicklungen und Ergebnissen führen.

DER AUFSTAND VON 2011 UND SEINE GRENZEN

Auch wenn diese Mobilisierungen zur Entstehung tatsächlicher und virtueller Netzwerke führten, die von entscheidender Bedeutung waren für den Aufstand von 2011 (wie auch einiger Parolen und der Einordnung bestimmter Fragestellungen, die zum damaligen Zeitpunkt zentrale Bedeutung erlangten), ließen ihre Größe und ihre Ziele noch nicht erahnen, was einige Monate später folgen sollte. Die Netzwerke, Ressourcen, Taktiken und Mobilisierungskonzepte, die von diesen Bewegungen entwickelt wurden, erschienen bleich im Schatten der Pharaonen. Doch obwohl die Diktatoren und die Eliten der Machthaber über unvergleichlich reichere Ressourcen und Netzwerke verfügten, wurden die Regimes und ihre neoliberalen Entwicklungsprogramme stark erschüttert, und ob sie sich davon werden erholen können, ist bislang noch ungewiss.

Tunesien, die Geburtsstätte der arabischen Revolte von 2011, ist ein schwierig zu entschlüsselnder und zu erklärender Fall: Warum können in einem Hort des Neoliberalismus sozioökonomische Missstände zu einer Erhebung führen? Tunesien war das Aushängeschild des IWF und der Weltbank: Es hatte ein starkes Wachstum erzielt und zugleich die Armut wirksam bekämpft und Sozialprogramme durchgeführt. Für die Theoretiker, die sich mit dem Aufstand befassten, war es auch von großer Bedeutung, dass Tunesien (im nicht ölreichen Teil der arabischen Welt) die größte Mittelschicht hervorgebracht hatte, welche die besten Lebenschancen in der Region hatte. Die Bildung, die Jobmöglichkeiten und die Stellung der Frau hatten sich über Jahrzehnte hinweg verbessert.

Doch Tunesien litt auch unter regionaler Ungleichheit, unter Polizeigewalt, Korruption und Vetternwirtschaft. Konnten diese drei Faktoren erklären, warum die Revolte in Tunesien ihren Ausgang nahm und nicht anderswo in der arabischen Welt (wo diese Probleme noch wesentlich gravierender waren)? Hier kann keine Ursachenanalyse der Unruhen in Tunesien durchgeführt werden, denn die Aufstandswelle von 2011 lässt viele kausale Erklärungen der Revolten zweifelhaft erscheinen (wie wir im nächsten Kapitel darstellen werden). In erster Linie geht es in diesem Buch darum, aufzuzeigen, wie dieser Prozess der Revolte die Schwierigkeiten einer Übertragung des Türkischen Modells auf Tunesien weiter vergrößerte. Ein weiteres Ziel dieser Darstellung besteht darin, den Prozess insgesamt zu untersuchen, um herauszufinden, welche Fragen und welche gesellschaftlich-politischen Gruppen zunächst im Vordergrund des Geschehens standen und im Laufe des Prozesses an den Rand gedrängt wurden.

Mohammed Bouazizi, ein Gemüsehändler in der Provinzstadt Sidi Bouzid, gab den Anstoß für die Proteste. Er war Sohn eines Bauarbeiters. Da er sich von einer städtischen Beamtin schikaniert fühlte, die seinen Gemüsestand wegen fehlender Genehmigung mehrfach hatte schließen lassen und sich über seine Beschwerde bei der Stadtverwaltung mokiert hatte, fasste er den Entschluss, sich selbst zu verbrennen. Die internationalen

Medien versteiften sich darauf, dass er einen Hochschulabschluss besessen habe, um seinen Fall in das Szenarium einer Erhebung der Mittelschicht (die als politisch akzeptabel erschien) einordnen zu können. In Wirklichkeit hatte Bouazizi sein Studium abgebrochen.

Der Politikwissenschaftler Choukri Hmed weist darauf hin, dass Bouazizis Handlung nicht aus heiterem Himmel kam.[14] Die Straßenhändler in dieser Region hatten schon seit zehn Jahren immer wieder Schwierigkeiten mit der Polizei. Ihre Auseinandersetzungen hatten nicht nur zu einem Anwachsen des Unmuts geführt, sondern auch zum Entstehen »schlafender Netzwerke« unter den Benachteiligten und zur Entwicklung einer ablehnenden bis feindseligen Haltung gegenüber dem Regime. Als sich Bouazizi anzündete, rief seine Tat daher nicht nur bei einer Vielzahl von Menschen tiefes Mitgefühl hervor, sondern sorgte auch rasch für deren Mobilisierung. Nachdem es bereits in den vergangenen Jahren Selbsttötungsversuche gewöhnlicher Menschen gegeben hatte, wurde diese Selbstverbrennung nun als eine politische Handlung aufgefasst (eine Interpretation, die auch lokale Gewerkschaftsführer und Politiker zu verbreiten halfen).

Arbeiter, Rechtsanwälte und Straßenhändler führten die ersten großen Protestkundgebungen vor dem Rathaus von Sidi Bouzid durch. Darauf folgten Proteste von Arbeitslosen und Studenten in benachbarten Städten. Die Proteste, die zunehmend militanter wurden, blieben drei Wochen lang auf ländliche Regionen konzentriert. Informelle Netzwerke (vor allem in Marktorten) spielten in diesen Wochen eine wichtige Rolle, doch Lehrer und Gewerkschaftsfunktionäre organisierten auch Aktionen in öffentlichen Einrichtungen wie etwa Schulen.[15] Wie die jungen Straßenhändler hatten auch diese Lehrer und Gewerkschaftsführer im Laufe der vergangenen zehn Jahre Netzwerke aufgebaut und sich taktisches Wissen angeeignet.[16] Lehrer von Grund- und weiterführenden Schulen, die von trotzkistischen Ideen oder vom arabischen Sozialismus beeinflusst waren, waren die entscheidende Triebkraft zur Politisierung der Ereignisse.[17]

Als diese Proteste in den ländlichen Gebieten von der Polizei gewaltsam unterdrückt wurden, verbreitete sich der Aufstand im ganzen Land, und zu den sozioökonomischen Zielen traten nun auch politische Forderungen wie insbesondere die nach dem Rücktritt von Staatschef Ben Ali.[18] Dies war eindeutig eine Revolte der Mittelschicht. Jugendliche aus der Mittelschicht und gewerkschaftlich organisierte Arbeiter besetzten die großen Plätze in den Städten, um dort bis zum Sturz des Diktators auszuharren. Rund 95 Prozent der Rechtsanwälte traten Anfang Januar 2011 in den Streik, um gegen die Polizeigewalt zu protestieren. Doch auch in den Arbeitervierteln ertönten Sprechchöre und Parolen. Die staatlich anerkannte Gewerkschaft UGTT organisierte nicht nur Streiks im ganzen Land, sondern brachte auch die Arbeitslosen und die Jugend auf die Straßen. Es gibt Hinweise, dass die Gewerkschaft auch maßgeblich daran beteiligt war, die Proteste in den Provinzen mit den Aktionen in der Hauptstadt zu verbinden: Die »Urbanisierung« des ursprünglich ländlichen Protests begann vor der Zentrale der UGTT.[19] Auch berufsständische Organisationen unterstützten diese Aktionen.[20] Ben Ali musste schließlich wenige Wochen später zurücktreten und floh nach Saudi-Arabien.

Die Besetzung des Tahrir-Platzes wurde dagegen vor allem von Angehörigen der Mittelschicht getragen. Arbeiter waren außerhalb des Tahrir-Platzes stärker vertreten, vor allem in den Industriestädten Mahalla und Tanta. Auch in Kairo und Alexandria schlossen sich Arbeiter und Menschen aus ärmeren Vierteln den Protesten an, und einige von ihnen zogen schließlich auch auf den Tahrir-Platz,[21] ohne jedoch dort eine Hauptstütze der Besetzung zu bilden. Am 30. Januar streikten bereits Zehntausende Arbeiter in Ägypten in allen Teilen des Landes für wirtschaftliche und politische Forderungen. Am 10. Februar weiteten sich die einzelnen Streiks zu einem Generalstreik aus, und am folgenden Tag musste Mubarak sein Amt aufgeben.

Die revolutionäre Jugend des Tahrir-Platzes und die Arbeiter von Mahalla und Tanta befanden sich im Dialog,[22] aber ihre Aktionen und ihre Programme waren nur schlecht aufeinander abgestimmt. Daher bildeten Fragen der sozialen Gerechtigkeit eines der Hauptthemen des Aufstands, doch es wurden keine Forderungen formuliert, die sich auf eine (De-)Kommodifizierung der Arbeit, auf Gesundheitsversorgung, Bildung oder Wohnungsbau bezogen. Einigen Forschern zufolge[23] war die Kommodifizierung des urbanen Raums, insbesondere der informellen Siedlungen der Armen, eine der Ursachen des Aufstands. Doch diese Problematik wurde nicht angemessen politisch behandelt oder mit der Kommodifizierung der Arbeit und der Gemeingüter in Verbindung gebracht – diese Verbindung, wäre sie hergestellt worden, hätte möglicherweise den Verlauf des Aufstands verändern können. Dass die Kommodifizierung der Arbeit in den arabischen Protesten keine herausragende Rolle spielte, hängt zum Teil mit der fortdauernden Bedeutung von Industriestädten in einem Land wie Ägypten zusammen, während diese in den Kernländern des Weltkapitalismus mittlerweile nahezu völlig verschwunden sind.

Warum wurden in Ägypten die Forderungen der Arbeiterbewegung und die damit verbundenen Fragen der Kommodifizierung in der revolutionären Agenda allmählich an den Rand gedrängt? Dass andere, schwerwiegende und drängende Fragen des Autoritarismus des alten Regimes und der Muslimbruderschaft im Vordergrund standen, trug dazu ebenso bei wie der niedrige Entwicklungsgrad alternativer politischer Organisationen, was der Jahrzehnte währenden Diktatur geschuldet war. Doch auch die tiefe politische und kulturelle Kluft zwischen der Arbeiterschaft und der Mittelschicht spielte eine Rolle. Die Unterschiede zu Tunesien (wo Lehrer, Anwälte, Gewerkschaftsfunktionäre der mittleren Ebene und Kader der Kommunistischen Partei im Laufe der Jahrzehnte Kontakte und Verbindungen aufgebaut hatten) sind sehr aufschlussreich. Da es keine politischen Organisationen gab, die sie zusammenführen hätten können, gingen die ägyptische Arbeiterschaft und die Mittelschichten wieder ihre eigenen Wege, nachdem ihr flüchtiges Bündnis sein unmittelbares Ziel erreicht hatte (den Sturz des Diktators), und entzogen sich dadurch der mühsamen Aufgabe einer interkulturellen Kommunikation, die besonders erschwert wird, wenn es an einer schichten- und klassenübergreifenden politischen Organisation mangelt. Beide Schichten sollten in den folgenden Jahren einen hohen Preis bezahlen für ihr fehlendes Interesse an den Belangen und Interessen der jeweils anderen.

Salwa Ismail hat der Charakterisierung der ägyptischen Revolte als eines Aufstands der Mittelschicht heftig widersprochen.[24] Sie hat darauf hingewiesen, dass Arbeiter im informellen Sektor – die in der neoliberalen Ära Demütigungen und Gewalt durch die Polizei, Inhaftierungen und Vertreibungen ausgesetzt gewesen waren und die Beschlagnahmung ihrer Verkaufswaagen hinnehmen hatten müssen – eine entscheidende Rolle beim Aufstand von 2011 spielten. Sie fochten in den Seitenstraßen des Tahrir-Platzes die gewaltsamen Kämpfe aus und steckten in den Arbeitervierteln Dutzende Polizeiwachen in Brand. Dies hat neben anderen Faktoren zur Niederlage der Polizei und des Sicherheitsapparats geführt.[25] Sie spielten im Aufstand von 2011 eine ähnliche Rolle wie die informellen Arbeiter im Aufstand in der Türkei im Jahr 2013 (siehe dazu Kapitel 6). In beiden Fällen haben informelle Arbeiter die größten Risiken auf sich genommen und den höchsten Preis bezahlt, ohne dafür besondere Anerkennung zu finden (aufgrund ihres niedrigen formellen Organisationsgrads und ihrer geringen Sichtbarkeit, aber auch aufgrund von Vorurteilen gegen diese Schicht, die diese Faktoren verstärkten). Daher wurden die öffentliche Agenda und der Geist dieser Aufstände von den Mittelschichten geprägt, selbst wenn einige ihrer wichtigsten Teilnehmer ganz und gar nicht zu dieser sozialen Schicht gehörten.

Hat ein bewusst wahrgenommener Klassenkonflikt im Lager der Revolte auch zur Marginalisierung der sozialen Fragen beigetragen? Im Lichte der berühmten Analyse der Revolution von 1848 durch Karl Marx könnte man erwarten, dass die Liberalen der Oberschicht und die Mittelschichten aus Angst vor einer zunehmenden Radikalisierung der Arbeiterklasse zu einem Entgegenkommen bereit sind. Anders gesagt, es ist denkbar, dass sich die Mittelschichten nicht gegen die Arbeiterklasse stellen aufgrund eines Mangels an Kommunikation, der Ablehnung ihrer Forderungen oder der Schwäche der politischen und der zivilen Organisationen, die ein Bündnis zwischen den beiden Schichten ermöglichen könnten, sondern in erster Linie aufgrund der Erkenntnis, dass eine fortdauernde Radikalität der Arbeiterschaft einige ihrer Privilegien untergraben könnte. Doch bis zu diesem Punkt gelangte man in Ägypten nicht. Weder die Mittelschicht noch die kämpferische Arbeiterklasse war imstande, Alternativen zum alten Regime anzubieten, da es ihnen an Führung und Organisation mangelte. Entlang der Klassengrenzen entwickelte sich keine Blaupause für einen sozialen Umbruch, und daher kam es auch nicht zu einem offenen Konflikt zwischen den verschiedenen Kräften. In Tunesien dagegen war das revolutionäre Lager von Anfang an nach Klassen geteilt. Die zur Elite zählenden Kräfte organisierten zum Beispiel eine Anti-Kasbah-Demonstration, mit der sie die Kasbah-Besetzer überzeugen wollten, wieder an die Arbeit zurückzukehren.

Die offizielle Revolution

Auch die politischen Repräsentanten der Revolution vermochten es nicht, Wege zur Überwindung des alten Regimes zu weisen. Wer verkörperte eigentlich neben der Muslimbruderschaft die ägyptische Revolution in der politischen Welt? Befanden sich diese Repräsentanten wirklich auf derselben Ebene mit den Revolutionären und dem Volk? Es ist schwer herauszufinden, was die Revolutionäre und das Volk eigentlich wollten. Doch anhand der Kernparolen und einiger artikulierter Forderungen kann man zumindest umrisshaft erkennen, wie sich die politischen Repräsentanten des revolutionären Lagers in dieser Hinsicht verhielten.

Die vier zentralen Forderungen, die von den ägyptischen und den tunesischen Aufständischen gleichermaßen erhoben wurden, waren Brot, soziale Gerechtigkeit, Freiheit und Würde. Laut der Internetseite »Arab Barometer« nannten die tunesischen Demonstranten wirtschaftliche Probleme als ihr Hauptmotiv für die Teilnahme an den Aufständen. Welche politischen Kräfte konnten tatsächlich diese Besorgnisse ansprechen und aufnehmen?

In Ägypten konzentrierten sich die wichtigsten politischen Figuren (außerhalb der Muslimbruderschaft), die nach dem Sturz Mubaraks die Bühne betraten, auf die politischen Freiheiten und rückten die Themen Brot und soziale Gerechtigkeit in den Hintergrund. Die bekannteste Persönlichkeit, Mohammed el-Baradei, der sich als Wahrer der liberalen Tradition in Ägypten verstand, versprach, die neoliberalen Programme fortzusetzen, die vom alten Regime in die Wege geleitet worden waren (ergänzt durch das Versprechen, Arbeitsplätze zu schaffen und die Armut zu bekämpfen), und brachte damit ökonomische Fragen zumindest in die Diskussion. Dennoch betrachtete ihn die Jugendbewegung des 6. April, die aus der Solidarität mit den streikenden Arbeitern entstanden war, als ihren Helden. Während sich also das Fußvolk des ägyptischen Liberalismus eher in eine linksliberale Richtung orientierte, fühlten sich seine politischen Repräsentanten weiterhin eher dem freien Markt verpflichtet.[26]

Hamdin Sabahi, ein Nasserist, in den Teile der unteren Gesellschaftsschichten große Hoffnungen setzten, äußerte sich ausführlich zu ökonomischen Fragen. Er befürwortete staatliche Eingriffe in die Wirtschaft, betrachtete die Industrie als wichtigsten Sektor und forderte eine gerechtere Verteilung des Wohlstands und der Ressourcen (über die Regionen und die gesellschaftlichen Schichten), die Schaffung eines Wohlfahrtsstaates und sozial gerechte Höchst- und Mindestlöhne. Aber auch Sabahi versprach, das Privateigentum nicht anzutasten.[27] Sein Etatismus war noch weniger sozialistisch als jener von Nasser.

Die wahrscheinlich interessanteste Persönlichkeit unter den landesweit bekannten Führern der Revolution war Abdel Moneim Abul Futuh, ein ehemaliges Mitglied der Muslimbruderschaft, der sich kurz nach der Absetzung Mubaraks von der Organisation trennte. Nachdem er die Präsidentschaftswahl 2012 verloren hatte, gründete Abul Futuh seine eigene islamische Partei, die eine politisch liberalere und wirtschaftlich stärker auf soziale Gerechtigkeit ausgerichtete Programmatik besaß als die Muslimbruderschaft (und etwas weiter links stand als ältere islamistische Abspaltungen wie al-Wasat). Doch auch seine politische Agenda wies dieselben Unzulänglichkeiten auf wie jene der anderen bekannten Führer der Revolution: Er schob die Fragen der sozialen Gerechtigkeit in den Hintergrund und beschränkte sich auf vage Versprechungen, anstatt ein tragfähiges Konzept einer revolutionären Wirtschaftspolitik auszuarbeiten.[28] Er wurde zum Hoffnungsträger und zur Symbolfigur einer sich möglicherweise revolutionär wandelnden Politik der Muslimbruderschaft. Doch im Laufe der Zeit stellte sich heraus, dass Abul Futuh nicht imstande war, Islamisten in größerer Zahl zu mobilisieren, die sich weiterhin loyal verhielten gegenüber der Bruderschaft oder einer der salafistischen Gruppen.[29]

Die inoffizielle Revolution

Bekannte unabhängige politische Persönlichkeiten wiesen gelegentlich darauf hin, dass weder el-Baradei noch Sabahi willens waren, die US-Hegemonie, die politischen und wirtschaftlichen Strukturen des alten Regimes und die Vorherrschaft des Kapitals infrage zu stellen.[30] Doch da sie keine stabile Organisation hinter sich hatten, waren sie nicht imstande, entscheidend einzuwirken auf die sich entfaltenden Proteste und die daraus entstehenden politischen Kräfteverhältnisse. Einige dieser Persönlichkeiten, wie etwa Kamal Khalil, besaßen einen gewissen Einfluss bei den revolutionären Gruppen, den Fußballanhängern und den Arbeitern (im Falle von Khalil beruhte dies auf seinen jahrzehntelangen gewerkschaftlichen Aktivitäten und seiner Inhaftierung unter Sadat). Alle diese Teilnehmer am Aufstand verloren in den Monaten nach dem Februar 2011 das Vertrauen in el-Baradei und Sabahi. Doch die einzelnen Gruppen waren nicht in der Lage, sich hinter einem gemeinsamen Programm zu versammeln, und keiner dieser politischen Anführer hatte die Absicht, einen solchen Zusammenschluss herbeizuführen.

Eine ähnliche Situation entwickelte sich in Tunesien. Vertreter etablierter Organisationen bemühten sich Anfang 2011, Forderungen nach einer Radikalisierung der Revolution zu marginalisieren. Bei den Demonstrationen und Sitzstreiks auf dem Kasbah-Platz wurde ein rascherer Übergang verlangt, während auf den Treffen und Demonstrationen etablierterer Gruppen Geduld angemahnt wurde.[31] Doch im Unterschied zu Ägypten verfügten die radikaleren Kräfte über eine stärkere politische und institutionelle Vertretung. Dieser Einfluss hatte weitreichende Auswirkungen auf den Fortgang der Revolution, denn der tunesische Prozess war daher durch eine weitergehende Integration systemfeindlicher Forderungen gekennzeichnet.

Die wiederholten Besetzungen des Kasbah-Platzes, an dem mehrere Ministerien des alten Regimes residierten, wurden zu einem der zentralen Symbole der tunesischen Rebellion. Die erste Besetzung wurde von Abgesandten aus verschiedenen Provinzstädten durchgeführt, auch aus Sidi

Bouzid. Nach deren gewaltsamer Vertreibung beteiligten sich auch Angehörige anderer sozialer Gruppen an den Besetzungen. Die Menschen, die auf dem Platz kampierten, forderten den Übergang zu einem parlamentarischen Regierungssystem und die Einrichtung einer Verfassungsgebenden Versammlung sowie die Beseitigung aller Überreste des alten Regimes. Die Forderungen wurden gewissermaßen von unten nach oben formuliert, in einem demokratischen Prozess innerhalb von Diskussionsgruppen, an denen sich alle Besetzer beteiligten,[32] und in demselben Geist, von dem auch die Rebellionen der jüngeren Zeit in anderen Teilen der Welt getragen wurden. Diskutiert wurde auch über Arbeitsbedingungen und Arbeitslosigkeit, doch daraus folgten keine diesbezüglichen Forderungen.

Beobachter haben die Ansicht vertreten, dass auch die erfahrensten und am stärksten institutionalisierten linken Parteien wie die Kommunistische Arbeiterpartei Tunesiens von diesen Entwicklungen überrollt worden seien.[33] Sie konnten sich nicht an deren Spitze stellen und sich daher auch nicht als die wahren Vertreter der Revolution gegen die säkularistische Partei al-Nidaa (ein Bündnis aus Teilen des alten Regimes, Mitte-Links-Politikern und den offiziellen Gewerkschaften) und gegen Ennahda durchsetzen. Doch 2014 verfügten sie noch über eine stärkere Präsenz im Parlament als ihre ägyptischen Pendants.

Keiner der arabischen Aufstände führte unmittelbar zu einer politischen Revolution, geschweige zu einer sozialen Revolution. Durch die Aufstände wurden die Diktatoren aus dem Amt gejagt (in Ägypten, Tunesien, im Jemen und in Libyen), doch die Akteure, die an ihre Stelle traten, vermochten keine Institutionen zu errichten, die das alte Regime ersetzen hätten können, wenngleich Tunesien in dieser Hinsicht eine teilweise Ausnahme darstellt. Die Machttechniken der Polizeistaaten veränderten sich, passten sich an und überlebten – oder verfestigten sich vielleicht sogar noch – in Ägypten, im Jemen und in Libyen.

War schon die politische Frage weit entfernt von einer Lösung, so stand es um die soziale Frage noch wesentlich schlechter, denn sie war aus der Agenda der Revolution herausgenommen worden, lediglich in Tunesien und in Ägypten tauchte sie noch sporadisch auf. In den anderen Ländern wurden soziale Themen noch schneller beiseitegeschoben. Zwar begannen die Proteste beispielsweise im Jemen und im ländlichen Syrien mit sozioökonomischen Forderungen, doch diese wurden fallen gelassen, sobald es in den Bewegungen zu Konflikten kam oder sie sich mit der Gewalt der Polizei konfrontiert sahen.

Dennoch führten die Aufstände zum Sturz von vier Diktatoren und machten es dadurch praktisch unmöglich, dass in Zukunft weiterhin Macht innerhalb von Familien übertragen wurde. Es gab auch einige weniger ins Auge stechende Veränderungen. Allein in Tunesien begannen nach der Absetzung von Ben Ali die politische Gesellschaft und die Zivilgesellschaft aufzublühen. Im Jahr 2011 gab es in diesem Land bereits 95 registrierte Parteien sowie 20 000 zivilgesellschaftliche Organisationen.[34] Die eher unspektakulären Folgewirkungen der Aufstandswelle erschienen als ebenso bedeutsam wie deren Grenzen.

DIE MUSLIMBRUDERSCHAFT UND
DER JANUAR-AUFSTAND

Nach den Protesten im Jahr 2011 kam es in der Muslimbruderschaft zu einer tief gehenden Spaltung. Im Rückblick zeigt sich, dass der wichtigste Erfolg der Muslimbrüder in der Zeit nach der Rebellion darin bestand, dass sie diese Spaltung eindämmte und die Organisation wieder festigte (bis der Staat schließlich im Juli 2013 massiv gegen sie vorging). Dieser Erfolg erschien im Juli 2011 noch keineswegs als gesichert. Da man sich meist mit der Frage beschäftigt, wie die Bruderschaft die Revolution »verspielte«, ist es wichtig, die Aufmerksamkeit auf diesen Erfolg zu lenken, um einschätzen zu können, welche Aussichten die Organisation hatte, in den kommenden Jahren und Jahrzehnten zu überleben und an Macht und Einfluss zu gewinnen.

Das Leitungsbüro der Muslimbruderschaft schwieg zu den Protesten vom 25. Januar, mit denen die revolutionäre Erhebung in Ägypten begann.[35] Trotz dieser fehlenden Ermutigung begaben sich viele Muslimbrüder zum Tahrir-Platz. Einige dieser Muslimbrüder waren Teil eines »parteiübergreifenden Jugend-Netzwerks«, wie es Carrie Wickham beschrieb.[36] Seit 2003 hatten sie sich zusammen mit Linken und Liberalen an Aktionen zur Unterstützung der Palästinenser, der Gewerkschaften und der Demokratiebewegung beteiligt. Während das Leitungsbüro anfänglich besorgt war über die Teilnahme der jugendlichen Mitglieder der Bruderschaft an den Protesten, folgte es ihnen schließlich. Nachdem klar geworden war, dass sich die Proteste zu einem Volksaufstand ausweiteten, revidierte das Leitungsbüro seine Position und erklärte seine Unterstützung für die Bewegung.[37]

Einige Tage nach dem Sturz Mubaraks traten zwei Mitglieder der Führung der Muslimbruderschaft zurück. Ihre dafür genannten Gründe sorgten für Entsetzen: Sie beschuldigten das Leitungsbüro, dass es während des Aufstands hinter den Kulissen mit Suleiman verhandelt habe (einem der schlimmsten Schlächter Mubaraks).[38] Einer dieser früheren Funktionäre erklärte, die angestrebte Abmachung zwischen der Bruderschaft und Suleiman sei schließlich gescheitert, als sich die Jugend der Bruderschaft, die sich zu den Besetzern des Tahrir-Platzes gesellt hatte, weigerte, Anweisungen ihrer Führer Folge zu leisten.[39] Obwohl das Leitungsbüro sie zunächst bestritten hatte, wurden die Verhandlungen mit Suleiman schließlich im September 2013 bestätigt, als sich ein Führungsmitglied der Bruderschaft beim ägyptischen Volk für politische Fehler der Organisation entschuldigte (insbesondere für die Unterstützung der Militärherrschaft, die letztlich zu ihrer Ausschaltung führen sollte).

Ungeachtet dieser konterrevolutionären politischen Aktivitäten an der Spitze der Bruderschaft schien auch bei einigen Kadern der mittleren Ebene Verwirrung zu herrschen anstatt prinzipientreuer Konservatismus. Eine kleine Anekdote, die in einem Artikel wiedergegeben wurde, der von einem der bedeutendsten Kenner des ägyptischen Islamismus, dem späten Husam Tammam, mitverfasst wurde, ist sehr aufschlussreich:

Bei einer der großen Massendemonstrationen in Alexandria, als nach Angaben von Beobachtern eineinhalb Millionen Menschen auf den Straßen waren, hielt ein Vertreter der Bruderschaft eine kämpferische

Rede, in der zur Revolution aufgerufen wurde, die der herrschenden Stimmung entgegenkam und mit der Aufforderung endete, alles zu tun, um der Revolution zum Erfolg zu verhelfen. Dann aber legte er plötzlich den revolutionären Gestus ab, der ihm so viel Aufmerksamkeit beschert hatte, und rief die Teilnehmer (was auch sein eigentlicher Auftrag war) dazu auf, friedlich nach Hause zu gehen.[40]

Es wäre allerdings naiv anzunehmen, dass das Leitungsbüro jemals zwischen diesen Extremen hin und her gewechselt wäre. Seine politischen Schwankungen hielten sich in zentristischen Grenzen, und von Anfang an ging es ihm darum, die Bewegung zu zähmen und unter Kontrolle zu bringen.

Das Leitungsbüro verfolgte damit dieselben Ziele wie das Militär. Es rief die Demonstranten dazu auf, nach Hause zu gehen, sobald der Präsident abgetreten war. Ebenfalls im Einklang mit dem Militär[41] bezeichnete es die Streiks, die sich im ganzen Land ausbreiteten, als »sektiererisch« (*fi'awiyya,* eine strittige Bezeichnung, die man je nach Kontext auch als »klassenbezogen« oder als »syndikalistisch« übersetzen kann). Ein Führungsmitglied der Muslimbruderschaft behauptete gar, die Streiks würden von Konterrevolutionären angezettelt werden.[42] Die Bruderschaft stand an der Spitze jener Kräfte, die dafür sorgten, dass sich der Sturz von Mubarak nicht zu einer umfassenden Revolution ausweitete.[43]

Einige Mitglieder der Bruderschaft widersetzten sich mutig ihrer Führung und demonstrierten auf dem Platz zusammen mit linken und nationalistischen Gruppen. Sie erklärten ihre Unterstützung für die Streiks und kündigten sogar an, dass sie so lange auf dem Platz ausharren würden, bis sich das Militär aus der Politik zurückzog. Dieses islamistisch-linksnationalistische Bündnis forderte zudem von der Regierung, die Löhne zu erhöhen, ein soziales Sicherungsnetz für alle Ägypter aufzubauen und die Rechte der Gewerkschaften zu stärken. Eine derartige Revolte gegen den freien Markt wäre innerhalb der AKP nicht denkbar gewesen – ein Hinweis auf die Einheitlichkeit, die Disziplin und die Professionalisierung der islamischen politischen Gesellschaft in der Türkei.[44]

Diese Entwicklungen widersprachen in gewisser Weise dem Erwartbaren, denn seit 2011 hatten alle größeren Abspaltungen von der Bruderschaft oder Widerstände gegen die Politik des Leitungsbüros (zum Beispiel die Gruppe Wasat) schließlich liberal-demokratische Formen angenommen. In der Hoffnung, dass diese Konflikte innerhalb der Organisation am Ende zur Herausbildung neoliberaler Positionen führen würden (wie in der Türkei), hatten viele akademische Beobachter und politische Kreise im Westen die früheren Abspaltungen unterstützt. Es war das erste Mal, dass eine Opposition gegen das Leitungsbüro einen politisch linken, demokratischen Standpunkt bezog.

Da frühere Abspaltungen von der Muslimbruderschaft nur ineffiziente politische Parteien hervorgebracht hatten, glaubten manche, dass es sinnvoller sein würde, auf einen grundlegenden Wandel innerhalb der Organisation zu drängen. Dieser Logik entsprechend riefen einige junge Mitglieder zu einer Revolution gegen das Leitungsbüro *innerhalb* der Bruderschaft auf.[45] Ein Sturz des Leitungsbüros, so erklärten einige oppositionelle Politiker der Muslimbruderschaft aus einer Provinz im Nildelta, wäre nur die natürliche Folge der Absetzung von Mubarak.[46] Solche Aktionen blieben natürlich nicht ungeahndet, und nach kurzer Zeit wurden viele der Revolutionäre aus der Bruderschaft ausgeschlossen.

Kurz nach dem Sturz von Mubarak berief der regierende Militärrat eine Kommission aus Richtern ein, die Veränderungen an der bestehenden Verfassung vorschlagen sollten (anstatt eine völlig neue Verfassung zu erarbeiten, wie die revolutionären Aufständischen verlangten). Diesem Komitee gehörte auch ein Mitglied der Muslimbruderschaft an.[47] Der Vorsitzende des Komitees war ein islamisch-konservativer Gegner des Mubarak-Regimes. Das Komitee erklärte von vornherein, dass der zweite Artikel der alten Verfassung (in dem die zentrale Bedeutung des islamischen Rechts für die Gesetzgebung verankert wurde) nicht zur Diskussion stehe. Das islamische Recht war unantastbar geworden im Gefolge der politischen Aktivitäten der Islamisten und ihrer Auseinandersetzungen mit den Regimes von Sadat und Mubarak. Durch den Aufstand wurden diese legalistischen Tendenzen nur weiter verstärkt. Im Juli 2011 kehrten schließlich alle konservativen islamischen Gruppen auf den Tahrir-Platz zurück und traten dort unter Parolen auf, in denen ein »Islamisches Ägypten« und die Anwendung des islamischen Rechts gefordert wurde, was darauf hinwies, dass ihnen die Durchsetzung einer bestimmten Rechtsordnung wichtiger erschien als die Erzielung marktwirtschaftlichen Wachstums. Die ägyptischen Islamisten waren anscheinend noch nicht so weit, das Türkische Modell umzusetzen.

Die Wiederinbesitznahme des größten Platzes von Kairo durch die Muslimbruderschaft war auch deshalb von großer Bedeutung, weil das Leitungsbüro den Tahrir-Platz in der ersten Zeit nach Mubarak als eine Quelle von *fitna* (Aufruhr, Unruhe) bezeichnet hatte.[48] Die Muslimbrüder hatten sogar Demonstrationen boykottiert, die auf der Grundlage des geringsten gemeinsamen Nenners organisiert wurden, wie jene Anfang Juli 2011, auf der eine strafrechtliche Verfolgung für die Tötungen im Januar und Februar gefordert wurde. Ende Juli organisierten mehrere islamische Gruppen (gemeinsam mit der Muslimbruderschaft) Kundgebungen zur Unterstützung des regierenden Militärrats (SCAF). Eine der größten dieser Kundgebungen wurde als »Freitag der Festigkeit« bezeichnet und sollte ein Gegengewicht bilden zu den Demonstrationen der Linken und der Liberalen am selben Tag (die ihrerseits von einem »Freitag der Entschlossenheit« sprachen). Auf dieser Kundgebung kamen viele klassische konservative Themen zur Sprache, wie die Forderung, die sich immer mehr verschlimmernde Sicherheitslage auf den Straßen zu verbessern, die nationale Sicherheit zu stärken und Angriffe auf das Militär zu unterbinden.[49]

In dieser Phase (Ende Februar bis Juli 2011) zunehmender Spannungen und einer wachsenden Feindseligkeit zwischen den Liberalen und den Linken auf der einen Seite und der Muslimbruderschaft auf der anderen veränderte die Bruderschaft bisweilen ihren Ton, zum einen, um ihre eigene (revolutionäre) Anhängerschaft zu besänftigen, und zum anderen, um ihr Gesicht zu wahren. So erkannte sie zum Beispiel bei einigen Gelegenheiten an, dass die Demonstranten, die während dieser Monate auf dem Tahrir-Platz ausharrten, tatsächlich ein Teil der Revolution seien (und keine Konterrevolutionäre, die mit dem alten Regime im Bunde seien, wie das Leitungsbüro manchmal behauptete).[50] Solche Schwankungen sollten jedoch nach dem Sommer 2011 ihr Ende finden.

Ende 2011: Die Kämpfe gegen das Militär und
die Parlamentswahlen

Die Muslimbruderschaft hielt sich aus den revolutionären Auseinandersetzungen nach dem Sturz Mubaraks heraus. Sie mied nicht nur die gegen die Herrschaft des Militärs gerichteten Sitzstreiks (bei denen weitere 19 Menschen getötet wurden), sie ließ auch erkennen, dass all die Übergriffe und Morde, die sich während dieser zwei Monate ereigneten, von einem von der Muslimbruderschaft beherrschten Parlament straffrei gestellt werden würden.[51] Darüber hinaus sprach die Führung der Bruderschaft in Bezug auf das Militär von einem »Bündnis patriotischer Kräfte« (*quiewa al-wataniyya*),[52] wodurch der fortdauernde militaristische Nationalismus der Organisation abermals zum Ausdruck kam.

Daher wurde die Muslimbruderschaft zu einem Bollwerk gegen jeglichen militärkritischen Aktivismus. Während die Revolutionäre am ersten Jahrestag des Aufstands vom 25. Januar ein Ende der Militärherrschaft forderten, feierte die Bruderschaft die sogenannte Revolution als eine vollendete Tatsache. Und damit noch nicht genug: Die Organisation erklärte die Militärherrschaft als legitim, da die Armee eine wichtige Rolle beim Sturz Mubaraks gespielt habe.[53] Daraus folgte logischerweise, dass die Revolutionäre, die im Januar 2012 gegen die Militärherrschaft protestierten, in Wirklichkeit Konterrevolutionäre waren. Die Organisation krönte diese unsinnige Schlussfolgerung mit jenem Hauptargument, das im Zusammenhang des Diskurses über Mubarak und die Muslimbruderschaft immer wieder vorgebracht wurde: Die Revolutionäre würden Aufruhr (*fitna*) schüren.[54]

In der Praxis hatte die Muslimbruderschaft ihren Frieden gemacht mit der Ordnung, die in der Zeit nach Mubarak entstanden war. Während die Revolutionäre gegen die Militärherrschaft kämpften, bereitete sich die Bruderschaft auf die ersten Wahlen unter dem Militärregime vor. Das Verhalten des Militärs spielte der Muslimbruderschaft in die Hände: Der Oberste Rat der Streitkräfte (SCAF) unterdrückte die Revolutionäre und versuchte sie zu schwächen, wodurch ein Wahlsieg der Muslimbrüder in den folgenden Monaten zu einer ausgemachten Sache wurde. Die Jugend-bewegung des 6. April und weitere revolutionäre Gruppen beklagten, dass das Militär und die Muslimbruderschaft gemeinsam sie zu vernichten ver-suchten: Die einen warfen sie in den Kerker, während die anderen sie zu Verrätern stempelten.[55]

Während der in zwei Abschnitten zwischen November 2011 und Mit-te Januar 2012 durchgeführten Parlamentswahlen kamen immer wieder Manipulationsvorwürfe auf. Die Anschuldigungen in Bezug auf die Ab-stimmung der Arbeiter in Mahalla al-Kubra, einer Industrieregion, in der von 2011 bis 2013 die revolutionären Einstellungen dominierten, sind sehr aufschlussreich im Hinblick auf das Zusammenwirken von Armee und Muslimbruderschaft. Der Vorwurf lautete, dass die Miliz der Bruder-schaft das Militär dabei unterstütze, die Arbeiter zu vertreiben, die außer-halb ihrer Arbeitszeiten ihre Stimme abgeben wollten. Das Militär schloss die Wahllokale nach dem Ende der Arbeitsschichten und erklärte alle Ver-suche als illegal, danach noch abzustimmen.[56]

Weil das neu gewählte Parlament von der Muslimbruderschaft be-herrscht wurde, verschmolzen gewissermaßen das Militärregime und die islamistische Parlamentsmehrheit miteinander. Unabhängig von den Ab-sichten der Aktivisten wurden in der Folge Proteste gegen das Militärregi-me zunehmend als Proteste gegen den Islam aufgefasst. Anfang Februar 2012 schickte die Muslimbruderschaft ihre Miliz auf die Straßen, um De-monstranten zu bedrohen und einzuschüchtern, was bereits einen Vor-geschmack darauf bot, was später unter ihrer Herrschaft zu erwarten sein sollte. Demonstrationen gegen das Regime wurden in der islamischen Presse (sowohl in den Druckausgaben wie auch den Online-Portalen) als antidemokratisch und antirevolutionär und als Aufruf zum Putsch dar-gestellt.[57]

Die westlichen Unterstützer des Türkischen Modells wurden zu den großen Befürwortern des Verhaltens der Muslimbruderschaft und propa-gierten ebenfalls deren Bewertung der Ereignisse. Sie stellten die De-monstranten als Saboteure dar, die darauf aus seien, die islamischen De-mokraten zu verfolgen. Möglicherweise handelte es sich bei einigen der Elemente, die an diesen Demonstrationen teilnahmen, tatsächlich um

Provokateure, die die Spannungen verschärfen und die Gewalt schüren wollten und die Voraussetzungen für einen Putsch schaffen wollten.[58] Doch in der international verbreiteten Version dieser Ereignisse werden drei entscheidende Faktoren ausgeblendet. Zum einen nahmen die wichtigsten Gruppen, die im Januar 2011 die Proteste initiiert hatten, auch an den Demonstrationen Ende 2011 und Anfang 2012 teil. Zum Zweiten verfolgten die Proteste nicht nur eine gegen das Militär, sondern auch eine gegen die Muslimbruderschaft gerichtete Agenda. Und schließlich schützten die Muslimbrüder das Militärregime (sowohl durch ihre Propaganda als auch ihr Verhalten) vor Angriffen der Revolutionäre nicht nur während, sondern auch vor und nach diesen Ereignissen.

DER AUFSTAND IN ÄGYPTEN UND DIE STRUKTUR DER ISLAMISCHEN POLITISCHEN GESELLSCHAFT

Durch die Struktur der islamischen Politik in Ägypten wurde eine Liberalisierung der Religion nach türkischem Vorbild stark erschwert. Der Januar-Aufstand führte zu einer weiteren Zersplitterung der islamischen Zivilgesellschaft und der politischen Gesellschaft und hatte zur Folge, dass eine Übernahme des Türkischen Modells zunehmend unwahrscheinlicher wurde. Die Muslimbruderschaft konnte sich auf eine Machtteilung mit dem Militär einlassen, um den ägyptischen Islam auf einem legalistischen Weg zu halten (worauf die Einrichtung des Verfassungskomitees im Jahr 2011 hinwies), und sich mit dem Militär auf einen Kompromiss bezüglich der Durchsetzung einer marktwirtschaftlichen Orientierung verständigen. Dies konnte möglicherweise zur Bildung eines ähnlichen hegemonialen Blocks wie in der Türkei führen, auch wenn dieser stärker konservativ ausgerichtet sein würde. Die wachsende Bereitschaft der Muslimbrüder, bestimmte Elemente des Modells der AKP nachzuahmen, bestärkte diesbezügliche Hoffnungen zusätzlich. Vielleicht konnte die Führung der Muslimbruderschaft sogar dem *gesamten* Nahen Osten dazu verhelfen, die »ungleiche Entwicklung der Neoliberalisierung« zu überwinden und ein regionales Erfolgsmodell eines »vertieften« Neoliberalismus aufzubauen.[59] Doch einer Nachbildung des Türkischen Modells standen gravierende Hürden im Wege.

Zum einen befanden sich die Arbeiterschaft und die Staatsbediensteten in den beiden Ländern in einer ganz unterschiedlichen Lage, nicht nur strukturell, sondern auch als Ergebnis der Prozesse in der vorangegangenen Dekade. Der (noch nicht abgeschlossene) Regimewechsel in Ägypten beruhte auf den Aktivitäten der Jugend, die in eindeutiger Solidarität mit den Gewerkschaften handelte. Der Regimewechsel in der Türkei (von 2002 bis 2007) vollzog sich im Gegensatz dazu *gegen* den Widerstand der Arbeiterschaft. Die linksorientierte Gewerkschaftsbewegung büßte daher viel von ihrer demokratischen Glaubwürdigkeit ein. Zudem war der Regimewechsel in der Türkei nicht das Ergebnis einer Revolution und eine Folge von Streiks. Die Streikwelle in den Jahren 1989 bis 1995 führte nicht zu einem politischen Wechsel, sondern war einer jener Faktoren, welche die endgültige Krise des alten Regimes herbeiführten. Der Umsturz im Jahr 1997, der die organische Krise auf Kosten der islamischen, der kurdischen und der linken Opposition lösen sollte, wurde auch von zentristischen und linken Gewerkschaften unterstützt, nicht aber von den Gewerkschaften der Staatsbeschäftigten. Dies verschaffte dem neuen Regime einen starken, nach Ansicht mancher auch legitimen Vorwand, um die Gewerkschaftsbewegung im Namen der Demokratisierung niederzuwerfen. Die *Führung* der Muslimbruderschaft (nicht aber sämtliche Gruppierungen der Organisation) bemühte sich, die nach wie vor zahlreichen Streiks und Betriebsbesetzungen im Jahr 2011 in einen Zusammenhang mit dem alten Regime zu bringen (ein Hinweis darauf, dass sie tatsächlich von der Türkei zu lernen begann), doch diese Linie war nicht sonderlich überzeugend angesichts der Rolle der Gewerkschaftsbewegung in den vergangenen Jahren. Auch Mitglieder der Bruderschaft widersetzten sich nach dem Februar 2011 Aufrufen ihrer Führung, die Streiks und Straßenproteste zu beenden. Die Mobilisierung der Arbeiter und der Jugend,[60] die zum Teil auch Unterstützung aus der Muslimbruderschaft genossen, erschwerte es der Regierung der Muslimbrüder (die zu diesem Zeitpunkt noch im Aufbau begriffen war), eine allzu neoliberale Programmatik zu übernehmen. Die korporatistischen wirtschaftlichen Tendenzen der Muslimbruderschaft bildeten ein weiteres Hindernis (das im folgenden Kapitel näher untersucht werden wird).

Ein zweiter Faktor, der eine Neoliberalisierung Ägyptens nach türkisch-islamischem Muster gefährdete, war die Verfasstheit des religiösen und des politischen Bereichs, deren Fragmentierung durch den revolutionären Prozess weiter verfestigt wurde. Die Muslimbruderschaft befand sich ständig in Auseinandersetzungen mit salafistischen und anderen radikalen Predigern und Organisationen (darunter auch der Jamaa Islamiya) und musste ihre Rhetorik entsprechend den Reaktionen, die sie erhielt, anpassen. Während sich daher in der Türkei Islamisten, liberalisierte rechte Nationalisten, liberalisierte Säkularisten und sogar liberalisierte Marxisten ohne Schwierigkeiten gegen die Linke und die Kemalisten zusammenschließen konnten, mussten sich in Ägypten die Islamisten mit den Salafisten (und sogar mit Kräften des alten Regimes) gegen die Linken und die Liberalen verbünden (was bei der Volksabstimmung 2011 über die Verfassungsänderungen der Fall war).

Darüber hinaus verhinderte die weitere Zersplitterung des religiösen Feldes die Bildung eines islamischen Blocks gegen die Linken und die Liberalen. Zum einen erwiesen sich die Spannungen und Konflikte innerhalb der offiziellen Religion (Al-Azhar und die koptische Kirche) als zu explosiv und unberechenbar. Zu Beginn der Aufstände gegen Mubarak hatten sich einfache Geistliche und Studenten neben frommen Christen den Protesten angeschlossen, obwohl ihre Führer die Demonstrationen verurteilten.[61] Während die Muslimbrüder (und später die Salafisten) die Christen als natürliche Verbündete der Linken und als Feinde der gottesfürchtigen Muslime darzustellen versuchten, widerlegten Szenen mit Christen, die zusammen mit den Gläubigen vor der Al-Azhar-Universität beteten und die sich in das allgemeine Gedächtnis eingruben, eine solch schlichte Zweiteilung der Bevölkerung. Zum anderen führten der Aufstand und dessen Nachwirkungen zu einer Stärkung der Salafisten. Die salafistischen Strömungen erstarkten nicht nur religiös, sondern auch politisch, wie die Wahlerfolge ihrer neu gegründeten Parteien in den folgenden Monaten belegten. Diese Entwicklungen verstärkten nicht nur den religiösen Druck auf die Muslimbruderschaft, sie drängten sie auch in eine antimarktwirtschaftliche Richtung.

Zudem erschien das Ausmaß des salafistischen Einflusses auf die Muslimbrüder zunehmend unkalkulierbar. Nicht jede Kritik aus diesem Lager konnte als »rechtsextrem« abgetan werden. So wich zum Beispiel die Al-Nour-Partei, die zu den größeren politischen Formationen zählte, von der strengen salafistischen Linie ab, als sie im Juli verkündete, dass die Linken und die Liberalen, die sich für die Revolution eingesetzt hätten, Ägypten die Freiheit gebracht hätten. Um sich noch stärker von den übrigen Salafisten abzuheben, bekräftigte die Partei, dass Al-Nour nicht im Dienste des herrschenden Militärrats stehe,[62] der die übrigen Islamisten dazu bewegt hatte, die Demonstranten als Ungläubige zu bezeichnen.[63]

Die Zersplitterung innerhalb des islamischen Lagers hatte auch wirtschaftliche Dimensionen. Bevor die Muslimbruderschaft die nahezu vollständige Kontrolle über den Staatsdienst erlangte (etwa Mitte 2012), erschienen die wirtschaftspolitischen Differenzen der Islamisten noch nicht allzu gravierend, doch eine sorgfältige Lektüre der Parlamentsdebatten zeigt, dass sich bereits zu dieser Zeit Spaltungstendenzen abzeichneten. Zu diesem Zeitpunkt bekräftigten noch alle Islamisten die Notwendigkeit der Schaffung einer islamischen Wirtschaft, was eine gewisse Harmonie vorspiegelte. Doch nach Ansicht mancher mussten erst die Überreste des arabischen Sozialismus beseitigt werden, bevor sich eine islamische Wirtschaftsordnung entwickeln konnte. Andere politische Vertreter der Islamisten, insbesondere die Al-Nour-Partei, betonten dagegen die enge Verbindung zwischen dem islamischen Recht und der sozialen Gerechtigkeit; sie setzten sich sowohl vom arabischen Sozialismus wie auch vom arabischen Neoliberalismus ab.[64] Doch der Teufel lag im Detail und in den versteckten, subtilen Hinweisen, und diese Indikatoren sollten eine entscheidende Bedeutung im politischen Prozess erlangen, nachdem die Islamisten an die Macht gelangt waren.

Diese Zersplitterung der religiösen Szene in Ägypten hatte eine sich wechselseitig verstärkende Auswirkung auf die innere Struktur der Muslimbruderschaft, die nach wie vor mehr auf dem Glauben und auf moralischen Grundsätzen beruhte als auf politischen Erwägungen (im Gegensatz zur pragmatischen AKP in der Zeit vor 2013), und ermöglichte es, Abspaltungen als unmoralisch und illegitim einzustufen, anstatt sie auf politische Unterschiede zurückzuführen (eine Vorgehensweise, die in der Türkei während der internen Auseinandersetzungen in der Tugendpartei gescheitert war, was schließlich das Aufkommen der AKP ermöglicht hatte). Auch nachdem die Muslimbruderschaft eine politische Partei gegründet hatte (die Partei für Freiheit und Gerechtigkeit), wurden deren politische Führer in erster Linie nach ihrer Glaubensfestigkeit ausgewählt und weniger nach ihrer Fähigkeit, Bündnisse aufzubauen und Wahlen zu gewinnen.[65] Professionalität war noch nicht gefragt, auch als institutionelle »Gelegenheiten« eine solche Entwicklung stark begünstigten.

Trotz dieser großen Unterschiede zwischen der Türkei und Ägypten setzten die meisten Intellektuellen und die westlichen Machtzentren ihre Hoffnungen weiterhin auf einen liberal ausgerichteten Islamismus. Die Gegensätze zwischen der AKP und der Muslimbruderschaft würden sich vielleicht verringern, glaubten manche, wenn die Muslimbrüder ebenfalls an die Macht kommen würden und eine Alleinregierung würden bilden können. Ein solcher Sieg würde es der Muslimbruderschaft ermöglichen, so lautete das Kalkül, die Früchte der Neoliberalisierung unter ihren Anhängern zu verteilen. Dies waren jedoch völlig irregeleite Hoffnungen; wahrscheinlicher erschien es vielmehr, dass das Kräfteverhältnis zwischen den religiösen Gruppen eine von der Muslimbruderschaft geführte Regierung politischem Druck von links wie von rechts gleichermaßen aussetzen und dazu zwingen würde, sich mehr auf Moral, Glaubensstärke und die Scharia zu konzentrieren anstatt auf Wachstum und Konsum, um die Salafisten und die Jamaa Islamiya zu beschwichtigen, sowie auf Umverteilungsprogramme, um ihren linken Flügel ruhigzustellen.[66]

Zwei weitere Beispiele veranschaulichen, wie der revolutionäre Prozess und die religiöse Zersplitterung 2011 die Liberalisierung der Muslimbruderschaft erschwerten. Die kühle Reaktion der Muslimbrüder auf die Botschaft des ehemals islamistischen türkischen Ministerpräsidenten, der bei seinem Besuch in Kairo im September 2011 erklärte, dass ein säkularer Staat von Vorteil sei für gläubige Muslime, spiegelte nicht nur den tief verwurzelten Antisäkularismus der Muslimbrüder wider. Derartige ideologische Überzeugungen können im Laufe eines passiven revolutionären Prozesses an Bedeutung verlieren, wie das Beispiel des türkischen Islamismus zeigt. Die frostige Reaktion war auch ein Reflex, der dem aktuellen Stärkeverhältnis der religiösen Kräfte geschuldet war und das zugunsten der Salafisten und der Jamaa Islamiya verschoben worden wäre, hätte die Muslimbruderschaft Erdoğans Bemerkung stillschweigend hingenommen.

Auch das Verhalten der Muslimbruderschaft und anderer islamischer Akteure im Prozess der Überarbeitung der Verfassung zeigte, wie sehr den Muslimbrüdern durch die Struktur des religiösen Feldes die Hände gebunden waren. Unmittelbar nach Mubaraks Sturz verbündeten sich die Führer des alten Regimes mit den Muslimbrüdern, um die Liberalen und die Linken auszumanövrieren, und setzten moderate Verfassungsänderungen durch, um einen revolutionären Umbruch zu verhindern. Politische Kräfte rechts von der Muslimbruderschaft deuteten die Frage der Annahme oder der Ablehnung der Verfassungsänderungen rasch zu einer Parteinahme für oder gegen den Islam um. Die Gegner der Muslimbruderschaft behaupteten, dass die Organisation auf den Straßen zwar dieselbe Herangehensweise propagiere, das Thema im internationalen und im nationalen Bereich aber als eine Frage der Demokratie und Freiheit behandle. Es wurde kritisiert, dass die Muslimbrüder Plakate aufhängten, auf denen die Zustimmung zu den Verfassungsänderungen zu einer »religiösen Pflicht« erklärt wurde. Die Bruderschaft widersprach diesen Behauptungen.[67] Unabhängig davon zeigte die Verbreitung dieser Plakate in allen größeren Städten, dass es in den kommenden Monaten äußerst schwierig werden würde, ein breites Bündnis aus Islamisten, Neoliberalen und Kräften des alten Regimes aufzubauen, um die Überreste des Korporatismus zu beseitigen, wie es die türkischen Islamisten getan hatten. Der ägyptische Islamismus war nach wie vor sehr auf Exklusivität bedacht und auch potenziell repressiv, was Liberale davon abhielt, sich mit der Möglichkeit der Bildung eines liberal-islamischen Machtblocks anzufreunden.

DER TUNESISCHE ISLAMISMUS AM SCHEIDEWEG

Die tunesischen Islamisten durchliefen ähnliche Prozesse der Zersplitterung und des revolutionären Drucks. Sie reagierten darauf zeitweise wie die Ägypter, manchmal aber auch wie die Türken. Die Ennahda-Partei, die vom Regime weitestgehend unterdrückt wurde, nahm kaum an der Revolte teil, geschweige dass sie eine führende Rolle gespielt hätte. Doch sobald der Diktator abgesetzt war, kehrten ihre Führer aus dem Exil zurück. Der Wiedereintritt von Ennahda in die Politik förderte und verschärfte eine ohnehin vorhandene Polarisierung. Auch linke Politiker und Parteien, die die Unterdrückung von Ennahda durch Bourghiba und Ben Ali bekämpft hatten, verfolgten nun besorgt das Aufkommen islamistisch-salafistischer Tendenzen im Gewand einer gemäßigten Partei, wie es ihnen erschien.[68] Dass aus dem Ausland auf die Übernahme des Türkischen Modells in Tunesien gedrängt wurde, trug zu dieser Polarisierung zwischen säkularen und islamistischen Kräften bei, die alle anderen politischen Konfliktfelder überlagerte.

Nach der Beseitigung des relativ säkularen alten Regimes in Tunesien verbreiteten sich im Land rasch die Verschleierung und die islamische Gesichtsbehaarung, Wohltätigkeitsaktivitäten wurden organisiert, es wurden islamische Schulen eingerichtet und neue Moscheen gebaut.[69] Diese neue Zurschaustellung organisierter Religiosität wurde von manchen als eine Zeit der Freiheit betrachtet, andere dagegen fühlten sich dadurch bedroht. Kurz nach den ersten landesweiten Wahlen nach dem Sturz von Ben Ali strömten große Menschenmengen auf die Straßen, um gegen den Animationsfilm *Persepolis* zu demonstrieren, der sich kritisch mit der iranischen Revolution auseinandersetzte. Die Demonstranten wandten sich jedoch nicht gegen die politische Haltung des Films, sondern gegen die darin enthaltene Darstellung Gottes als eines weisen, alten Mannes.

Zwei Jahrzehnte lang war die Nahda-Bewegung vollständig unterdrückt worden und daher organisatorisch stark geschwächt. Niemand erwartete daher einen Erdrutschsieg der Islamisten bei den Wahlen, dennoch kam es dazu: Die Partei errang mehr als 40 Prozent der Stimmen, der zweitplatzierte Konkurrent erreichte nur 8 Prozent. Politische Beobachter meinten, die Partei habe wahrscheinlich deshalb so gut abgeschnitten, weil sie in den Jahrzehnten der Repression erfolgreich Strukturen im Untergrund und in den Gefängnissen aufgebaut habe, weil sie als Symbol des Widerstands gegen die Diktatur gelte, und weil sie einen erfolgreichen Wahlkampf geführt habe, vor allem in den ländlichen Regionen, wo die linken Parteien praktisch nicht existent waren.[70] Doch alle diese Erklärungen greifen zu kurz, denn diese Argumente können auch für einige der linken Parteien gelten (Organisation im Untergrund und in den Gefängnissen, Widerstand gegen die Diktatur und eine gewisse Präsenz auf dem Land).[71] Während eine umfassende Erklärung für den Wahlsieg von Ennahda eingehendere Untersuchungen erfordert, kann als ein Faktor, der dazu führte, dass sich fast die Hälfte der Bevölkerung hinter ihr scharte, das Wunder des Türkischen Modells betrachtet werden, das im vorangegangenen Jahrzehnt weit in die Region ausgestrahlt hatte: Unter diesem Einfluss wünschten sich viele Tunesier eine Verbindung von Religiosität, wirtschaftlichem Erfolg und Respektabilität nach türkischem Muster.

Nachdem Ennahda in den ersten Wahlen 40 Prozent der Sitze errungen hatte, schien es sicher, dass die Partei die Zukunft Tunesiens maßgeblich gestalten würde. Vielleicht würde sie das Land auch auf einen neoliberalen islamischen Weg führen. Besonders vielversprechend erschien der Zusammenschluss der meisten islamischen Kräfte (einschließlich der sogenannten Salafisten) unter der Führung dieser moderaten islamischen Partei. Es hatte den Anschein, dass Konflikte innerhalb der Bewegung geregelt oder vertagt werden würden (was auch in der Türkei der Fall war), um ein starkes liberales, demokratisches und islamisches Regime aufzubauen. Die Vereinigung war allerdings zum Teil nur aufgrund des Verbots zweier salafistischer Parteien möglich geworden, die jedoch, wie die Meinungsumfragen belegten, nur sehr geringe Unterstützung genossen. Insgesamt schien Tunesien also 2011 ein heißer Kandidat für die Übernahme des Türkischen Modells zu sein.

DIE TÜRKEI UND DER AUFSTAND VON 2011

Im ersten Teil dieses Buches wurde ausgeführt, dass die religiösen und politischen Strukturen Ägyptens die Nachahmung des Türkischen Modells einer liberalen Islamisierung nicht begünstigten. Die Hindernisse, die einem solchen Weg entgegenstanden, wurden durch den Aufstand im Jahr 2011 weiter vergrößert. Dennoch konnten sich die Islamisten in der Region weiterhin das westliche/internationale Drängen auf einen »gemäßigten« Islam zunutze machen, vor allem in den Jahren nach 2011: Vielleicht würden die regional-globalen hegemonialen Kräfte das Übergewicht gewinnen können über die nationalen hegemonialen Kräfte wie auch über die institutionellen und soziologischen Realitäten. Tunesien stellt jedenfalls ein Beispiel für diese Möglichkeit dar.

Doch ob die globale Hegemonie zu diesem Ergebnis würde führen können, war auch davon abhängig, wie sich die (tatsächlichen und die potenziellen) Hegemonialkräfte in der Region verhielten – und am wichtigsten waren die Haltung und die Strategie des aufstrebenden Regionalhegemons, der Türkei. Ein klarer, entschieden liberal-islamischer und am Türkischen Modell ausgerichteter Kurs konnte (wenn er mit globalen Hoffnungen und Interventionen verknüpft war) ein Gegengewicht bilden zu den jeweiligen nationalen Hinterlassenschaften (wenn nicht sogar diese außer Kraft setzen).

Doch die arabischen Aufstände sprengten den politischen Liberalismus des Türkischen Modells, wenn auch nicht (oder zumindest noch nicht) dessen ökonomischen Liberalismus. Als sich die Erhebungen und die Regimewechsel ausbreiteten, rückte die Türkei politisch und religiös immer weiter nach rechts (und noch stärker in eine konfessionell geprägte Richtung), wenn auch in widersprüchlicher Weise. Wie ihr Mentor, die USA, sandte auch die Türkei im Verlauf des Arabischen Frühlings gemischte und widersprüchliche Signale aus, was sich als eine fatale Wendung für die Herausbildung eines hegemonialen Modells erweisen sollte.

Der selbstmörderische diplomatische Rechtsschwenk[72]

Ebenso wie die USA und die meisten europäischen Länder schwieg die Türkei, als im Januar 2011 in Tunesien die Demonstrationen gegen das Regime von Ben Ali begannen, während Katar, der Iran und die Hisbollah der Bewegung, wenn auch aus unterschiedlichen Gründen, sogleich ihre Unterstützung anboten. Eindeutiger äußerte sich Erdoğan dagegen zur Entwicklung in Ägypten. Am 1. Februar 2011, eine Woche nach dem ersten »Tag des Zorns«, empfahl er im türkischen Fernsehen dem ägyptischen Präsidenten Mubarak, »ohne Zögern dem Wunsch des Volkes nach Veränderung nachzukommen«: »Sie müssen als Erster Schritte zur Wiederherstellung von Frieden, Sicherheit und Stabilität in Ägypten unternehmen und dürfen es Ausbeutern, schmutzigen Kreisen und Kreisen, die nichts Gutes für Ägypten im Schilde führen, nicht erlauben, die Initiative zu ergreifen.« Dies deckte sich weitgehend mit der Forderung der Obama-Administration am 30. Januar nach einem »geordneten Übergang«, und tatsächlich folgte darauf Mubaraks Ankündigung, dass er bei den Präsidentenwahlen im September 2011 nicht mehr antreten werde.

Wie Washington schwieg Ankara abermals, als Mitte Februar in Bahrain Proteste aufflammten, und reagierte auch nicht, als Demonstranten auf dem Perlenplatz in der Hauptstadt Manama erschossen oder mit Tränengas vertrieben wurden. Am 20. März, eine Woche nachdem saudische Panzer in Bahrain eingerückt waren, um die Demonstrationen niederzuschlagen, verkündete Erdoğan, dass die Türkei und Saudi-Arabien »einen wichtigen Beitrag zur Wiederherstellung von Frieden und Stabilität in der Region leisten und auf vorbildliche Weise zusammenarbeiten« würden. Erdoğan und Davutoğlu bemühten sich, die Beziehungen zu Saudi-Arabien zu verbessern, während der Arabische Frühling seinen Lauf nahm, und schürten dadurch auch die Konflikte zwischen den Glaubensgemeinschaften – Sunniten gegen Schiiten und Alawiten – in der Region. Auch im Hinblick auf den Aufstand im Jemen verhielt sich Ankara klugerweise ruhig, weil dort saudische und US-amerikanische Interessen gefährdet worden wären, wenn den Forderungen der Demonstranten nach

Schaffung von Arbeitsplätzen, besseren Lebensverhältnissen und Demokratisierung nachgegeben worden wäre. Als die Repression ihre Opfer forderte, kamen die Gegensätze innerhalb der herrschenden Stammeselite deutlicher zum Vorschein, bis schließlich die einzelnen Stämme miteinander in Konflikt gerieten und nicht mehr in erster Linie die Demonstranten gegen die Diktatur standen. Verhandlungen zwischen den Stämmen führten schließlich zur Absetzung von Präsident Salih, ohne dass größere Veränderungen im Staatsapparat vorgenommen worden wären, der weiterhin imstande war, die Interessen der Saudis und der Obama-Administration zu sichern. Die Retribalisierung des Jemen erreichte ihren Höhepunkt mit der Ausrufung einer Föderation im Jahr 2014.

Der politische Charakter des Arabischen Frühlings erfuhr eine entscheidende Veränderung im Gefolge der Militarisierung des libyschen Aufstands unter der Schirmherrschaft der NATO-Mächte. Am 17. März 2011 bevollmächtigte sich die »internationale Gemeinschaft« selbst, über Libyen eine Flugverbotszone einzurichten – was in der Praxis einen Luftkrieg gegen das Gaddafi-Regime bedeutete. Die Regierung Erdoğan war in dieser Frage unentschlossen. Zunächst hatte sich Erdoğan gegen eine Intervention der NATO ausgesprochen. Am 15. März verkündete er in einem Fernsehinterview, dass er persönlich mit Muammar al-Gaddafi telefoniert und ihm geraten habe, auf das Volk zu hören und einen neuen Staatspräsidenten zu ernennen. Nachdem die NATO-Operation angelaufen war, kam es zu einer allmählichen Kursänderung. Am 25. März wurden türkische Kriegsschiffe entsandt, um die Blockade mehrerer von Gaddafis Truppen gehaltenen Häfen zu unterstützen. Das türkische Parlament billigte die Entsendung von Soldaten, falls dies erforderlich werden sollte. Vertreter der türkischen Regierung protestierten dagegen, dass Frankreich mit seiner »Operation Harmattan« einem gemeinsamen Vorgehen der NATO-Länder zuvorkam, und boten den Luftwaffenstützpunkt Izmir als Basis für Bomberangriffe an. Die Franzosen entgegneten, dass Erdoğan und Davutoğlu lediglich verärgert seien, weil sie nicht zu dem vom französischen Staatspräsidenten Sarkozy einberufenen Gipfeltreffen eingeladen worden seien. Sarkozy wollte verhindern, dass die Türkei eine führende Rolle beim Angriff übernahm – was nicht schwierig war in Anbetracht der Unschlüssigkeit und der internen Konflikte der regierungsfreundlichen Kräfte in der Türkei. Erdoğan und Ahmet Davutoğlu fanden sich schließlich widerstrebend dazu bereit, der NATO logistische Unterstützung zu gewähren. Anfang Juli 2011 flog Davutoğlu nach Bengasi, wo er sich mit den Führern des Nationalen Übergangsrates traf, und verkündete, dass die Türkei den Nationalen Übergangsrat als legitime Vertretung des libyschen Volkes anerkenne.

Diese Widersprüchlichkeiten waren zum Teil der Schwierigkeit geschuldet, die Herangehensweise Davutoğlus, der »keine Probleme« sah, mit den Erwägungen und Absichten der westlichen Bündnispartner der Türkei in Einklang zu bringen. Wie die USA und die anderen großen westlichen Länder hatte auch die Türkei gute wirtschaftliche und diplomatische Beziehungen zu Gaddafi unterhalten und dadurch vom libyschen Bauboom nach 2009 profitiert. Es war unklar, inwieweit ein gewaltsamer Sturz des Regimes der Türkei nutzen würde, während die westlichen Mächte, die den Übergangsprozess bestimmten, auf ihre Fähigkeit vertrauen konnten, die neuen libyschen Machthaber gegeneinander auszuspielen und zu manipulieren. Doch der türkische Schlingerkurs hatte noch eine andere Ursache: Die Ideologen und die politischen Aktivisten, die einen islamistischen Hintergrund besaßen und nach wie vor das ideologische Rückgrat der AKP bildeten, hatten gegen die Diktaturen gekämpft – sie hatten aber auch westliche Militäraktionen in der Region abgelehnt, die seit 1999 zunehmend, wenn auch selektiv, darauf hinausliefen, die Diktatoren zu stürzen. Viele AKP-Anhänger machten nun ihren Frieden mit der subimperialen Rolle der Türkei als Bollwerk der NATO-Ordnung in der Region. Dies war die diplomatische und geopolitische Dimension des weiter gefassten Prozesses der Vereinnahmung, die ich im ersten Teil dieses Buches als »passive Revolution« bezeichnet habe. Im Mai 2011 – in diesem Monat wurden nach Angaben aus Tripolis mehr als 700 libysche Zivilisten bei Luftangriffen der NATO getötet – fasste Davutoğlu die Haltung dieser ehemaligen islamistischen Antiimperialisten im Hinblick auf die radikalen Umwälzungen des Arabischen Frühlings folgendermaßen zusammen:

Ein revolutionärer Geist, eine Kultur der Rebellion hat sich in dieser Region entwickelt ... Wenn ich mich nicht in diesem Amt befände oder wenn ich jünger wäre, würde ich skandieren: »Lang lebe die Revolution.« Doch als jene große Macht [*büyük devlet*], die über die Stabilität in der Region wacht, müssen wir sicherstellen, dass die Menschen so wenig wie möglich zu leiden haben.[73]

Eine reife, »ernüchterte« Empathie für die Jugend und die Rebellion verbunden mit einer Lobpreisung von Ordnung und Stabilität; eine »Ästhetik der Verantwortung«, die den Staat als Beschützer der machtlosen Völker verteidigt, selbst wenn dessen Raketen auf sie hinabregnen – das sind die Errungenschaften des Türkischen Modells der AKP.

Zwei Hauptfaktoren bestimmten also am Ende des Sommers 2011 maßgeblich das Verhalten der Türkei gegenüber den Aufständen in den arabischen Ländern: die politische Ökonomie und das ideologische Erbe. Angesichts der zunehmenden kapitalistischen Ausrichtung der Türkei und ihrer Suche nach neuen Märkten und billigen Arbeitskräften war noch unklar, welche Art von Politik ihr in der Konkurrenz mit den westlichen Unternehmen am hilfreichsten sein würde. Da die AKP in ihrer bislang zehnjährigen Herrschaft im Hinblick auf eine Islamisierung des Landes nicht weit vorangekommen war, betrachteten ihre Ideologen und Aktivisten nun die Aufstände als eine ideale Gelegenheit, die islamischen Muskeln spielen zu lassen. Zwei weitere Faktoren kamen hinzu und beeinflussten sich gegenseitig: Im Zuge der Verlangsamung des Wirtschaftswachstums nach 2008 hatte die AKP innenpolitisch die Islamisierung stärker vorangetrieben, um die Unterstützung der Wählerschaft für die Regierung abzusichern. Die Erhebung in den arabischen Ländern bot der AKP nun, wenn sie geschickt damit umging, eine Chance, gleichermaßen ihre kapitalistische wie ihre ideologische Zuverlässigkeit unter Beweis zu stellen. Doch im Laufe des Sommers 2011 begann ein dritter Faktor die Außenpolitik der Türkei (die in der ersten Hälfte dieses Jahres durch ein stetiges Auf und Ab gekennzeichnet gewesen war) in eine neue Richtung zu lenken.

Das Engagement in Syrien: Die unerwartete Verwicklung der Türkei in konfessionelle Konflikte

In Syrien trug die marktwirtschaftliche Politik, die Erdoğan und Davuto-ğlu über die regionale Wirtschafts- und Handelsgemeinschaft propagier-ten, dazu bei, die Jugendarbeitslosigkeit in den wirtschaftlich abgehäng-ten Städten in den ländlichen Gebieten zu verschärfen, von Daraa im Süden bis nach Homs, Hama und Idlib, die später zum Zentrum der Re-volte werden sollten, während eine kleine Elite unermesslichen Reichtum anhäufte. Ende März und im April 2011, als in Damaskus die ersten De-monstrationen mit Tränengas und Wasserwerfern aufgelöst wurden, trat Erdoğan noch als Schlichter auf und versuchte Präsident Assad zu Ver-handlungen mit der syrischen Muslimbruderschaft und zur Abhaltung von Neuwahlen zu bewegen. Auch als schon Schiffe der türkischen Mari-ne für die NATO-Operation gegen Gaddafi bereitgestellt worden waren, informierte Erdoğan die internationale Presse, dass er Assad zu einer »po-sitiven, reformerischen« Herangehensweise gedrängt habe: »Es ist unser Herzenswunsch, dass es hier zu keinen solch schmerzhaften Ereignissen kommen möge wie in Libyen.« Ankara strebte einen organisierten demo-kratischen Übergang an, der zu einer Verbreiterung der politischen Basis des Assad-Regimes führen sollte – eine Strategie der passiven Revolution, bei der anerkannt wurde, dass sich einiges ändern musste, wenn alles blei-ben sollte, wie es war. Dies wäre auch den Interessen der Türkei am dien-lichsten gewesen: Ein friedliches, demokratisches Umfeld, in dem die Ver-marktlichung energisch durchgesetzt werden konnte, hätte auch den türkischen Unternehmen genützt.

Dies stand in deutlichem Gegensatz zu der von Saudi-Arabien ver-folgten Linie, wie sie einem früheren Mitarbeiter des US-Außenministe-riums von einem »ranghohen saudischen Regierungsvertreter« übermit-telt worden war. Dieser hatte erklärt, dass »der König seit Beginn der Unruhen in Syrien überzeugt war, dass ein Regimewechsel von großem Nutzen für die Interessen Saudi-Arabiens sein würde, insbesondere in Anbetracht der Gefahr durch den Iran. Der König weiß, dass außer einem

Zusammenbruch der Islamischen Republik selbst nichts den Iran so stark schwächen könnte wie der Verlust Syriens.«[74] Das iranische Schreckgespenst suchte die Region auf besonders zerstörerische Weise heim. Als die saudische Position in Washington Anhänger fand, begann sich auch die türkische Linie zu verändern. Während sie den Kontakt mit dem Assad-Regime aufrechterhielt, erlaubte es die Regierung Erdoğan im Mai 2011 dem Führer des militärischen Flügels der syrischen Muslimbruderschaft, in Istanbul eine Pressekonferenz abzuhalten; im Juni 2011 organisierte die Türkei eine Konferenz der syrischen Opposition. Im Juli 2011 wurde in der südtürkischen Provinz Haray mit logistischer Unterstützung durch die USA und Geld und Waffen der Saudis die Freie Syrische Armee (FSA) gegründet, die sich den militärischen Sturz des Assad-Regimes zum Ziel setzte; zudem wurde den Führern der FSA der Schutz der türkischen Polizei zugesichert. Dies konnte Assad nur bestärken in seiner fatalen Entscheidung, die bestehende Ordnung mit militärischer Gewalt aufrechtzuerhalten, da die sunnitischen Islamisten in Syrien nach Überzeugung der Baath-Partei im Dienste der arabischen Golfstaaten standen. Die Hauptforderung der FSA bestand in der Einrichtung einer Flugverbotszone – also praktisch der Bombardierung der syrischen Stellungen durch die NATO-Staaten. Die Aktivitäten der Freien Syrischen Armee, die hauptsächlich im Umkreis von Homs stattfanden, wurden auch mit Blick auf die westlichen Medien durchgeführt, deren Vertreter in die FSA-Kampfverbände eingebettet waren; je schlimmer die Gräueltaten waren, umso besser ließ sich internationaler Druck aufbauen, um die USA zu Luftschlägen zu veranlassen. Die Zahl der Todesopfer stieg, als die syrische Armee Stellungen der FSA in Wohngebieten angriff und Milizen der verschiedenen Glaubensgemeinschaften, sowohl der Alawiten wie der Sunniten, plündernd und mordend durch die zerstörten Gebiete zogen.

In der Türkei erreichte die Kriegsbegeisterung der liberalen und der konservativen Presse Anfang 2012 ihren Höhepunkt. Auch konservative Kräfte in der arabischen Welt verlangten ein militärisches Eingreifen der Türkei, nicht zuletzt auch die in London ansässige Tageszeitung *Asharq al-Awsat,* die ein türkisches Eingreifen jedoch an die vorherige Zustimmung des Westens knüpfte. Die Muslimbruderschaft und andere islamistische Gruppen freuten sich, wieder die antiimperialistische Karte spielen zu können, als Erdoğan von einer Trennung von Staat und Religion sprach, sie setzten jedoch auf eine humanitäre Intervention, um einen Regimewechsel zu erreichen.

Die Türkei übernahm nicht die Führung, sondern folgte den anderen. Der westlich ausgerichtete Flügel der AKP versuchte die amerikanischen Initiativen aufzugreifen, während sich die Zentristen eine leicht veränderte Variante der saudischen Linie zu eigen machten. Staatspräsident Abdullah Gül bemühte sich sehr darum, seine Übereinstimmung mit der internationalen (das heißt der Washingtoner) Linie erkennen zu lassen. Während sowohl der Ministerpräsident als auch der Außenminister eine kriegerische Rhetorik pflegten, betonte er (Gül), dass die Türkei nicht an einem Krieg interessiert sei, und versuchte dabei anklingen zu lassen, dass dies auch die offizielle Position darstelle.[75] Doch im Laufe des Jahres 2013 bezogen Erdoğan und sein Umfeld eine zunehmend prointerventionistische Haltung und protestierten mehrmals gegen die unentschlossene Haltung der »internationalen Gemeinschaft«, vor allem nachdem im Iran Hassan Rohani neuer Staatspräsident geworden war und sich ein Tauwetter zwischen den USA und dem Iran abzeichnete. Dass die AKP im Falle von Syrien keine hegemoniale Rolle übernehmen konnte, brachte das Türkische Modell in eine lebensbedrohliche Lage: Es steckte in der Zwickmühle, es wusste nicht, ob es Riad oder Washington folgen sollte, was gravierende innenpolitische Auswirkungen nach sich zog. In der Folgezeit befand es sich gewissermaßen im Wachkoma, bis es schließlich im Juni 2013 offiziell verschied.

Erdoğans nun dezidierte von Konfessionszugehörigkeiten bestimmte Haltung wurde durch eine innere (gesellschaftliche und intellektuelle Dynamik) verstärkt. Die islamische Presse in der Türkei stand dem Gedanken einer militärischen Intervention in Syrien wesentlich aufgeschlossener gegenüber als einem Eingreifen in Libyen, und zwar aus den schlimmsten denkbaren Gründen. Neben der Sympathie für die Muslimbruderschaft und andere islamistische Kräfte in Syrien, die vom Baath-Regime seit jeher heftig bekämpft wurden, identifizierten sich die Islamisten auch mit den syrischen Sunniten in deren Auseinandersetzung mit dem

Schiismus (wenngleich diese Sympathie die AKP nicht daran gehindert hatte, gute Beziehungen zum Assad-Regime aufzubauen). Obwohl sich die marginalisierten und in Armut lebenden türkischen Aleviten in ihren religiösen Praktiken von den syrischen Alawiten unterscheiden und kaum Verbindungen zu ihnen haben, wurde von ihnen der Hass der in Damaskus herrschenden Alawiten-Minderheit auf die syrischen Sunniten reproduziert. Die islamistische Bewegung in der Türkei war maßgeblich von Sunniten geführt, finanziert und unterstützt worden, obwohl es im Land auch noch andere größere islamische Minderheiten gab. Im Jahr 2012 fanden die türkischen Aleviten nun abermals Kreidemarkierungen an ihren Haustüren vor, die sie an die 1970er-Jahre erinnerten, als sunnitische Horden – angeführt von den rechtsnationalistischen Grauen Wölfen, die aber auch Konservative und Islamisten anzogen – Übergriffe und Massaker an ihnen verübten. Dieses ideologische Klima ebnete den Weg für die Tötungen von Angehörigen konfessioneller Minderheiten durch die türkische Polizei 2013 und (später) die mutmaßliche Unterstützung der Türkei für den Islamischen Staat von Irak und Syrien (ISIS).

Darüber hinaus erschwerte der entstehende Kurdenstaat das türkische Engagement zusätzlich. Im Norden von Syrien stellte die Partei der Demokratischen Union (PYD), die syrische Schwesterpartei der Kurdischen Arbeiterpartei PKK, die am stärksten verankerte und am besten organisierte kurdische Kraft dar. Im Sommer 2011, als die Regierung Erdoğan ihre Unterstützung für die Freie Syrische Armee erklärte, ermöglichte Assad die Wiedereinbürgerung der registrierten staatenlosen Kurden in Syrien und stellte den Austausch geheimdienstlicher Erkenntnisse über die PKK mit der Türkei ein. Daraufhin versuchte Ankara Masud Barzani, den Herrscher über das irakische Kurdistan, zu veranlassen, seinen großen Einfluss auf die syrischen Kurden geltend zu machen, aber was dabei herauskam war nur von kurzer Dauer. Als Assad im Juli 2012 seine Truppen von der nördlichen und der südlichen Landesgrenze abzog, um die FSA aus Aleppo zu vertreiben, erlangte die PYD die Kontrolle über mehrere kurdische Grenzstädte: über Ayn al Arab (Kobané) sowie Teile von Quamishli, Efrin und Amude. Dies führte im Laufe der Jahre 2013 und 2014 zur Bildung der autonomen Föderation Westkurdistan (Rojava). Die

wachsende kurdische Autonomie gehörte zu jenen dynamischen Faktoren, die schließlich das Ende des Türkischen Modells herbeiführten, was
zur Folge hatte, dass der türkische Staat dann sowohl gegen die syrischen
Kurden als auch gegen die Kurden im eigenen Land zunehmend aggressiver vorging und verdeckte Beziehungen zu ISIS aufbaute.

Die Glut der imperialen Rivalität neu entzünden

Eine Veränderung der Beziehungen der Türkei zu Syrien musste auch
eine Neudefinition ihres Verhältnisses zum Iran nach sich ziehen. In den
Jahren vor dem Arabischen Frühling hatte es eine weitgehende Annäherung zwischen Ankara und Teheran gegeben, obwohl die Amerikaner
(und die Israelis) skeptisch blieben. Die Entstehung eines irakisch-kurdi-
schen Staatswesens erleichterte es den Herrschern beider Länder, bei der
Bekämpfung kurdischer Aufstandsbewegungen zusammenzuarbeiten. In
den vorhergehenden zehn Jahren hatte sich der bilaterale Handel deutlich
ausgeweitet; 2012 war der Iran nach Russland der zweitgrößte Gasliefe-
rant der Türkei. Im Mai 2010 vermittelten die Türkei und Brasilien ein
Abkommen, das dem Iran die Aufbereitung von schwach angereichertem
Uran ermöglichte, offenkundig in der Annahme, dass sie dafür grünes
Licht aus Washington besäßen. Im September 2011 erklärte sich allerdings die Türkei bereit, ein Raketenabwehrsystem der NATO an seiner
Grenze zum Iran zu stationieren, beharrte jedoch darauf, dass nicht das
iranische Nuklearprogramm als Begründung dafür genannt werde. Joost
Lagendijk, der ehemalige Vizepräsident der Türkei-Delegation des Europäischen Parlaments, erklärte, dass die USA »die Türkei brauchen«, und
zwar nicht nur, um Assad zu stürzen, sondern auch, um den Iran in
Schach zu halten. Da er eine Bombardierung ausschloss und Sanktionen
als ineffizient betrachtete, stand für Lagendijk die Diplomatie im Zentrum
der Eindämmungsbemühungen. In diesem Konzept war für die Türkei
eine wichtige Rolle vorgesehen:

Dann kommt die Türkei ins Spiel ... Wegen Syrien und dem Raketen-
schutzschild der NATO sind die Beziehungen zwischen Ankara und

Teheran nicht mehr so freundlich wie früher. Die USA brauchen die Türkei, um den syrischen Massenmörder Baschar al-Assad zu stürzen und der Vorherrschaft des Iran über den Irak etwas entgegenzusetzen. Jetzt ist ein guter Augenblick, um über die wirkungsvollste Strategie gegen den Iran nachzudenken, die einen israelischen Angriff vermeiden könnte, den weder Obama noch Ministerpräsident Erdoğan wollen ... Wichtig ist, dass die USA und die EU akzeptieren, dass in den künftigen Verhandlungen eine entscheidende Rolle nicht-traditionellen Mächten wie der Türkei, Brasilien und Russland zukommen wird, die im Iran größeres Vertrauen genießen.[76]

Die (angenommene) iranische Bedrohung war also 2012 noch immer von großer Bedeutung für die Reproduzierung des Türkischen Modells.

Im Gefolge des amerikanischen Einmarsches in den Irak kam es zu einer Überschneidung von Israels langjährigem Bemühen, sein Nuklearmonopol in der Region aufrechtzuerhalten, und der Gegnerschaft der Saudis gegen den Iran und den »schiitischen Halbmond«, der sich nach Riads Auffassung vom Iran über den von Maliki regierten Irak bis nach Syrien und den von der Hisbollah beherrschten Südlibanon erstreckt. Im Zuge wachsender konfessioneller Spannungen verhielt sich die Türkei 2011/12 zunehmend aufgeschlossener gegenüber der Bildung eines vom Westen unterstützten sunnitischen Bündnisses, das letztlich gegen den Iran gerichtet war. Wenn es in den USA, aber auch in säkularen und konservativen Kreisen in der Türkei Missmut darüber gegeben hatte, dass Ankara in den Jahren 2009 bis 2011 allzu enge Beziehungen zum Iran und zu Ahmadinedschad gepflegt hatte, so schwang nun das Pendel wieder zurück, was auch durch den sunnitischen Hintergrund der AKP und der islamistischen Bewegung im Allgemeinen verstärkt wurde. Ein Krieg gegen den Iran wurde nun zunehmend für möglich gehalten, vor allem falls sich die Türkei entscheiden sollte, Truppen nach Syrien zu entsenden. Zugleich feierte die sunnitische arabische Presse verhalten die Entstehung einer »sunnitischen Türkei«. Arabische Kommentatoren und auch einige ihrer türkischen Kollegen wiesen auf die historische Rivalität zwischen dem Osmanischen und dem Persischen Reich hin, als müsse die Regierung der AKP in ihren imperialen Ambitionen noch bestärkt werden. Einige islamistische Intellektuelle erklärten, es sei bereits ein Krieg zwischen den Konfessionen im Gange und der Iran, der Irak und Syrien hätten ihn angefangen. Sie sprangen auf den Zug auf und behaupteten, dass die Türken diese »Tatsache« nicht ignorieren könnten und sich die Türkei auf einen Krieg zwischen Sunniten und Schiiten vorbereiten solle.

Im Irak, so wurde argumentiert, könnte dies zur Formierung eines Bündnisses zwischen irakischen Sunniten und Kurden führen, das breite Unterstützung durch die Araber und die türkischen Sunniten genießen würde und ein Gegengewicht zu der von den Schiiten dominierten irakischen Regierung von Ministerpräsident Maliki bilden könnte. Im April 2012 gab es einen ersten Hinweis in diese Richtung, als Tariq al-Haschimi, der sunnitische Vizepräsident des Irak, in der Türkei Schutz fand, nachdem er, als das Maliki-Regime einen Haftbefehl gegen ihn erlassen hatte, zunächst nach Katar und nach Saudi-Arabien geflohen war. Die irakische Regierung reagierte auf diesen Schritt mit einem verbalen Angriff, der von der Türkei entsprechend erwidert wurde. Während dieses diplomatischen Schlagabtauschs entschloss sich Masud Barzani, der Türkei einen Besuch abzustatten, was die Spannungen weiter verschärfte. Es bestand nun kein Zweifel mehr, dass sich die AKP-Regierung von ihrer selbst gewählten neutralen, über den konfessionellen Gegensätzen stehenden Position verabschiedet hatte, als sie einem ranghohen Politiker, der wegen angeblicher Anstiftung zu Bomben- und Mordanschlägen mit internationalem Haftbefehl gesucht wurde, Asyl gewährte, wenngleich die Anschuldigungen vielleicht zum Teil erfunden oder konstruiert waren. Dadurch machte das Regime abermals deutlich, dass sich der türkische Staat mit den Sunniten identifizierte. Einige Jahre später beeinflusste Haschimi möglicherweise das strategische Denken seiner Gastgeber maßgeblich, als er den Aufstieg des ISIS als »eine Revolution der unterdrückten, geknechteten und an den Rand gedrängten Menschen« charakterisierte.[77]

Die Spannungen mit dem Irak dauerten das gesamte Jahr 2013 fort, obwohl Davudoğlu einige bedeutende schiitische Stätten im Irak besuchte, um eine »Normalisierung« der Beziehungen zu erreichen. In seinen

Gesprächen mit dem irakischen Außenminister Zebari wurde jedoch der zentrale diplomatische Zankapfel (die Haschimi-Affäre) ausgeklammert.[78] Unterdessen äußerten sowohl die arabisch- als auch die englischsprachige Presse ihre Verwunderung darüber, dass die Türkei ihre Beziehungen zu den irakischen Kurden verstärkte und anscheinend die Schaffung eines unabhängigen kurdischen Staates im Irak unterstützte,[79] während sich das Verhältnis zu ihren eigenen Kurden weiter verschlechterte.

Die Hoffnungen auf eine regionale Führungsrolle zerplatzen

Internationale Anhänger des Türkischen Modells, die dieses als Vorbild für die islamische Welt preisen, stellen es häufig in Gegensatz zu den Beispielen des Iran oder Saudi-Arabiens, die am anderen Ende des politischen Spektrums rangieren. Die Entwicklungen in den Jahren 2011 und 2012 suggerieren jedoch ein anderes Bild. Die entscheidenden Demarkationslinien in der Region waren zunehmend nicht mehr ideologischer Art und verliefen nicht länger zwischen den »gemäßigten Islamisten« und den Konservativen. Im Zuge der Verschärfung des Konflikts in Syrien begannen die »ursprünglichen« konfessionellen Konfliktlinien deutlicher hervorzutreten. Saudi-Arabien und die Türkei, sosehr sie sich auch in anderen Bereichen unterscheiden mochten, fanden sich nun im selben Lager wieder, und der Iran wurde ihr gemeinsamer Gegner.

Doch obwohl sich die Situation veränderte (insbesondere nach dem Juli 2013), gelang es Saudi-Arabien, das nur ein Drittel der Einwohner der Türkei zählt, die politische Entwicklung wesentlich stärker zu seinen Gunsten zu beeinflussen. Kein Murren war zu hören von der »internationalen Gemeinschaft«, als die saudische Regierung gegen die schiitische Minderheit in ihrem Land mit ähnlicher Brutalität vorging wie Assad gegen die Demonstranten in Syrien. Erdoğan besuchte unter großem propagandistischem Aufwand die Hauptstädte Ägyptens, Tunesiens und Libyens, begleitet von 280 türkischen Unternehmern und Geschäftsleuten, die das Reservoir billiger Arbeitskräfte anzapfen wollten, und verkündete, dass die Türkei bereit sei, ihre Investitionen in diesen Ländern zu verdreifachen. Diese Reise belegte einmal mehr, dass die türkische Diplomatie im Arabischen Frühling auf enge, untrennbare Weise mit den Interessen der türkischen Wirtschaft verbunden war.

Der Besuch zeigte aber auch die Grenzen des türkischen Einflusses. Die Muslimbruderschaft hatte nichts dagegen, die Türkei als ökonomisches Modell zu übernehmen, doch Erdoğans Drängen auf einen säkularen Staat rief eine erbitterte »antiimperialistische« Reaktion der Muslimbrüder hervor: Die Organisation erklärte ihm, dass er sich nicht in die inneren Angelegenheiten Ägyptens einmischen solle. Unterdessen reiste Präsident Mursi nach Riad zu seinem ersten Staatsbesuch im Ausland. Der Erfolg der Saudis wurde vervollständigt, als im Juli 2013 in Ägypten ein den Golfstaaten zugeneigter General die (von Erdoğan unterstützte) Muslimbruderschaft aus dem Amt jagte.

Die Bereitschaft der Türkei, die Konfessionszugehörigkeit den Prinzipien der Demokratisierung und der Selbstbestimmung überzuordnen, erreichte am Golf einen dramatischen Höhepunkt. Das Emirat Bahrain mit seinem autokratischen sunnitischen Herrscher und seiner kleinen schiitischen Minderheit diente dafür als Lackmustest. Die Türkei sah nicht nur darüber hinweg, dass der Herrscher die Proteste gewaltsam unterdrückte; im Vorgriff auf eine verstärkte Zusammenarbeit mit den Golf-Regimes besuchte Staatspräsident Gül Anfang 2012 die Vereinigten Arabischen Emirate und verlangte bei seinen freundschaftlichen Gesprächen mit den herrschenden Autokraten Demokratie für Syrien. Nichts hätte den Charakter von Ankaras Bekenntnissen zur Demokratie und zur Nichteinmischung in die Angelegenheiten der Region besser illustrieren können. In den Jahren 2011 und 2012 festigte die Türkei ihre Beziehungen zu den Saudis. Die Verstimmung 2013 wurde international mehr zur Kenntnis genommen. Die Türkei isolierte sich zunehmend, und Katar und die Türkei waren die einzigen regionalen Regime, die sich entschieden gegen den von Saudi-Arabien und den Golfstaaten unterstützten Putsch in Ägypten aussprachen und sich an die Seite der ägyptischen Muslimbruderschaft stellten. Anfang 2015 durchbrach Ankara diese Isolation, indem es die von den Saudis organisierte Niederwerfung des schiitischen Aufstands im Jemen unterstützte und dadurch zu einer Verfestigung der konfessionellen Konfliktlinien in der Region beitrug. Die Wiedererlangung der moralischen Autorität der Saudis fand ihren Abschluss, als die AKP allmählich ihre Kritik an der von Riad gestützten Militärjunta in Ägypten einstellte.

Nach der vorsichtigen Annäherung zwischen Washington und Teheran – die unter anderem auch durch Malikis freundschaftlichen Besuch im Nachbarland ihren Ausdruck fand – bemühte sich auch Ankara um eine Verbesserung der Beziehungen zum Irak und dem Iran. Einige optimistische liberale Beobachter sprachen sogar überschwänglich von einem »Neustart« der Außenpolitik der AKP. Gül lud Rohani in die Türkei ein und Davutoğlu und der neue iranische Außenminister besuchten gemeinsam schiitische Heiligtümer im Irak; außerdem begann der Ministerpräsident nach langer Pause wieder al-Qaida verbal zu attackieren.[80] Trotz wachsender Spannungen zwischen der Türkei und den USA war also das neue Regime noch immer bereit, auf Wünsche des globalen Hegemons bezüglich der Neugestaltung seiner regionalen Politik einzugehen, doch nach wie vor nicht in konsequenter Weise: Die Türkei betrieb weiter die konfessionelle Aufladung des syrischen Konflikts und befürwortete ein militärisches Eingreifen, während sie zwischen einer guten und einer bösen al-Qaida unterschied und zumindest einen dieser Flügel mit Waffen belieferte. In Syrien und in der Türkei bezog das Regime im Lauf des Jahres 2013 zunehmend unverhohlener Stellung gegen Alawiten und Aleviten, zugleich aber wurde der Iran als Freund bezeichnet.

Diese widersprüchlichen Maßnahmen waren kein Anzeichen für einen »Neustart«, sondern zeigten vielmehr, dass Ankara allmählich die Fähigkeit einbüßte, als regionale Hegemonialmacht aufzutreten. Die Revolte im Juni 2013 in der Türkei unterminierte die ruhige Selbstgewissheit der islamischen Neoliberalen weiter. Doch sie waren ohnehin bereits durch die Entwicklungen in den vergangenen zwei Jahren in die Irre geführt worden. Anfang 2014 gab es schließlich keine Spur mehr von imperialer Größe, die in der Vergangenheit die Reden und Auftritte der politischen Führer der Türkei ausgezeichnet hatte.

Welche theoretischen Erkenntnisse können wir aus dem Engagement der Türkei im Arabischen Frühling gewinnen? Zum einen ist weder die globale noch die regionale Hegemonie eine unveränderliche Tatsache. Sie muss begründet und immer wieder neu hergestellt werden. Hegemoniale Botschaften werden nicht auf direkte, unvermittelte Weise von Washington, D. C., nach Kairo gesendet. Ohne eine ständige Überprüfung und Anpassung des strategischen Denkens der hegemonialen Akteure auf den unterschiedlichen Ebenen lässt sich kein Konsens herstellen. Zum Zweiten können die Blöcke, die Zivilgesellschaft und die politische Gesellschaft der einzelnen Nationen durch regionale und globale Hegemone wiederhergestellt oder auch zersetzt werden. Die türkische Einmischung führte zum vorzeitigen Ende der syrischen Revolution (durch ihre Militarisierung); aber die Lehren und die Hoffnungen, die aus der Türkei zu ziehen waren beziehungsweise auf ihr ruhten, inspirierten und stärkten die neu entstehende tunesische Führung. Und drittens werden Versuche zur Herstellung einer regionalen Hegemonie stets stark durch ihre innere Dynamik geprägt und geformt. Die politische Ökonomie der Türkei, das ideologische Erbe der AKP sowie bestimmte nationale Besonderheiten (die alevitische und die kurdische Frage) ermöglichten den vorübergehenden Aufstieg des Landes zur regionalen Hegemonie und beschränkten ihn zugleich.

DER IRAN UND DIE AUFSTÄNDE IN ARABIEN

Die Proteste im Iran gingen den Erhebungen in der arabischen Welt voraus, es lohnt sich jedoch, sie einer genaueren Betrachtung zu unterziehen, denn sie bestimmten die Art und Weise, wie das Regime auf die Ereignisse von 2011 reagierte, und sie beeinflussten auch das regionale hegemoniale Potenzial des Landes. Eine Untersuchung der Proteste von 2009 im Kontext der Ereignisse von 2011 zeigt sowohl Oppositionspotenziale im Iran wie auch deren Begrenzung auf.

Die Proteste im Iran deckten sich weitgehend mit den Hoffnungen des globalen Mainstreams.[81] Vielleicht hatten die iranischen Demonstranten sogar bessere Gründe, sich am Türkischen Modell auszurichten, als ihre arabischen Pendants. Die Protestwelle, die 2009 im Iran begann, rückte das Freiheitsthema in den Vordergrund, nicht aber die Frage der sozialen Gerechtigkeit. Sie wies daher Parallelen zu den Aufständen auf, die in diesem Buch behandelt werden (als eine Reaktion auf den Polizeistaat und den Autoritarismus), unterschied sich davon jedoch durch die geringe Rolle, die Kommodifizierung und andere soziale Themen dabei spielten. Dies ist keineswegs paradox, da der umgewälzte Korporatismus große Teile des sozialen Lebens dekommodifiziert hatte.

Auch der Angriff auf den Autoritarismus war unterschiedlicher Art. Durch die Aufstände in Tunesien und Ägypten waren die Diktatoren gestürzt worden, die Aufständischen begnügten sich jedoch nicht mit der parlamentarischen Demokratie, die ihnen folgte. In Ägypten bezeichneten die Aktivisten die formale Demokratie als »Sanduquocrazy«, als Vergötterung der Wahlurne (genauer gesagt, der Macht der Wahlurne). Sie betonten, dass in einem Land, in dem der größte Teil der Menschen nicht zur Wahl ging und der Rest nur durch das alte Regime oder durch islamistische Parteien mobilisiert werden konnte, die Wahlurne nicht notwendigerweise die Macht des Volkes repräsentierte. Doch ihre Kritik griff über dieses Problem hinaus und erstreckte sich auf die gleichen Themen, die auch von Demonstranten in vielen anderen Teilen der Welt angesprochen wurden: die Verkommenheit der bestehenden Parteien, ihre mangelnde Bereitschaft oder Unfähigkeit, die Menschen zu repräsentieren, und ihre Manipulation durch die herrschenden Eliten. Die Revolte der Jahre 2009 bis 2013 war tatsächlich überall (auch im »Westen«) ein Aufstand gegen die Beschränkungen der repräsentativen Demokratie.

Anders jedoch im Iran. Im Unterschied auch zu den arabischen Ländern gab es im Iran ein starkes Verlangen nach den Grundlagen einer formalen, verfahrensorientierten Demokratie. Die Demonstranten kritisierten, dass die Geistlichen immer wieder die Abstimmungen manipuliert hätten, auf besonders eklatante und böswillige Weise jedoch bei der Präsidentschaftswahl im Jahr 2009. Sich an das Regelwerk einer formalen Demokratie zu halten, erschien in diesem Kontext schon als ein substanzieller Fortschritt.

Da zudem das Regime seit Jahrzehnten als Hüter der sozialen Gerechtigkeit auftrat, herrschte ein gewisser Überdruss an dieser Rhetorik und die Protestierer vermieden sie daher auch. Einige befürworteten sogar jene Entwicklung, die durch eine Kommodifizierung einsetzen würde. In diesem Sinne blieb die Türkei für einen Teil der iranischen Demonstranten weiterhin ein Modell. Zur Agenda der Proteste gehörte auch die Unterstützung für die von den staatlichen Behörden von der Wahl ausgeschlossenen Präsidentschaftskandidaten Mir-Hossein Mussawi und Mehdi Karroubi, beide Veteranen der islamischen Linken, die sich vom Antikapitalismus losgesagt hatten und liberale (islamische) Demokraten geworden waren. Interessanterweise brachte die relative Isolierung vom Westen im Iran jene Art von sozialen Bewegungen hervor, die sich westliche Beobachter überall wünschten. Im Unterschied zu ihren tunesischen, ägyptischen, türkischen, brasilianischen, griechischen, spanischen und US-amerikanischen Pendants verlangten die iranischen Protestierer eine liberale Demokratie. Anscheinend werden westliche Güter erst dann erstrebenswert, wenn sie nicht vorhanden sind.

Dieser allgemeine kontextuelle Unterschied ermöglichte den Aufstand der Mittelschichten, der von der Modernisierungstheorie bereits vorausgesehen worden war.[82] Gut ausgebildete Arbeitskräfte, deren Hoffnungen auf berufliches Vorankommen und ein besseres Leben nicht erfüllt worden waren, erhoben sich gegen das System. Die Modernisierungstheoretiker erkannten jedoch nicht, dass diese Mittelschichten und ihre Erwartungen (nicht nur ihre Enttäuschungen) das Ergebnis eines expansiven Wohlfahrtssystems waren (und nicht eines Rentierstaates).[83]

Dennoch wiesen die Proteste einige Gemeinsamkeiten mit jenen im Arabischen Frühling und in der Türkei auf: das (offenkundige) Fehlen formeller Anführer, die ausgiebige Nutzung virtueller Technologien und die über Netzwerke zusammenfindende (und nicht gezielt organisierte) Teilnehmerschaft. Doch diese formalen Gemeinsamkeiten dürfen den großen Unterschied nicht überdecken: Als Proteste unter einem Regime, das sich zumindest offiziell der neoliberalen Weltordnung verweigerte, stellten die iranischen Aufstände nicht die Grundparameter dieser Ordnung infrage.

Die liberale Stoßrichtung dieser Proteste und ihre Ausrichtung an der Neuen Weltordnung sollten dennoch nicht überbewertet werden, denn die Aktivisten riefen »Allahu Akbar« von den Hausdächern. Trotz ihrer Militanz erscheint es zweifelhaft, ob eine Mehrheit der Demonstranten hinter radikalen Forderungen stand. Wie viele von ihnen erstrebten einen Sturz des Regimes? Wie viele wünschten sich eine Liberalisierung im Rahmen einer islamischen und unabhängigen Republik? Wir kennen die Antworten auf diese Fragen nicht, doch die Hauptargumente im öffentlichen Raum (der im Iran streng reglementiert ist) zielten auf eine Liberalisierung innerhalb des Regimes.

Die Reaktion der Regimes und der Wettstreit um die Herrschaft über die Straße

Die brutale Unterdrückung der Proteste im Iran war wesentlich erfolgreicher im Vergleich zu den Aufständen im Arabischen Frühling, obwohl es hier weniger Tote gab als in den arabischen Ländern (im Iran fanden ungefähr 70 Menschen den Tod, während in Ägypten in den drei Wochen vor dem Sturz Mubaraks knapp 1000 Menschen ums Leben kamen). Darin spiegelt sich vielleicht auch die stärker von der Mittelschicht geprägte Natur der iranischen Bewegung wider. Doch die Intensität und die Reichweite des staatlichen Repressionsapparats im Iran sollte nicht gering geschätzt werden. Anders als in Ägypten unter Mubarak sind im Iran die paramilitärischen Verbände und sogar der offizielle Repressionsapparat Abkömmlinge der revolutionären Mobilisierung. Hier weiß man daher, wie die Stimmung auf den Straßen einzuschätzen ist und wie man sie unter Kontrolle halten kann. Es ist außerordentlich schwierig, durch einen Aufstand auch nur Teilzugeständnisse zu erreichen, wenn es sich bei den Gegnern um ehemalige Revolutionäre handelt. Nach einigen Demonstrationen mit Millionen Teilnehmern ließen die Polizei und die paramilitärischen Kräfte kleineren Gruppen nur noch wenige Chancen, sich neu zusammenzufinden und den Protest fortzusetzen. Im Februar 2011 flammten die Proteste abermals auf und zielten auf die Unterstützung der Demonstrationen in Tunesien und Ägypten. Diesmal griff der Repressionsapparat wesentlich schneller ein und unterband einen Aufstand in der Größenordnung von 2009.

Das Internet trug dazu bei, den Protest zu mobilisieren, aber auch, ihn zu unterdrücken. Während sich die öffentliche Aufmerksamkeit hauptsächlich darauf konzentrierte, wie Twitter und Facebook die »Grüne Bewegung« ermöglichten und förderten,[84] nutzte auch das Regime das Internet sehr geschickt.[85] Einem Bericht zufolge gab es zu dieser Zeit im gesamten Land nur knapp 2000 Twitter-Nutzer; es waren die Zirkel um Mussawi und nicht die Twitter-Netzwerke, welche die Proteste organisierten.[86] Das Regime filterte, kontrollierte und kaperte nicht nur Internetseiten der Opposition (oder legte sie still), es manipulierte sie auch, um Desinformationen zu verbreiten und die Protestierer zu selbstzerstörerischen Aktionen zu veranlassen. Darüber hinaus schickte das Regime Drohmails an die Demonstranten und stellte Filme und Bilder von ihnen ins Netz. Auch die paramilitärische Miliz *Basidsch* nutzte das Internet als Mobilisierungsinstrument. Das Regime organisierte sogar Internet-Lehrkurse für die paramilitärischen Verbände, um sie mit den neuesten Techniken des Bloggens, der sozialen Vernetzung und der Online-Spionage vertraut zu machen.

Dazu kam, dass die »Grüne Bewegung« des Iran einer starken (und sich aus Angehörigen unterschiedlicher Schichten zusammensetzenden) Gegenbewegung gegenüberstand. Ahmadinedschads Propagandisten, die Populismus und antiimperialistische Rhetorik verbreiteten, wurden durch die Mobilisierung der Geistlichen, der Mittelschichten, der *Basidschi* und der Revolutionsgarden unterstützt.[87] Am Ende konnte sich die Bewegung nicht zu einem Vehikel entwickeln, das die Bildung neuer Blöcke ermöglichen hätte können. Die alten (Un-)Gleichgewichte wurden wiederhergestellt.

Sowohl das Regime wie auch die Demonstranten behaupteten, der Arabische Frühling habe ihre Hoffnungen und Wünsche erfüllt. Während die iranischen Demonstranten eine direkte Kontinuität zwischen sich und den Protestierern in den arabischen Ländern sahen, verkündete das Regime den endgültigen (auf die Region bezogenen) Sieg der Revolution von 1979. Doch die Interventionen des Regimes in Bahrain und in Syrien, im Jemen und in Saudi-Arabien zahlten sich für Teheran nicht aus. In allen diesen Fällen wurde das iranische Regime als ein Akteur aufgefasst, der die konfessionelle Karte spielte, um seinen Einfluss in der Region zu vergrößern, und dem es nicht darum ging, Menschenwürde und soziale Gerechtigkeit zu fördern (ganz zu schweigen von Freiheit).

Der Iran trug maßgeblich zur Militarisierung des Syrienkonflikts bei. Er bezog eindeutig Position an der Seite seines Verbündeten Assad und stellte diesem nicht nur einen Blankoscheck aus, sondern unterstützte ihn auch in vielfacher Hinsicht. Dies führte in der Folge zur Beendigung der militärischen Zusammenarbeit zwischen der Hamas und dem Iran.[88] Für den Iran bedeutete dies, dass er einen seiner bedeutendsten Verbündeten in der Region verlor. Die Allianz zwischen Hamas und dem Iran hatte es dem Regime ermöglicht, sein politisches Verhalten in der Region als eine Art von Widerstand erscheinen zu lassen und nicht als eine Form von konfessionsbezogener Interessenpolitik. Die Führer des Landes erklärten, ihnen gehe es um den Aufbau einer »Achse des Widerstands«, nicht um die Schaffung eines »schiitischen Halbmonds«, wie Beobachter im Westen und die Saudis behaupteten. Als sich das Verhältnis verschlechterte, erschien diese Widerstandsachse doch eher als ein »schiitischer Halbmond« (ein schönes Beispiel für eine sich selbst erfüllende Prophezeiung). Kurzum, die arabische Revolte hatte ähnliche Ergebnisse für die Türkei und den Iran zur Folge. Beide Regimes betrachteten sie zunächst als eine Chance, ihre regionale Hegemonie zu stärken und auszuweiten, doch im Laufe des Prozesses delegitimierten sie sich selbst weiter.

VOR DEM ENDE DES ISLAMISCHEN LIBERALISMUS

Die Aufstände des Jahres 2011 verankerten das Türkische Modell nachhaltiger auf der geistigen und der strategischen Landkarte. Solange die alten Regimes unangetastet blieben, erschien ein islamischer Liberalismus nahezu unmöglich. Die Aufstände waren unter diesem Gesichtspunkt höchst willkommen, denn sie *beseitigten die alten Regimes, ohne etwas Neues zu schaffen;* dadurch rückten sie die einzige ernst zu nehmende Alternative, das Türkische Modell, für eine gewisse Zeit in den Mittelpunkt des strategischen Denkens. Im Jahr 2011 erklärte Ali al-Bayanouni, der Führer der syrischen Muslimbruderschaft von 1996 bis 2010: »Die AKP ist auf dem Gebiet der Religion neutral – weder zwingt sie den Bürgern der Türkei die Religion auf, noch bekämpft sie die Religion, und aus diesem Grund erscheint sie uns als ein ausgezeichnetes Modell.«[89] Anfang 2012 erklärte auch der Führer des libyschen Übergangsrates, Mustafa Abdul Jalil, seine uneingeschränkte Unterstützung für das Türkische Modell:

> Die demokratische Struktur der Türkei ist ein Vorbild für Libyen und andere Länder, die den Arabischen Frühling durchlebt haben. Libyen wird die Türkei als Modell für seine eigenen politischen und demokratischen Strukturen heranziehen. Und unsere freundschaftlichen Beziehungen werden in der neuen Ära noch wesentlich intensiver werden.[90]

Die ägyptischen und die türkischen Islamisten äußerten sich ähnlich zustimmend über das Türkische Modell.

Wie dieses Kapitel gezeigt hat, erwies sich das Verhalten des türkischen *Staates* im Nachgang des Arabischen Frühlings als nicht hilfreich für das türkische *Modell*. Im folgenden Kapitel werden wir untersuchen, wie die innere Dynamik in Ägypten das Werk vollendete, das die politischen Führer der Türkei begonnen hatten, und dadurch das Ende des islamischen Liberalismus im arabischen Kontext besiegelte.

DER VERSUCH EINER PASSIVEN REVOLUTION

BIS ZUM JAHR 2011 erschien das Türkische Modell, eine islamische passive Revolution, in den arabischen Ländern nur als eine entfernte Möglichkeit. Die Aufstände jedoch schürten die Hoffnung, dass dieses Modell nun auch in diese Länder übertragen werden könnte, doch das war reines Wunschdenken – die Erhebungen hatten eine Übernahme des Türkischen Modells nur noch mehr erschwert. Die verschiedenen Maßnahmen der ägyptischen Muslimbrüder, die auf eine passive Revolution zielten, unterminierten die Grundlage für eine Wiederholung der türkischen Entwicklung in der arabischen Welt.

Dennoch war das Scheitern der passiven Revolution in den arabischen Ländern kein Anlass zur Freude. Die revolutionäre Aktion führte Ägypten nicht in eine produktive Richtung. Im Zusammenwirken mit der unbeholfenen passiven Revolution der Muslimbruderschaft ebnete sie vielmehr den Weg zu einer Restauration. Die gescheiterte passive Revolution hatte sogar eine weitere Stärkung der Ölmonarchien in der Region zur Folge. Diese unbeabsichtigten Konsequenzen sowohl der revolutionären wie auch der passiv-revolutionären Aktivität erfordern eine Neubetrachtung und -bewertung des politischen Handelns, die ich am Ende dieses Kapitels vornehmen werde und die in einige vorläufige Thesen zur Theorie der Revolution münden wird.

DIE HERRSCHAFT DER MUSLIMBRUDERSCHAFT
ÜBER DIE STAATEN

Die ägyptischen Revolutionäre kehrten eineinhalb Jahre nach dem Sturz Husni Mubaraks auf die Straßen zurück, und 2012 wurde zu einem heißen Jahr in Ägypten.[1] Wenngleich zu diesem Zeitpunkt die Polarisierung der politischen Gesellschaft des Landes entlang der islamistisch-säkularistischen Trennlinie bereits ausgeprägt war, wäre eine Interpretation der Dynamik der ägyptischen Politik allein unter dem Blickwinkel dieses Gegensatzes in hohem Maße unzulänglich. Das neue Ägypten wurde nicht nur durch die Auseinandersetzung zwischen Islamisten und Säkularisten bestimmt, es reflektierte vielmehr eine dreifache Spaltung zwischen den Parteigängern der Revolution, den Konterrevolutionären und den Anhängern der passiven Revolution. Die begrenzten organisatorischen Fähigkeiten (und die anarchistisch-autonomen Tendenzen) des revolutionären Lagers in Ägypten trugen 2012 zu dem (noch immer wackeligen) Triumph der passiven Revolutionäre bei, wie sich am Erfolg der Muslimbruderschaft in der Präsidentschaftswahl zeigte.

Die Fußabdrücke der passiven Revolution

Die Gegensätze zwischen diesen drei Lagern wurden durch deren Engagement für revolutionäre Ziele (oder ihr fehlendes Engagement) bestimmt und nicht nur durch ideologische oder religiöse Prinzipien. Mit anderen Worten, die Rolle des Islam war keineswegs die entscheidende Frage, die auf der sich herausbildenden politischen Bühne dominierte. In allen drei Lagern gab es Individuen und Gruppen, die ein stärker islamisch geprägtes Ägypten anstrebten. Die passive Revolution gewann in Ägypten an Dynamik, weil das alte Regime zwar untergegangen war, seine Gegner aber nur vage Versprechungen zu bieten hatten (zum Beispiel »Freiheit« und »soziale Gerechtigkeit«), ohne diese Worte mit konkreten Inhalten und Forderungen füllen oder öffentliche Unterstützung dafür mobilisieren zu können. Der islamisch-säkularistische Gegensatz war in

diesem Prozess ein Faktor neben mehreren und keineswegs der allein be-
stimmende.

Der führende Akteur in der passiven Revolution in Ägypten war
zweifellos die Muslimbruderschaft – die »Mubaraks mit Bärten«, wie ein
islamistischer Oppositioneller ihre Mitglieder einmal mir gegenüber bezeichnete. In der herkömmlichen westlichen Wahrnehmung der Muslimbruderschaft, die zwischen dem Bild einer gefährlichen theokratischen
Kraft und, etwas wohlwollender, einem Vertreter des demokratischen
Wandels schwankte, blieb das herausragendste Merkmal der Organisation unbeachtet. Viele lokale Beobachter in Ägypten verbanden mit der
wachsenden Macht der Muslimbrüder nicht die Gefahr der Errichtung eines islamischen Regimes, sondern betrachteten vielmehr den Unilatera-
lismus der Gruppe und ihren umfassenden Machtanspruch als gefährlich.
Viele fürchteten daher, dass die Muslimbrüder die revolutionäre Dynamik und den revolutionären Diskurs nutzen könnten, um Ziele durchzusetzen, die den grundlegenden demokratischen Forderungen dieser Revolution zuwiderliefen – wie etwa das Bestreben der Bruderschaft, das
neoliberale Projekt in Ägypten zu vertiefen.

Die Trennlinien zwischen den drei Lagern waren nicht starr, sondern
vielmehr dynamische politische Grenzen, die durch andere Dimensionen
des politischen Konflikts verschoben oder untergraben werden konnten.
Während zum Beispiel die Spaltung Ägyptens in drei Lager im Vorlauf
der Präsidentschaftswahl von 2012 offenkundig war, als die Kandidaten
ihr Verhältnis zur Revolution und deren Zielen darlegten, spielten diese
Gegensätze in den politischen Auseinandersetzungen im Prozess der Ausarbeitung einer Verfassung eine anders gelagerte Rolle. In diesem Prozess
wurde vor allem um die Stellung des Islam im neuen politischen System
gestritten, wodurch Konflikte zwischen den Anhängern der Revolution
und deren Gegnern in den Hintergrund rückten.

Es überrascht daher nicht, dass die revolutionären Gruppen nur geringen Einfluss auf den verfassungsgebenden Prozess hatten. Da es ihnen
an politischer Organisation, an Führung und Erfahrung mangelte, konnten die Revolutionäre den vom Militär organisierten und umgesetzten
Transformationsprozess nur von außen attackieren. Unterdessen stritten

die Islamisten und die »bürgerlichen Kräfte« (*mandaniyin*) im Schatten des Militärs, stritten mehr um das Kräfteverhältnis zwischen Islamisten und Säkularisten in der Verfassungsgebenden Versammlung als um die Frage, inwieweit die Autoren dieser neuen Verfassung den Forderungen der Revolution nach Freiheit, Würde und sozialer Gerechtigkeit Geltung verschaffen würden.

Führungslose Aufstände oder desorganisierte Führer?

Dies führt uns zum Kernproblem, mit dem der revolutionäre Prozess in Ägypten zwischen 2011 und dem Juli 2013 konfrontiert war: nämlich der Unfähigkeit der Revolutionäre, sich aufgrund ihrer mangelnden Organisation, Erfahrung und programmatischen Vision in sinnvoller Weise an den Prozessen des institutionellen Aufbaus zu beteiligen. Durch diese Unzulänglichkeiten wurde ein weites Tätigkeitsfeld eröffnet für passive Revolutionäre sowie für jene Kräfte, die den revolutionären Diskurs und die Ziele der Revolution nutzen wollten, um ihre spezifische Agenda voranzubringen. Das soll nicht heißen, dass die Revolutionäre nicht die Bedeutung der Auseinandersetzungen über die Gestaltung der neuen politischen Institutionen des Landes erkannt hätten. Revolutionäre Gruppen brachten in ihren Stellungnahmen häufig die Mängel und Schwachstellen des verfassungsgebenden Prozesses zur Sprache und kritisierten Politiker dafür, dass sie sich über die Zahl ihrer Sitze in der Verfassungsgebenden Versammlung stritten, anstatt die Ziele der Revolution voranzutreiben. Doch diese Stellungnahmen erzielten keine nachhaltige Wirkung. Das Problem bestand nicht darin, dass die revolutionären Aktivisten die Debatten über den institutionellen Aufbau nicht verfolgt hätten, sondern eher darin, dass kaum einer der Teilnehmer, die sich in diesen von den Eliten gesteuerten Konflikten engagierten, auf sie hören wollte. Das Fehlen einer politischen Organisation der Revolutionäre schirmte in der Praxis den Prozess des institutionellen Aufbaus vor den Forderungen der Revolution ab.

Dies bezeichnet präzise die Schwäche einer »führungslosen Revolution«. Es ist vielleicht möglich, einen Diktator auch ohne revolutionäre

Führer, ohne Erfahrung und ohne ein politisches Programm zu stürzen. Doch neue Institutionen aufzubauen sowie eine neue Politik und eine neue politische Programmatik zu formulieren und durchzusetzen, ist nicht möglich ohne ein Führungspersonal, das diese Aufgaben übernimmt.

Die mangelnde Organisiertheit der ägyptischen Aktivisten war keine bewusste Entscheidung wie bei vielen westlichen Protestbewegungen in den Jahren nach 2009, sondern vielmehr eine Einschränkung, die ihnen von den Hinterlassenschaften des alten Regimes auferlegt worden war. Der ermordete Staatspräsident Anwar as-Sadat und sein Nachfolger Husni Mubarak hatten sämtliche politischen Organisationen in Ägypten zerschlagen, mit Ausnahme der Islamisten und einiger loyaler Oppositionsparteien. Die Überreste des alten Regimes, zu denen auch die Militärherrscher nach Mubarak gehörten, bedrängten, folterten und töteten die revolutionären Aktivisten. Zudem kooperierten sie mit passiven Revolutionären, um deren Einfluss auf die Gestaltung der neu entstehenden politischen Institutionen und der neuen Verfassung zu begrenzen.

Die Desorganisation der revolutionären Kräfte spiegelte sich auch in ihren zwiespältigen Forderungen nach sozialer Gerechtigkeit wider und in ihrem Unvermögen, dieses Ziel konkret zu definieren. Zur Erlangung der »professionellen Fähigkeiten«, die erforderlich sind, um eine solche Vision zu entwickeln (und anschließend die einzelnen Klassen und andere Kräfte zu einem gesellschaftlich-politischen Block zusammenzuführen, der diese Vision vorantreiben kann), bedarf es mehr als lediglich gut gemeinter Bemühungen von klugen Intellektuellen. Es erfordert den konzertierten Einsatz der Führungspersonen, der Kader sowie von Intellektuellen und Fachleuten über Jahre hinweg, wenn nicht über Jahrzehnte – nicht nur jener Personen oder Kräfte, die in einem bestimmten revolutionären Augenblick auf der Bühne erscheinen.

Aufgrund der Desorganisiertheit der revolutionären Kräfte mussten sich die Unterstützer der Revolution mit Präsidentschaftskandidaten begnügen, die aus den traditionellen politischen Eliten kamen und nicht imstande waren, eine kohärente Vision der Durchsetzung der revolutionären Forderungen nach Freiheit und sozialer Gerechtigkeit zu entwickeln.

Zu diesen Kandidaten gehörten Abdel Moneim Abul Futuh und Hamdin Sabahi. In der zweiten Wahlrunde war das Personalangebot für die Revolutionäre noch unbefriedigender, denn sie hatten sich zwischen einem konterrevolutionären und einem passiv-revolutionären Kandidaten zu entscheiden, nämlich Mubaraks letztem Ministerpräsidenten Ahmad Schafiq und Mohammed Mursi, dem Bewerber der Muslimbruderschaft. Somit fanden die Anhänger der Revolution keinen Kandidaten mehr auf dem Wahlzettel, der sie tatsächlich repräsentierte. Sie konnten entweder für Mursi stimmen, das kleinere Übel im Vergleich zu Schafiq, der der Kandidat des alten Regimes war, oder sie konnten die Präsidentenwahl boykottieren. Mit der Unterstützung eines Teils der revolutionären Kräfte entschied Mursi schließlich die Präsidentenwahl für sich.

Die ägyptische Erfahrung hält auch für politische Aktivisten in anderen Teilen der Welt einige Lehren bereit. Passive Revolutionäre setzen sich mit hoher Wahrscheinlichkeit durch, wenn sich revolutionäre Situationen entwickeln, ohne dass es ein Übergangsprogramm gibt und eine Organisation, die einen größeren Teil des Volkes hinter sich schart und Unterstützung für die revolutionäre Vision mobilisieren kann. Wie sich in Ägypten in der Zeit nach Mubarak zeigte, können sich in einem solchen Szenario die passiven Revolutionäre zur einzigen tatsächlichen Alternative zu den konterrevolutionären Kräften entwickeln – obwohl sie im strengen Sinn keine »Alternative« darstellen.

DAS ALTE REGIME UND DIE MUSLIMBRUDERSCHAFT: VON DER ANNÄHERUNG ZUM ZUSAMMENSTOSS

Zunächst schien sich das Militärregime zu sträuben, das Ergebnis der Präsidentschaftswahl von 2012 anzuerkennen. Die Situation spitzte sich dramatisch zu, als Anhänger der Muslimbruderschaft öffentliche Plätze besetzten und verkündeten, dass sie erst nach Hause gehen würden, wenn die Ergebnisse offiziell anerkannt worden seien. Doch die Presse enthüllte, dass die Armee und die Muslimbruderschaft hinter den Kulissen bereits miteinander verhandelten.[2] Das Militär wollte sich schlicht seine eigenen Privilegien sichern im Austausch dafür, dass es der Muslimbruder-schaft die Übernahme des Präsidentenamtes erlaubte.

Die Muslimbrüder verfügten nun über die kombinierte Macht des Prä-sidentenamtes und des Parlaments. Laut dem Arabic Network for Human Rights Information kamen in den ersten Monaten der neuen Präsident-schaft rund 100 politische Aktivisten zu Tode.[3] Das Regime der Muslim-brüder schränkte auch die unabhängige Presse ein. Der Druck des neuen Regimes auf die liberale Presse erreichte gegen Ende seiner Herrschaft sei-nen Höhepunkt: Im Frühjahr 2013 wurde die Wochenzeitung *Egypt Independent* verboten. Dennoch verlief die Übernahme der Herrschafts-techniken des alten Regimes durch das neue keineswegs reibungslos. Aufgrund der Umbrüche im religiösen Sektor, der fortdauernden Proteste und der daraus resultierenden Schwäche der neoliberalen Kräfte gestal-tete sich die Annäherung zwischen altem und neuem Regime, anders als im Falle der Türkei, einigermaßen schwierig.

Die Neuaufstellung der islamischen politischen Gesellschaft

Kurz nach den Wahlen schienen die Islamisten eine vereinte Front gegen die säkularen Kräfte zu bilden, doch schon bald kamen die Gegensätze zwischen ihnen zum Vorschein. Die Unterschiede waren vielfältiger Art, am gravierendsten jedoch erschien der Konflikt zwischen der Nour-Par-tei und den Muslimbrüdern. Selbst der unerschütterlichste Verbündete der Bruderschaft während des gesamten politischen Prozesses, die Grup-pe Jamaa Islamiya, kritisierte die Muslimbrüder aufgrund ihrer Haltung zu Fragen der sozialen Gerechtigkeit und der Armut. Auch wenn sich ihre Hauptkritik gegen die Linken und die Liberalen richtete, betrachtete sie die Muslimbruderschaft als teilweise verantwortlich für die sich ver-schlechternde wirtschaftliche Lage.[4] Jamaa vertrat die Ansicht, dass die Muslimbruderschaft zu wenig tue, um soziale Gerechtigkeit herzustellen und einen klaren Bruch mit der Wirtschaftspolitik des Mubarak-Regimes durchzusetzen.[5]

Die Nour-Partei griff die Muslimbruderschaft wesentlich schärfer an. Sie teilte die Kritik der Jamaa Islamiya an der unzureichenden Berücksichtigung von Fragen der sozialen Gerechtigkeit durch die Muslimbrüder. Der Vizepräsident von al-Da'wa al-Salafiya (der Mutterorganisation der Nour-Partei) warf der Muslimbruderschaft vor, mit den USA zusammenzuarbeiten, was den Interessen einheimischer und fremder Unternehmen diene, nicht aber den Armen des Landes.[6] Darüber hinaus beschuldigte die Partei die Muslimbruderschaft mehrere Monate lang, sie wolle die Macht allein für sich beanspruchen. Schon Anfang Januar 2013 führte sie Geheimgespräche mit der Nationalen Rettungsfront (einem Bündnis aus Liberalen und Kräften des alten Regimes). Ende des Monats wurden diese Treffen bekannt, und die Partei forderte die Bildung einer Einheitsregierung unter Einschluss säkularer Kräfte.[7] Die Partei rechtfertigte ihre Gespräche mit den säkularen Kräften mit der Begründung, dass alle Mittel legitim seien, die dazu beitragen könnten, die nationale Einheit zu stärken und den Dialog zu fördern (den die Muslimbruderschaft untergraben habe durch ihre Weigerung, mit Kräften außerhalb ihrer Organisation zu sprechen).[8] Die Muslimbruderschaft schlug umgehend zurück. Mursi entließ einen seiner Berater, der Mitglied der Nour-Partei war, was diese zu weiteren Angriffen auf die Muslimbruderschaft veranlasste.[9] Während der islamische Neoliberalismus in der Türkei in den vorangegangenen zehn Jahren ebenfalls heftiger Kritik von islamischer Seite ausgesetzt gewesen war, kam diese Opposition überwiegend von außerhalb des Parlaments und der wichtigen staatlichen Institutionen. Die fragmentierte islamische politische Gesellschaft in Ägypten zog diese religiös motivierten Auseinandersetzungen in das Zentrum der angestrebten passiven Revolution und beeinträchtigte diese dadurch ernsthaft.

Zwei Faktoren verhinderten, dass das Regime der Muslimbruderschaft sofort zusammenbrach: die nach wie vor vorhandene innere Disziplin der Bruderschaft und die paramilitärische Unterstützung durch Jamaa Islamiya (was jedoch, wie sich herausstellen sollte, eine zweischneidige Sache war, nicht zuletzt weil dadurch in der Öffentlichkeit Verständnis oder Sympathie für militärische Gewalt gegen die Muslimbrüder geweckt wurde). Zur Stärkung der Einheit der Islamisten trug maßgeblich auch die verwirrende Haltung der Polizeikräfte bei. Auf der einen Seite boykottierten große Teile der Polizei nach wie vor die post-revolutionäre

Situation, indem sie sich schlicht von den Straßen fernhielten. Andererseits gab es auch häufig Berichte in liberalen Medien wie auch in jenen, die dem alten Regime nahestanden, dass die Muslimbruderschaft die Sicherheitskräfte zu unterwandern versuche (was die Bruderschaft stets vehement zurückwies). Während sich die Spannungen zwischen der Muslimbruderschaft und der Polizei verschärften, wuchs in der Öffentlichkeit die Sorge, dass die zunehmenden Straßenproteste, die Kriminalität und das Verkehrschaos aufgrund der Abwesenheit der Polizei vollständig außer Kontrolle geraten könnten. Im März kam Jamaa der Bruderschaft zu Hilfe, indem sie den Demonstranten (und der Öffentlichkeit allgemein) androhte, sie würde die Ordnung auf eigene Faust wiederherstellen, wenn die Polizei der Aufgabe nicht gewachsen sei.[10]

In den folgenden Monaten häuften sich die Berichte darüber, dass islamische Gruppen und Einzelpersonen (die möglicherweise mit Jamaa in Verbindung standen) gemäß islamischen Geboten »Ordnung durchsetzten«. Paramilitärische Gruppen begannen nicht nur durch die Straßen zu patrouillieren, sie fingen auch an, Demonstranten zu schikanieren. Teile der islamischen Bewegung kehrten allmählich zur militarisierten Strategie von Anfang der 1990er-Jahre zurück, nahmen nun jedoch nicht mehr die Sicherheitskräfte, sondern die Revolutionäre ins Visier.

Wirtschaftlicher Stillstand

Während ihres Versuchs, sich im Staatsapparat festzusetzen und mit dem Staat zu verschmelzen, verfolgte die Muslimbruderschaft das Türkische Modell nicht nur aus der Ferne, sondern schickte auch Delegationen von Politikern und Beamten in die Türkei, um von den türkischen Erfahrungen und Vorgehensweisen zu lernen. Diese Gruppen reisten regelmäßig in die Türkei und nahmen an Programmen teil, die jeweils aus 15 bis 20 Lerneinheiten zum Bankensystem, zu sozialer Sicherheit, Gesundheitsversorgung und Bildung bestanden. Darüber hinaus führten sie Gespräche mit verschiedenen Ministern. Auch Tunesier und Jemeniten nahmen an diesen Programmen teil.[11] Über den Inhalt dieser Lehrveranstaltungen wurde öffentlich nichts mitgeteilt, doch wir können uns ein Bild davon machen, was die Muslimbrüder vom Türkischen Modell lernten, wenn wir ihre Politik in den Jahren untersuchen, in denen sie die Regierung stellten.

Entwicklungsorientierte Politik

Sowohl die Übergangsregierung des Militärs als auch die Regierung der Muslimbruderschaft setzten Mubaraks liberale Politik fort. Der ideen-arme ägyptische Neoliberalismus blieb abhängig von Öl- und Gaseinnah-men, vom Tourismus, den Erträgen des Suezkanals und von ausländi-schen Direktinvestitionen. Teils aufgrund der politischen Instabilität unterlagen die Einnahmen aus diesen Sektoren in der Zeit nach dem 25. Januar 2011 starken Schwankungen. In der Folge wuchsen das Haushalts-defizit und die Auslandsverschuldung, die (neben der ausländischen Hil-fe) maßgeblich zur Deckung des Defizits Ägyptens herangezogen worden war. Die Auslandsschulden beliefen sich im Januar 2013 bereits auf 30 Prozent des Staatshaushalts.

Während der Krise wurde in den Korridoren der Macht und in inter-nationalen Medien dringend empfohlen, ausländische Investoren (die durch die Unruhen unvermeidlicherweise abgeschreckt worden waren) zu gewinnen, anstatt die heimische Wirtschaft oder den staatlichen Sektor zu stärken. Obwohl in der modernen islamischen Wirtschaftstheorie kleinen und mittelgroßen Unternehmen eine wichtige Bedeutung bei-gemessen wird, setzte die Muslimbruderschaft die Politik ihrer Margina-lisierung zugunsten ausländischer Firmen, deren inländischer Niederlas-sungen und anderer Großkonzerne fort.[12]

Im Jahr 2012 gründeten Unternehmer, die der Muslimbruderschaft nahestanden, eine Wirtschaftsvereinigung nach dem Vorbild der türki-schen MÜSIAD. In ihren programmatischen Leitlinien schrieben die Un-ternehmer, dass MÜSIAD zur Dezentralisierung der türkischen Volks-wirtschaft und zur Entwicklung kleiner und mittelständischer Firmen beigetragen habe, und ignorierten damit Forschungsergebnisse, die eher das Gegenteil belegten (siehe dazu Kapitel 3). Ihre Vereinigung werde sich darauf konzentrieren, so hieß es, der ägyptischen Wirtschaft zu helfen, Spekulation und Vetternwirtschaft zu überwinden und einen Pfad produktiver Entwicklung einzuschlagen.[13] Ihre Vorbilder, die AKP und MÜSIAD, hatten sich derselben Rhetorik bedient, während sie in der Türkei zugleich die wechselseitige Abhängigkeit von Unternehmen und Staat, den Finanzkapitalismus und das spekulative Wachstum verstärkten.

Unterdessen bekräftigte die Muslimbruderschaft ihre politische Verlässlichkeit gegenüber der Wirtschaft und versuchte sogar Unternehmer aus der Mubarak-Zeit zur Rückkehr zu bewegen, die aus Ägypten geflohen waren, weil sie aufgrund ihrer Verbindungen mit dem alten Regime Repressalien befürchteten. Die Bruderschaft bemühte sich also nicht nur um Kontinuität der Politik der Mubarak-Ära, sondern auch um Kontinuität der tonangebenden sozialen Kräfte der Mubarak-Zeit. Die schlauen Geschäftsleute kehrten aber nicht zurück.[14]

Doch die Versprechungen der Regierung der Muslimbruderschaft waren nicht frei von Widersprüchen. Auf der Internetseite der Organisation fanden sich noch immer viele ungeklärte Fragen. So hatte Mursi beispielsweise Anfang 2012 einen Artikel veröffentlicht, in dem mehr Unterstützung für die Unternehmen und Lohnkontrollen versprochen wurden. Obwohl es sich um einen ziemlich langen Text handelte, wurden die Instrumente, mit denen diese Ziele erreicht werden sollten, nicht näher bezeichnet.[15] Unterdessen hatte die Muslimbruderschaft amerikanischen Interessenten einen unregulierten Markt in Aussicht gestellt, während sie den Arbeitern zu Hause höhere Löhne und die Bildung von Gewerkschaften versprach.[16]

Diese politischen Debatten und Maßnahmen ließen nur wenig Raum für die Erörterung von Fragen der sozialen Gerechtigkeit, eines der vier zentralen Themen des Arabischen Frühlings, und für die Einführung von Höchst- und Mindestlöhnen, der einzigen konsistenten Forderung, die aus dieser Thematik abgeleitet worden war. Die Umsetzung blieb in der Bürokratie stecken, und meist wurde dieses Thema mehr zu Zwecken der politischen Legitimation genutzt denn ernsthaft diskutiert. Auch viele Volkswirte lehnten diesen Vorschlag ab. Einige Vertreter der Salafisten setzten sich für Höchst- und Mindestlöhne ein, stießen jedoch auf den Widerstand der Muslimbruderschaft (ein Faktor, der schließlich zur Zersplitterung der islamischen politischen Gesellschaft führte). Gewerkschaftliche Aktivisten waren in hohem Maß unzufrieden, weil die konkreten Schritte bislang sehr vage blieben. So wurde im Gesetzesentwurf beispielsweise nicht ausgeführt, ob die Höchst- und Mindestlöhne für den privaten wie den öffentlichen Sektor gleichermaßen gelten sollten.[17] Während die stärker neoliberal ausgerichteten Parteien, wie die Partei der Freien Ägypter, generell Höchst- und Mindestlöhne ablehnten, versuchte die Muslimbruderschaft immer wieder einen Mittelweg zu finden zwischen strikter Deregulierung und revolutionären Forderungen. Während der parlamentarischen Beratungen sicherten die Führer der Muslimbrüder dem privaten Sektor zu, dass er weiterhin eigenständig die Löhne festlegen dürfe, während im öffentlichen Sektor gewisse Kontrollen eingeführt werden würden.[18]

Linke Ökonomen forderten zudem progressive Steuersätze, die eine Einkommensumverteilung unterstützen und zur Verminderung des Haushaltsdefizits beitragen sollten, wenngleich dies nicht zu einer programmatischen Forderung des Aufstands wurde. Die Bruderschaft vermied konsequent jegliche Schritte in diese Richtung. Doch ihre Steuerpolitik stellte auch die orthodoxen Volkswirtschaftler nicht zufrieden, denn die Organisation hielt sich nicht vollständig an das Lehrbuch der neoliberalen Wirtschaftspolitik. So führte die Regierung der Muslimbruder beispielsweise eine höhere Besteuerung ausländischer Zigaretten ein, was bei einigen »Experten« zu Stirnrunzeln führte.[19] Die Experten drängten zudem auf eine rasche Übernahme des IWF-Programms (und insbesondere der von ihm verlangten Subventionskürzungen),[20] womit sie sich jedoch nicht durchsetzen konnten.

Kurz gesagt, nach dem Februar 2011 gab es nur wenige ökonomische Debatten und Gesetzesvorschläge, die entweder die breiten Massen zufriedenstellten oder aber das Regime, die herrschenden Schichten und die Fachleute zusammenführten und ihnen dabei geholfen hätten, dem revolutionären Sturm standzuhalten. Dass es schließlich zu Massenprotesten kommen musste, war daher unvermeidlich.

Proteste

In der Stadt Port Said kam es Ende Januar 2013 nach einem Fußballspiel zu gewalttätigen Ausschreitungen, die in den folgenden Tagen in Demonstrationen und Straßenkämpfe mündeten. Die Demonstranten verlangten den Abtritt des regierenden Militärrats, den sie verdächtigten, er habe die Gewaltorgie gebilligt und wolle sie zur Durchsetzung geplanter Repressionsmaßnahmen nutzen, und forderten politische und wirtschaftliche Unabhängigkeit vom »Bruderschafts-Staat«. An den Protesten beteiligten sich Menschen aus allen sozialen Schichten, Geschäftsleute, Angehörige der Mittelschicht und Gewerkschafter gleichermaßen. Entsprechend vielfältig und disparat waren die Forderungen der Demonstranten; verlangt wurden unter anderem die Nichteinmischung des Staates in die Wirtschaft, die Einrichtung von Freihandelszonen und ein großzügiger Mindestlohn. Im Februar fand in der am Suezkanal gelegenen Stadt ein Generalstreik statt; die ideologische Atmosphäre, in der dieser Streik stattfand, war jedoch mehr durch eine freiheitlich-libertäre Grundstimmung geprägt als durch revolutionären Syndikalismus.[21] Dies war in gewisser Weise das Kronstadt der ägyptischen Revolution: Anstatt die Programmatik der Muslimbruderschaft grundsätzlich infrage zu stellen, führten die Proteste zu einer Schwächung der Regierung, veranlassten diese zu Gewaltanwendung und machten dadurch eine friedliche neoliberale Entwicklung unmöglich (ebenso wie seinerzeit die Rebellion in Kronstadt die Konsensbildungsfähigkeit des jungen Sowjetregimes untergrub, indem sie sich sowjetischer Parolen bediente und das Regime zu diktatorischen Maßnahmen trieb).

Die Unruhen in Port Said führten schließlich zum Einschreiten der Armee. Im Vorgriff auf die Ereignisse in den kommenden Monaten begrüßten einige Einwohner der Stadt den Einmarsch des Militärs und die Wiederherstellung der Ordnung. Einige Demonstranten forderten die Generäle sogar auf, im gesamten Land die Macht zu übernehmen, andere dagegen drohten den Soldaten, sie würden sie ebenso unerbittlich bekämpfen wie die verhasste Polizei.[22] Port Said war ein Probelauf für den Militärcoup im Juli.

Wenngleich die Proteste in Port Said ursprünglich eine libertäre Stoß-richtung hatten, löste der Streik in den Industriestädten des Landes weite-re Proteste zur Unterstützung der Gewerkschaften aus. In den im Nildelta gelegenen Städten Mahalla und Mansura errichteten Arbeiter im Februar Straßenblockaden. Darüber hinaus riefen sie zu Akten zivilen Ungehor-sams auf, wie etwa zur Nichtbezahlung der Stromrechnungen.[23] Ägypten war also weiterhin von einer Dynamik geprägt, die sich deutlich von der Situation in der Türkei unterschied, wo der Neoliberalismus die Ober-hand besaß (zumindest bis zum Juni 2013). Anstatt die Proteste in eine liberale Begrifflichkeit zu überführen wie in der Türkei, erzeugten sogar potenziell neoliberale und proto-libertäre Proteste eine Dynamik und ei-nen Aktivismus, die dem Neoliberalismus gefährlich werden konnten.

Anfang 2013 verstärkten sich auch sozioökonomische Proteste ande-rer Art (die seit Februar 2011 schon mehrmals aufgeflammt waren, sich aber wieder gelegt hatten). Es gab mehrere große Demonstrationen und Protestmärsche gegen die Arbeitslosigkeit. Von Verbrauchervereinigun-gen und durch Straßenproteste wurde das Augenmerk auf den starken Anstieg der Preise gelenkt.[24] Doch wie im gesamten Arabischen Frühling blieb die politische Repräsentation dieser Proteste schwach oder problematisch. Selbst am Jahrestag der Gründung der Jugendbewegung des 6. April standen politische Themen und Fragen der politischen Rech-te im Vordergrund. In den Gedenkveranstaltungen wurde lediglich eine symbolische Solidarität mit den Arbeitern und ihren Forderungen be-kundet.[25]

Das Paket des Internationalen Währungsfonds (IWF)

Auch die Dynamik des globalen Kapitalismus spielte eine wichtige Rolle bei der Unterminierung der passiven Revolution in Ägypten. Die Beteili-gung des Internationalen Währungsfonds (IWF) an diesem Prozess ist ein klares Beispiel für die Wechselwirkung zwischen globalen und natio-nalen Faktoren. In der Zeit vor ihrer vollständigen Machtübernahme bis in die Monate nach der Präsidentschaftswahl sandte die Bruderschaft un-einheitliche Signale aus bezüglich ihrer Haltung zum IWF-Paket. Dies legt die Vermutung nahe, dass es in dieser Phase innerhalb der Organisation ein heftiges Tauziehen gab, das der Öffentlichkeit verborgen blieb, sich aber in widersprüchlichen Äußerungen Mursis und anderer ranghoher Muslimbrüder zeigte. So verkündete Mursi beispielsweise während der Verhandlungen mit dem IWF (die von einer Regierung geführt wurden, in der die Muslimbruderschaft noch nicht allein tonangebend war), dass die Organisation den IWF nicht ablehne, dass diese Institution aber dem ägyptischen Volk nicht helfen würde: Weder der IWF noch die Regierung legte alle Fakten bezüglich des Kredits auf den Tisch, der Anfang 2012 ins Gespräch gebracht wurde und der die ägyptischen Schulden weiter erhöhen würde, anstatt sie abzubauen. Unter diesen Bedingungen würde sich die Muslimbruderschaft andere Geldquellen suchen müssen (ein subtiler Hinweis auf Geld aus den Golfstaaten, eine Möglichkeit, die die Bruderschaft in den Verhandlungen nach dem Juli 2012 als Druckmittel einsetzte).[26]

Anfang März 2012 verkündeten die Führer der Muslimbruderschaft gegenüber den westlichen Medien, dass sie »keinerlei Schwierigkeiten« mit dem Internationalen Währungsfonds hätten.[27] Dies stellte sich als falsch heraus. Die Vertreter des IWF verließen kurze Zeit später Ägypten und machten die Uneinigkeit zwischen den Islamisten und den Regierungsvertretern für das Scheitern der Verhandlungen verantwortlich.[28] Sie seien zu einer Übereinkunft mit der Regierung gelangt, erklärten die IWF-Repräsentanten, doch einige Parteien im Parlament (darunter auch die Muslimbruderschaft) wie auch die fortdauernden Streiks im ganzen Land hätten eine Umsetzung der Vereinbarung verhindert.

Nach ihrer Machtübernahme erklärte die Mursi-Regierung mehrmals, dass ihre Politik der »wirtschaftlichen Logik« folgen werde. Doch nach den Protesten gegen die Sparpolitik Anfang 2013 begann das Regime zu schwanken. Die angekündigten Steuererhöhungen und Kürzungen der Unterstützungszahlungen wurden im März 2013 wieder zurückgezogen. Da das IWF-Darlehen, das die Regierung dringend benötigte, von diesen Maßnahmen abhängig gemacht worden war, stürzte dieser Rückzieher das Verhältnis zwischen dem IWF und der Muslimbruderschaft in eine Krise. Wie sollten die neoliberalen Kräfte in der Bruderschaft solche Maßnahmen durchsetzen, wenn sie einer streikenden, Straßen blockierenden und den Gehorsam verweigernden Bevölkerung gegenüberstanden und nicht auf Gewalt zurückgreifen konnten? Die Bruderschaft erwies sich als sehr ungeschickt in ihrer Wirtschaftspolitik, im Unterschied zu den türkischen Islamisten, die Anfang der 2000er-Jahre das IWF-Programm reibungslos umgesetzt hatten.

In den folgenden Wochen und Monaten schürten mehrere Gruppen den Widerstand gegen das IWF-Paket. Als Reaktion auf Versuche der Regierung, die Brotpreise zu erhöhen und die Brotsubventionen zu streichen, versammelten sich Bäcker aus allen Teilen Ägyptens in Kairo und errichteten Straßensperren. Sie verhinderten auch die Belieferung von Bäckereien mit Mehl. Obgleich dies militante Aktionen waren, sprachen die protestierenden Bäcker die Liberalisierungssprache der Regierung und lehnten nur Einzelheiten dieser Politik ab, nicht deren Geist schlechthin.[29] Zugleich jedoch bekräftigten die Gewerkschaften ihre gegen den Neoliberalismus gerichteten Forderungen und setzten ihre Aktionen fort. Eine sich verschärfende Brennstoffknappheit, steigende Lebensmittelpreise und zunehmende Stromausfälle prägten die Situation Ende März und Anfang April. Dass die Regierung unter diesen Umständen weiter mit dem IWF verhandelte, führte im April zu erneuten Protesten.[30]

Die Muslimbruderschaft spürte aber nicht nur auf der Straße Gegenwind. Die Islamisten waren in Bezug auf das IWF-Paket auch unter sich uneins. Vor allem die Nour-Partei kämpfte entschieden gegen eine Übernahme des IWF-Programms. Ihre Kritik stützte sich nicht allein auf die Sorge um die soziale Gerechtigkeit, die Partei bezweifelte auch, dass das Paket mit dem islamischen Recht vereinbar sei (insbesondere in der Frage des Wucherzinses).[31] Da al-Nour in Ägypten ein stärker geistlich fundiertes Regime errichten wollte, vertrat sie auch die Auffassung, dass die Ulama, die Religionsgelehrten, zu Fragen wie etwa der Auslandsverschuldung konsultiert werden sollten, die von der Bruderschaft pragmatisch und relativ großzügig gehandhabt wurden: In einer Demokratie gehe die Macht vom Volke aus, und das Parlament sei nutzlos, wenn die Kleriker alle wichtigen Entscheidungen allein treffen würden.[32] Der Muslimbruderschaft gelang es diesmal (im Februar 2013) noch, solche theokratischen Vorstöße abzuwehren, doch das Regime, das sie errichtete, ebnete den Weg für weitere derartige Versuche. Der revolutionäre Prozess, die Straßenproteste und das Kräfteverhältnis im islamischen Lager hatten zur Folge, dass die Situation in Ägypten wesentlich komplizierter war als in der Türkei, wo sich die passiven Revolutionäre der AKP zu keinem Zeitpunkt mit einem solchen, von islamischen Rechtsvorstellungen beeinflussten *ökonomischen* Widerstand gegen ihre Politik auseinanderzusetzen hatten.

Da das Regime der Muslimbruderschaft nicht bereit war, den korrupten, von Vetternwirtschaft geprägten neoliberalen Kurs Mubaraks fortzusetzen, aber auch keine grundlegende Abkehr davon durchzusetzen vermochte, stellte sich eine frustrierende Stagnation ein. Im Mai 2013 stieg die Arbeitslosenrate auf 13 Prozent, das Wirtschaftswachstum sank auf 2 Prozent pro Jahr (verglichen mit 9 bzw. 5,5 Prozent unter Mubarak). In Anbetracht zunehmender Versorgungsengpässe erklärte die Muslimbruderschaft, dass es genügend Öl und Nahrungsmittel gäbe, dass bestimmte Gruppen oder Leute jedoch diese horteten oder entwendeten und dadurch Panik erzeugten, um egoistische wirtschaftliche Gewinne zu erzielen und die Regierung zu destabilisieren. Diese Analyse der Bruderschaft wurde in einem Artikel der *New York Times* nach dem Putsch vom Juli 2013 übernommen: Kräfte des alten Regimes hätten künstliche Versorgungsschwierigkeiten hervorgerufen. Doch die Wirklichkeit war komplizierter. In der lebendigen politischen Szene im Ägypten der Zeit nach Mubarak gewannen auch die Aktivitäten der Verbraucher zunehmend an Bedeutung. So gab es einige Vereinigungen, die immer wieder auf die vielfältigen Ursachen der fortdauernden Versorgungsprobleme hinwiesen. Diese Gruppen stimmten der Analyse der Bruderschaft teilweise zu: Einige machten auf den Schwarzmärkten tatsächlich großen Profit. Aber man warf der Bruderschaft zugleich vor, dass sie diese Aktivitäten dulde und teilweise sogar selbst darin verwickelt sei.[33] Durch Machenschaften von Kräften des alten Regimes, soweit es sie gab, wurden die wirtschaftlichen, religiösen und politischen Strukturen lediglich verfestigt, die ohnehin einer passiven Revolution im Weg standen. Bekannte Analysen des Juli-Putsches, die entweder Verschwörungen oder den Gegensatz zwischen Islamisten und säkularen Kräften dafür verantwortlich machen, übersehen diese globale kapitalistische Dynamik und deren Interaktion mit der gewerkschaftlichen und islamistischen Szene in Ägypten.

JULI 2013: RESTAURATION

Dieser Kontext bereitete den Boden für jenes Ereignis, das manche etwas naiv als eine zweite Revolution bezeichneten. Millionen Menschen gingen auf die Straße, um die Muslimbruderschaft zu stürzen, doch ihre Aktionen führten letztendlich zur Machtübernahme durch das Militär und den Justizapparat, die bei zentristischen Politikern und Geistlichen Unterstützung fand.[34] Das Ergebnis war eine »vom Volk gestützte Militärherrschaft«, die mehr oder weniger von denselben Kräften aus Armee, Polizei, Justiz und Wirtschaft getragen wurde, die bereits unter Mubarak an der Macht gewesen waren und die ein (fragiles und unvollkommenes) Bündnis mit der Muslimbruderschaft geschlossen hatten.

Die Bekräftigung der Herrschaft der Eliten

Eine neuartige Graswurzelbewegung namens Tamarod sammelte mehrere Millionen Unterschriften für eine Petition, in der Präsident Mursi zum Rücktritt aufgefordert wurde. Am 30. Juni 2013 versammelten sich überall in Ägypten große Menschenmengen, um damit die Rücktrittsforderung zu bekräftigen. Unter den Demonstranten auf dem Tahrir-Platz in Kairo herrschte überwiegend eine militärfreundliche Stimmung. Einige Gruppen verlangten sogar unverhohlen ein Eingreifen der Armee. Nicht nur zivile Mubarak-Anhänger strömten auf den Platz, es kamen auch Schläger und Angehörige der Sicherheitskräfte aus der Mubarak-Ära in ihren Uniformen. Im Laufe des Monats Juni hatte sich immer klarer abgezeichnet, dass die Armee die Rebellion als Chance für eine direkte Intervention nutzen wollte.

Bei den Protesten vom 30. Juni wurde neben der Forderung eines Eingreifens der Armee auch der Ruf nach einem Generalstreik laut. Tatsächlich war die Situation, die den Hintergrund für die Aktivitäten von Tamarod bildete, auch von der Arbeiterschaft und den Gewerkschaften beeinflusst worden, wenngleich deren Positionen keinen Niederschlag in der programmatischen Plattform von Tamarod fanden. Einige linksgerichtete Gruppen auf dem Tahrir-Platz (die Jugendbewegung des 6. April, die Partei Starkes Ägypten und die Revolutionären Sozialisten) protestierten nicht nur offen gegen das Militär, sondern auch gegen die Muslimbruderschaft.

Als schließlich das Militär eingriff, wurden einige gegen den Umsturz gerichtete Reden und Parolen rasch von der deutlich militärfreundlichen Atmosphäre auf dem Platz erstickt. Die unbegründete Hoffnung, dass militärkritische Gruppen auf dem Platz ausharren würden, bis sich die Armee wieder zurückzog, hatte keinen Einfluss auf die Dynamik der Entwicklung. Niemand mobilisierte die Demonstranten auf dem Tahrir-Platz dazu, gegen ihre einstigen Folterknechte vorzugehen. Im Juli 2013 erfolgte schließlich nicht nur die Absetzung eines unbeliebten Präsidenten, sondern auch die Errichtung eines uneingeschränkt diktatorischen Regimes: In einer eiligen Razzia wurden Hunderte Islamisten aus der Muslimbruderschaft und anderen Vereinigungen verhaftet. Mehrere Fernsehsender wurden geschlossen. Das Militär setzte einen Vertreter des Justizapparats des alten Regimes als neuen Staatspräsidenten ein. Das nachfolgende Blutvergießen war die unumgängliche Begleiterscheinung einer Machtübernahme durch die Armee: Das neue/alte Regime brachte Hunderte, vielleicht sogar Tausende Mitglieder der Bruderschaft um.

Einige Monate nach dem »Erfolg« von Tamarod wandten sich einige von dessen Hauptorganisatoren gegen ihre obersten Anführer, die bis ins Jahr 2014 auf der Seite des Militärs standen. Sie erklärten gegenüber der Presse, dass man sie für einen Umsturz missbraucht habe und dass ein Putsch nicht ihr Ziel gewesen sei.[35] Diese Naivität war nicht nur ein Ausfluss des nationalen ägyptischen Kontexts, sondern auch der allgemeinen globalen Stimmung nach 1980, in der revolutionäre Organisationsbemühungen und strategische Überlegungen geringschätzig betrachtet oder lächerlich gemacht worden waren. Für revolutionäre Erhebungen bedurfte es in diesem Kontext, so glaubte man, keiner gut ausgebildeten Organisatoren und Strategen – was Verschwörern Tür und Tor öffnete.

Der Erfolg des Umsturzes bestand nicht nur in der Absetzung der Muslimbruderschaft, sondern auch darin, dass viele zivile und politische Kräfte auf die Seite der Restauration gezogen wurden. Vormals unabhängige Journalisten wurden zu Unterstützern der Militärdiktatur. Dies galt auch für zahlreiche politische Führungspersonen, was ich im vorhergehenden Kapitel als »offizielle Revolution« bezeichnet habe. Die verbliebenen Anhänger des Nasserismus, die von Hamdin Sabahi repräsentiert wurden, schlugen sich auf die Seite des Anführers des Militärputsches (General Abdel Fattah al-Sisi) und erklärten ihn zu einem Helden. Sabahi selbst schien sich zunächst noch etwas schwerzutun, dem Diktator blindlings zu folgen, denn in einem Fernsehinterview erklärte er, dass al-Sisis Entscheidung, sich um das Präsidentenamt zu bewerben, falsch sei, während er zugleich bekräftigte, dass der General Ägypten »gerettet« habe.[36]

Liberale und radikale Fehlinterpretationen

Die meisten unmittelbaren Reaktionen auf den Militärputsch gingen am entscheidenden Aspekt vorbei: Unter der Koalition von Muslimbruderschaft und Militär hatte sich Ägypten rasch von einer von der Bevölkerung unterstützten autoritären Herrschaft zu einer von der Bevölkerung unterstützten totalitären Herrschaft entwickelt. Die Aktivisten auf dem Tahrir-Platz brachten den Willen zum Ausdruck, diese Transformation zu bremsen, verfügten aber nicht über die Mittel, sie ohne die gefährliche »Hilfe« des Militärs zu stoppen. Auf korrekte Verfahrensweisen bedachte liberale Kritiker des militärischen Eingreifens ließen vollkommen unberücksichtigt, dass ein gewählter Präsident unter bestimmten Bedingungen dazu beitragen kann, ein totalitäres Regime zu errichten, das alle künftigen Wahlen in reine Plebiszite verwandeln wird. Die Straße musste handeln, um die ägyptische Revolution zu verteidigen und vielleicht sogar den Präsidenten wieder in sein Amt einzusetzen. In Stellungnahmen von Liberalen, die von einer ausgesprochenen Furcht vor dem »Mob« geprägt waren,[37] wurden nicht nur derartige riskante Aktionen, sondern auch alle anderen Formen partizipativer Demokratie verworfen.

Ebenso problematisch waren jene Darstellungen, in denen Übergriffe des von der Bruderschaft und dem Militär getragenen Regimes aufgeführt wurden, jedoch überhaupt nicht darüber diskutiert wurde, welche Schwierigkeiten und Gefahren ein nicht mit der Bruderschaft in Verbindung stehendes Militärregime mit sich bringen würde (und in den folgenden Monaten auch tat). Jene, die den Militärputsch als eine »zweite Revolution« bezeichneten, verwiesen auf all die autokratischen Maßnahmen der Bruderschafts-Regierung,[38] erklärten jedoch nicht, in welcher Weise das Militärregime, das an ihre Stelle trat, über demokratisches Potenzial verfügen solle. (Eine größere Gruppe von Intellektuellen, die Tamarod unterstützt hatte, hob die ungesetzlichen Aktionen des gestürzten Präsidenten hervor, ohne jedoch die Frage zu erörtern, inwiefern diese das Vorgehen der Armee und des Justizapparats nach dessen Sturz rechtfertigten.)[39]

In den Darstellungen sowohl in englischen als auch in arabischen Zeitungskommentaren, in denen die Behauptung vertreten wurde, dass »alle Faktoren, die den 25. Januar zu einer Revolution machten, es legitim erscheinen lassen, den 30. Juni als zweite Revolution zu bezeichnen«, wurde eine entscheidende Tatsache (neben einigen weiteren) übersehen: 2013 war nicht 2011.[40] In den zwei mittlerweile verstrichenen Jahren hatten sich unterschiedliche soziale und politische Möglichkeiten ergeben. Man hätte in diesen Jahren öffentliche Unterstützung organisieren, alternative Institutionen und eine revolutionäre Führung aufbauen können, um den zunehmenden Autoritarismus zu verhindern (oder zumindest zu zügeln), anstatt die Machthaber überhastet zu stürzen und dadurch den früheren Feinden der Revolution den Weg zu bereiten.

Diese Fehlinterpretationen können entsprechend den zeitgenössischen theoretischen und politischen Tendenzen, nicht nur bezüglich der Politik im Nahen Osten, sondern auch der Weltpolitik, eingeordnet werden. Auf der einen Seite des Spektrums finden wir liberale Forscher, die sich von der Reform bestehender Institutionen eine Demokratisierung erhoffen. Diese Gruppe beklagte den Juli-Umsturz und stellte die Bruderschaft als Opfer und als den Haupthelden der ägyptischen Demokratie dar und Mursi als eine ägyptische Variante von Salvador Allende. Auf der anderen Seite des Spektrums stehen die besonders radikalen Kräfte, aber auch einige Linksliberale. Bei dieser Gruppe stieß der Putsch zunächst auf Ablehnung, dann auf Schweigen.

Liberale Forscher und Journalisten haben die Putsche gegen Mursi und Allende miteinander verglichen, und nach einem Artikel dazu in der Zeitschrift *New Yorker* verbreitete sich dieser Vergleich im Netz. Mursi wird eines Tages einen Platz als untergegangener Held auf dem Sockel des demokratischen Bewusstseins beanspruchen können. Doch aufgrund der weitgehenden Kooperation Mursis und der Bruderschaft mit dem Militär während dessen Regierungszeit sind diese beiden Fälle keineswegs vergleichbar (und nicht nur, weil sich die politischen Ideologien der beiden Staatspräsidenten deutlich unterschieden, worauf gewöhnlich auch hingewiesen wird). Allende hatte keine Vorstellung, wozu das chilenische Militär imstande sein würde: Es war gewissermaßen eine unantastbare Institution. Auch gibt es keine Hinweise, dass Allende viel über General Pinochet wusste, als er ihn zum Oberbefehlshaber des Heeres ernannte. Im Gegensatz dazu hatte in Ägypten das Militär bereits seit mehreren Jahrzehnten mit harter Hand regiert. Die Muslimbruderschaft war über die Möglichkeiten und die Absichten der Armee gut im Bilde. Sie spielte offen mit dem Feuer und legte sich wissentlich mit dem Feind ins Bett. Der Anführer des Militärputsches, General al-Sisi, war bekannt für seine erniedrigende Behandlung von Revolutionären und für zahlreiche Folterungen, die er angeordnet hatte.

Möglicherweise folgte die Muslimbruderschaft nun wieder dem Türkischen Modell: Sie kooperierte nur vordergründig mit dem Militär, ihr wahres, aber verborgenes Ziel bestand darin, die Mörder aus den Reihen des Militärs zu entfernen, zu verfolgen und zu bestrafen. Das ist möglich – man sollte jedoch bedenken, dass es anders als in der Türkei nach dem Februar 2011 Straßenkämpfe und eine landesweite Kampagne gegen die Militärherrschaft gegeben hatte. Die Bruderschaft hatte sich an diesen Auseinandersetzungen nicht beteiligt, sie hatte sie sogar gelegentlich verurteilt. Selbst wenn die Bruderschaft insgeheim die Absicht verfolgte, die Generäle zu beseitigen (was sehr zweifelhaft erscheint), wollte sie dies *ohne die Hilfe und ohne die Mitwirkung der Revolutionäre* tun. Sie wollte sicherstellen, dass diese Unruhestifter als Erste von der Bildfläche verschwanden. In deutlichem Gegensatz zu Allende arbeitete Mursi mit dem Militärregime zusammen, um Widerstände zu unterdrücken. Die Muslimbruderschaft (oder zumindest einige ihrer Führer) entschieden sich dafür, zusammen mit den Konterrevolutionären die Revolutionäre zu bekämpfen, anstatt das Gegenteil zu tun. Für diese Entscheidung sollten sie später teuer bezahlen.

Spiegelbildlich zu den Liberalen beharrten radikale Kommentatoren darauf, dass weder das Militär noch die Nationale Rettungsfront (die Koalition der zentristischen, gegen die Bruderschaft eingestellten politischen Kräfte) die Massen auf dem Tahrir-Platz repräsentierte, deren tatsächliche Forderungen auf Demokratie und rasche Wahlen zielten. Diese wohlwollende Beurteilung der offenkundig dem Militär zugeneigten Millionen Menschen widerlegt nicht eine der Faustregeln der Politik: Jene, die sich nicht selbst vertreten können, werden von anderen vertreten.[41]

Diese altbekannte Feststellung, die sich auf die französischen Bauern des 19. Jahrhunderts bezieht, stellt eine Warnung vor der Verherrlichung unorganisierter Massen dar, einer Romantisierung, die heute sehr in Mode ist. Viele organisationskritische Thesen aus unterschiedlichen ideologischen Richtungen (von Anarchisten, Liberalen, Autonomen, Postmodernisten und dergleichen) laufen letztlich auf folgende Annahme hinaus: Wenn es keinen Meta-Diskurs und keine Führung gibt, wird sich die Pluralität durchsetzen. Dies mag vielleicht kurzfristig manchmal zutreffen. Im Falle von Ägypten war die Anonymität der Sprecher von Tamarod anfänglich durchaus hilfreich. Die »Sprecher« (die keine Anführer waren, wie behauptet wurde) konnten nicht als parteiische Populisten gebrandmarkt oder dämonisiert werden. Da sie zudem die Menschen nur durch ihre negative Identität (dass sie gegen die Bruderschaft waren) vereinen konnten sowie durch ihre innovative Taktik, konnte Tamarod Menschen aus unterschiedlichen Bereichen mobilisieren. Doch diese mobilisierten Menschen gingen dann der einzigen bestehenden Option auf den Leim: dem alten Regime!

Wenn die Revolutionäre keine Ideologie hervorbringen, keine Forderungen und Anführer, bedeutet das nicht, dass ihre Revolte keine Ideologie, keine Forderungen und Anführer hätte. Die spontane Ideologie von

Tamarod erwies sich schließlich als militaristischer Nationalismus, ihre Forderungen als postmoderner Putsch und ihre Anführer als die *feloul* (die Überreste des alten Regimes). Das ist die Gefahr, der jede führungslose (oder vielleicht sollte man besser sagen, desorganisierte) Revolte ausgesetzt ist: vereinnahmt zu werden von den wichtigsten institutionellen Alternativen zu jenen Institutionen, gegen die sie kämpfen.

Auch der Volksglaube (oder, genauer gesagt, die Propaganda), dass Tamarod keine Anführer besessen habe, verdient eine nähere Untersuchung. Die Bewegung hatte tatsächlich identifizierbare, wenngleich junge und unerfahrene Führer. Diese Führer waren stark zugunsten des Militärs eingestellt, obwohl einige von ihnen zu Beginn des Aufstands noch gegen das Militär gekämpft hatten. Spätestens ab August 2013, nach all den blutigen Massakern, schürte diese widersprüchliche Vorgeschichte der Bewegung in der Intelligenz falsche Hoffnungen auf einen Konflikt zwischen der Bewegung und der Armee.[42]

Diese Fehlinterpretationen des Putsches waren nicht nur analytisch trügerisch, sondern auch politisch verheerend. Sie veranlassten die passiven Revolutionäre nicht dazu, die ägyptische Revolution zu schützen, und verzögerten zum anderen in vielen Kreisen die Erkenntnis, dass in Ägypten eine durchgreifende Restauration im Gange war.

Wirtschaftliche Maßnahmen

Wenngleich ich die ranghohen Vertreter des ägyptischen Militärs als Konterrevolutionäre bezeichnet habe, zeigte ihr Verhalten nach dem Putsch, dass sie von der Muslimbruderschaft und vielleicht auch aus anderen Beispielen einer passiven Revolution gelernt hatten. Die Trennlinie zwischen passiver Revolution und Konterrevolution kann tatsächlich manchmal sehr unscharf sein.

Zur Politik des Militärregimes nach dem Juli-Umsturz gehörte es, die Opposition durch revolutionäre Versprechungen zu ködern. Anfang Oktober 2013 erhöhte das Regime den Mindestlohn, erklärte jedoch nicht, wie dies finanziert werden solle. Es wurde kein Höchstlohn festgelegt. Die diesbezüglichen Gesetze waren sehr willkürlich. So wurde beispielsweise

die Lohnskala im unteren Bereich nicht neu strukturiert (ganz zu schweigen von den höheren Einkommensbereichen).

Zugleich setzte die Militärregierung den gewerkschaftsfeindlichen
Kurs der Muslimbruderschaft fort (die ihrerseits nur die gewerkschafts-
feindliche Politik von Mubarak und Sadat übernommen hatte). Das dem
Militär zugeneigte Verfassungskomitee übernahm schlicht die bestehenden (von der Muslimbruderschaft formulierten) Verfassungsbestimmun-
gen in Bezug auf Arbeitskämpfe: Sie waren nur erlaubt, solange sie friedlich blieben, worüber wiederum das Parlament zu befinden hatte.[43] In der
neu ausgearbeiteten Verfassung wurden die neuen unabhängigen Gewerkschaften weiterhin als illegal erklärt und die Stellung der unter Nasser institutionalisierten offiziellen Gewerkschaften bekräftigt. Zudem trat
al-Sisi als Erbe des Populisten Nasser auf und versprach den Arbeitern
und den Armen allerlei Wohltaten in der Zukunft. Die Restauration ist
heute noch immer im Gang, und wie es ökonomisch weitergehen soll, darüber herrscht noch keine Klarheit.

DER ISLAM UND DIE NACHWIRKUNGEN
DES PUTSCHES

Wird der Putsch zu einer weiteren Zersplitterung der islamischen politischen Gesellschaft führen oder zur Entstehung einer ähnlichen Formation wie der türkischen AKP (was auf mittlere Sicht die Restauration unterminieren könnte)? Die Muslimbruderschaft steht in dieser Situation
vor zahlreichen Herausforderungen, und in den ersten Monaten nach
dem Putsch war das religiöse Lager zerstrittener und gespaltener als jemals zuvor.

Al-Azhar unterstützte die verabscheuungswürdigen Übergriffe auf
Mitglieder der Muslimbruderschaft. 'Ali Gum'a (der ehemalige Groß-
mufti von Ägypten) und viele andere Repräsentanten des offiziellen Islam
äußerten sich zustimmend zu den repressiven Maßnahmen nach dem
Juli-Putsch. Yusuf al-Qaradawi und andere Geistliche, die der Bruderschaft nahestanden, wetterten auf den Fernsehschirmen gegen diese Kräf-

te.[44] Beide Seiten bedienten sich dabei nicht nur des religiösen Vokabulars, sondern bezogen sich vielfach auch auf den Koran und die Hadithen. In orthodoxer, sunnitischer Sprache beschuldigten sie sich gegenseitig als *Khawarij*, als Abweichler vom rechten Glauben, und beide Seiten stützten diese Anschuldigungen darauf, dass die andere Seite dem rechtmäßigen, legitimen Führer (der für die einen Mursi und für die anderen al-Sisi war) keinen Gehorsam entgegenbringen würde. Al-Qaradawi verwendete die Bezeichnung »Sufi« auch als Beschimpfung für 'Ali Gum'a.

Man sollte daran erinnern, dass das türkische Diyanet (das Präsidium für Religionsangelegenheiten und damit der türkische Wächter des offiziellen Islam) während der Unterdrückung der Islamisten durch das Militär 1997 nicht in diesem Umfang in Anspruch genommen wurde. Selbst wenn es in dieser Weise benutzt worden wäre, ist es unwahrscheinlich, dass es ebenso viel Einfluss hätte ausüben können. Der offizielle Islam in der Türkei war nicht so stark getrennt von der (islamischen) politischen Gesellschaft.

Al-Azhar ist zweifellos die älteste und berühmteste islamische wissenschaftliche Institution der Welt. Auch wenn manche ihre Zurückstufung zu einer offiziellen Einrichtung als einen Erfolg des alten Regimes (oder, abhängig vom Blickwinkel, als einen schweren Fehler) betrachten,[45] hat sich al-Azhar im Laufe ihrer Geschichte stets für die Aufrechterhaltung von Ordnung und Stabilität eingesetzt und Gehorsam gegenüber dem Glauben gepredigt.[46] Diese Haltung deckt sich theologisch mit einem grundlegenden Gebot des »traditionellen Islam«: dem Gehorsam gegenüber der legitimen Autorität, um die Einheit der Gemeinschaft der Gläubigen zu bewahren. Legitimität wird hier minimalistisch als die Fähigkeit der Autorität definiert, die islamische Lebensart im gesamten Land aufrechtzuerhalten.[47] Aufgrund dieses Gebots (sowie eines großen Beamtenapparats und einer langen Ausbildungstradition, die Menschen aus allen Teilen der Welt anziehen) verfügt al-Azhar über eine Autorität, die weit über jene des türkischen Diyanet hinausreicht.

Durch die engen Verflechtungen von al-Azhar mit der Zivilgesellschaft wurde (und wird) Zustimmung zum alten Regime erzeugt. Vertreter der Körperschaft sitzen in den Vorständen zahlreicher Wohltätigkeitsorganisationen und philantropischer Einrichtungen. Sie schreiben Kolumnen in Zeitungen. Es gibt keine klare Trennung zwischen der Zivilgesellschaft und dem offiziellen Islam.

Als die Muslimbruderschaft es wagte, die Menschen gegen die Generäle zu mobilisieren, traf sie nicht nur auf den Widerstand des offiziellen Islam, sondern rief auch unter den Salafisten Unmut hervor. Letztere werden nicht nur durch ihre spezifische Auslegung des Islam motiviert (die wortgetreuer und stärker auf Gehorsam ausgerichtet ist als der offizielle Islam), sondern werden auch durch ihre engen Bindungen an die Golfstaaten beeinflusst. Der sichtbarste Konflikt im salafistischen Lager in der jüngeren Zeit war die Spaltung in zwei Fraktionen, deren eine sich auf die Seite des Militärs stellte, während die andere für die Bruderschaft Partei ergriff. Würde sich der Konflikt darin erschöpfen, könnte man mit einiger Sicherheit vorhersagen, dass langfristig die dem Militär zugeneigten Kräfte marginalisiert werden und eine am türkischen Vorbild ausgerichtete Vereinheitlichung in einer einzigen Organisation erfolgen würde. Doch die Dinge sind wesentlich komplizierter. Zwei große salafistische Organisationen (Ansar wa al-Sunna und al-Gama'iyya al-Shara'iyya) versuchten sich vom allgemeinen Prozess abzukoppeln und eine Äquidistanz zur Bruderschaft und zum Militär aufzubauen, um ihre *da'wa* (ihre missionarischen Aktivitäten) und ihre Wohltätigkeitsprojekte weiterführen zu können. Andere größere Vereinigungen sind mittlerweile weitgehend desorganisiert, und es ist nicht klar, in Richtung welchen Pols sie sich treiben lassen werden.[48] Dies hat eine weitere Fragmentierung der islamischen politischen Gesellschaft zur Folge.

GEWERKSCHAFTSBEWEGUNG UND ISLAM
IM POLITISCHEN PROZESS TUNESIENS

Der Aufstand in Tunesien führte zum vollständigen Abtritt des alten Regimes, was die Bildung einer islamistisch geführten Regierung begünstigte und beschleunigte. Diese Koalitionsregierung, die auch liberale Kräfte umfasste, setzte die Wirtschaftspolitik des alten Regimes fort und hielt die

Bindung an den Westen aufrecht. Anders als das Regime von Ben Ali musste sich die neue Regierung jedoch sowohl mit einem islamistischen Aufstand als auch mit der Mobilisierung der Arbeiterschaft auseinandersetzen. Beides beeinträchtigte nachhaltig ihre Chancen, das Türkische Modell zu übernehmen.

Die Mobilisierung der Arbeiter war mehr als ein Stachel im Fleisch der passiven Revolution in Tunesien. Sidi Bouzid wurde ab April 2012 zum Zentrum der Forderung nach einem Generalstreik.[49] Im Sommer desselben Jahres kam es hier zu größeren Unruhen.[50] Forderungen nach sozialer Gerechtigkeit richteten sich nun an die von Islamisten geführte Regierung, und der Generalstreik in dieser Provinzstadt, wo der Arabische Frühling seinen Ausgang genommen hatte, verband sich mit dem Ruf nach einer zweiten Revolution.[51]

Im Dezember 2012 kam es zu weiteren Protesten auch in anderen Landesteilen.[52] Im Januar 2013 fanden in einer Provinzstadt militante Proteste gegen die Arbeitslosigkeit statt, die vom Militär niedergeschlagen wurden.[53] Weitere Demonstrationen und Streiks erschütterten das Land zum zweiten Jahrestag der Flucht von Ben Ali. Die Führer der Islamisten räumten ein, dass es ihnen nicht gelungen sei, soziale Probleme wie die Armut und die Arbeitslosigkeit zu thematisieren.[54] In dieser Atmosphäre fielen schließlich zwei bekannte linke Politiker Attentaten zum Opfer.

Einer von ihnen war Chokri Belaïd. Belaïd hatte sich in der Gewerkschaftsbewegung und in sozialistischen Organisationen betätigt und strebte eine Vereinigung der tunesischen Linken an. Die internationalen Medien, die üblicherweise die Aufstände in der arabischen Welt auf den Konflikt zwischen säkularen und religiösen Kräften reduzierten, bezeichneten Belaïd als »säkularen« Politiker. Doch weder das neue Regime noch dessen Widersacher waren in erster Linie durch ihre Einstellung zur Religion charakterisiert. Im Unterschied zur Regierung der Muslimbruderschaft in Ägypten umfasste die tunesische Koalitionsregierung auch ein starkes säkulares Element. Auch zur Opposition auf der Straße gehörten viele säkulare Gruppen, doch diese ermordeten Politiker waren in erster Linie Repräsentanten der Linken.

Die Fragilität des tunesischen Neoliberalismus wird durch die begleitenden Faktoren dieser Attentate illustriert. Die organisierte und mobilisierte Arbeiterschaft wollte sich nicht mehr abfinden mit der neoliberalen Politik, daher mussten aus der Sicht des Regimes diese Arbeiterführer aus dem Weg geräumt werden. Islamisten unterschiedlicher Ausrichtung fanden sich dazu bereit, bekannte Persönlichkeiten zu ermorden (oder sie waren zumindest nicht imstande, entsprechende Verschwörungen von Kräften des alten Regimes zu vereiteln).[55] Eine passive Revolution nach türkischem Muster wurde daher in Tunesien zunehmend unwahrscheinlicher.

Doch die Attentate nützten dem Regime nicht viel. Die Instabilität nahm zu. Mehrere Monate lang forderten sowohl die Regierung als auch die Oppositionsparteien einen nationalen Dialog. Es wurden Schritte unternommen, um die Stabilität der Regierung zu stärken, jedoch ohne unmittelbaren Erfolg. Ein Teil der Linken weigerte sich, an diesen Dialogversuchen mitzuwirken (während sich die UCTT und die Kräfte des alten Regimes an den Gesprächen beteiligten). Diese linken Gruppen vertraten die Ansicht, dass »Dialog« in diesem Zusammenhang nur ein Deckmantel sei für intransparente Wahlen.[56]

Unterdessen dauerten die Proteste der Arbeiterschaft an, und 2013 nahm die Streikaktivität nach Angaben der Regierung um 14 Prozent zu. Die neue Regierung ignorierte beharrlich die Forderungen der Gewerkschaften. Sie erklärte nicht nur Streiks für illegal, sondern bekräftigte auch, dass die Beschäftigung und die Löhne nur steigen könnten, wenn die Bevölkerung »härter arbeiten« würde; Streiks würden dazu nicht hilfreich sein.[57] Mit anderen Worten, das neue tunesische Regime war nicht nur in seiner konkreten Politik neoliberal, sondern auch in seiner Tonlage und in seiner grundsätzlichen Ausrichtung: Es verfocht die Auffassung, dass Arbeitslosigkeit, Armut und niedrige Löhne eine Folge individueller Unzulänglichkeiten seien, insbesondere von Faulheit.

In dieser Situation veröffentlichte Rachid al-Ghannouchi, der als bekanntester islamistischer Demokrat der Welt gilt, einen Kommentar auf der Internetseite der englischen Zeitung *The Guardian*.[58] Darin wies er zu Recht darauf hin, dass seine Partei darauf verzichtet habe, die Macht für sich allein zu beanspruchen, und auch bestimmten säkularen Kräften Ministerposten überlassen habe. Auch wenn er Ägypten nicht erwähnte, war dieser negative Bezug offenkundig. Der islamistische Demokrat wollte damit andeuten, dass seine Partei nicht die Muslimbruderschaft sei. Er ging allerdings auch nicht auf die tatsächlichen Herausforderungen ein, indem er für alle Gewaltakte Machenschaften des alten Regimes verantwortlich machte und damit implizit bestritt, dass die Konflikte zwischen den religiösen Kräften in seinem Land nicht mehr beherrschbar waren. Dies anzuerkennen hätte bedeutet, die Ähnlichkeiten zu Ägypten einzugestehen. Doch al-Ghannouchi teilte einen zentralen Punkt mit der ägyptischen Bruderschaft in seiner Charakterisierung der arabischen Revolte. Er reduzierte den Arabischen Frühling auf einen Aufstand für »Freiheit und Würde« und schob dadurch die beiden anderen Kernthemen der Jahre 2011 bis 2013 an den Rand: die soziale Gerechtigkeit und die Forderung nach Brot. Für diese beiden Forderungen hatte sich der ermordete Politiker Belaïd eingesetzt. Wie das ägyptische Leitungsbüro entschlossen sich auch die Führer der tunesischen Islamisten dazu, einen manchmal offenen, manchmal verdeckten Kampf gegen eine Seite der Revolution zu führen.

Im Hinblick auf das »Türkische Modell« sandte Ghannouchi ähnliche Signale aus wie die ägyptischen Islamisten. Im Gespräch mit einer türkischen Zeitung betonte er, dass er den wirtschaftlichen Weg der Türkei als höchst nachahmenswert betrachte. In anderen Zusammenhängen bezeichnet er jedoch auch die schwedische Sozialdemokratie als sein grundlegendes wirtschaftliches Vorbild, was von einer noch größeren politischen Verwirrung als bei den ägyptischen Islamisten zeugte. Doch in der Frage des Verhältnisses von Religion und Staat äußerte sich Ghannouchi unmissverständlich: Der Neo-Säkularismus der AKP sei abzulehnen. Der tunesische Staat solle auf einer demokratischen Form des islamischen Rechts beruhen, nicht auf säkularem Recht wie der Staat in der Türkei.[59]

In Übereinstimmung mit dieser Sichtweise pflegte die regierende Partei einen freundlichen Umgang mit den salafistischen Gruppen, von denen einige weiterhin in der Partei verblieben. Bis März 2012 hatten die Salafisten, wie offizielle Quellen schätzten, die Kontrolle über mehr als 400 Moscheen im ganzen Land erlangt, in manchen Fällen, indem sie den bisherigen Imam aus dem Amt gedrängt hatten.[60] Diese islamistische Offensive sah ganz und gar nicht nach dem Türkischen Modell aus.

In dieser unübersichtlichen Lage blieb unklar, woher genau die angebliche »Sabotage« des neuen Regimes durch die Salafisten kam. (Von religiösen Akteuren innerhalb der Partei? Von religiösen Kräften, welche die Partei ablehnten? Von einer Gruppe von Verschwörern aus dem alten Regime?) In dieser Hinsicht unterschied sich die Fragmentierung der islamischen politischen Gesellschaft in Tunesien deutlich von jener in Ägypten. Anstatt die Monopolisierung der Religion durch die »Gemäßigten« organisatorisch und ideologisch infrage zu stellen, versammelten sich auch die Salafisten institutionell unter einem Dach, nur um die politische Gesellschaft von innen zu sprengen.

Unabhängig davon, wer in der islamischen politischen Gesellschaft die tonangebende Rolle innehatte, unterschied sich der allgemeine Kontext auch von der Situation in der Türkei in den 2000er-Jahren. In den ersten zehn Jahren der AKP-Regierung waren die Islamisten bereits erfolgreich demobilisiert worden (zuerst durch das Eingreifen des Militärs, dann durch die regierende islamistische Partei selbst). Im Gegensatz dazu agierte die regierende Partei in Tunesien in einem Kontext fortdauernder Mobilisierung. Anders als in den Glanzzeiten der AKP waren bereits die ersten Monate der islamistischen Regierung in Tunesien durch eine intensive Straßenmobilisierung gekennzeichnet, die das Ziel der Islamisierung unterschiedlicher Institutionen verfolgte. Dazu gehörten auch das staatliche Fernsehen, die Universitäten und die Ministerien.[61] Die Ennahda-Bewegung vollführte einen Drahtseilakt: Sie musste die Botschaft aussenden, dass sie die Forderungen der islamistischen Demonstranten unterstütze, während sie zugleich allen anderen Kräften versichern musste, dass sie nicht beabsichtige, einen islamischen Staat zu errichten. Es ist unklar, inwieweit Ennahda die eigene Basis überzeugen konnte, doch das in weiten Teilen der Gesellschaft verbreitete Gefühl der Bedrohung durch eine aggressive islamistische Partei führte zu einer Konsolidierung und schließlich einer Gegenmobilisierung der säkularen Kräfte.

Im Ergebnis besiegte ein Bündnis aus Säkularisten, Angehörigen des alten Regimes, einigen linken Gruppen und der Gewerkschaften die Islamisten bei den Wahlen im Oktober 2014. Es ist noch zu früh, das Ende des islamischen Liberalismus in Tunesien auszurufen, doch zum gegenwärtigen Zeitpunkt hat er schlechte Karten. Im Zuge der Bereitschaft von Ennahda, nach den demokratischen Wahlen die Macht abzugeben, wurde in einigen internationalen Medien bereits von einem »Tunesischen Modell« gesprochen. Es wäre jedoch verfrüht, die Errichtung einer gefestigten Demokratie zu feiern, denn wie sich die Gewerkschaften, die Salafisten und Ennahda in der Zukunft verhalten werden, ist nicht vorhersagbar.

INSTITUTIONELLES VERSAGEN ALS ERGEBNIS VON WECHSELWIRKUNGEN: EIN ERKLÄRUNGSRAHMEN FÜR POSTREVOLUTIONÄRE PROZESSE

Welche Erkenntnisse über Revolutionen im Allgemeinen können wir aus den partiellen Erfolgen des ägyptischen und des tunesischen Aufstands gewinnen? Revolutions- und Mobilisierungsforscher möchten gerne grundlegende Faktoren ermitteln, die es ermöglichen, die Erfolgsaussichten politischer Mobilisierungen einzuschätzen. Geisteswissenschaftler, aber auch Sozialwissenschaftler halten dagegen: Revolutionen sind per Definition irreguläre Ereignisse, stellen sie fest. Daher lassen sie sich im Grunde nicht erklären, geschweige vorhersagen. Diese beiden Extrempositionen sind Sackgassen. Die Sozialwissenschaften geben uns Instrumente an die Hand, die es uns ermöglichen zu untersuchen, wie sich revolutionäre Prozesse entwickeln, wenngleich sich damit nicht vorhersagen lässt, wann und wo Revolutionen beginnen.

Die soziologische und politikwissenschaftliche Forschung von den 1970er- bis zu den 1990er-Jahren hat zu einem breiten (wenngleich nicht unangefochtenen) Konsens über bestimmte variable Größen geführt, die für die Wahrscheinlichkeit der Entstehung nicht nur einer Revolution, sondern auch einer Revolte maßgebend sind. Dazu gehören folgende Faktoren: Gegensätze innerhalb der Eliten, die Herausbildung einer sympathisierenden Elite, ein finanzieller Zusammenbruch der Regierung, die schwindende Bereitschaft oder Fähigkeit des Militärs, Widerstand zu unterdrücken, sowie Ressourcen und Netzwerke, auf die sich die oppositionellen Kräfte stützen können. Vor allem in schwächeren Ländern ist anscheinend auch von Bedeutung, ob der Weltkontext revolutionäre Umbrüche offen zulässt. Diese staatsbezogenen Variablen wurden als Alternativen zu den soziopsychologischen und politisch-ökonomischen Bestimmungsfaktoren betrachtet, die bis zum Ende der 1970er-Jahre für die Erklärung von Revolutionen herangezogen wurden.

Platons alte Erkenntnis nahm anscheinend bereits die Betonung der *günstigen Gelegenheit* in der späteren Literatur vorweg: »Ist es nicht ganz einfach so, dass sich jede Veränderung der Verfassung daraus *ergibt,* dass in dem Teile der Bürgerschaft, der die Herrschaft innehat, Uneinigkeit entsteht? Bleibt dieser einig, und mag er noch so klein sein, so ist eine Bewegung nicht möglich.« (Hervorhebung C. T.) Jack Goldstone bemerkt dazu: »Diese Beobachtung ist auch heute noch so zutreffend wie damals.«[62] Mit anderen Worten, in der vorherrschenden Sozialwissenschaft werden auf den Staat bezogene Gegensätze und Konflikte nicht nur als unabhängig von den anderen Faktoren betrachtet, sondern als wesentlich wichtiger als diese (wie auch bereits aus dem Ausdruck *sich ergeben* hervorgeht).[63]

Im Fall der Aufstände in den arabischen Ländern waren diese staatsbezogenen Veränderungen das Ergebnis der Bewegungen selbst, und nicht Faktoren, die zu den Aufständen führten. Sowohl in Tunesien wie in Ägypten bemühten sich die Eliten um größtmöglichen Zusammenhalt. Die Menschen gingen auf die Straßen und erzwangen mehr Zugeständnisse (wie etwa weitere Rücktritte von Ministern). Vor allem in Tunesien versuchte die herrschende Elite ihre Stellung zu erhalten, indem sie sich des Diktators entledigte. Doch die Bevölkerung gab sich damit noch nicht zufrieden, bis schließlich in den Wochen nach dem Sturz von Ben Ali viele weitere Angehörige des »alten Regimes« ihre Posten räumten.

Es gab auch keine internationalen Signale in Richtung Revolution. Der französische Außenminister bot militärische Hilfe an, um den Aufstand in Tunesien niederzuschlagen. US-Außenministerin Hillary Clinton verkündete, dass das ägyptische Regime, anders als das tunesische, politisch stabil sei. In beiden Fällen änderten die westlichen Mächte erst wenige Tage vor dem Sturz der jeweiligen Präsidenten ihre Haltung. Darüber hinaus waren auch keine Anzeichen festzustellen, dass das tunesische und das ägyptische Regime aus finanziellen Gründen zusammenbrechen würden. Die Zahlen und die Einschätzungen des IWF und der Weltbank wiesen für beide Länder eine stetige Zunahme des BIP pro Kopf und der Staatseinnahmen aus. In Ägypten war zudem die Arbeitslosigkeit rückläufig, in Tunesien aber stieg sie.

Gibt es eine Möglichkeit, diese Schwierigkeiten zu umgehen, indem man sich auf die wichtigsten staatsbezogenen Variablen konzentriert? Welche Vorschläge hat die bestehende Revolutionsforschung anzubieten? Jeff Goodwin versuchte in seinem Buch *No Other Way Out* die staatsbezogenen Variablen stärker einzugrenzen, indem er sämtliche Revolutionen untersuchte, die sich seit 1945 ereigneten, anstatt seine Argumentation nur auf einige wenige zu stützen. Goodwins Hauptargument lautete, dass Menschen Revolutionen nicht durchführen, wenn sie frustriert sind oder wenn sie makellose revolutionäre Organisationen besitzen, sondern wenn ihnen keine andere Wahl bleibt, worauf auch der Buchtitel anspielt (ein Satz, den er von Leo Trotzki entlehnte). Goodwin trieb diesen staatsbezogenen Ansatz auf die Spitze und bestritt, dass Ressourcen, Netzwerke und Ideologien eine zentrale Rolle spielten (die übrigen Faktoren, die in der vorherrschenden Forschung als relevant betrachtet werden). Staaten, die revolutionäre Bewegungen begünstigen, sind repressive Staaten, jedoch infrastrukturell schwach, argumentierte Goodwin. Staaten, die durch einen Umsturz gefährdet sind, sind nicht nur repressive und infrastrukturell schwache, sondern auch patrimoniale (und keine bürokratischen) Staaten.[64]

Ägypten passte weder in die allgemeinen Muster, die von den Sozialwissenschaftlern ermittelt worden waren, noch in jene, die Goodwin herausgearbeitet hatte. In Ägypten existierte eine gut organisierte, nicht-revolutionäre Opposition (die Muslimbruderschaft). Es gab Luft zum Atmen (zum Beispiel eine zunehmend unabhängiger werdende Presse unter Mubarak). Mubarak besaß bis in seine letzten Amtstage internationale Unterstützung. Es gab keinen militärischen Zusammenbruch. Und der

Staat verfügte über eine hohe Kapazität, repressive Maßnahmen auszuführen. Aus demselben Grund greifen hier auch die Erklärungsansätze der Netzwerk- und Ressourcenmobilisierung nicht. Die wichtigste Organisation, die über Netzwerke und Ressourcen verfügte (die Muslimbruderschaft), stellte diese erst nach dem 25. Januar in den Dienst der revolutionären Kräfte (also erst *nachdem* klar geworden war, dass die revolutionäre Mobilisierung Ägypten verändern würde, nicht vorher).

Auch der tunesische Aufstand stellt die gängigen Erklärungsmuster infrage. Es trifft zu, dass der tunesische Staat in hohem Maße repressiv war, es ist jedoch fraglich, ob er patrimonial (oder »sultanistisch«) war.[65] Volkswirtschaftler und Sozialwissenschaftler haben nach dem Aufstand zahlreiche Belege für die These eines patrimonialen (oder »sultanistischen«) Charakters dieses Staates zutage gefördert, doch bis 2011 galt Tunesien in der arabischen Welt (und speziell in der Maghreb-Region) als Musterbeispiel für Bürokratisierung und für ein relativ geringes Maß an Korruption.[66] Doch es steht außer Frage, dass dieser Staat über die Kapazitäten verfügte, die Massenproteste in den Städten und auf dem Land niederzuschlagen, die schließlich zum Sturz des alten Regimes führten (wenngleich er nicht die Fähigkeit oder den Willen besaß, stärker irregulär geprägte Erhebungen wie jene, die nach 2011 von den salafistischen Milizen organisiert wurden, zu unterdrücken). Die zwei von Goodwin angeführten Schlüsselvariablen können also die tunesische Revolte nicht erklären.

Um auf Goodwins Buchtitel zurückzukommen: Es wäre nicht richtig, zu behaupten, dass die Ägypter »keinen anderen Ausweg« gehabt hätten. Sie hatten viele Möglichkeiten, wozu nicht nur die Muslimbruderschaft und die zunehmend freier werdende Presse gehörten, sondern auch säkulare, christliche und islamische Wohltätigkeitsorganisationen, die ebenfalls als politische Kanäle wirkten. Dennoch erzeugten die Proteste vom 25. Januar eine Atmosphäre, welche die Menschen zu der (zumindest kurzzeitigen) *Annahme* veranlasste, dass sie tatsächlich keinen anderen Ausweg hätten als die Revolution. Dass die Revolutionäre diese Atmosphäre nicht aufrechterhalten konnten (das heißt, dass zuerst die Wahlen und dann der Putsch als »Auswege« aufgefasst wurden), zeigt, dass wir uns ebenso stark auf den *Prozess der Revolte* wie auf die ursprüngliche Revolte selbst konzentrieren müssen. Um es anders auszudrücken und wie bereits in Kapitel 1 in Bezug auf den Nahen Osten in der Zeit nach 1980 gezeigt wurde, war es der islamistischen Mobilisierung gelungen, den Eindruck zu erwecken, dass es keinen *säkularen* Ausweg gäbe. Die Aktivitäten der Islamisten verstärkten den Glauben an die unausweichlich korrupte Natur des Säkularismus und an eine unmittelbar bevorstehende Machtübernahme der Islamisten. Demgegenüber schaffte es die Revolte des Jahres 2011 nicht, ihre Version der »Illusion der Unausweichlichkeit« in die Wirklichkeit zu übertragen.

Diese Beobachtung ermöglicht es uns, uns etwas näher mit jenem Autor zu beschäftigen, der eigentlich hinter diesem prägnanten Buchtitel steht. Es ist unklar, ob sich Trotzki mit seiner Bemerkung, dass die Menschen erst dann zu einer Revolution bereit sind, wenn sie »keinen anderen Ausweg« mehr sehen, auf eine objektive und genau erfassbare Situation bezog. Trotzki brach damit implizit mit Lenins Definition einer revolutionären Situation.[67] In Lenins Formel wurde zu wenig berücksichtigt, inwieweit die Unfähigkeit der Oberschicht, weiter die Herrschaft auszuüben, und die Unwilligkeit der Unterschicht, sich weiterhin beherrschen zu lassen, zumindest *zum Teil* durch die Aktivitäten der Bolschewiki verursacht wurden.[68] Die Entwicklung einer revolutionären Situation ist nicht vollkommen unabhängig vom menschlichen Willen (ein Kernpunkt, in dem sich Trotzkis Definition von jener Lenins unterscheidet). Goodwin hat uns dankenswerterweise an eine lange in Vergessenheit geratene Formulierung (»keinen anderen Ausweg«) erinnert, doch wir müssen stets im Kopf behalten, dass Aufstände und revolutionäre Aktivitäten entscheidende Faktoren dafür sind, nicht-revolutionäre »Auswege« unmöglich zu machen.

Die Aufstände von 2011 schienen die Vorhersagen und Hoffnungen der Anarchisten und der Autonomen, aber auch die Erkenntnisse der Wissenschaftler zu bestätigen. Die Revolte war scheinbar »führungslos« (was in Wirklichkeit aber nicht der Fall war). Der Erfolg sei maßgeblich durch eine »Multitude« ermöglicht worden (ein Netzwerk rhizomatisch verbundener Gruppen, die mittels symbolischer Aktionen die Angst überwanden). Es verwundert daher nicht, dass im Laufe des Jahres 2011 immer wieder die Namen Gilles Deleuze und Antonio Negri und deren Ideen auftauchten.

Slavoj Žižek trat als Kritiker ebenso wie als Befürworter der globalen Bewegung hervor, doch sein Ansatz wurde auch von jenen übernommen, die die spontaneistische Ideologie dieser Bewegung weitertrugen. In seinen Reden und Schriften verwendete Žižek gerne folgendes Bild: »In den Comics über Tom und Jerry ... läuft die Katze über den Abgrund, doch sie fällt nicht hinab. Als sie aber nach unten schaut und sieht, dass sich unter ihren Füßen kein Boden mehr befindet, fällt sie. Die Machthabenden müssen sich in einer solchen Situation befinden, damit sie stürzen können.«[69] Ich werde gleich darauf zurückkommen, was diese eher philosophisch denn soziologisch ausgerichtete Interpretation der Revolution tatsächlich bedeutet, zunächst aber möchte ich mich mit einem stärker soziologisch ausgerichteten, nicht-erklärenden Ansatz befassen.

Es gibt nur ein einziges sozialwissenschaftliches Werk aus den vergangenen Jahrzehnten, das wir in die Reihe dieser Namen aus den Geisteswissenschaften stellen können: das Buch *Unthinkable Revolution* von Charles Kurzman. In diesem Buch versuchte der Autor, alle staatszentrierten, auf Ressourcenmobilisierung bezogenen politisch-ökonomischen und kulturellen Erklärungen der iranischen Revolution zu widerlegen, und vertrat die These, dass die Mobilisierung selbst erst die für die Revolution notwendigen Möglichkeiten, Ressourcen und Kultur hervorbrachte. Doch Kurzman entwickelte keinen alternativen Erklärungsrahmen, um zu zeigen, weshalb die Mobilisierung dazu imstande gewesen sei. Ein solcher Rahmen würde es uns ermöglichen, die Faktoren, die im iranischen Kontext die entscheidende Rolle spielten, mit anderen und vielleicht auch den aktuellen Fällen zu vergleichen. Vielmehr vertrat er die Auffassung, dass revolutionäre Prozesse sich notwendigerweise jeglichen Erklärungsversuchen widersetzen. Wir können Revolutionen nur interpretieren, stellte er fest, wir können sie nicht erklären.[70]

Wie könnte dann eine Interpretation der arabischen Revolte lauten? Damit können wir uns wieder Žižek zuwenden, oder besser noch, einer

Interpretation der Comic-Variante der Revolution durch einen eigenwilligen Soziologen wie Armando Salvatore, der den Beginn des revolutionären Aufstands folgendermaßen beschrieb:

> Ein Blick in das schreckliche, schöne und unerfassliche Reich der reinen Affirmation der Bedürfnisse des Volkes ... ermöglicht durch Missstände, die am Ende sublimiert wurden in eine unerbittliche Politik der Präsenz, in etwas, das zum Zwecke der Selbstidentifzierung, der Kommentierung und der Medienberichterstattung unter dem universellen Begriff eines »Volkswillens« banalisiert werden kann, in Wirklichkeit aber nicht erfassbar ist ... Nicht nur kollektive Findigkeit oder charismatische Führung ... sondern beinahe deren Gegenteil, eine Abrechnung mit Illusion und Täuschung als Realisierung dessen, was wesentlich ist. Nicht länger in der Luft schwebend, sondern, wenn auch nur für einen kurzen glücklichen Augenblick, den realen Boden des Leidens, der Solidarität und der Freude berührend.[71]

Mit dieser blumigen Sprache versuchte Salvatore einfach nur zum Ausdruck zu bringen, dass Menschen stets nach Selbstorganisation und Solidarität streben, aber nicht entsprechend handeln können, weil den Herrschenden eine imaginäre Allmacht zugeschrieben wird. Erst wenn diese Illusion verschwunden ist, nehmen die Menschen die Leiden und die Freuden der Revolution an. Doch die Gelehrten sagen uns nicht, wann und wo diese Illusion von Allmacht am ehesten zerschlagen werden kann, und auch nicht, weshalb und wieso. Die Geschichte ist chaotisch, so scheint es, und der Höhepunkt dieser Unordnung ist die Revolution.

Doch es gibt noch einen anderen Weg, um nach konkreten, isolierbaren Ursachen zu suchen und zur nicht-erklärenden Interpretation zurückzukehren: die Untersuchung des Prozesses selbst.[72] Sowohl in diesem wie auch dem vorangehenden Kapitel sollte gezeigt werden, wie hilfreich sozialwissenschaftliche Konzepte sind, indem zunächst betrachtet wurde, wie der Machtblock, die Revolutionäre und die entstehenden Eliten den Prozess zu handhaben versuchten, und indem anschließend die sozialen Klassen in die Analyse des Prozesses einbezogen wurden.

Instrumente der analytischen Sozialwissenschaft erweisen sich als sehr nützlich, wenn wir uns auf den revolutionären Prozess konzentrieren anstatt auf den Augenblick des Ausbruchs der Revolte. Die »Multitude« der Autonomisten mögen dazu beitragen, die Sozialwissenschaft infrage zu stellen, doch es gelingt ihnen nur schlecht, Machtblöcke (bisweilen auch neu aufgestellte Machtblöcke) daran zu hindern, Aufstände unter Kontrolle zu bringen. In Tunesien wie in Ägypten konnten die Revolutionäre keine Programme und politischen Führer hervorbringen, die den revolutionären Prozess angeleitet hätten, und daher stießen bestimmte Akteure aus dem Machtblock (sowie aus aufsteigenden Schichten, die danach strebten, sich dem Machtblock anzuschließen oder vielleicht sogar dessen Führung zu übernehmen) rasch in dieses Vakuum vor. Die Glorifizierung der Solidarität von unten hebt die Stimmung in den ersten Wochen einer Revolte, führt jedoch nicht weiter und trägt auch nicht dazu bei, die Aktivisten für die Gefahren zu sensibilisieren, die in den folgenden Monaten auf sie warten, wenn mächtige Gruppen sich reorganisieren, um die Revolte einzufangen, zu vereinnahmen und zu unterdrücken.

In Anbetracht der Schwierigkeiten der Sozialwissenschaften mit dem eruptiven Ereignis und der Schwierigkeiten der Revolutionäre mit dem Prozess, müssen wir uns die Frage stellen, ob es überhaupt einen analytischen Rahmen gibt, der in der Lage ist, die Folgen und Nachwirkungen einer Revolte zu erklären. Auch wenn wir nicht erklären können, warum eine Revolte an einem bestimmten Ort und zu einem bestimmten Zeitpunkt entstand, können wir dann wenigstens den Prozess analytisch erfassen, in dem Revolutionäre (im Zusammenwirken mit Institutionen und anderen Akteuren) eine Situation schaffen (oder dabei scheitern), in der es »keinen anderen Ausweg« mehr gibt? Dieser Frage möchte ich nachgehen mittels einer Gegenüberstellung der vorherrschenden institutionalistischen Erkenntnisse und der Schlussfolgerungen aus den Konzepten von Antonio Gramsci.

EINE SOZIOLOGISCHE ALTERNATIVE ZUR INSTITUTIONALISTISCHEN KRISENFORSCHUNG

Eine staatszentrierte Analyse des revolutionären Scheiterns, die sich auf Institutionen und Legitimitätsfragen stützt, unterstreicht einmal mehr die Besonderheit des auf die politische Gesellschaft bezogenen Ansatzes, der in diesem Buch entwickelt wird.[73] In einer herausragenden Analyse der beiden Jahre nach dem Sturz Mubaraks ermittelte Ellis Goldberg die institutionelle Legitimität (und die Massenproteste, die sie untergruben) als die treibende Kraft der ägyptischen Politik. Die Armee und die Gerichte erschienen als die einzigen legitimen Institutionen (obwohl es auch viele Klagen über sie gab), während sich das (gewählte und von der Muslimbruderschaft beherrschte) Parlament und das Amt des Staatspräsidenten keine ausreichende Legitimität verschaffen konnten.[74] Die fortbestehende Legitimität zweier Institutionen des alten Regimes führte zu einem begrenzten Staatszusammenbruch und es gab keine demokratisch legitimierte Einrichtung, welche die dadurch entstehende Lücke zumindest teilweise füllen konnte. Diese Darstellung erfasst zwar einige Elemente der nachrevolutionären Situation in Ägypten, sie weicht aber der zentralen Frage aus: Warum waren das Parlament und das Präsidentenamt in der Zeit bis zum Juli 2013 noch keine legitimen Institutionen? Warum waren sie nicht imstande, die Herrschaft auszuüben, obwohl sie von der am besten organisierten religiösen und politischen Kraft Ägyptens (der Muslimbruderschaft) unterstützt wurden, die von den westlichen Eliten als die einzige Kraft wahrgenommen (und daher widerstrebend, zähneknirschend und mit Vorbehalten unterstützt) wurde, die Ägypten in der Zeit nach Mubarak Stabilität bringen konnte?

Die Unfähigkeit des Parlaments und des Präsidenten, sich Legitimität zu verschaffen, lässt sich nur vor dem Hintergrund der politischen Konzepte von Antonio Gramsci verstehen. Hätte die Bruderschaft eine hinreichend hegemoniale Stellung besessen, hätte sie die genannten Institutionen zu einem legitimen Block zusammenführen und anschließend jene Einrichtungen beseitigen können, die unnötig waren oder ihre Interessen gefährdeten. Aber dies wäre nur möglich gewesen, wenn die Muslimbruderschaft als professionelle politische Partei organisiert gewesen wäre. Die Dynamik der ägyptischen politischen Gesellschaft, wie sie in den Kapiteln 1 bis 4 dargestellt wurde, machte dies nahezu unmöglich. Anders ausgedrückt, Legitimität kann durch Politik erzeugt oder zunichtegemacht werden; die Legitimität oder Illegitimität einer Institution kann nicht als selbstverständlich vorausgesetzt werden. Institutionelle Legitimität kann daher nicht den Ausgangspunkt einer Analyse bilden.

Goldbergs Vergleich Ägyptens mit den klassischen Revolutionen (Frankreich, Russland, China) lehnt sich an die Auffassung der bekannten Soziologin Theda Skocpol an, die einen Zusammenbruch des Staates und eine anfangs unkontrollierbare Massenmobilisierung als die zentralen Faktoren in diesen Fällen herausarbeitete.[75] In Ägypten gab es eine revolutionäre Situation (die alten Eliten konnten die Macht nicht länger ausüben, und die Massen wurden dauerhaft mobilisiert), in der jedoch zwei Institutionen des alten Regimes, das Militär und die Gerichte, nicht zusammengebrochen waren. Ich möchte auf den Unterschied zwischen Ägypten und den klassischen Revolutionsbeispielen hinweisen, der in der fragmentierten und semi-professionellen Struktur der islamischen politischen Gesellschaft bestand und weniger in einem begrenzten Staatszusammenbruch. Das Ausmaß des staatlichen Zusammenbruchs ist zweifellos ein entscheidender Faktor. Dies hatten bereits Lenin und Trotzki in ihren Schriften zu diesem Thema herausgearbeitet (worauf Tilly in seiner klassischen Studie über Revolutionen hinwies und was Skocpol in ihrer Untersuchung unberücksichtigt ließ).[76]

Man könnte fast sagen, dass die Mehrheit der Sozialwissenschaften in einer (entpolitisierten und neutralisierten)»leninistischen« Phase stecken geblieben ist: Sie überbetont das machiavellistische Spiel der Kräfte unter den Bedingungen eines staatlichen Zusammenbruchs, theoretisiert aber nicht die historischen Vorbedingungen (und analysiert auch nicht das Entstehen) der machiavellistischen Akteure. Die Analyse des Machtblocks, wie sie in den vorhergehenden Kapiteln dieses Buches entwickelt wurde, erzählt uns viel mehr als das Konzept des »Staatszusammenbruchs«: Uns interessiert hier nicht lediglich die Krise der Institutionen, sondern vielmehr die Frage, inwiefern die Abstimmung der Institutionen auf die global und national dominierenden Klasseninteressen (das heißt deren Artikulation im Rahmen eines »Machtblocks«) scheitert. Darüber hinaus müssen wir sorgfältig untersuchen, wodurch die Verfasstheit der machiavellistischen Akteure bestimmt wird, die dieses Scheitern sowohl *beschleunigen* als auch in es *eingreifen* können. Die diffuse Hegemonie, die sich als Ergebnis einer Jahrzehnte während Interaktion zwischen dem Machtblock und der Muslimbruderschaft herausbildete, ließ zwar einen revolutionären Aufstand zu, aber keine Revolution. Der »Staatszusammenbruch« war »begrenzt« zum Teil auch wegen dieser hegemonialen Kräfteverhältnisse. Aufgrund ihrer unterentwickelten hegemonialen Fähigkeit konnte die Muslimbruderschaft den Staatszusammenbruch nicht weiter vorantreiben und setzte stattdessen ihre Hoffnungen auf die Wiederbelebung der Institutionen des alten Regimes.

In Frankreich hatten die Jakobiner die hegemoniale Position inne – wenngleich, wie Gramsci betonte, die Politik erst im späten 19. Jahrhundert durchgehend hegemonial wurde, auch in Westeuropa. In diesem Sinne entsprachen die hegemoniale Fähigkeit und die Parteiförmigkeit der Jakobiner nicht den politischen Orientierungen der modernen Akteure, sie waren jedoch Vorboten auf das Kommende. Die Bolschewiki agierten anfänglich wie eine hegemoniale Partei und waren daher imstande, eine soziale Revolution durchzuführen, obgleich die kommunistische Partei der Sowjetunion im Laufe der Zeit zu einer nicht-hegemonialen Institution herabsank. Die chinesische kommunistische Partei wurde durch den Langen Marsch geformt und blieb (trotz destruktiver Phasen wie der Kulturrevolution und der Politik der sogenannten Viererbande) eine relativ hegemoniale Partei, die die Verbindung mit den Volksmassen aufrechterhielt und eine fortdauernde kulturelle und politische Arbeit betrieb, die deren Forderungen und Erwartungen an einen »sinifizierten Marxismus« zum Ausdruck brachte.[77]

Ellis Goldberg hat daher wohl richtigerweise darauf hingewiesen, dass ein Faktor, der Ägypten von diesen klassischen Revolutionen unterschied, das Fortbestehen von zwei Institutionen des alten Regimes war; er vernachlässigte jedoch, dass eine hegemoniale politische Kraft die überlebenden Einrichtungen des alten Regimes durch einen erfolgreichen Umgang mit der Massenmobilisierung weiter unterminieren könnte. Die Führer der Muslimbruderschaft waren sich dieser Möglichkeit durchaus bewusst und taten ihr Bestes, um die Straße in ihre Bemühungen einzubeziehen und die Gerichtsbarkeit zu unterwandern und sich unterzuordnen. Doch ihre diesbezüglichen Fähigkeiten blieben weit hinter jenen der türkischen AKP zurück, die eine Verbindung herstellte zwischen politischer Mobilisierung (nicht nur der überzeugten Islamisten, wie es die Muslimbruderschaft versuchte, sondern auch der Liberalen und sogar eines Teils der Linken) und dem Aufbau internationaler Beziehungen (in die sogar die liberale anglophone Presse einbezogen wurde). Dank dieser erstaunlich erfolgreichen Mobilisierungs- und Manipulationsanstrengungen konnten schließlich das türkische Militär und die Justiz (im Zuge des bekannten Ergenekon-Prozesses) politisch neutralisiert und untergeordnet werden. In den Jahren bis 2013 war die AKP, so lautet meine These, im islamischen Kontext der wahre Erbe der Jakobiner (und von Machiavelli), obwohl die Kemalisten und andere säkulare Kräfte sich selbst (irrtümlicherweise) als Jakobiner verstanden. Der Unterschied zu Ägypten weist darauf hin, dass hegemoniale Parteien von entscheidender Bedeutung sind für die Durchführung und die Konsolidierung von Revolutionen (und auch von passiven Revolutionen), doch diese Erkenntnis muss noch weiter vertieft werden im Lichte der Diskussion anderer revolutionärer Beispiele.

Revolutionen eröffnen also Möglichkeiten für unterschiedliche Schichten und Gruppen: für die Ausgeschlossenen und Unterdrückten, aber auch für die nachgeordneten Flügel des Machtblocks sowie für ambitionierte Gruppen, die Anschluss suchen an den Machtblock. Die Struktur der politischen Gesellschaft hat großen Einfluss darauf, ob eine Revolte zu einer größeren (und systematischen) Umgruppierung und Ausdehnung des Machtblocks führt (hinsichtlich seiner gruppenmäßigen Zusammensetzung und seiner Fähigkeit, Durchsetzungskraft und Zustimmung zu organisieren).

Die professionalisierte und vereinte politische Gesellschaft in der Türkei führte eine passive Revolution herbei, wenngleich der alte Machtblock durch die Massendemonstrationen auf den Straßen nicht erschüttert wurde (die islamische Revolte war eine Mischung aus Widerstand und Zustimmung; der kurdische Aufstand war regional beschränkt, die Revolten der Arbeiter und der Jugend blieben schwach). Der fragmentierten und semi-professionalisierten politischen Gesellschaft in Ägypten gelang es nicht, die größte Erhebung in der Geschichte des Landes für sich zu nutzen und sowohl die Revolution als auch die passive Revolution von der Restauration niedergeschlagen. Der Berg von Aufgaben, den ein potenziell stabiler Machtblock zu bewältigen hat (die Revolutionäre integrieren und die Konterrevolutionäre neutralisieren oder ebenfalls integrieren und vieles mehr), erwies sich als zu groß für eine zersplitterte politische Gesellschaft. Alle politischen Kräfte, die die Revolution unterstützten, waren in einer schlechten Verfassung im Vergleich zu den passiven Revolutionären: Sie waren zwar mobilisiert, aber schwach, unerfahren, desorganisiert und verfügten über kein Programm.

Anstatt zu einer Erweiterung des Machtblocks zu führen (wie es in der Türkei geschah), hatten der Aufstand, die gescheiterte passive Revolution und die Konterrevolution zur Folge, dass der Block schrumpfte und seine Fähigkeit weitgehend einbüßte, Hoffnung zu schüren und Zustimmung für das System zu generieren. Es gibt zwar durchaus Zustimmung in Ägypten, doch diese Zustimmung ist so diffus und gestaltlos, dass die Nation nicht ihre Kräfte bündeln kann, um sich auf einen klar definierten Weg zu begeben. Kurz gesagt, es mag sehr schwierig sein, den Zeitpunkt und den Ort einer Revolte zu *erklären,* wir verfügen jedoch über das Handwerkszeug, um zu untersuchen, ob und wie eine Revolte sich zu einer Revolution ausweitet.

WIEDEREINFÜHRUNG DES KLASSENKONZEPTS

Der andere potenzielle Beitrag der Sozialwissenschaften zur Untersuchung von Revolten ist eine grundlegend überarbeitete Analyse der gesellschaftlichen Klassen. Die politische Ökonomie und der Kapitalismus blieben in den vergangenen drei Jahrzehnten in der politischen Soziologie der Revolte unberücksichtigt, und dieses Versäumnis hat eine Vielzahl blinder Flecken entstehen lassen. Dieser Gedanke wird in den letzten beiden Kapiteln dieses Buches weiter verfolgt werden.

Das Muster der Aufstände von 1848 wiederholte sich 1905: Die Intellektuellen und die Kapitaleigner mobilisierten zunächst die Arbeiterklasse, zogen sich dann jedoch auf eine gemäßigtere Position zurück und gaben schließlich den Konservativen nach.[78] Wiederholt sich dieses (oder ein ähnliches) Muster in der Aufstandsbewegung von 2011 bis 2013? In den folgenden Kapiteln werden wir dieser Fragestellung nachgehen mittels einer theoretisierenden Betrachtung und Untersuchung der neuen Mittelklasse.

DER GEZI-PARK:
ENDE DES TÜRKISCHEN MODELLS
ODER AUFBRUCH DER LINKEN?

DER SÄKULARE KORPORATISMUS ist keineswegs tot im Nahen Osten. Der revolutionierte und islamisierte Korporatismus des Iran und der islamische Liberalismus der Türkei stecken beide in einer tiefen Krise. Wie sieht die Zukunft der Region aus? Wir wissen, dass es keine konsistenten, klar ausformulierten Alternativen gibt, aber sind zumindest potenzielle alternative Entwicklungsmöglichkeiten denkbar?

In diesem Kapitel soll der Gedanke ausgeführt werden, dass die Linke das Potenzial besitzt, solche Alternativen hervorzubringen, wenngleich dieses Potenzial bislang nur latent vorhanden ist. Um die tief verwurzelten Schwächen wie auch die möglichen Stärken der Linken zu verstehen, möchte ich zunächst der Frage nachgehen, warum die Linke bislang nicht imstande war, Arbeitsplattformen, Koalitionen und Strategien zu entwickeln.[1] Anschließend wende ich mich der Überlegung zu, inwieweit die jüngste Aufstandswelle einige der historischen Schwächen der Linken kompensieren könnte. Aufgrund der Sozialgeschichte der Region mag ein klassischer Konflikt zwischen der Arbeiterklasse und dem Kapital nach westlichem Vorbild weniger wahrscheinlich sein, aber können vielleicht Entwicklungen im Spätkapitalismus, die in der Region uneinheitlich erfahren werden, die Möglichkeiten für einen postkapitalistischen Übergang schaffen, der möglicherweise auch im Westen neue Potenziale freisetzen könnte? Diesen Fragen möchte ich zunächst mittels einer Untersuchung der Mittelschichtenrevolte in der Türkei nachgehen, die unerwartete Formen angenommen hat. Im nächsten Kapitel wird die türkische Revolte in regionaler wie auch in globaler Perspektive betrachtet, um die neuen Horizonte zu erfassen, die sich aufgetan haben.

UMRISSE EINER LANGFRISTIGEN GESCHICHTE
DER LINKEN IM NAHEN OSTEN

Von großer Bedeutung ist eine Beschäftigung mit der Vorgeschichte der heute möglichen linken Alternativen: Wir müssen diese Kräfte in ihrem historischen Kontext verstehen, um beurteilen zu können, was sie zu einer solchen Entwicklung beitragen könnten und in welcher Form dies geschehen könnte. Warum wurde die islamische Politik Ende des 20. Jahrhunderts zur wichtigsten Triebkraft der Opposition? Warum waren linksgerichtete Bewegungen in der langen Geschichte des modernen Nahen Ostens eine weniger bedeutende Alternative?[2]

Die vorherrschenden Antworten auf diese Fragen haben das ökonomische Moment in den Vordergrund gerückt. Eine nicht-feudale Spielart der tributären Produktionsweise, die durch ein starkes Zentrum und einen hohen Stellenwert von Eroberungen charakterisiert war, hatte fragile Eigentumsverhältnisse zur Folge,[3] die sich verheerend auf die Entwicklung linker Alternativen auswirkten. Zum einen führte die schwache Stellung des Privateigentums zur Entstehung riesiger Staatsgebilde, in denen die herrschenden Schichten und die dominierende soziale Klasse miteinander verschmolzen (im Unterschied zum Feudalismus, wo sie weitgehend getrennt blieben). Im Verlauf des Niedergangs der tributären Produktionsweise in Europa mobilisierten die absolutistischen Monarchien den Kaufmannsstand gegen die feudalen Grundbesitzer.[4] Im Niedergang der tributären Produktionsweise im Nahen Osten spielte dagegen die Mobilisierung niemals eine solch wichtige Rolle.[5] Die Auseinandersetzungen innerhalb der herrschenden Elite waren von relativ größerer Bedeutung, was ein politisches Erbe hinterließ, das auch Klassenkämpfe kapitalistischer Natur eher behinderte.

Darüber hinaus hatten diese spezifischen Strukturen des Staates und der Wirtschaft auch eine Unterentwicklung der privaten Produktion in großem Maßstab zur Folge (was nach Ansicht mancher Forscher durch das im islamischen Recht verankerte Verbot des Wucherzinses und des *geschützten* privaten Grundbesitzes verstärkt, wenn auch nicht verursacht wurde[6] sowie auch durch dessen Tendenz, den Grundbesitz unter den Nachkommen aufzuteilen).[7] Die Konzentration und die Organisation der Bauern und der Arbeiterschaft waren daher im Vergleich zu Lateinamerika und Europa weniger stark ausgeprägt.

In marxistischen und anderen Erklärungsansätzen wird auch oft das politische Moment betont. Die Interaktion zwischen der lokalen und der internationalen Politik wird in der Literatur gewöhnlich in drei Punkten zusammengefasst: der Geschichte nationalistischer Konflikte, dem Einfluss des Zusammenbruchs der Sowjetunion und der Einmischung durch die Amerikaner.

Seit dem 18. Jahrhundert beschäftigte die Menschen im Nahen Osten die Frage, wie ihre Region zum Westen aufschließen könnte. In einigen Ländern verband sich diese Thematik auch mit der Frage nach politischen und militärischen Abhängigkeiten. Die Linke steuerte zu dieser Auseinandersetzung wichtige organisatorische und intellektuelle Ressourcen bei, was ihre Popularität und ihre politische Handlungsfähigkeit vorübergehend stärkte, sich jedoch auf lange Sicht nachteilig für sie auswirkte.

Der antikoloniale Befreiungskampf, der auf nationalistischen, sufistischen und/oder islamistischen Motiven und Organisationsvorstellungen beruhte, führte zu einer Marginalisierung oder Unterordnung sozioökonomischer Fragen. In der Folge wurde der Sozialismus gewissermaßen zum schmückenden Element nationalistischer Bewegungen und Entwicklungsregimes. Während dieses Problem der Linken auch in anderen Teilen der Welt zu schaffen machte (wie etwa in Mexiko und Argentinien), brachte die Verfügbarkeit islamischer Politik nach dem Scheitern des linken Nationalismus und dem Zusammenbruch des Sowjetblocks die Linke im Nahen Osten in eine ausweglose Lage. Die von den USA nach den 1970er-Jahren verfolgte Politik, die Dominanz des Islam insbesondere gegenüber dem linken Nationalismus wiederherzustellen, erfüllte ihren ursprünglichen Zweck, wenngleich sie sich langfristig als problematisch für die US-Interessen erwies.

Dennoch können die spezifischen Herausforderungen, die die religiöse Frage im Nahen Osten nach sich zieht, nicht auf diese politischen, diplomatischen und militärischen Dynamiken reduziert werden. Nicht einmal das jüngste und dringendste Problem – der Aufstieg islamischer Parteien, die in den verarmten Schichten den Platz der Linken eingenommen haben – wurde bislang ausreichend verstanden und strategisch bewertet. Und die Verwicklungen reichen noch weit tiefer.

Folgende Frage muss gestellt und untersucht werden, insbesondere durch Vergleiche mit Lateinamerika und Asien: Warum entstand im Kontext des Nahen Ostens eine populäre, nachhaltige und eindeutig nicht-sozialistische, sich auf die Religion stützende politische und ideologische Strömung – der »Islamismus« (im Unterschied zur relativ kurzlebigen Natur der auf dem Buddhismus, dem Konfuzianismus, dem katholischen Glauben oder dem Hinduismus fußenden Hegemonieprojekte auf diesen beiden Kontinenten)? Zu den zahlreichen Auswirkungen einer tief verwurzelten islamistischen (und nicht lediglich »islamischen«) Tradition, die sich vor allem im 19. und 20. Jahrhundert entwickelte, gehörte auch die blockierte und eingeschränkte Herausbildung einer Auslegung des Islam, die mit der lateinamerikanischen Befreiungstheologie vergleichbar gewesen wäre.

Auf den ersten Blick bildete die institutionalisierte Ungeschütztheit des Privateigentums den wichtigsten historischen Unterschied zu Lateinamerika, während der Hauptunterschied zu Indien und China in der fest verankerten monotheistischen Tradition (und deren gewaltigen politischen Ressourcen) bestand. Möglicherweise erklärt die Verbindung dieser beiden Faktoren, und nicht der grundlegende Gegensatz zwischen Islam und Christentum, den Unterschied zu Lateinamerika. Während sich nicht-proletarisierte und desorganisierte soziale Schichten in anderen nicht-feudalen tributären Gesellschaften radikalen linken Parteien zuwandten, hatten sie im Nahen Osten die Alternative, sich hinter dem Islam zu vereinen. So wurde beispielsweise im Falle Chinas eine zerstreute Bauernschaft durch die Kommunistische Partei zu einer starken, kollektivistischen Streitmacht geformt, während in den Ländern des Nahen Ostens die Zerstreuung der sozialen Klassen nicht in ähnlicher Weise überwunden werden konnte. In Lateinamerika waren die Proletarisierung und die Fähigkeit zur Selbstorganisation ausgeprägt genug, um es der Linken zu ermöglichen, das Christentum zu beeinflussen und in eine linke Richtung zu führen.

Mit anderen Worten, die Lösung der religiösen Frage gewann im nahöstlichen Kontext eine zusätzliche Bedeutung für die Linke, und zwar nicht nur, weil der Islam im Vergleich mit anderen Religionen hier viel tiefer in die wirtschaftlichen und politischen Strukturen verwoben ist. In Lateinamerika und selbst im frühen modernen Europa war die Lösung der religiösen Frage von entscheidender Bedeutung: *zuerst* für die Entwicklung des Kapitalismus (was die Anhänger Max Webers besonders hervorheben), *anschließend* für die Formulierung und Popularisierung von Alternativen zum Kapitalismus. Die zentrale Bedeutung der Religion für eine radikale gesellschaftliche Transformation ist daher kein spezifisch nahöstliches oder islamisches Phänomen. Der Liberalismus und der Konservatismus im Nahen Osten durchlaufen gegenwärtig ein ähnliches Stadium der religiösen Entwicklung, was das Verhältnis zum Kapitalismus betrifft: Die weitere Ausbreitung des Kapitalismus im nahöstlichen Raum zieht immer mehr (umgestaltete) islamische Ressourcen an. Die Konzentration des Reichtums, die in Kapitel 3 untersucht wurde, wird durch die Religion abgesegnet. Doch im Nahen Osten haben weder das linke noch das religiöse Lager bisher eine Möglichkeit gefunden, die religiöse Frage auf eine Weise zu lösen, die einer postkapitalistischen Transformation förderlich wäre.

Die Wendung des arabischen Sozialismus und die (teilweise) Autonomie der türkischen Linken

Nicht nur die Produktionsweisen,[8] die Geschichte der nationalen Befreiungskämpfe und die besondere Rolle des Islam sind einige der Gründe für die tief gehende Schwäche der Linken, auch die intellektuelle Geschichte zählt dazu. Die Intellektuellen in der Region waren sich zweifellos vieler der weiter oben erwähnten Probleme bewusst (wenngleich sie diese oft nicht in der hier dargestellten Weise betrachteten) und sie erkannten in einem linken, korporatistischen und etatistischen Nationalismus einen möglichen Weg zur Überwindung dieser Hürden (was bisweilen auch von der westlichen Linken und von der Sowjetunion unterstützt wurde). Mochte das vordergründig auch plausibel erscheinen, verstärkte dieser Pseudo-Ausweg jedoch die Marginalisierung der Linken.

Der arabische Sozialismus war Ausdruck der Suche nach einer »alternativen Moderne«, wie man es heute ausdrücken würde: das Verlangen danach, ein wichtiger Akteur in der modernen Welt zu werden, ohne das amerikanisch/europäische oder das sowjetische Modell nachzuahmen. Das Bestreben, einen eigenen Weg zu gehen, und der hohe Stellenwert, der diesem beigemessen wurde, war auch von einer Vorstellung von Authentizität beeinflusst, wie sie die deutsche Romantik gepflegt hatte. Ähnlich wie einige der heutigen Intellektuellen die islamische Spielart von Moderne als eine Alternative zu fest verwurzelten Paradigmen betrachten, rühmten westliche Gelehrte die arabisch-sozialistischen Offiziere und Intellektuellen als Schöpfer ihres eigenen Schicksals und als Urheber einer »schöpferischen Modernisierung« – eine Tatsache, die heute von den meisten Intellektuellen geflissentlich übersehen wird, die irrtümlicherweise den Autoritarismus und die verzögerte Modernisierung der Länder des Nahen Ostens (meist) der Bevormundung durch das Militär zuschreiben.[9] Der Romantizismus, der zumindest zum Teil im westlichen Denken wurzelt, spielte in diesem Drama eine wichtige Rolle. Man sollte nicht vergessen, dass die heutigen alternativen Bewegungen auch starke autoritäre Tendenzen aufweisen und dass sie nicht die ersten Bewegungen waren, die den Anspruch auf »Authentizität« erhoben. Zu bedenken ist ferner, dass die arabischen Sozialisten sich auf dem Papier zur Demokratie bekannten (dieses Bekenntnis gehörte zu Nassers sechs Grundprinzipien) und dies als Kampfruf gegen die Monarchien einsetzten, ganz ähnlich wie die heutigen Islamisten und die Konservativen die Demokratie gegen säkulare Nationalisten in Stellung bringen.

Die Entwicklung linker Ideen, vor allem der arabisch-sozialistischen Spielart, begann im Schatten des Solidarismus der 1930er-Jahre. Zum Teil aufgrund des starken Einflusses des Solidarismus der Zwischenkriegszeit wurde der Selbstorganisation im arabischen Sozialismus von Anfang an nur geringe Bedeutung beigemessen.[10] Dies beeinflusste auch die Herangehensweise der Linken an die Klassenproblematik. Der Klassenkonflikt wurde eher gering geschätzt, nicht nur, weil er der wirtschaftlichen Entwicklung und der politischen Stabilität im Weg stand, sondern auch, weil er die romantische Vorstellung eines einigen, ungeteilten Volkes störte. Und er erschien auch unnötig, da sich der Staat um die Bedürfnisse der Menschen kümmern würde. Der »islamische Sozialismus« der frühen syrischen Muslimbruderschaft, den die islamistische Bewegung später fallen ließ zugunsten einer kompromissbereiteren Haltung gegenüber dem Kapitalismus, erbte diese Neigungen vom arabischen Sozialismus und dem vorherrschenden geistigen Klima in den 1920er- bis 1950er-Jahren.[11]

Als die Offiziere, die in den 1950er-Jahren die Macht übernahmen, nach einer Rhetorik suchten, dies zu legitimieren, erwies sich diese intellektuelle Tendenz als brauchbar und nützlich. Mit wenigen Ausnahmen in einigen Ländern besaßen die linken solidaristischen Intellektuellen nicht genug Kraft, um Einfluss darauf zu nehmen, wie ihre politischen Ideen von den militärischen Machthabern benutzt wurden: Sie waren desorganisiert und verfügten über keine organischen oder demokratischen Verbindungen zu den Offizieren. Mit seinem pragmatischen Rekurs auf die arabisch-sozialistische »Theorie« (und seiner Verachtung dafür) ist Gamal Abdel Nasser ein Paradebeispiel für diese Trivialisierung des Sozialismus durch das Militär.[12]

Die arabischen sozialistischen Regierungen, insbesondere das Nasser-Regime,[13] legten Lippenbekenntnisse zu politischer Partizipation ab, setzten diese jedoch nicht in die Tat um. Der nasseristische Sozialismus versprach, dass die Produktionsmittel vom Volk kontrolliert werden sollten. Als sich dieses Versprechen nicht einlösen ließ, machte Nasser dafür die Vielzahl der Kräfte im neuen Regime verantwortlich und verschaffte sich dadurch einen weiteren Vorwand, gegen Opposition innerhalb des Regimes vorzugehen.

Die nach Unabhängigkeit strebenden Herrschereliten der 1950er- und 1960er-Jahre wurden in Wirklichkeit zur arabischen Spielart des Sozialismus eher *gedrängt und genötigt*. Die feindselige Haltung des Westens, der ölreichen arabischen Staaten und der einheimischen Unternehmer und Grundbesitzer gegenüber einer »nationalen Entwicklung« führte zu einer

Verschärfung der antiimperialistischen und antikapitalistischen Rhetorik und Politik der Regimes, ungeachtet ihrer ursprünglichen Absichten, die in der Tat nicht sozialistisch waren. Doch durch ihre Entdeckung des Sozialismus wurde eine hohle Ideologie ohne Massenbasis geschaffen, wenn auch einige Teile der Eliten ab einem bestimmten Zeitpunkt ernsthaft an die Notwendigkeit der Massenmobilisierung zu glauben begannen.[14]

Die Türkei bildete zum Teil eine Ausnahme von dieser regionalen Entwicklung. Der Kemalismus glich dem Nasserismus nur im Groben, denn obwohl auch er seine »sozialistischen« Interpreten besaß (die Kado-Bewegung, den Yön-Kreis und andere), war er als Staatsideologie gegenüber dem Sozialismus feindselig eingestellt. Dennoch hielten die bekanntesten linken Intellektuellen an der sozialistischen Auslegung des Kemalismus fest und reproduzierten dadurch das vorherrschende intellektuelle Muster der Region.[15]

Dieses Muster wurde in den 1960er- und 1970er-Jahren zerstört. Die Schwäche des türkischen Sozialismus (und die Marginalisierung der sozialistischen Intellektuellen) von den 1920er- bis in die Mitte der 1960er-Jahre förderte die Entwicklung eines auf Selbstverwaltung, Autonomie, weniger Staat und die Bedeutung von Klassenkonflikten ausgerichteten Verständnisses des Sozialismus: Militante Jugendliche brachen Ende der 1960er-Jahre relativ problemlos mit den stärker autoritär geprägten Spielarten und Auslegungen des Sozialismus. Es gab in der Türkei, anders als in den arabischen Ländern, (vereinfacht gesagt) keine starke kommunistische Partei oder Gewerkschaftsbewegung, die ihnen Widerstand entgegensetzen hätte können. Obwohl der Bruch am Anfang eher auf eine noch stärker avantgardistisch ausgerichtete Vorstellung des gesellschaftlichen Wandels zielte (etwa bei Organisationen wie der THKP-C [Volksbefreiungspartei-Front der Türkei], THKO [Volksbefreiungsarmee der Türkei] und TIKKO [Kommunistische Partei der Türkei/Marxistisch-Leninistisch]), lernten die Nachfolger der ersten Welle aus den Fehlern ihrer Vorgänger und schwenkten um zu einer stärker basisdemokratisch geprägten Variante des linken Populismus. Dies brachte erstmals in der türkischen Geschichte Organisationen hervor, die über eine Massenbasis verfügten (Devrimci Yol, Kurtuluş, Halkın Yolu und deren Ableger), obgleich diese ihre Verbindung mit den Volksmassen nur für kurze Zeit aufrechterhalten konnten. Doch die Kurdische Arbeiterpartei (PKK) passte die Lehren und die Strategie des Gründers der THKP-C an den kurdischen Kontext an, was es ihr ermöglichte, einen der längsten Guerillakriege in der Geschichte zu führen.[16]

In den 1960er-Jahren, als revolutionäre Bewegungen in allen Teilen der Welt die Hegemonie der USA und der Sowjetunion erschütterten (wie auch die stalinistische Definition einer rechtmäßigen, orthodoxen Linken), erlebte die arabische Jugend keine vergleichbaren Durchbrüche. Eine solidaristische, von oben nach unten gerichtete Version des sozialistischen Nationalismus war zur *offiziellen Ideologie* geworden, wie im folgenden Abschnitt ausführlicher dargestellt werden wird. Die Revolutionäre konnten sich nur im Gegensatz zu dieser offiziellen Ideologie definieren. Sie fielen entweder in den sowjetischen Schoß zurück oder sie wechselten (im Einklang mit dem Streben nach Authentizität) zum radikalen Islamismus über.

Die große Ironie

Die Stärke der arabischen Linken ebnete den Weg zu ihrer Vereinnahmung, während sich die schwache türkische Linke in den 1970er-Jahren gezwungen sah, ihre eigene Linie zu finden. Diese Ironie war vielschichtig.

Die relative Stärke der arabischen Linken und die weniger repressiven Regimes der Zwischenkriegszeit (im Vergleich zum ursprünglichen CHP-Regime [Cumhuriyet Halk Partisi] in der Türkei) bereiteten den Boden für die Schaffung nominell »sozialistischer« Länder, deren Bevölkerungen von der 1968er-Revolution unberührt geblieben waren. Dieser Ironie ging eine weitere voran: Die Unabhängigkeit der Türkei 1923 hatte die Weichen gestellt für den Beitritt des Landes zur NATO 1946, während in den arabischen Ländern und im Iran in den 1940er- und 1950er-Jahren als Reaktion auf die fortdauernde Fremdherrschaft linke, populistisch-nationale Bewegungen entstanden. In der Türkei war dies nicht der Fall.

Neben den linken nationalen Bewegungen war für die regionale Linke vor allem das Schicksal der kommunistischen Parteien in der arabischen

Welt von entscheidender Bedeutung. Die ägyptischen Kommunisten, die nur in den 1920er- und 1930er-Jahren einen gewissen intellektuellen Einfluss erlangten (abgesehen von einer begrenzten Basis in der städtischen Arbeiterschaft), führten in den 1940er- und 1950er-Jahren Streiks an und beeinflussten auch den antiimperialistischen Kampf.[17] Ende der 1930er-Jahre begannen die Kommunisten in den Gewerkschaften Fuß zu fassen, vor allem in Ägypten und in Syrien.[18] In Jordanien erreichte der Einfluss der Kommunisten 1956/57 seinen Höhepunkt, als die Jordanische Kommunistische Partei für kurze Zeit mit einem Minister an der Regierung beteiligt war.

Die irakischen Kommunisten erlangten noch größeren Einfluss. Sie waren nicht nur an der Organisation und Durchführung von Streiks beteiligt, sondern beherrschten auch Teile der ländlichen Gebiete und beeinflussten die kurdische Nationalbewegung wie auch religiöse Prediger im ganzen Land. Schließlich spielten sie auch eine maßgebliche Rolle bei dem Militärputsch, durch den das Kolonialregime gestürzt wurde. In den Jahren von 1958 bis 1962 konkurrierten sie sogar um die Führung der irakischen Nationalbewegung. Die irakischen Kommunisten nahmen eine Ausnahmestellung ein aufgrund ihrer stabileren Organisation (mit 7000 aktiven Mitgliedern), der Unterstützung durch China und ihrer Selbstschutzmaßnahmen nach der Auflösung der syrischen und ägyptischen Bruderparteien.[19] Nach 1963 jedoch begnügten sich die meisten Kommunisten, auch jene im Irak, mit einer untergeordneten Rolle beim nationalen Aufbau.

Die weltpolitischen Kräfteverhältnisse waren in diesem Zusammenhang von entscheidender Bedeutung. Die Sowjetunion unterstützte das ägyptische, das syrische und das irakische Regime auch in Zeiten verstärkter antikommunistischer Repression in diesen Ländern und drängte die lokalen kommunistischen Parteien zur Zusammenarbeit mit diesen Regimen. Nur die Iraker fügten sich dieser Politik nicht vollständig, wenngleich auch sie letztlich die Sowjets gegen die Chinesen unterstützten.[20]

Im Zuge des Aufstiegs der nationalistischen Regimes konzentrierten sich die Kommunisten darauf, gute Beziehungen zu ihnen aufzubauen und Einfluss auf sie zu gewinnen (anstatt die Arbeiter und die Bauern zu organisieren). Im Fall von Ägypten fand diese Tendenz ihren extremsten Ausdruck: Die Kommunistische Partei löste sich auf und schloss sich der Arabischen Sozialistischen Union von Nasser an.[21] Der Nasserismus schwankte zwischen gnadenloser Verfolgung der Linken (vor allem zwischen 1959 und 1964) und der Vereinnahmung von deren Kadern und Ideen (in verschiedenen Wellen im Verlauf der 1960er-Jahre). Der Preis dafür bestand nicht nur darin, dass die Linke keine unabhängige Organisation mehr besaß, sie teilte auch die Demütigung durch die Niederlage des Nasserismus und beteiligte sich sogar an der Restauration unter Sadat,[22] nach der sich ein großer Teil der Linken der loyalen Opposition gegen das alte Regime anschloss.

Nichtsdestotrotz sollte das Ergebnis der sozialistischen und kommunistischen Mobilisierung in diesen Jahrzehnten als die Institutionalisierung einer Politik der Vereinnahmung verstanden werden und weniger als ein vollständiges »Aufgeben« der linken Kräfte (in ähnlicher Weise wie im Nachgang der islamistischen Mobilisierung von den 1970er- bis zu den 1990er-Jahren). Kennzeichnend für die Region war die Übernahme kommunistischer Ideen durch nicht-kommunistische Regimes: Wenngleich die Kommunisten nicht viel formale Macht (etwa durch Regierungsbeteiligungen) aufzubieten vermochten, prägten sie die politische Landschaft durch ihren Einfluss auf die Baath-Parteien und auf Nasser, die viele Ideen und Praktiken von ihnen übernahmen.

Ironischerweise trug die sowjetische Rhetorik von der friedlichen Koexistenz, die in der Zeit nach Stalin aufkam, dazu bei, die arabische Linke weiter zu befrieden, während die türkische Linke (die zunehmend der Kontrolle der Sowjets entglitt) den revolutionären Kampf weiterführte. In den 1960er- und 1970er-Jahren wollten die Sowjets keine großen Unruhen an ihren Grenzen und unterstützten daher im Großteil der nicht-sozialistischen Welt den »friedlichen« Wandel in der Hoffnung, dass dadurch die westliche Unterstützung für oppositionelle Aktivitäten in den staats»sozialistischen« Ländern zurückgehen würde (ein fatales Kalkül, wie sich herausstellen sollte). Die meisten arabischen Kommunisten folgten der sowjetischen Linie, während die türkische Linke den Luxus genoss, einen eigenen Weg gehen zu können. Im Laufe von zehn Jahren entstand ungefähr ein Dutzend nicht-sowjetisch ausgerichteter oder sowjet-feindlicher linker Organisationen. Diese übernahmen auf sehr originelle Weise Ideen von Mao Tse-tung, der französischen Linken, Che Guevara und der arabischen Linken. Im Iran gab es eine vergleichbare Entwick-lung, die zumindest zum Teil einer ähnlichen Dynamik geschuldet war (so bezeichnete sich das Regime selbst nicht als sozialistisch, weshalb die-ses Wort nicht so stark diskreditiert war).

Trotz all dieser Aktivitäten stagnierten die arabische und die türkische Linke nach den 1980er-Jahren. Als 2011 die globale Welle in dieser Regi-on ankam, war keine dieser Parteien oder Gruppen darauf vorbereitet, die Führung der Bewegung zu übernehmen. Die tunesische Linke bildete, wie in Kapitel 4 gezeigt wurde, nur eine teilweise Ausnahme. Während eine Verbindung aus Repression und Vereinnahmung zur Stagnation der ara-bischen Linken führte, war im Fall der Türkei der Niedergang eher einer direkten gandenlosen Unterdrückung zuzuschreiben. Nach dem Militär-putsch von 1980 wurde die Linke durch Hinrichtungen, Folter und Exil nachhaltig dezimiert und geschwächt. Man sollte aber nicht vergessen, dass die wesentlich brutalere Repression in Lateinamerika und anderen Regionen dort die Popularität der Linken nicht vollends zerstörte. Der Er-folg des Putsches von 1980 wird erst im Licht der oben dargestellten sozioökonomischen, politischen und religiösen Dynamik verständlich.

Linke Opposition in der Türkei und in Ägypten nach den 1980er-Jahren

In den düsteren Jahren nach dem Militärputsch setzte sich der säkulare Widerstand gegen die religiöse Neoliberalisierung der Türkei aus zwei Hauptgruppen zusammen: den zaudernden Kemalisten und der Opposi-tion aus Arbeitern und Staatsbediensteten. Die Kemalisten beschäftigten sich hauptsächlich damit, die religiöse Komponente in diesem Verbund zu bekämpfen, und protestierten nur gelegentlich gegen die Erosion des Korporatismus (anstatt eine neue, tragfähige Alternative zum Neolibera-lismus zu entwickeln). Als die Republikanische Volkspartei (CHP) Mitte der 1990er-Jahre neu gegründet wurde, setzte sie abermals auf ihre bis in die 1960er-Jahre verfolgte Politik eines autoritären säkularen Nationalismus (was zulasten der Öffnung der Kemalisten zum Linkspopulismus und später zur Politik des Dritten Weges ging, die sie von den 1960er- bis Anfang der 1990er-Jahre betrieben hatten). Dadurch wurde die CHP zum politischen Anführer gegen den Islamismus. Doch aufgrund der Ausschaltung ihrer bekanntesten sozialdemokratischen Führer entfremdete sie sich auch von säkularisierten Bereichen der Gesellschaft. In den 1990er- und 2000er-Jahren unterstützten einige säkulare (und auch alevitische) Gruppen nach wie vor die CHP wegen ihrer antiislamistischen Haltung, die es ihr ermöglichte, zur zweitstärksten Kraft im Parlament zu werden. Doch der Partei fehlte die moralische Autorität der AKP, deren Anführer als wahre, im Volk verwurzelte Gläubige wahrgenommen wurden, während der Großteil der CHP-Wähler ihren politischen Führern aufs Tiefste misstraute.

Unterdessen wurden alle politischen Kräfte links der CHP nicht nur im Zuge der wiederholten Militärputsche, sondern auch mittels Folter und anderer Repressionsformen unterdrückt. Die Ableger der radikalen Organisationen der 1970er-Jahre verschwanden zwar nicht, aber sie zerstreuten weiter, büßten ihre Massenbasis ein und verstrickten sich in Fraktionskämpfe. Einige bewahrten sich jedoch ihre intellektuelle Dynamik und ihren Einfluss auf die (phasenweise an Stärke gewinnende) Studentenbewegung und die Organisation in den Wohngebieten der Kurden und der Aleviten. Doch keine dieser Gruppen schaffte es, alle drei Trümpfe gleichzeitig zu halten: Keine konnte die Kampfentschlossenheit der Studenten- und Wohnviertelorganisationen mit intellektueller und institutioneller Dynamik verbinden.

Die türkische Arbeiterschaft, das zweite große Hindernis, das einer islamischen Neoliberalisierung im Weg stand, erlebte ihren politischen Frühling zwischen 1989 und 1995. Zuerst erschütterte eine Arbeiterbewegung, danach eine Bewegung der proletarisierten Staatsbediensteten das System. Die Neoliberalisierung kam ins Stocken (was sich in einer Verlangsamung der Privatisierungen in den 1990er-Jahren und zumindest einigen anfänglichen Lohnerhöhungen zeigte). Doch diesen Bewegungen fehlte nicht nur eine politische Führung, sondern auch ein Ansprechpartner innerhalb des Systems. Die neue CHP zeigte sich nicht sonderlich interessiert an Arbeitsthemen. Dieser Mangel an Interesse war nicht nur ihrem politischen Rechtsschwenk geschuldet, sondern auch institutionellen und strukturellen Faktoren. Durch die Militärputsche war die Arbeiterbewegung in die Defensive gedrängt und die gewerkschaftliche Organisierung stark erschwert worden; direkte Verbindungen zwischen politischen Parteien und Gewerkschaften waren verboten, und nicht zuletzt hatten der finanzkapitalistische Umbau der Wirtschaft und die Ausweitung des Dienstleistungssektors zu einer Verlangsamung der klassischen Proletarisierung und einer Zunahme der Beschäftigtenzahl in informellen Arbeitsverhältnissen geführt, was beträchtliche (wenn auch nicht unüberwindbare) Schwierigkeiten bei der Organisierung nach sich zog.

Da sie nun nur noch außerhalb des Systems Ansprechpartner fanden, entwickelten sich die gewerkschaftlichen Aktivisten (insbesondere jene der öffentlich Bediensteten) rasch in eine sozialistische, prokurdische und demokratische Richtung. Doch die (nach wie vor stark nationalistisch eingestellten) türkischen Volksmassen rückten allmählich von den militanten Gewerkschaften ab und schlossen sich rechtsgerichteten Arbeitervereinigungen an. Die schnelle und radikale Politisierung der Gewerkschaften stand in deutlichem Gegensatz zur Entpolitisierung (und der scharfen Rechtswendung), welche die Gesellschaft nach dem Putsch von 1980 prägte. Bis Mitte der 1990er-Jahre ging die Beteiligung an den Straßenprotesten stark zurück. Und Ende der 2000er-Jahre hatten die linken Gewerkschaften (die in den 1990er-Jahren die Organisierung der Staatsbediensteten *begonnen* hatten) ihren Einfluss bei den Beamten und Staatsangestellten weitgehend eingebüßt.[23]

In Ägypten erlebte die säkulare Linke ein anderes Schicksal. Die meisten linken Organisationen wurden entweder vom nasseristischen Regime unterdrückt oder kooperierten freiwillig mit ihm, weil sie in ihm eine authentische Stimme des Sozialismus sahen. Als Sadat und Mubarak vom Korporatismus abrückten, wurde der Nasserismus zu einem Sammelbecken der Opposition, ähnlich wie die kemalistische Linke in der Türkei. Die Sozialisten und die Kommunisten konnten sich jedoch weit weniger unabhängig artikulieren als die Nasseristen. So unterhielt zum Beispiel Tagammu', die bedeutendste linke Partei, verdeckte Beziehungen zum Regime. Doch trotz einer scheinbar festen Verankerung im System kamen diese beiden Parteien (die Nasseristen und die Linken) auch gemeinsam nie über einige wenige Parlamentssitze hinaus. Die Muslimbruderschaft war neben Mubaraks Staatspartei (der Nationaldemokratischen Partei) die einzige größere (Quasi-)Partei.

Den Kontrapunkt zur Schwäche der nicht-neoliberalen Kräfte im Parlament bildete ihre Lebendigkeit auf der Straße, wie wir in Kapitel 4 gesehen haben. Aber gab es in der politischen Gesellschaft keine Organisation, die auf den aufbegehrenden Straßen die Führung hätte übernehmen können? Ein Jahr vor der Revolte von 2011 schien die ägyptische Linke noch in guter Verfassung zu sein. Bei den Wahlen im Jahr 2010 stellten viele linke Parteien Kandidaten auf. Sie waren ein natürlicher Bestandteil des politischen Lebens, wenngleich sie eine grundsätzlich regimefreundliche Haltung an den Tag legten. Tagammu' (der politische Erbe des Marxismus und des Syndikalismus) und die Nasseristen begrüßten nur sehr zögerlich den Aufstand vom 25. Januar (wenngleich sich einige ihrer führenden Funktionäre auch ohne offizielle Rückendeckung daran beteiligt hatten). Dies setzte sich in den Jahren 2011 bis 2013 fort: Tagammu' wurde zu einem Anhängsel der Koalition aus Liberalen und Kräften des alten Regimes, und die Nasseristen blieben völlig ideenlos. Dies steht im Gegensatz zu der unabhängigen und wirkungsvolleren (gleichwohl beschränkten) Rolle, welche die türkische Linke während der Gezi-Revolte im Jahr 2013 spielen konnte.

Wenn in der Vergangenheit andere organisatorische, intellektuelle und strategische Entscheidungen getroffen worden wären, hätte die nahöstliche Linke auf hegemonialere Weise in die Aufstände der Jahre 2011 bis 2013 eingreifen können. Doch das Geschehen auf den Straßen übertraf alle Vorstellungen, was Zweifel aufkommen lässt, inwieweit sich die Linke überhaupt auf diese »Welle« hätte vorbereiten können.

Die Explosion im Nahen Osten setzte Dynamiken frei, die sich deutlich von jenen unterschieden, mit denen sich die Linke im 20. Jahrhundert auseinandersetzen hatte müssen. Das Verlangen nach Autonomie, individuellen wie kollektiven Freiheitsrechten und einem gemeinschaftlichen urbanen Raum rückte in den Mittelpunkt der politischen Agenda. Diese Wünsche sind zumindest teilweise neu[24] und sie fügen sich nicht nahtlos ein in die Agenda der Linken (und auch der übrigen politischen Kräfte) in der Region. Interessanterweise stehen Forderungen, die eigentlich aufgrund der Besonderheiten der nahöstlichen Gesellschaften und Staaten keine Rolle zu spielen schienen (zum Beispiel der gemeinschaftliche Kampf um Autonomie), nun anscheinend auf der Tagesordnung ganz weit oben.

Diese neuen Wünsche signalisieren auch, dass sich gut verdienende Beschäftigte in großer Zahl an der Revolte beteiligten – ein weiteres Novum für die Region. Der Klassenkonflikt ist in unerwarteter Weise auf die politische Bühne zurückgekehrt. Wir müssen untersuchen, ob die Linke ihre tradierte Massenbasis durch eine Zusammenarbeit mit der neuen Mittelschicht erweitern kann. Das Beharren der Marxisten darauf, dass es sich beim Gezi-Aufstand um eine proletarische Revolte gehandelt habe, lenkt ab von der politischen Notwendigkeit, auf neue, fantasievolle Weise auf diese Situation zu reagieren.

Ein kennzeichnendes Merkmal der aktuellen Aufstandswelle war die Art und Weise, wie sie Elemente des Neoliberalismus zugleich infrage stellte und reproduzierte. Insoweit sie klassische liberale Themen aufgriff und etwa die individuellen Freiheiten gegen staatliche Übergriffe ins Feld führte und das neoliberale Thema des Endes der Ideologie (und der revolutionären Organisation) reproduzierte, bewegte sich die Aufstandswelle auf dem Boden des Neoliberalismus. Doch zugleich war die Aufstandswelle auch ein Angriff auf die Kommodifizierung. Diese Widersprüchlichkeit lässt sich nur begreifen, wenn man den Klassencharakter der Revolte untersucht.

Im Lichte dieser Überlegungen gewinnt der Gezi-Aufstand eine zweifache Bedeutung. Zum einen signalisiert er nicht nur das Ende des Türkischen Modells (was sogar in der Mainstream-Forschung erkannt wurde), sondern auch die Krise des Liberalismus (der all seine Hoffnungen in den Erfolg dieses Modells und seinen Export in die übrige muslimische Welt gesetzt hatte). Zum anderen zeigt er wesentlich eindringlicher das widersprüchliche Potenzial der neuen Mittelschichten auf als die Revolten in den arabischen Ländern und im Iran und weist darauf hin, dass auch in den am stärksten neoliberal geprägten Ländern eine Hassliebe zwischen der neuen Mittelschicht und dem Kapitalismus der freien Marktwirtschaft besteht. Daraus ergeben sich empirisch fundierte Erkenntnisse, die es ermöglichen, der Frage nachzugehen, wie sich die Linke neu aufstellen und sich in die Lage versetzen kann, diese Dynamik des 21. Jahrhunderts aufzugreifen.

DIE GEZI-EXPLOSION:
DER DOLCHSTOSS IN DIE FRONT

Ein nationalistischer Vertreter der AKP bezeichnete einmal eine wissenschaftliche Konferenz über den Völkermord an den Armeniern als einen »Dolchstoß in den Rücken« (siehe dazu Kapitel 2). Ich möchte diese Charakterisierung ein wenig umformulieren. Diese Konferenz, die von Wissenschaftlern und Intellektuellen organisiert worden war, von denen einige das Demokratisierungsprojekt der AKP unterstützten, war ein Dolchstoß in den Rücken der passiven Revolution. Sie belastete die reibungslose Koalition aus Liberalen, Konservativen, Islamisten und rechtsgerichteten Nationalisten durch einen politischen Konflikt zwischen linken und liberalen Positionen. Die Absicht bestand jedoch nicht darin, der passiven Revolution ein Ende zu bereiten, sondern sie zu demokratisieren. In den nachfolgenden Jahren wurden derartige Destabilisierungsversuche mithilfe konservativer Manöver von Messerattacken zu bloßen Mückenstichen entschärft.

Vor diesem Hintergrund war der Gezi-Aufstand ein Dolchstoß in die Front der passiven Revolution. Dieses Mal führten Außenseiter der neoliberalen Hegemonie (nicht die Halb-Insider) den Stoß aus und zogen dabei viele Halb-Insider mit. Der Funke des Gezi-Aufstands entzündete sich an stadtpolitischen Fragen. Die Kommunalpolitik der AKP stieß seit einem Jahrzehnt immer wieder vereinzelt auf Widerstände (siehe dazu Kapitel 3). Die Proteste auf dem Taksim-Platz und dessen Umgebung erschienen als eine Abfolge nicht miteinander verbundener Widerstandsaktionen. Die AKP hatte hier Gebäude niederreißen lassen, um Platz für den Bau eines großen Einkaufszentrums zu schaffen. Als Intellektuelle und Künstler Anfang 2013 zunächst gegen den Abriss eines Cafés (İnci Pastanesi) und dann eines historischen Kinos (Emek Sineması) an der İstlikal Caddesi Proteste organisierten, schienen sie ein elitäres Rückzugsgefecht zu führen an Orten, die für die breite Masse des Volkes nur geringe Bedeutung besaßen. Doch als die Polizei rücksichtslos gegen mehrere Dutzend Demonstranten vorging, die die letzte Grünfläche in der Nähe des Taksim-Platzes (den Gezi-Park) schützen wollten, entfesselte die Entschlossenheit der Bevölkerung, diesen Park zu retten, die größte spontane Erhebung in der türkischen Geschichte.

Es zeigte sich, dass die Leute, die im Westen gerne als »Ökos« verspottet werden, gar nicht so isoliert waren. Die Ökoaktivisten, die von den Bäumen gezerrt wurden (die anschließend gefällt wurden), waren schließlich der Auslöser der Revolte. Und dies in einem Land, in dem der Großteil der Menschen geschwiegen hatte, als in den 1990er-Jahren Millionen Angehörige von ethnischen Minderheiten aus ihren Dörfern vertrieben und Zehntausende von ihnen in einem Bürgerkrieg ermordet worden waren. Wie war dies möglich? Warum entfaltete die Symbolik der »Umwelt« eine solch starke Wirkung?

Die Antworten auf diese Fragen werden es uns ermöglichen, die Stärken und die Grenzen des Türkischen Modells besser zu verstehen. In den ersten Tagen der Revolte verschwanden die Themen der Stadtpolitik, der Umwelt und der Kommodifizierung allmählich aus dem Zentrum der Aufmerksamkeit (wurden jedoch nicht völlig eliminiert). Am Anfang strömten Tausende Menschen auf den Platz, um ihre Unterstützung für die von der Polizei angegriffenen Aktivisten zu bekunden. Dies führte dazu, dass die Polizeigewalt zunehmend in den Vordergrund rückte. Am ersten Tag der breiten Revolte war noch viel die Rede von der »urbanen Transformation« (die offizielle Bezeichnung des Projekts der AKP, das auf Akkumulation durch Enteignung zielte). Doch nach einigen Tagen verdrängte die Diskussion über das gewaltsame Vorgehen der Polizei, den zunehmenden Autoritarismus der AKP und den Mangel an Demokratie die stadtpolitischen Themen. In zahlreichen Tweets und anderen Äußerungen, die im Netz kursierten, wurde betont, dass es bei den Protesten nicht »um ein paar Bäume« gehe, sondern um Demokratie.

Dennoch gab es weiterhin Plakate, auf denen der Erhalt der Bäume gefordert wurde, nicht nur als eines Symbols der Natur, sondern auch als eines des Volksaufstands. Das brachte wesentlich treffender den ursprünglichen Geist der Proteste zum Ausdruck. Auf einem Banner auf dem Taksim-Platz stand: »Der Kapitalismus fällt die Bäume, wenn er ihren Schatten nicht verkaufen kann« (ein Satz, der Karl Marx zugeschrieben wird). Diese Parole wurde auch in andere Sprachen übersetzt und auf Solidaritätsdemonstrationen für die Gezi-Aktivisten in anderen Teilen der Welt auf Transparenten mitgeführt. In der zweiten Woche der Revolte wurde auf einem handgeschriebenen Plakat auf einer Demonstration in Berkeley in Kalifornien der Geist der Bewegung sehr anschaulich in Worte gefasst: »We are the seeds of the saplings you hanged and the trees you cut down.«[25] In diesem Satz verdichtete sich die gegen den Autoritarismus und die Kommodifizierung gerichtete Stimmung der Revolte. Es war diese *temporäre Verdichtung,* die der Umweltsymbolik eine weit über konkrete Umweltschutzanliegen hinausreichende Resonanz verschaffte.

Die Gezi-Erhebung begann als Widerstand gegen die Kommodifizierung des urbanen Raums. Dadurch gerieten die Protestierer in Konflikt mit der Regierung und der Polizei, die auf diesen antineoliberalen Protest übertrieben reagierten. Doch dann verschoben andere, stärkere Dynamiken den zunächst auf urbane Transformation und Kommodifizierung gerichteten Fokus.

Von der Anti-Kommodifizierung zum Antiautoritarismus

Die Gezi-Revolte brach zu einem Zeitpunkt aus, als sich die Auseinandersetzungen über eine Reihe von Streitfragen rasch verdichteten. Im Unterschied zu Mobilisierungen, die sich auf ein einziges Thema beziehen, kommen bedeutende historische Erhebungen zustande, wenn sich mehrere Widersprüche konjunkturell überlagern und überschneiden.[26] Es ist daher sinnlos, nach der einen großen Ursache hinter solchen weltbewegenden Ereignissen zu suchen.[27] Doch der Prozess, der zu ihnen führt, kann uns einen Einblick vermitteln in ihre wesentlichen Dynamiken und uns zeigen, warum bestimmte Themen in verschiedenen Phasen der Revolte eine größere Bedeutung haben als andere.

Einige Repräsentanten der AKP-Regierung trieben in den Monaten vor der Gezi-Revolte ein riskantes Spiel.[28] Die Regierung hatte die Türkei auf einen regionalen Krieg vorbereitet und brauchte ein vereintes Land, in dem keine starken oppositionellen Regungen zu befürchten waren. Aus diesem Grunde suchte sie nun nach einem Jahrzehnt hartnäckiger Marginalisierung das Gespräch mit den Kurden. Die türkischen Machthaber betrachteten die PKK (und ihre Verbündeten) als die einzige Kraft, die der Regierung in die Quere kommen konnte (was einen nachvollziehbaren Anschein macht). Mit den Kurden an ihrer Seite, so das Kalkül, würde sie den Rest der Bevölkerung, die ohnehin wesentlich weniger organisiert war als die Kurden, spalten, marginalisieren und unterdrücken können. Darüber hinaus würde der Friedensprozess mit den Kurden der Regierung die Chance eröffnen, viele Liberale zurückzugewinnen, die sich seit 2010 enttäuscht von der Regierung abgewandt hatten. Mit ihrem erneuerten hegemonialen Block, so hofften diese Kräfte im neuen Regime, würde sich jeder potenzielle Widerstand niederhalten lassen. Daher intensivierte die regierende Partei die Gewalt der Polizei und forcierte einige weitere konservative Maßnahmen (wie etwa verschärfte Regelungen für den Erwerb von Alkohol). Viele Menschen, die außerhalb dieses erneuerten Machtblocks standen (unabhängig davon, ob es sich um Kräfte aus der Elite, der Mittel- oder der Unterschicht handelte, um Männer oder Frauen, rechte Nationalisten oder Sozialisten), die seit einem Jahrzehnt mit einem Gefühl der Bedrohung lebten, begannen in den ersten Monaten des Jahres 2013 um ihr nacktes Leben zu fürchten. Als sich der Gezi-Protest in einen Protest gegen die Polizei verwandelte, schlossen sich Hunderttausende den Demonstranten an, um ihrer Sorge vor dem zunehmenden Autoritarismus Ausdruck zu verleihen.

Dies rief naturgemäß auch Menschen auf den Plan, die von der urbanen Kommodifizierung profitiert hatten. Einige Angehörige dieser Gruppen hatten keine Probleme mit der Brutalität der Polizei und dem Autoritarismus – solange diese sich gegen streikende Arbeiter, gegen Kurden, Sozialisten oder Aleviten richteten. Manche riefen auch extrem nationalistische Parolen in Istanbul und in anderen Teilen des Landes. Entgegen der Regierungspropaganda bildeten sie eine Minderheit auf dem Taksim-Platz, doch in den bessergestellten Teilen der Metropolregionen (das heißt in den schickeren Vierteln von Istanbul, Izmir und Ankara) stellten sie sehr wahrscheinlich die Mehrheit dar. Unter ihnen gab es auch viele gut organisierte Nationalisten, die die Proteste für sich nutzen wollten. Doch der Großteil der untereinander unverbundenen Volksmassen verstand gar nicht, welche Anliegen die Proteste ursprünglich hervorgerufen hatten. Die Leute machten vor allem deshalb mit, weil sie darin eine Möglichkeit sahen, ihre Interessen und ihre Lebensart zu verteidigen. Diese Menschen bestimmten und prägten die Gezi-Erhebung zwar nicht, aber sie beeinflussten ihr Erscheinungsbild. Der Gezi-Aufstand gewann zum Teil auch dank ihrer Beteiligung an Stärke, doch seine nationale und internationale Botschaft büßte an Klarheit ein.

Die Revolte breitete sich auch in andere Landesteile aus. Ein Blick auf einige der betroffenen Orte ermöglicht uns ein Urteil darüber, wie (und ob) die beiden definierenden Merkmale des (gegen die Kommodifizierung und den Autoritarismus gerichteten) Gezi-Aufstands im Rest der Türkei reproduziert (und gebrochen) wurden. In Izmir, das für seine westlich geprägte Lebensart bekannt ist, war die Botschaft der Straße laut und eindeutig säkularistisch. In Hatay, einer alevitischen Stadt an der syrischen Grenze, reagierten die Menschen vor allem auf die Kriegstreiberei der Regierungspartei, und in dieser mittelgroßen Stadt war auch die Repression am heftigsten. In Tuzluçayır, einem alevitischen Wohnviertel in der Hauptstadt Ankara, wurden die von der Gülen-Bewegung betriebenen Integrationsprojekte (durch die Einrichtung eines religiösen Zentrums, das die sunnitische Moschee und das Gotteshaus der Aleviten, das *cemevi,* in sich vereinte) zu Zielen der Proteste. In den sunnitischen kurdischen Städten im Osten der Türkei blieb es weitgehend ruhig, doch viele Kurden in den großen türkischen Städten beteiligten sich an den Demonstrationen (ohne die öffentliche Billigung ihrer Organisationen). Die kurdisch-alevitischen Wohngebiete in den metropolitanen Großräumen (wie etwa 1 Mayıs mahallesi) und in den Provinzstädten (wie beispielsweise Tunceli) schlossen sich mit eindeutig sozialistischen Parolen an. Alle Märtyrer der Revolte waren Aleviten, was *zum einen* auf die konfessionell geprägte Zusammensetzung des neuen türkischen Regimes hinwies *als auch* auf das Engagement der Aleviten, die sich stärker an militanten Auseinandersetzungen beteiligten als die anderen, aus der neuen Mittelschicht stammenden Protestierer (die überwiegend einen säkularisierten sunnitischen Hintergrund besaßen). Eine solch rasche Politisierung unterschiedlicher Themen könnte ein gewöhnliches nahöstliches Regime durchaus zum Sturz bringen, nicht jedoch eines, das sich auf allgemeine Zustimmung stützt. Die Verwässerung der ursprünglich gegen die Kommodifizierung gerichteten Revolte trug ebenfalls zur konsensgestützten Rekonstruktion des Regimes bei.

In welcher Hinsicht war das Regime weiterhin hegemonial? In der Geschichte waren große Aufstände immer durch eine Politisierung vielfältiger Themen gekennzeichnet. Ein hegemonialer Akteur wird definiert durch die Fähigkeit, diese Themen zu einer zusammenhängenden Kette zu verbinden. Dazu war das türkische Regime imstande; sein Spiegelbild (die säkularistische Opposition) verstärkte törichterweise die von der AKP betriebene Reduzierung der Vorgänge um den Gezi-Park auf eine antiislamistische Revolte. Die islamistischen Medien und Politiker geißelten Handlungen (oder erfanden sie), die als unislamisch oder kritikwürdig eingestuft werden konnten (wie etwa das Trinken von Alkohol, angebliche Übergriffe auf verschleierte Frauen, die Besetzung einer Moschee oder die vielfach beklagte Verschlechterung der öffentlichen Sauberkeit). Obwohl das Regime durch die Revolte einen Rückschlag erlitt, war die islamische Politik in einer sehr wichtigen Hinsicht erfolgreich: Die hegemonialen Parameter, die sie im Laufe der Jahrzehnte fest verankert hatte, hatten die gegen die Kommodifizierung zielende Botschaft der Gezi-Proteste überlagert. In der populären Wahrnehmung waren die Vorgänge um den Gezi-Park gegen die AKP gerichtet und daher antiislamisch. Diese Wahrnehmung spielte dem Regime in die Hände. Hätte eine linke hegemoniale Organisation erfolgreich in die Proteste eingegriffen, wäre der Gezi-Aufstand als gegen das Regime, deswegen gegen den Neoliberalismus und gegen den Autoritarismus gerichteter Aufstand wahrgenommen worden. Die Marginalisierung aller alternativen Wahrnehmungen war der Erfolg der Hegemonie im Augenblick ihres Scheiterns.

Ebenso wichtig wie der mehrere soziale Schichten und unterschiedliche Themen umfassende Charakter der Erhebung war ihre Erscheinungsform. Seit Mitte der 1990er-Jahre waren die sozialen Bewegungen in der Türkei zunehmend bunter und fröhlicher geworden. Doch hier wurde eine Massenbewegung zum ersten Mal stark durch karnevaleske Züge geprägt. Der Gegensatz zu dem ernsten Ton anderer großer Aufstände in der türkischen Geschichte (wie beispielsweise dem Arbeiter-Aufstand vom 15./16. Juni 1970 sowie den kleineren, von Kaufleuten und Künstlern angeführten Protesten gegen die Sparpolitik 2001) war markant. Ebenso überraschend wie diese Veränderung war auch die Zusammensetzung der Akteure, die diese karnevalesken Elemente einbrachten.

Gezi als konfrontativer Karneval

Während des Juni-Aufstands waren überall auf dem Taksim-Platz neben den »üblichen Verdächtigen« (den Fußballfans und politischen Aktivisten) auch Männer und Frauen in Geschäftskleidung zu sehen. Manager, Bank- und Versicherungsangestellte, Werbeleute und Beschäftigte aus dem Immobiliensektor befanden sich unter den Zehntausenden, die an den gewaltsamen Protesten teilnahmen. Sie verließen ihre Arbeitsplätze (die meist im Umkreis des Taksim-Platzes lagen) gegen 18 Uhr und begaben sich in den Gezi-Park, um sich Auseinandersetzungen mit der Polizei zu liefern. Die Proteste gewannen erst massiv an Zulauf, wenn diese Leute ihre Arbeit beendet und zu Abend gegessen hatten, also etwa ab 19 Uhr. Paradoxerweise war Gezi gewissermaßen eine bequeme Revolte (zum größten Teil zumindest), die die tägliche Arbeitsroutine dieser Teilnehmer nicht beeinträchtigte.

Die Errichtung von Barrikaden während des Aufstands war bezeichnend für dessen Charakter. Manchmal begannen junge Männer und Frauen in modischer Kleidung Barrikaden aufzubauen, bevor die militanteren linken Gruppen zu einer Entscheidung darüber gelangten, inwieweit es sinnvoll sei, bei diesem Aufstand Barrikaden zu errichten. Einmal diskutierten die führenden Aktivisten einer maoistischen Partei (welche die Polizei als Hauptorganisatoren der gewaltsamen Zusammenstöße bezeichnete[29]) untereinander, ob man die Erhebung weitertreiben solle zu einem Aufstand mit Barrikaden. (Taksim war nicht das angestammte Gebiet dieser linken Gruppen. Wenn die Revolte in einem gewöhnlichen kurdisch-alevitischen Wohnviertel ihren Ausgang genommen hätte, wo sie gut organisiert waren, hätten sie wahrscheinlich ohne groß nachzudenken mit der Errichtung von Barrikaden begonnen.) Während die Maoisten noch in ihre Debatte vertieft waren, trat ein junger Mann mit einem Ohrring auf sie zu und fragte sie, ob sie ihm helfen könnten, Steine aus dem Gehsteig herauszureißen und sie ihm herüberzureichen. Die Militanten blickten sich erstaunt an und begriffen, dass der Bau von Barrikaden bereits begonnen hatte.[30]

Diese Interaktion zu begreifen war eine Herausforderung. Im Westen ist ein junger Ohrringträger ein vertrauter Anblick, in der Türkei nicht. Parteien wie die genannte betrachteten derlei männliche Utensilien gewöhnlich mit Geringschätzung und interpretierten sie als »kleinbürgerliche Neigungen« (während sich weniger »orthodoxe« sozialistische Parteien schon Anfang der 1990er-Jahre auch für solche Milieus geöffnet hatten). Irritierend war weniger, dass sich auch Männer mit Ohrringen an einer Demonstration beteiligten, sondern dass sie die Führungsrolle in einer militanten Revolte reklamierten und den Maoisten zeigten, wie man Barrikaden errichtete (statt sich von diesen dabei anleiten zu lassen).

Ebenso überraschend wie das Erlebnis, dass diese jungen Leute kämpferische Parolen riefen (und Barrikaden bauten), war ihre Körpersprache. Im Unterschied zu den Linken und den Fußballanhängern mit ihren ernsten Gesichtern hatten sie ein Lächeln auf den Lippen und tanzten beinahe, während sie ihre Parolen skandierten. Obwohl sie mit Tränengas und Kugeln beschossen wurden, herrschte eine fröhliche Stimmung.

Diese jungen Männer und Frauen bauten Barrikaden überall in der Stadt. Frauen in hochhackigen Schuhen und mit teurem Make-up beteiligten sich ebenso engagiert an den Aktionen wie die Fußballfans. Die Fußballanhänger hatten bereits in den vorangegangenen Jahren reichlich Erfahrung mit Auseinandersetzungen mit der Polizei gesammelt, und diese Erfahrung zahlte sich jetzt aus. An vielen wichtigen Kreuzungen konnten sie die Polizei daran hindern oder zumindest dabei stören, wichtige Punkte im Umkreis des Taksim-Platzes zu besetzen oder zurückzuerobern. Doch weder sie noch die Demonstranten aus der Mittelschicht hatten schon einmal *Barrikaden* gebaut. Die Einzigen, die über eine derartige Erfahrung verfügten, waren die vergleichsweise militanteren linken Gruppen (deren Organisationsbasis nicht der Taksim-Platz bildete, sondern die subproletarischen alevitischen Wohngebiete, die viele Kilometer entfernt waren vom Ort des Geschehens und wo schon im Juni 2013 Barrikaden errichtet worden waren) sowie die mit der PKK in Verbindung stehenden Kurden, die in den rund um den Taksim-Platz angesiedelten Dienstleistungsunternehmen arbeiteten. Sie erteilten den Neulingen improvisierten Unterricht. Doch zwei Wochen reichten nicht für eine gründliche Ausbildung. Zehntausende Menschen errichteten provisorische Barrikaden um den Platz, als die Polizei am 16. Juni mit der Rückeroberung begann. Diese Hindernisse wurden aufgrund ihrer schlechten Bauweise von der Polizei mühelos aus dem Weg geräumt.[31]

Der 16. Juni war einer der entscheidenden Tage der Revolte. Mehrere Tausend Menschen versammelten sich bei verschiedenen Kundgebungen, die auf dem Platz abgehalten wurden. Da sie einen Angriff der Polizei befürchteten, riefen praktisch alle linken Organisationen die Menschen dazu auf, den Takism-Platz zu verlassen. Sie hatten viel erreicht, und jetzt schien es ihnen an der Zeit, die Früchte des Aufstands durch (institutionalisierte) Politik einzufahren. Unorganisierte junge Männer und Frauen schrien, kreischten und protestierten, als die sozialistischen Gruppen auf eine Beendigung der Besetzung des Taksim-Platzes und des Gezi-Parks drängten. Nach stundenlangen Diskussionen zwischen den redegewandten, älteren und besonneneren »großen Brüdern« (*abiler*, wie sie auf Türkisch genannt werden) und der zornigen Jugend erkannten Erstere, dass sie die Jungen nicht würden überzeugen können. Sie waren erschöpft und demoralisiert, und ihre Gesichter wurden blass.[32] Die Anführer hofften, dass sich die Jugend durch einen Kompromiss beruhigen lassen würde: Sie schlugen vor, dass alle nach Hause gehen sollten, wer aber unbedingt auf dem Platz bleiben wolle, solle dies tun. Viele junge Menschen protestierten wütend, doch vergeblich dagegen (es fiel sogar das Wort »Verrat«). Die Besetzung wurde beendet, trotz des Kampfgeists der unorganisierten Jugend,[33] die durch die (überwiegend männlichen) professionellen Revolutionäre im Zaum gehalten wurde (obwohl die Regierung und die Polizei Letztere als Aufwiegler und als die Organisatoren der Zusammenstöße mit der Polizei darstellten).[34]

Die Straßenkämpfe setzten sich noch ein paar Wochen fort und flauten Mitte Juli allmählich ab.[35] Die Zusammenstöße, die am Abend stattfanden, dauerten gewöhnlich einige Stunden. Einige Protestierer nahmen sich gelegentlich eine Auszeit vom Tränengas und besuchten die schicken Bars und Cafés rund um den Taksim-Platz, tranken etwas und stürzten sich anschließend wieder ins Getümmel; andere legten in den heruntergekommenen linken Teehäusern in den Seitenstraßen eine Pause ein. Die Leute konnten sich nicht immer aussuchen, welche Lokalität sie aufsuchten, denn dies hing zum Teil auch vom Vorgehen der Polizei und der Reichweite der Tränengasgranaten ab. Manchmal saßen Leute in Bars oder Läden fest, wo sie sichtlich fehl am Platz waren: schicke Männer und Frauen in schäbigen Teehäusern; nachlässig gekleidete Leute (meist Mitglieder sozialistischer Organisationen, die nicht im Umkreis des Taksim-Platzes lebten oder arbeiteten) in edlen Boutiquen für Damenunterwäsche an der Hauptstraße. Obwohl viele Leute eine fröhliche, ungezwungene Stimmung aufrechtzuerhalten versuchten (»wir hoffen, Sie bald wieder zu sehen«, sagte die junge Verkäuferin lächelnd, als mehrere Leute ihren teuren Laden verließen), waren einige der Örtlichkeiten zweifellos etwas düsterer als die anderen. Unterhaltung, eine karnevaleske Ästhetik und Politik wurden auf einfallsreiche Weise miteinander verbunden, doch diese Verbindung enthielt vielfältige Reibungspunkte.

Diese lockere, unterhaltungsähnliche Atmosphäre war nicht der Abwesenheit von Risiken geschuldet. Einige Menschen kamen ums Leben, mehrere verloren ihr Augenlicht, und ungefähr ein Dutzend erlitt während der Proteste schwere Verletzungen mit teilweise dauerhaften Folgen. Während es die Linken und die Fußballanhänger gewohnt waren, sich derartigen Gefahren auszusetzen, geriet der Großteil der normalen Angestellten unter den Demonstranten zum ersten Mal in gewaltsame Auseinandersetzungen mit der Polizei. Auch wenn Forscher und Journalisten darauf hingewiesen haben, dass sich an den Protesten, die in den vergangenen Jahren in verschiedenen Teilen der Welt stattfanden, eine große Zahl von Mittelschichtangehörigen beteiligte, blieben einige der Widersprüche dabei unbeachtet.

DER KLASSENCHARAKTER DES KONFRONTATIVEN KARNEVALS

Der Gezi-Aufstand war eine mehrere soziale Schichten umfassende Revolte, der jedoch die neue Mittelschicht ihren kulturellen und politischen Stempel aufdrückte.[36] Vom 28. bis zum 31. Mai, als die Zahl der Protestierer von einigen Hundert auf einige Tausend anwuchs, überwog die Zahl der Berufstätigen mit qualifizierter Ausbildung (und der relativ privilegierten Studenten, die sich auf ihre künftigen Berufe vorbereiteten) jene der anderen Gruppen (im Vergleich zu ihrem Gesamtanteil an der Bevölkerung). Anschließend wurden die Volksmassen, die auf den Taksim-Platz strömten, heterogener (zum Beispiel erschienen Arbeiter aus dem informellen Sektor, aus Gaziosmanpaşa und Ümraniye in großer Zahl). In den beiden folgenden Wochen dauerte diese klassenmäßige Heterogenität an und wurde sogar noch komplexer, als auch Arbeiter aus dem informellen Sektor große Protestkundgebungen abhielten (in 1 Mayıs Mahallesi, Gazi, Okmeydanı, Alibeyköy) ebenso wie Angehörige der etablierten Elite (in Etiler, Nişantaşi, Bağdad Caddesi).[37] Nachdem die Sicherheitskräfte Mitte Juni den Gezi-Park und den Taksim-Platz geräumt hatten, zog die einzige formell *proletarische* Demonstration (die am 17. Juni von DISK und KESK organisiert wurde) nur noch eine sehr geringe Zahl von Teilnehmern an, und in den meisten Wohngebieten von Angehörigen des informellen Sektors hörten die Proteste ganz auf. Zu diesem

Zeitpunkt vollzog der Widerstand einen Kurswechsel und konzentrierte sich nun auf das Organisieren großer Volksversammlungen (von *forums*, wie sie auf Türkisch genannt werden). Trotz geringer Erwartungen nahm in zwei wichtigen Wohngebieten der Mittelschicht (in Beşiktaş und Kadıköy) eine große Zahl von Menschen an diesen Versammlungen teil, während sich in Vierteln mit einer Arbeiterschaft vor allem aus dem informellen Sektor und in Wohngegenden der Elite gewöhnlich nur wenige Dutzend Menschen zu den Veranstaltungen einfanden.

Statistische Untersuchungen stützen diese ethnografischen Beobachtungen. Eine ausführliche Erhebung, die von dem Meinungsforschungsinstitut SAMER durchgeführt wurde, ergibt, dass die Klassenstruktur der Teilnehmer an den Ereignissen in Izmir und Istanbul weitgehend der sozialen Struktur dieser Städte entsprach. Die Untersuchung bestätigt, dass die Revolte von unterschiedlichen sozialen Schichten getragen wurde. Doch die Untersuchung eines anderen Instituts (KONDA) kam zu dem Ergebnis, dass die Besetzer des Gezi-Parks am 6./7. Juni über eine hohe formale Bildung verfügten[38] und 13 Prozent von ihnen einen Hochschulabschluss besaßen (im Vergleich zu weniger als 1 Prozent der Gesamtbevölkerung der Türkei). Darüber hinaus kam ein großer Teil von ihnen aus relativ wohlhabenden Wohnvierteln Istanbuls (wie etwa Kadıköy, Şişli, Beşiktaş und Üsküdar). Die Besetzer des Gezi-Parks wiesen ein etwas anderes Profil auf als die Teilnehmer der Juni-Revolte in der Türkei. Die SAMER-Untersuchung ergab darüber hinaus, dass von jenen Einwohnern Istanbuls und Izmirs, welche die Gezi-Proteste begrüßten, ein etwas größerer Teil zur Mittel- und Oberschicht gehörte als von jenen, die der Erhebung ablehnend gegenüberstanden. Die zweite repräsentative Erhebung von KONDA, die in der gesamten Türkei durchgeführt wurde, ergab, dass Bauern, Arbeiter, Rentner, Hausfrauen und *esnaf* (Ladenbesitzer und Händler) – sowie auch allgemein die Bezieher geringerer Einkommen – eher zu der Ansicht neigten, dass »die Proteste von Anfang an falsch« gewesen seien und dass »die Polizei keine Fehler gemacht« habe. Kurz gesagt, die Kerngruppen der Revolte waren wesentlich privilegierter als die peripheren Teilnehmergruppen, und die »breite Masse« war weniger engagiert in diesem Aufstand.

Die Berichte, in denen der Mittelschicht-Charakter der Besetzung des Gezi-Parks heruntergespielt wird, vernachlässigen drei wichtige Faktoren.[39] Zum einen stimmt es zwar, dass sich unterschiedliche soziale Schichten an der Revolte beteiligten, doch nur die Mittelschicht zeigte dabei eine erkennbare *Klassenzugehörigkeit.* Es geht nicht nur darum, dass die *Gewerkschaften der Arbeiter praktisch völlig fehlten* und dass die *Verbände von Berufstätigen mit qualifizierter Ausbildung* (Ingenieure, Architekten, Anwälte und andere Angehörige der Mittelschichten) *überproportional vertreten waren* (was zweifellos zutrifft). Ebenso wichtig ist, dass die Beteiligung aus proletarischen und subproletarischen Schichten in den alevitischen Wohngebieten am höchsten war. Das heißt, diese Schichten ließen sich mindestens so sehr durch konfessionelle Bezüge (oder besser: eine »antikonfessionelle« Politik) zur Teilnahme an der Erhebung leiten wie durch Klassenzugehörigkeit. Damit soll nicht bestritten werden, dass die Klassenzugehörigkeit eine Rolle spielte, denn viele alevitische Arbeiter haben sich noch ein Klassenbewusstsein bewahrt. Auffällig in diesem Zusammenhang ist, dass es in nicht-alevitischen proletarischen und subproletarischen Städten und Wohngebieten keine anhaltende Revolte gab. Zweitens: Der *organisatorische Stil* der Gezi-Besetzung, der sich in ihren letzten Tagen herausbildete, *breitete sich anschließend nur in Wohngebieten der Mittelschicht aus.* Es gab keine großen und wiederholten Versammlungen in den Arbeitervierteln. Mit anderen Worten, *als Gezi* sprach *Gezi* nur bestimmte soziale Schichten an. Als sich der Aufstand auf andere Teile Istanbuls und der Türkei ausweitete, wurde er zu einer amorphen »Juni-Revolte«: säkularistisch in Izmir, antikonfessionell in Tuzluçayır und gegen den Krieg gerichtet in Hatay. Und nicht zuletzt waren die *innovativen Aspekte der Revolte* (vor allem ihre Ästhetik) stark kleinbürgerlich geprägt. Ihre Kreativität und ihre Dynamik entstammten dieser Schicht, wenngleich sich auch Angehörige anderer Schichten einbrachten. Der AKP und den Kemalisten gelang es am Ende, die Trennung zwischen Islamisten und säkularistischen Kräften wieder zu verfestigen, doch das Auftreten und der Geist dieses Kleinbürgertums (und nicht eindeutig proletarische oder sozialistische Forderungen und Parolen) hatten diese Trennung für ein paar Wochen infrage gestellt. Worin genau bestand diese neue kleinbürgerliche Gefühlsstruktur, die imstande war, die Dinge durcheinanderzubringen?

Wir können eine Vorstellung davon bekommen, wenn wir uns ansehen, aus welchen Gründen sich die qualifizierten Berufstätigen so engagiert an einer derart riskanten Revolte beteiligten. Ausbeutung, (sozioökonomische) Marginalisierung, Verarmung und andere Kategorien, die den Prozess der Erzeugung und/oder der Umverteilung von Ressourcen betonen, sind keine hinreichenden Erklärungen. Ein großer Teil der türkischen Berufstätigen hat während seines Lebens Aufwärtsmobilität erfahren (wenn auch noch genauer erforscht werden muss, welches Gewicht diese Gruppe im neuen Kleinbürgertum einnimmt). Ihr Lebensstandard ist ungleich höher als jener ihrer Eltern (oder bietet die Aussicht darauf). Dazu kommt, dass es fraglich ist, ob sie von einer egalitären Umverteilung der Ressourcen im Land profitieren oder eher darunter leiden würden. In dieser Hinsicht ähneln sie nicht der »furchtlosen« spanischen Jugend, die von sich selbst sagt, dass sie »kein Haus, keine Arbeit und keine Rente« habe. Die gelegentlich an den Tag gelegte Furchtlosigkeit der türkischen Protestierer ist in dieser Hinsicht eine intellektuelle Herausforderung.[40]

Was diese Schicht schmerzhaft erlebt, ist nicht Ausbeutung oder Verarmung im strengen wirtschaftlichen Sinne, sondern die Verarmung des sozialen Lebens. Kapitalismus und freie Marktwirtschaft haben (gegenüber vielen von ihnen) ihr Versprechen eingelöst: gut bezahlte Jobs, schöne Autos, (zumindest die Aussicht auf) ein wohnliches Heim und viele andere Formen sichtbaren Konsums. Doch all dies hat nicht zu einem sinnerfüllten Leben geführt.

Die Gezi-Revolte eröffnete einen nicht-kommodifizierten Raum (die Barrikaden, der öffentliche Park, die gemeinsamen Mahlzeiten), wo diese soziale Schicht für eine Weile die Früchte eines kollektivistischen Lebens kosten konnte. Jegliche sozialen Bindungen, die es im Leben dieser Beschäftigten gab, waren offensichtlich »soziales Kapital«: Diese sozialen Beziehungen waren nicht nur in ökonomisches Kapital und beruflichen Aufstieg umwandelbar, sie wurden auch mit dem mehr oder weniger ausgesprochenen Ziel aufgebaut, dass man sie irgendwann in »Geld« würde umwandeln können. Die Revolte vermittelte den Menschen das angeneh-

me Gefühl, dass es auch soziale Bindungen um ihrer selbst willen gab –
das heißt, die Revolte zeigte den Angehörigen dieser Schichten, dass eine
andere Welt möglich war, eine Welt, in der das Vergnügen nicht auf Waren, sondern auf zwischenmenschlichen Beziehungen beruhte. Aus diesem Grund strömten Zehntausende Menschen zwanzig Tage lang in »ihren« Park (der vorher nicht in so großer Zahl besucht worden war) und
Tausende nahmen einen weiteren Monat lang an den Versammlungen
teil.

Die allgemeine Diskussion über die Vorzüge und die Freuden des Teilens und der Solidarität unter den Gezi-Besetzern fand keine Entsprechung in einer Diskussion über die Vorzüge landesweiter Gerechtigkeit
und Gleichheit (und konnte es zu diesem Zeitpunkt auch nicht). Im Gegenteil, die nicht-sozialistischen Teilnehmer äußerten häufig ihre Geringschätzung der »ungebildeten« unteren Klassen, die weiterhin die AKP
wählten. Ich habe unter den Teilnehmern der Versammlungen (weit
überwiegend Ingenieure, Anwälte, Ärzte, Medienleute und Experten für
soziale Medien, Immobilienfachleute und Beschäftigte im Finanzsektor)
Klassenverachtung oder Klassenblindheit erlebt. Jene, die keine sozialwissenschaftliche Ausbildung besaßen oder nicht mit sozialistischen Ideen
vertraut waren, blickten auf die niederen Klassen herab. Sie sprachen von
der Notwendigkeit, die unteren Klassen »aufzuklären« über die Übel des
herrschenden Regimes (das sich ihre Stimmen durch Wohnungen und
Lebensmittel »gekauft« habe, wie auf den Versammlungen und in den Arbeitsgruppen und Ausschüssen häufig zu hören war). Leute, die über
mehr soziologische Kenntnisse verfügten oder sozialistische Schulungen
durchgemacht hatten, vermieden einen derartigen Reduktionismus, sondern betonten vielmehr, dass sie (als Büroangestellte) ebenfalls zur Arbeiterklasse gehörten und es daher keinen echten Unterschied zwischen
ihnen und den Arbeitern gebe (jenen Menschen, welche die nicht-sozialistischen Teilnehmer als »die da« bezeichneten).

Dieser (verkannte und verleugnete) von der neuen Mittelschicht bestimmte Charakter der Revolte erzeugte zweifellos einen gewissen Kraftfaktor in einem Land, in dem die unteren Schichten durch Gewalt und
künstlich herbeigeführte Zustimmung zum Schweigen verurteilt waren.

Doch dadurch wurde es in gewisser Weise ein eingegrenzter Aufstand, der aufgrund seiner Natur auch nur begrenzte Auswirkungen auf die Makrostruktur des Landes entfalten konnte. Es gab strukturelle Klassenelemente, die verhinderten, dass sich die Revolte *institutionell* von den bürgerlichen Wohnvierteln auf proletarische Schichten und Wohngebiete ausdehnte (und dadurch zu einer *nachhaltigen* landesweiten Bewegung mit einer einheitlichen programmatischen Plattform und Führungsriege wurde).

Eine sorgfältige Analyse der Einstellungen der Mittelschicht kann eine Grundlage liefern für eine Verfeinerung der allgemeinen Theorie des neuen Kleinbürgertums (sowie der Bewegungen und Aufstände, in denen diese Schicht eine dominierende Stellung einnimmt). Zunächst müssen wir erkennen, dass die Kommodifizierung (der Arbeit, des Alltagslebens und der Natur) dieser Schicht ein sehr eintöniges Leben beschert, eine Eintönigkeit, die dank der Gezi-Revolte durchbrochen wurde. Doch zugleich gehörten viele Teile dieser sozialen Schicht direkt oder indirekt zu den Nutznießern der Kommodifizierung der vergangenen Jahrzehnte; sie können ihr Bündnis mit der bestehenden Ordnung ohne Weiteres erneuern, auch in der Sphäre der Kommodifizierung des urbanen Raums (die ursprünglich die Revolte entfachte). Die Opposition der Mittelschicht gegen die Kommodifizierung ist daher in sich widersprüchlich.

Eine weitere Schwierigkeit, der sich die Revolte gegenübersah, waren die kulturellen (und weniger die ökonomischen) Dispositionen dieser Klasse. Das neue Kleinbürgertum unserer Tage zeichnet sich (anders vielleicht als dieselbe Klasse, wie sie von Nicos Poulantzas im Kontext des 20. Jahrhunderts analysiert wurde) durch starke partizipatorische und antiautoritäre Neigungen aus (obwohl sich ihr Antiautoritarismus auch in individualistische wie kollektivistische Richtungen entwickeln kann). Dies fördert eine politische Kultur, in der die Diskussion um der Diskussion willen einen höheren Stellenwert einnehmen kann als die Herausbildung programmatischer Ziele. Dadurch sowie aufgrund weiterer sprachlicher und kultureller Unterschiede zwischen dieser kleinbürgerlichen Schicht und den proletarischen und subproletarischen Teilen der Gesellschaft stießen die nach dem 16. Juni begonnenen Institutionalisierungsversuche in breiten Bevölkerungskreisen nur auf relativ geringes Interesse (was zu einer niedrigen Beteiligung an den Versammlungen in den subalternen Vierteln, die sich an der Erhebung beteiligt hatten, führte sowie bei den gut besuchten Versammlungen einen stärker mittelschichtgeprägten Charakter zur Folge hatte).

Weitere Beispiele dieser (*potenziell* ausschließenden) Tendenzen des Kleinbürgertums waren die Ästhetisierung der Politik und die innovative Verbindung von Unterhaltung und Revolte. Eine mögliche Unterscheidung durch die Art der Unterhaltung (zum Beispiel einen Statuswettbewerb durch Kleidung, Alkoholkonsum, Besuch von Bars und dergleichen) brachte die Gefahr einer Ausschließung der subalternen Schichten mit sich. Das soll nicht heißen, dass Unterhaltung *an sich* eine ausschließende Tendenz habe: Michail Bachtin hat darauf hingewiesen, dass (insbesondere vormoderne) Volksaufstände häufig karnevaleske Züge aufwiesen. Doch sie *kann* in einer modernen, mehrere Schichten und Klassen umfassenden Revolte exkludierend werden, da Gruppen mit gegensätzlichen Zielen und Absichten sich gegenseitig abstoßen (nicht nur aufgrund unterschiedlicher Ideologien, sondern auch infolge einander fremder Einstellungen und Dispositionen).[41]

Die Nichtbeachtung der Klassennatur der Gezi-Revolte verhinderte zwangsläufig eine Diskussion über die ungenügende Beteiligung der proletarischen und subproletarischen Schichten. Da sie an der Illusion festhielten, dass der Gezi-Aufstand eine Erhebung der angestellten Büro-»Arbeiter« gewesen sei (oder, wie es in einer differenzierteren Variante hieß, eine Erhebung mehrerer Schichten, die nicht einen überwiegend kleinbürgerlichen Charakter besessen habe), konnten die organisierten Akteure, die über die Fähigkeit verfügten, die Erhebung zu institutionalisieren und aus ihr eine Bewegung zu formen, die Gründe nicht erkennen, warum es im Kern dieser spezifischen Revolte kein organisiertes Klassenbündnis gab. Durch den Fehlschluss, alle lohnabhängigen Angestellten als Angehörige der Arbeiterklasse einzustufen, verfingen sie sich in einem theoretischen Käfig. Vor eben dieser Gefahr hatte Nikos Poulantzas im Nachgang der Erfahrungen der 1960er-Jahre gewarnt.[42]

Der eingeschränkte und deswegen auch einschränkende Klassencharakter der Revolte bringt uns zu einem grundsätzlicheren Problem: zu der Unfähigkeit (zumindest zu diesem Zeitpunkt), Alternativen zur bestehenden Ordnung anzubieten und gesellschaftliche Bündnisse aufrechtzuerhalten, die diese Alternativen verwirklichen können. Die Prägung der Revolte durch die neue Mittelschicht verstärkte (aber war nicht alleinige Ursache für) die generelle Tendenz weltweiter Erhebungen nach 1979, schlecht organisiert (aber nicht »führungslos«) und ungerichtet zu verlaufen.

Die Dachorganisation, die der Revolte eine gewisse Richtung zu geben versuchte, Taksim Dayanışması (Taksim-Solidarität), unterschied die Gezi-Revolte von den Erhebungen in Spanien (»Indignados«) und den USA (»Occupy«), die während der gesamten Zeit »führungslos« blieben (zumindest auf dem Papier, wenn auch nicht in der Praxis). Taksim-Solidarität war ein Bündnis aus Berufsvereinigungen, sozialen Bewegungen (Umweltgruppen, Feministinnen, LGBT-Aktivisten und anderen) sowie sozialistischen Gruppen mit teilweise widersprüchlichen Programmen und Zielen. Der wichtigste Beitrag dieser Dachorganisation (und daher der gebündelten Erfahrungen der türkischen Linken) wird sichtbar im Vergleich mit der Revolte in Ägypten im Juni 2013. Trotz aggressiver und organisierter Aktivitäten der Kräfte des alten Regimes spielte die Gezi-Revolte im Unterschied zu ihrem ägyptischen Pendant nicht den Konspirationsbemühungen des alten Regimes in die Hände.

Darüber hinaus formulierte Taksim-Solidarität im Sommer 2013 Forderungen und erstellte Papiere, die konsequent den gegen die Kommodifizierung und den Autoritarismus gerichteten Geist der Revolte in den Mittelpunkt rückten. Die Forderungen der Organisation und ihre politischen Diskussionen drehten sich um die Stadterneuerungsprojekte der regierenden Partei und deren politische Praktiken. Entsprechend der gesammelten organisatorischen Erfahrung und der ideologischen Reife der türkischen Linken kam Taksim-Solidarität nicht vom bestimmenden Thema ab (was in einem Bündnis höchst unterschiedlicher und sich gegenseitig argwöhnisch beäugender Partner durchaus anders zu erwarten wäre). Nichtsdestotrotz war auch diese Organisation nicht in der Lage, einen Fahrplan zur Schaffung eines demokratischeren und dekommodifizierten Landes zu formulieren. So reif diese Bewegung auch war im Vergleich zu vielen vergleichbaren Versuchen in der westlichen und der nicht-westlichen Welt, war sie dennoch weit davon entfernt, maßgeblich und entscheidend in eine solch große Erhebung einzugreifen.

Schließlich flaute der Aufstand ab, und die verschiedenen Versuche, ihn in eine dauerhafte Bewegung zu verwandeln, erreichten die »breiten Massen« nicht. Der türkische Ministerpräsident hatte sich über die Revolte lustig gemacht, indem er darauf hinwies, dass alle diese (privilegierten, wie er damit implizieren wollte) jungen Leute bald in ihren regulären Urlaub gehen würden und der Aufstand dann sein Ende finden würde. So kam es auch tatsächlich. Das neue Kleinbürgertum kehrte aus seinem Sommerurlaub nicht zurück. Die Linke in der Türkei zog sich auf ihre Basis aus der Zeit vor 2013 zurück. Auch in der zweiten Hälfte des Juli 2013 und danach gab es in verschiedenen Landesteilen noch Zusammenstöße und Proteste, doch die Beteiligung daran ging stark zurück. Schließlich verloren auch die Proteste rund um den Taksim-Platz viel von ihrem Farbenreichtum. Ein dezidiert »sozialistischer« Geist ersetzte den Geist des Kleinbürgertums. Die Parolen, Gesichter und die Kleidung begannen jenen der Proteste in der Türkei in der Zeit vor 2013 zu ähneln. Humor, Unterhaltung und Fröhlichkeit traten in den Hintergrund.

Das bedeutet nicht, dass die Linke nach dem Juni 2013 nichts mehr zustande gebracht hätte. Um nur ein Beispiel zu nennen, verbündeten sich die Studenten einer wichtigen Hochschule, der Technischen Universität des Nahen Ostens (ODTÜ) in Ankara, im Herbst 2013 mit den Landbesetzern im Umfeld des Campus, um zusammen mit diesen gegen eine weitere Akkumulation durch Enteignung zu kämpfen und gegen Stadterneuerungsprojekte und Straßenbaumaßnahmen zu protestieren, die zu einer Zerstörung der Squattersiedlungen und von Teilen des Universitätsgeländes geführt hätten. Doch die Bedeutung solch geografisch begrenzter Widerstandsaktionen verblasste im Vergleich zur Explosion des Juni 2013. Die Linke konnte jene Kräfte nicht mehr zusammenführen, die sich in der Phase der Proteste vereinigt hatten.[43]

Die bestehende Hegemonie in der Türkei und die starke Zersplitterung der türkischen Linken sind nicht die einzigen Gründe für das Scheitern des Aufstands, wenngleich sie dazu beitrugen. Die konkrete Aufgabe der Zukunft besteht nicht nur darin, die Zersplitterung der Linken zu überwinden und den Aufbau arbeitsfähiger politischer Führungen sowie die Formulierung von Programmen und praktischen Aktionsplänen zu fördern (die allesamt große Herausforderungen darstellen), sondern auch einen organisatorischen und ideologischen Rahmen zu entwickeln, der langfristige Bündnisse zwischen den verschiedenen untergeordneten sozialen Schichten ermöglichen kann, einschließlich der wankelmütigen neuen Mittelschicht (der heute jedoch entscheidende Bedeutung zukommt).

GÜLENS ANGRIFF: DER DOLCHSTOSS VON INNEN

Nach den Gezi-Ereignissen schien der Machtblock zu implodieren. Der Streit in den islamischen Kreisen brachte die passive Revolution zwar nicht an ihr Ende, sorgte jedoch für deren dauerhafte Destabilisierung. Während vor der Revolte die Zustimmung die Gewalt überwog, gewann nun die Gewalt die Oberhand. Diese Veränderung war hauptsächlich eine Reaktion auf den Aufstand, vollzog sich jedoch auch im Zusammenwirken mit unterschiedlichen Dynamiken in der Struktur des Regimes. Da ich an anderer Stelle einen langen Aufsatz über die Entzweiung zwischen Erdoğan und Gülen veröffentlicht habe, möchte ich hier nur jene Aspekte des Dramas zusammenfassend darstellen, die für den Argumentationsgang im vorliegenden Buch relevant sind.[44]

Eine Zeit lang hatte die Gülen-Bewegung eine AKP ohne Erdoğan angestrebt. Das war nicht überraschend, denn dies war auch die Absicht der westlichen Mächte. Die Gülen-Bewegung als westlich ausgerichteter Flügel der AKP unterstützte einfach nur diese Linie. In den Monaten vor den Gezi-Ereignissen hatten die Spannungen zwischen Gülen und Erdoğan zugenommen. Jede der beiden Seiten betrachtete Gezi als eine Chance, sich der anderen zu entledigen. Im Dezember 2013 überzogen Staatsanwälte, die mit Gülen in Verbindung standen, Erdoğan und seinen Klüngel mit Tausende Seiten starken Korruptionsanklagen. Die gülenistische Presse bediente sich geschickterweise der Sprache der Revolte, um den Ministerpräsidenten und seine Entourage als profitgierige Plünderer zu brandmarken. Dadurch wollten die Gülenisten zwei Fliegen mit einer Klappe schlagen: Sie wollten sich den internen Gegner vom Hals schaffen und den Gezi-Widerstand in eine passive Revolution umwandeln.

Doch dieser Schuss ging nach hinten los. Entgegen den Erwartungen der Gülenisten versammelten sich alle anderen islamistischen Gruppen und Zirkel des Machtblocks hinter dem Ministerpräsidenten. Dies war ein logisches Verhalten in Anbetracht der Kräfteverhältnisse im islamischen Feld (wenn es auch nicht völlig logisch war im Sinne der Rationalität des Regimes). Der Gülen-Bewegung war es gelungen, alle anderen Gemeinschaften in die Bedeutungslosigkeit zu drängen, und diese sahen nun eine Möglichkeit, ihre Rechnungen zu begleichen. Erdoğan schlug mit Vehemenz zu, und die Säuberung der Polizei, der Justiz, des Staatsfernsehens, der Ministerien und anderer staatlicher Einrichtungen von Gülen-Anhängern war noch im Gange, als ich Anfang 2015 dieses Buch abschloss.

Die islamische Presse interpretierte die Gezi-Ereignisse und den Vorstoß der Gülenisten als eine konzertierte, von langer Hand geplante Verschwörung der Neokonservativen und der Israelis. Diese Deutung beschwichtigte die Basis der AKP. Ihre Anhänger sind seit den Gezi-Ereignissen überzeugter denn je, denn nun glauben sie, dass das Regime von Israel bedroht werde. Doch diese Wendung ins Konspirative hatte einen Preis. Das Regime büßte nicht nur viele seiner qualifizierten Kader ein (da die Gülenisten die gebildetsten und fähigsten Beamten waren), sondern seine auf konfessionelle Trennlinien setzende Politik nahm schließlich selbstzerstörerische Züge an. Es wird vermutet, dass die Türkei mittlerweile zu den wichtigsten Unterstützern der dschihadistischen Kräfte im Nahen Osten geworden ist (darunter zeitweise auch des ISIS), was letztlich zu einer weiteren Verschärfung der konfessionellen Gegensätze sowie zu einer Militarisierung und Destabilisierung der Türkei führen muss. Dies wäre undenkbar, wenn die Gülen-Bewegung weiterhin ein Bestandteil des Machtblocks wäre. Die Gülen-Bewegung verübte schließlich ihren letzten Schlag, als sie einen türkischen Lastwagen, der mit Waffen für al-Qaida oder vielleicht auch für ISIS beladen war, nicht nur stoppte, sondern diese Tatsache auch öffentlich bekannt machte.

Einige Folgen dieses »Dolchstoßes von innen« sind mittlerweile deutlich geworden, andere befinden sich noch in der Entwicklung. Das Regime der AKP beruht heute wesentlich stärker auf Zwang als in den ersten elf Jahren seiner Machtausübung. In diesem Sinne hat es an Hegemonialität eingebüßt. Es hat seine Basis und seinen Machtblock weiter konsolidiert, erreichte dies aber nur dank fortdauernder Säuberungen seiner Reihen von säkularen und islamischen Liberalen. Auch die Professionalität der Regierungsführung der AKP hat nach den Attacken von Gezi und der Gülenisten nachgelassen. Doch der Angriff hat nicht (oder noch nicht?) zu einer Fragmentierung des islamischen Feldes geführt. Die islamische Zivilgesellschaft und die politische Gesellschaft sind weiter vereint, wenn auch weniger professionalisiert. Tatsächlich zerstört die AKP diese Professionalität sogar, um ihr Machtmonopol zu behaupten. Daher hat sich eine neue Kombination herausgebildet. Während die Monopolisierung und die Professionalisierung des Islamismus in jenen Fällen, die in diesem Buch untersucht werden, Hand in Hand gingen, ist die Monopolisierung nun mit Entprofessionalisierung verbunden.

DIE DREI PHASEN DER NACHKRIEGS-HEGEMONIE UND DER WEG IN DIE ZUKUNFT

Für nicht-westliche Völker war ein großer Teil des 20. Jahrhunderts eine Ära der nationalen wirtschaftlichen Entwicklung. Das Ende des 20. Jahrhunderts markierte auch das Ende dieses Projekts, als die nicht-westlichen politischen Führer den Liberalismus, die Idee des authentischen, eigenen Wegs oder auch die Religion für sich in Anspruch nahmen. Doch im weiteren Fortgang des 21. Jahrhunderts erlebt die nicht-westliche Welt nun anscheinend einen neuen Frühling des Kollektivismus und der erweiterten Teilhabe (oder zumindest der Hoffnung darauf). Da auch im Westen ähnliche Wünsche artikuliert werden, wird sich der Unterschied zwischen der westlichen und der nicht-westlichen Welt weiter verwischen.

Drei unterschiedliche Themenkomplexe haben seit dem Ende des Zweiten Weltkriegs die Politik im Nahen Osten bestimmt. Von den 1950er- bis zu den 1970er-Jahren bildeten Nationalismus und Entwicklung die beherrschenden Themen (Themen, die bereits seit den 1920er-Jahren im Zentrum der türkischen Politik stehen). Nationale Unabhängigkeit erfordere auch wirtschaftliche Unabhängigkeit und Entwicklung, verkündeten die progressiven Kräfte im Nahen Osten. Die Linke unterstützte die neuen Regime, wo immer nationalistische Ziele im Vordergrund standen (vor allem in den arabischen Republiken). Die klassischen linken Ziele Europas (Gleichheit, Freiheit, klassenbezogene Solidarität) wurden daher dem Nationalismus und der wirtschaftlichen Entwicklung untergeordnet (und bis zur Vollendung des sich immer weiter verzögernden nationalen Fortschritts verschoben). Die Linke wurde hegemonialisiert, anstatt selbst hegemonial zu werden, sie wurde vereinnahmt, weil die proklamierten Ziele der progressiven Nationalismen ihren eigenen Zielen weitgehend zu ähneln schienen. Sie wurde in die Irre geführt.

Die autoritäre Hölle, die der Nationalismus nach sich zog, brachte schließlich auch die Progressiven, die Linken und die Marxisten dazu, die Vorzüge des Liberalismus wiederzuentdecken (vor allem dessen Betonung des Pluralismus und der individuellen Freiheit). Damit war häufig das Bestreben nach Authentizität verbunden: Zwar hatte der Nationalismus Unabhängigkeit vom Westen versprochen, dennoch aber hatte er die Seele und den Geist der nicht-westlichen Menschen versklavt, indem er deren Fortschritt an westlichen Kriterien maß. Der Islam (und bisweilen auch andere Aspekte der lokalen Kultur) wurde nun als das Gegenmittel wahrgenommen. Von den 1980er- bis zu den 2000er-Jahren wurden der Liberalismus und der Islam allmählich zu den bestimmenden Merkmalen der hegemonialen Intellektuellen. Doch anstatt seine Versprechen von Freiheit und Authentizität einzulösen, errichtete der islamische Liberalismus (mit Unterstützung seiner linken und säkular-liberalen Verbündeten) eine weiche neototalitäre Demokratie in jenem Land, in dem der neue Weg in die Moderne mit allen Konsequenzen ausprobiert wurde: in der Türkei.

In diesem Prozess geriet die Linke auf zweierlei Weise ins Hintertreffen. Ihre kleineren Organisationen und deren eher mittelmäßige Intellektuelle wurden im politischen, akademischen und geistigen Bereich nahezu vollständig marginalisiert (wobei sie darüber hinaus drei Jahrzehnte lang auch heftigen Repressionen ausgesetzt waren). Ihre führenden Intellektuellen und deren politische Zirkel wurden dagegen zu den wichtigsten Organisatoren einer islamisch-liberalen Hegemonie.

Die Aufstandswelle von 2011 bis 2013 war der letzte Vertrauensvorschuss, den dieses Drama bekommen wird. Die Träume der vorhergehenden Generationen wurden nicht grundsätzlich verworfen, aber sie wurden in Zweifel gezogen. Durch diese Revolte, die darauf zielte, die Gemeingüter zu erhalten und auszudehnen (und die Teilhabe an der Politik zu erweitern), werden die Träume dieser Generationen zwar nicht bedeutungslos, aber sie werden vielleicht langsam verblassen (wenngleich auch die neue Ära keine Früchte tragen wird, sofern sie nicht Antworten auf einige Fragen findet, die schon früher aufgeworfen wurden: die nationale, die entwicklungspolitische und die religiöse Frage).

In dieser neuen Ära hat die Linke eine echte Chance, die Führung zu übernehmen. Doch sie ist schwach, desorganisiert und demoralisiert. Und die einleitende Revolte der neuen Ära war vorherrschend kleinbürgerlich und nicht proletarisch geprägt, was das intellektuelle Rüstzeug der Linken infrage stellt und eine theoretische Überarbeitung erforderlich erscheinen lässt. Dennoch stellen die Ziele der Revolte auch eine bedeutende Herausforderung für den Kapitalismus dar. Es ist ungewiss, ob und wie die gegenwärtige Weltordnung imstande sein wird, sich zu reorganisieren als Antwort auf die wachsende Revolte – und diese Unsicherheit verschafft der Linken reichlich Handlungsspielraum.

DER KONTRAPUNKT
ZUM KAPITAL

KURZ NACH DER ERSTÜRMUNG der Bastille erschienen im Straßen-
bild von Istanbul und anderen osmanischen Städten französische Fahnen.
Nicht nur die französischen Gemeinschaften in diesen Städten, auch die
einheimische muslimische und nicht-muslimische Bevölkerung strömte
auf die Straßen, um die Französische Revolution entweder zu feiern oder
zu verteufeln. In den folgenden Jahren bemühten sich die griechisch-or-
thodoxe Kirche und die osmanischen Eliten mit vereinten Kräften, die
Ausbreitung egalitärer und antiklerikaler Ideen zu verhindern.[1] Selektive
Darstellungen von 1789 spalteten und vereinten in den nachfolgenden
Jahrzehnten die Osmanen immer wieder entlang unerwarteter Konfliktlinien. Mehr als ein Jahrhundert später entdeckten die Kemalisten eine
Verwandtschaft zwischen der Türkei des Jahres 1923 und dem Frankreich
von 1789 im Hinblick auf den Antiklerikalismus, sie entschieden sich jedoch, die massenmobilisierende Dimension des Jakobinismus zu vernachlässigen.

Seit 1789 hat immer wieder die Faszination der Revolution (oder auch
die Angst vor ihr) den sozialen Wandel in der Türkei vorangetrieben. Die
letzten Jahrzehnte der Republik waren geprägt von Versuchen, die
Schockwellen der globalen und lokalen Bewegungen von 1968 und der
iranischen Revolution von 1979 zu verarbeiten. Im Nachgang zu den Ereignissen von 2011 ließen die türkischen Machthaber auch vermehrt ihre
neokolonialen Muskeln spielen, indem sie versuchten, die Revolten, die
überall in der Region ausbrachen, in ihrem Sinne zu beeinflussen; zu
Angst und Faszination gesellte sich Manipulation. Aus diesem Blickwinkel betrachtet, war das Türkische Modell ein widersprüchliches Ensem-
ble: ein potenziell explosiver Versuch, die Revolten zu Hause und im Aus-

land zu regulieren, zu absorbieren, zu kontrollieren und einzudämmen. In diesem Sinne war der wichtigste Beitrag der Türkei zur Weltgeschichte nicht die nahtlose Verbindung von Islam und Liberalismus (oder Demokratie), sondern die Erneuerung des Vertrauens in die passive Revolution.

Der Arabische Frühling von 2011 markiert den Anfang vom Ende dieses Beitrags. Im Licht der Entwicklungen nach 2011 soll in diesem Kapitel der Frage nachgegangen werden, ob die türkische, die iranische, die tunesische und die ägyptische Erfahrung die Weltgeschichte auch auf eine andere Art bereichern können.

DIE EINZELNEN FÄDEN DER NAHÖSTLICHEN GESCHICHTE WIEDER MITEINANDER VERBINDEN

Die Geschichte kennt keine Haupttriebkraft, doch die Verbindung aus Faszination und Angst (sowohl bei den Herrschern als auch den Beherrschten), die Revolutionen kennzeichnet, bildete eine der wichtigsten Dynamiken, die der Liberalisierung, der Demokratisierung und der Islamisierung in der Türkei nach 1980 zugrunde lagen. Darüber hinaus verbindet dieses widersprüchliche Verhältnis zur Revolution auch unterschiedliche Ereignisse, soziale Gruppen und Institutionen im In- und Ausland miteinander: Was die Türkei eint und spaltet, ist ihr Verhältnis zu 1789, zu 1968, zu 1979 und zu 2011 (mehr als die militärisch-paternalistische Staatstradition und der Kampf zwischen Zentrum und Peripherie, wie es in liberalen Abhandlungen gern dargestellt wird). Die gesellschaftlich-politischen Blöcke in der Türkei werden teilweise auch dadurch bestimmt, wie sie sich in Bezug auf diese unterschiedlichen Umwälzungen aufstellen.

Marxistische Darstellungen der Geschichte der Türkei und des Nahen Ostens (als einer Geschichte der Integration in den Kapitalismus) können durch die Einbeziehung dieses Kontrapunkts verfeinert und präzisiert werden.[2] Die Rolle umwälzender Ereignisse in der Weltgeschichte lässt sich nicht auf sozioökonomische Entwicklungen (oder auf den Klassenkampf) reduzieren. Dieses Buch wollte einen Anstoß geben zur Neuschreibung der Regionalgeschichte unter dem Gesichtspunkt des Verhältnisses von Revolution und Restauration, wobei es sich auf die Nachkriegszeit konzentrierte. Als Nächstes müssen wir versuchen, nicht nur unser Verständnis dieser Dekaden zu vertiefen, sondern auch die Geschichte der modernen sozialen und politischen Formationen als widersprüchliche Antworten auf die Ereignisse von 1789, 1848, 1905, 1917, 1949, 1968, 1979 und 2011 neu zu schreiben.[3]

Die Türkei und der Iran waren nicht nur Adressaten, sondern auch Gestalter der revolutionären Welle von 1905 bis 1911. Im Iran wurde die revolutionäre Erhebung zwar vollständig niedergeschlagen, aber ihre kulturellen und politischen Hinterlassenschaften setzten etwas in Gang, was John Foran als ein »Jahrhundert der Revolution« bezeichnete. In der Türkei dagegen gelangten einige der Revolutionäre von 1908 an die Macht, doch nach kaum einem Jahr hatten sie alles, was von der ursprünglichen demokratischen Erhebung von 1908 übrig geblieben war, entstellt, verdreht, eingedämmt und vereinnahmt.

Revolutionen von oben wurden auf den Ruinen der Revolten im Iran und in der Türkei in den Jahren von 1905 bis 1908 ersonnen. Das Pahlavi-Regime (errichtet von einem General, der gegen die Bolschewiki gekämpft hatte) und das kemalistische Regime unterdrückten nicht nur die an 1917 angelehnten revolutionären Ansätze in ihren eigenen Ländern, sondern vereinnahmten auch die Energien, die Hoffnungen und die Institutionen der globalen Bewegung von 1917 bis 1919. Mustafa Kemal, der vor allem durch die zentralistische Vision der französischen Jakobiner inspiriert wurde (jedoch deren sozioökonomischen Radikalismus und die von ihnen betriebene Massenmobilisierung ablehnte), übernahm das Konzept der zentralen staatlichen Planung von den Sowjets, um eine nationale Bourgeoisie zu etablieren. Der erste Schah aus der Pahlavi-Dynastie stand in einem überwiegend negativen Verhältnis zu 1917, und seine Revolution von oben führte zu einer verzerrten Version des türkischen Modernismus.

Auch Nassers Revolution von oben war gleichzeitig Adressat und Schöpfer einer revolutionären Welle in der Dritten Welt, die sich von 1949 bis 1968 erstreckte. Sie reproduzierte nicht nur die kemalistische (national-kapitalistische) Übernahme des sowjetischen Wirtschaftsmodells, sondern verlieh diesem eine weitere, radikale und auf die Subalternen gerichtete Dimension. Nasser betonte stärker als sein türkisches Pendant den Wert sozioökomomischer Gleichheit und die Bedeutung einer »Transkulturalisierung« der Moderne durch die lokale Kultur.

Die Mobilisierung der Studenten und der Arbeiter hatte deutliche Berührungspunkte mit der Dritte-Welt-Bewegung, die im Gefolge von 1968 entstand, und machte sich einige ihrer Positionen zu eigen. In der Türkei nahm die Neue Linke sowohl Themen der Dritte-Welt-Bewegung wie der Pariser Revolte auf, was zur Herausbildung innovativer (türkischer und kurdischer) Varianten des Maoismus und des Post-Maoismus führte. Der kurdische Guerillakampf, ein sehr langwieriger Bürgerkrieg, stärkte und destabilisierte zugleich die passive Revolution in der Türkei in der Zeit nach 2002. Im Iran verband sich der Marxismus durch eine Wiederbeschäftigung mit den Werken von Sartre, Fanon und Mao sowie der schiitischen Tradition mit dem Islam.

Das Jahr 1979 bildete den Höhepunkt (und den Anfang des Niedergangs) der Dritte-Welt-Bewegung: Es bestätigte die Kraft der lokalen Traditionen (die nun gegen die westliche Moderne in ihrer Gesamtheit in Stellung gebracht wurden, wenn auch nur auf dem Papier), um eine egalitärere Welt aufzubauen (diesmal jedoch, wie Foucault bemerkte, eine Welt, die auch eine geistige Dimension besaß). Während die Siege von 1979 den Iran zu einem wichtigen Akteur in der internationalen Politik machten (und die islamische Revolution für die anderen Regime als eine ernsthafte Bedrohung erscheinen ließen), so traten in den folgenden Jahren deren Beschränkungen immer deutlicher zutage: Der islamischen Revolution gelang es nicht, die Entwicklung einer gerechteren (und »spirituellen«) Welt voranzutreiben.

Die Ereignisse von 1979 konnten zwar nicht mehr Gleichheit bringen, doch sie rückten den Komplex *Gleichheit und Revolution* in den Mittelpunkt des islamischen Diskurses – zumindest für eine Weile. *Die Leistung des Türkischen Modells* bestand aus diesem Blickwinkel betrachtet *in der islamischen Dezentrierung beider Themen.* Indem es soziale Gerechtigkeit auf ein rein technokratisches Management absoluter Armut reduzierte und gleichzeitig relative Armut und Ungleichheit ignorierte sowie mit Unterstützung benachteiligter Schichten die Desorganisation der Arbeiterbewegung betrieb, gelang es diesem Modell, den Islam mit der Demokratie zu verbinden, wobei es beide auf Technik und Formalien zurückstutzte (Türkisches Modell = Alkoholregulierung + freiwillige Verschleierung + Plebiszite). Diese Reduzierung schien gut voranzukommen, bis 2011 eine neue Welle von Aufständen die passive Revolution destabilisierte, die durch die globale Finanzkrise von 2008 nur wenig erschüttert worden war. Die Gezi-Revolte war eine weitere Wendung im Kontext dieses Kontrapunkts. Der bleibende Beitrag der Türkei zur Weltgeschichte wird vielleicht nicht in ihrer meisterlichen Handhabung der passiven Revolution bestehen, sondern (unvermutet) in ihrem verspäteten revolutionären Erwachen. Dies ist zwar die unwahrscheinlichere Möglichkeit, dennoch scheint es lohnend, sich eingehender damit zu befassen.

DAS GLOBALE 2011

Eine Besonderheit der Juni-Revolte in der Türkei war ihre Gleichzeitigkeit mit anderen Aufständen. Die Revolten in Ägypten und in Brasilien im Juni 2013 kommen dabei als Erste in den Sinn, doch der Aufstand in der Türkei war Teil einer größeren Welle, die sich von 2009 bis 2013 erstreckte. Im Jahr 2009 hatte eine Aufstandswelle im Iran, in Griechenland, Island und anderen westlichen Ländern begonnen, hatte sich nach Tunesien und Ägypten ausgebreitet und war schließlich 2011 wieder in den Westen zurückgekehrt, wo sie in den USA, in Griechenland und Spanien ihr Zentrum fand. Als die Welle abzuflauen schien, brachen 2013 in der Türkei und in Brasilien Revolten aus. Ukraine und Venezuela schlossen sich Ende 2013, Anfang 2014 an, schlugen jedoch einen rechtsgerichteten Kurs ein.

Die Verteidigung der Gemeingüter durch die Mittelschicht

Die spektakulärsten Aufstände im Rahmen dieser Welle richteten sich gegen die Kommodifizierung, aber nicht gegen den Kapitalismus: Sie wollten öffentliche Dienstleistungen und öffentliche Güter wie etwa die großen öffentlichen Plätze (»Gemeingüter«) gegen den Ansturm des Marktes behaupten. Der teilweise gemeinsame Nenner beruhte auf der globalen Vermarktlichung und deren negativen Auswirkungen (Immobilienblasen, steigende Wohnungs- und Häuserpreise und die allgemeine Entfremdung gemeinschaftlicher urbaner Güter durch Privatisierung).

Es handelte sich meist um Revolten, die von unterschiedlichen Schichten getragen, aber vom Kleinbürgertum geprägt wurden. Mit wenigen Ausnahmen wie Griechenland und Tunesien bildete die Mittelschicht das Herz und den Geist der Revolte. Die anderen sozialen Schichten akzeptierten ihre Führungsrolle. Besetzungen von Fabriken, Armenvierteln und Industriestädten blieben zweitrangig, der Schwerpunkt lag auf den großen öffentlichen Plätzen; deren Inbesitznahme (wie etwa im Fall von Ägypten Mahalla und Tanta) war weitgehend unverbunden mit dem Zentrum der Revolte (das beispielsweise in Ägypten der Tahrir-Platz bildete). Bei den Revolten wurden dezidierte Forderungen nach Autonomie erhoben, Hierarchien wurden abgelehnt und die Demonstranten formulierten das Verlangen nach Solidarität bei gleichzeitiger Zurückweisung autoritärer Maßnahmen. Doch diese kreativen Formen der Ermächtigung des Volkes und die direkte Demokratie auf besetzten Plätzen (die Versammlungen in Griechenland, Spanien und der Türkei, die »people's microphones« in den USA) ermächtigten und stärkten die redegewandten, hoch qualifizierten Angehörigen der neuen Mittelschicht mehr als die Angehörigen anderer Gruppen. Hierarchie und Autorität wurden grundsätzlich abgelehnt, in der Praxis aber nicht abgeschafft. Die Leistungen und die Widersprüche dieser Revolte werden intellektuelle und politische Herausforderungen für künftige Jahrzehnte darstellen.

Wie die übrigen revolutionären Wellen brachte auch jene von 2009 bis 2013 die Unzufriedenheit mit der großen Politik und den globalen Strukturen zum Ausdruck, obwohl sie sich auf die jeweiligen nationalen Verhältnisse konzentrierte. Anders als fast alle anderen revolutionären Wellen verfügte jedoch jene der Jahre 2009 bis 2013 über keine einheitliche Ideologie und kein Einheit stiftendes Programm. In dieser Hinsicht ähnelte sie den Erhebungen in Osteuropa 1989. Doch die Welle von 2009 bis 2013 unterschied sich deutlich von 1989, indem sie die Krise der hegemonialen Weltordnung zum Ausdruck brachte, anstatt diese zu verfestigen.

Die Krise der Hegemone

Dieses Buch hat sich auf die Untersuchung von Hegemonien im nationalen und regionalen Rahmen konzentriert. Doch nationale und regionale Hegemonien sind in globale hegemoniale Ordnungen eingebettet, wenngleich sie nicht immer in vollem Umfang entsprechend ausgerichtet sind.[4] Man kann von einer globalen kapitalistischen hegemonialen Ordnung sprechen, wenn es eine länderübergreifende Zustimmung zu einem zentralen *wirtschaftlichen* Modell gibt (die durch Macht gestützt und abgesichert wird). Es kann nationale oder regionale Varianten dieses Kernmodells geben. Seine politischen und kulturellen Implikationen können auch durchaus umstritten sein. Doch wenn diese Ordnung tatsächlich hegemonialer Natur ist, bewegen sich die Variationen und die Kritik innerhalb der Grenzen des Modells. Diese Zustimmung wird möglicherweise auch durch globale oder regionale *territoriale* Kräfteverhältnisse zum Ausdruck gebracht. Trotz der wachsenden Bedeutung von Organisationen und Einrichtungen, die nicht Regierungen unterstehen, sind die Staaten nach wie vor die wichtigsten (wenn auch nicht die einzigen) Akteure, die dieses Verhältnis artikulieren.[5] Seit dem Zweiten Weltkrieg spielen die USA die beherrschende Rolle in diesem Spiel.[6]

Die USA haben sich sowohl in ihren außen- als auch in ihren innenpolitischen Belangen vom Modell der Zustimmung abgewandt und setzen nun verstärkt auf Zwang. Die Zahl der Kriege, in die sie verstrickt sind, die Anzahl der Kriegsopfer und die Intensität der mit Krieg verbundenen Folter haben zugenommen. Auch im Inneren hat die US-Regierung die Unterdrückung der eigenen Bürger gesteigert, selbst in Angele-

genheiten, die nichts mit Krieg zu tun haben. Die Techniken der Repression und die überhandnehmende Überwachung breiten sich von einem
Bereich in den anderen aus. Telefonüberwachung, die Sammlung persön-
licher Daten aus dem Internet, außerordentliche Steuerprüfungen und
andere repressive Methoden werden zu Routinemaßnahmen (nicht nur
gegen Aktivisten von Occupy, sondern auch gegen Konservative wie etwa
Vertreter der Tea Party). Den USA fällt es heute zudem schwerer, ihre
westlichen Verbündeten zur Unterstützung ihrer Kriegs- und Repres-
sionsprojekte zu bewegen, wenngleich sich die meisten notgedrungen
daran beteiligen, ebenso wie am »Krieg gegen den Terrorismus«. Noch
schwächer ist die Zustimmung außerhalb der westlichen Welt, wo Kriege
und Folter mehr als nur Misstrauen erzeugen.

Die unstete, starken Schwankungen unterworfene Nahostpolitik der
USA ist gleichermaßen ein Zeichen wie auch eine Ursache ihrer hegemonialen Krise. Das heißt, die USA sind nicht in der Lage, dem Nahen Osten
einen klaren Weg nach vorne zu weisen; sie sind nicht imstande, *Führung*
auszuüben, wenngleich es ihnen noch immer gelingt, unerwünschte Bewegungen und Entwicklungen zu unterdrücken. Das militärische Eingreifen der USA in Afghanistan und im Irak, von manchen als Zeichen der
Stärke der USA gedeutet, hat in Wirklichkeit deren hegemoniale Fähigkeiten untergraben. Diese Interventionen hatten den unbeabsichtigten, ra-
schen und irreführenden Anstieg des iranischen Einflusses zur Folge. Anschließend unterstützten die USA den Gegenangriff der Saudis und der
Golfstaaten, um ihren größten Feind in der Region, den Iran, niederzuhalten. Doch auch diese Aktion hatte unbeabsichtigte Auswirkungen, verstärkte die politische Bedeutung konfessioneller Konflikte in der Region
und führte zum Niedergang des Türkischen Modells. Anfang 2015 versuchten die USA ihre Beziehungen zum Iran wieder zu normalisieren, um
ein Gegengewicht zur erstarkten Terrororganisation ISIS zu schaffen, und
bestätigten dadurch, dass sich der Welthegemon in einer komplizierten,
durch Verwirrung gekennzeichneten Lage befindet. Die Prozesse, die in
diesem Buch untersucht werden (die Interaktion zwischen der türkischen
Wirtschaft, Politik und Religion mit regionalen Dynamiken), entwickelten sich im Kontext dieser gescheiterten amerikanischen Interventionen.

Die politisch-militärischen (»territorialen«) Probleme finden ihre Entsprechung in der Ökonomie. Wie auch in anderen hegemonialen Krisen ist die Führungsmacht von produktivem Wachstum zu finanziell getriebenem Wachstum übergegangen. Produktion und technologische Innovationen verlagern sich in uneinheitlicher Weise in nicht-westliche Regionen der Welt. Die Prozesse, die weiter oben erwähnt wurden (Immobilienblasen, vor allem in den USA und anderen westlichen Ländern, Privatisierung und Akkumulation durch Enteignung, vor allem in nichtwestlichen Regionen), entfalten sich vor dem Hintergrund des Finanzkapitalismus (der ebenfalls auf uneinheitliche Weise in die Weltordnung Einzug hält). Die amerikanische Wirtschaft ist unverhältnismäßig stark von Finanzblasen oder Immobilienblasen oder einer Verbindung aus beiden[7] abhängig geworden. Wenngleich dieses spekulative Modell, wie sich in der Krise von 2008 zeigte, für eine Weile wirtschaftliche Dynamik erzeugen kann, führt es schließlich zu Schockwellen, welche die gesamte Weltwirtschaft erfassen. Dies hat zur Folge, dass die USA und die übrigen westlichen Mächte ihre Stellung als unangefochtene Anführer des wirtschaftlichen Wachstums in der Welt einbüßen. Die politisch-militärische Krise des Hegemons artikuliert sich schließlich also auch in einer ökonomischen Krise.

Das sogenannte »Türkische Modell« war ein Lebensretter in diesen schwierigen Zeiten. Die globalen Hegemonialmächte hofften, dass das neue Regime in der Türkei den Glauben an eine islamisierte Variante der amerikanischen Herangehensweise an militärische, diplomatische, wirtschaftliche und kulturelle Angelegenheiten in der Region und in der muslimischen Welt verbreiten würde. Aufgrund ihres (von außen wahrgenommenen) Wirtschaftswunders, der Verbindung von Religion und einer liberal-autokratischen Form von Demokratie sowie ihrer Beteiligung am großen Nahost-Projekt diente die Türkei allen diesen Zielen.

Die Aufstände in den arabischen Ländern schürten die Hoffnung, dass die neuen Demokratien im Nahen Osten rasch dem türkischen Weg folgen würden (und es dadurch den Amerikanern ersparen würden, sich selbst um Zustimmung bemühen zu müssen). Doch die Wirklichkeit erwies sich als wesentlich komplizierter. Anstatt geräuschlos in die türkischen Fuß-

stapfen zu treten, übernahmen die islamischen Bewegungen und Organisationen in der Region nur ausgewählte Lehren von der Türkei und gingen vielfältige und wechselnde Bündnisse mit Regionalmächten ein – die
nicht alle im Einklang standen mit den globalen hegemonialen Interessen,
ganz zu schweigen mit den spezifischen Interessen der Türkei. Trotz der
beharrlichen Selbstdarstellung der Türkei als einer Hegemonialmacht (und
des tief verwurzelten Glaubens ihrer politischen Führer und Intellektuellen an die historische Mission ihres Landes) wurde die Loyalität der mus-
limisch/arabischen Welt gegenüber der militärisch-politischen Führung
durch die Türkei schwächer und die Zustimmung zum Türkischen Modell schwand, als die Aufstände in den arabischen Ländern begannen.

Wie auch im Fall der USA führte die imperiale Überdehnung der Türkei zu einer Verstärkung des Zwangs im Inneren. Dies wurde Anfang
2013 besonders offenkundig. Als das imperiale Projekt des neuen Regimes an seine Grenzen stieß, verstärkte das Regime die polizeiliche Repression. Die Polizeigewalt, einer der wichtigsten Katalysatoren der Gezi-
Proteste, erreichte ihren Höhepunkt nach der Reise des türkischen
Ministerpräsidenten in die USA, wo er ein letztes Mal vergeblich versuchte, die westlichen Staaten für ein militärisches Eingreifen in Syrien zu
gewinnen.

Da die Hegemone von der Zustimmung zum Zwang übergehen,
haben die Proteste gegen Autoritarismus und Krieg zugenommen und
werden weiter zunehmen. In Abhängigkeit vom jeweiligen nationalen
Kontext und dem Zeitpunkt haben auch Proteste gegen die Kommodifizierung das Potenzial, sich zusammen mit antiautoritären Protesten zu artikulieren. Doch wie die Beispiele Venezuela und Ukraine zeigen, öffnet
die – bislang – schwache Artikulation dieser Themen den Weg zur Vereinnahmung der Aufstandsbewegungen (und einiger ihrer Merkmale) im
Sinne einer Stärkung der »Weltordnung«. Darüber hinaus führte die Aufstandswelle, die die Krise des säkularen Autoritarismus in der Region ver-
tiefte, nicht zu einem islamischen Liberalismus (wie der Westen hoffte)
oder zu einer islamischen Revolution (wie es das iranische Regime er-
sehnte), sondern zur Ausbreitung blutrünstiger konfessionell ausgerichteter paramilitärischer Kräfte.

Der konfessionell geprägte Apparat, der sich bis Ende 2014 »Islami-scher Staat im Irak und in Syrien« (ISIS) nannte und heute nur noch un-ter der Bezeichnung »Islamischer Staat« (IS) auftritt, ist kein vorüberge-hender »Unfall«, sondern stellt eine Kulmination verschiedener Prozesse dar: der Krise der amerikanischen Hegemonie im globalen Rahmen und der türkischen Hegemonie auf der regionalen Ebene; des Aufstiegs Saudi-Arabiens und der Golfstaaten (und deren wachsendem ideologischem, wenn auch nicht diplomatischem Einfluss auf die Türkei); des Nieder-gangs sowohl des islamischen Liberalismus als auch des revolutionären Is-lam, wodurch eine Lücke entstand, die nun von den Salafisten gefüllt wird; der Abschwächung des wirtschaftlichen Wachstums in der Region als Folge der Hinwendung der Jugend zu nicht-ökonomischen Abenteu-ern (aufgrund des Fehlens ausgearbeiteter liberaler oder linker Ideolo-gien). In den optimistischen Tagen zwischen 2011 und 2013 hatte es den Anschein, als könne man einer solchen Rechtswendung durch eine ver-stärkte Antikriegsstimmung begegnen. Doch ab Ende 2014 mussten wir erleben, dass die paramilitärischen Milizen durchaus über das Potenzial verfügen, die von ihnen besetzten Gebiete zu richtigen Staaten auszubau-en. Die unmittelbaren Folgen der Ereignisse von 2011 sind vermutlich eine der dunkelsten Wellen der Reaktion in der Weltgeschichte.

Angesichts dieser stark ausgeprägten Tendenzen, die in unvereinbare Richtungen weisen, lassen sich die letztendlichen Auswirkungen der Auf-standswelle nicht vorhersagen. Wir können nur den vorläufigen Schluss ziehen, dass die Erhebungen, die zwischen 2011 und 2013 stattfanden, dazu geführt haben, dass das Türkische Modell seine Bedeutung verlor. Wir können also sagen, wohin 2011 *nicht* führen wird, wir wissen aber nicht, wohin es *tatsächlich* führen wird.

Das Jahr 2011 und die Weltgeschichte der Revolte

Aber vielleicht sollten wir die Ereignisse von 2011 unter der Fragestellung diskutieren, wohin sie führen *könnten*? Die Einordnung der Geschehnis-se von 2011 in die Weltgeschichte der Revolte kann einen interessanten Denkanstoß geben. Im ersten Teil dieses Kapitels wurde darauf hingewiesen, dass eine solche Betrachtung im Hinblick auf den Nahen Osten auch analytisch aufschlussreich sein kann. Doch jetzt geht es nicht nur darum, die Geschichte der nahöstlichen Revolution, sondern auch die Geschichte der Revolution neu zu schreiben. Wie fügen sich die Revolten der jüngeren Zeit in diesen allgemeinen Zusammenhang ein? Und können wir, was ebenso wichtig ist, neue Hinweise auf die Stärken, die Potenziale und die Grenzen der Aufstände von 2011 finden, wenn wir sie als einen wichtigen Schritt in der Entfaltung der Weltgeschichte der Revolte betrachten?

Ein Problem der ägyptischen Revolutionäre ergab sich aus den klaren Formulierungen und Forderungen, die sich aus ihrer zentralen Kampfparole der sozialen Gerechtigkeit ableiteten. Die nächste Schwierigkeit bestand darin, auch nur die bescheidensten Forderungen in einem nationalen Rahmen umzusetzen. Die Festlegung großzügiger Mindestlöhne und restriktiver Höchstlöhne sowohl im privaten wie im öffentlichen Sektor (ein Vorstoß, dem nur geringer Erfolg beschieden war) würde eine Kapitalflucht nach sich ziehen – davor warnten nicht nur alle Ökonomen, sondern auch alle nicht-linken Politiker. Bedeutet das, dass dieser Vorstoß sinnlos war? Und dass wir die fehlende Umsetzung dieser Forderung ausschließlich als Scheitern einstufen sollten?

Das Bild sieht etwas gemischter aus (wenngleich noch immer nicht rosig), wenn wir berücksichtigen, dass das Beharren auf der Forderung nach sozialer Gerechtigkeit (in Verbindung mit weiteren Forderungen) den Horizont der Aktivisten sowohl innerhalb wie auch außerhalb Ägyptens erweiterte und Fragen der sozialen Gerechtigkeit wieder in den Mittelpunkt des globalen Diskurses des politischen Aktivismus rückte. In diesem Zusammenhang drängt sich die Metapher von Karl Marx über den alten Maulwurf auf.[8] Solche Forderungen verschwinden im Untergrund wie ein Maulwurf, kommen dann aber an anderer Stelle umso wirkungsvoller wieder an die Oberfläche (sofern der Tunnel professionell angelegt wurde). Die ägyptischen Forderungen hätten unter günstigeren Bedingungen (etwa in einem Land, das in einer Region gelegen ist, wo bereits höhere Mindestlöhne gelten oder wo es schon öfter Aufstände für mehr soziale Gerechtigkeit gegeben hat) bessere Verwirklichungschancen gehabt. Dies ist möglich, wenn sich in der ganzen Welt intensivere Proteste artikulieren.

Doch eine solche Einbettung der Revolte in eine weltgeschichtliche Betrachtung ermuntert bisweilen auch die Protestierer, wesentlich mutigere Forderungen zu stellen. Die Frage lautet nicht nur, ob man sich für ein »Maximalprogramm« (oder ein »Übergangsprogramm«[9]) entscheidet statt für ein »Minimalprogramm«, es geht vielmehr auch darum, die »Forderungen« in ihrem Kontext zu betrachten: Aspekte des sogenannten Maximalprogramms zu versuchen durchzusetzen und sich nicht auf ein Minimalprogramm zu beschränken, kann in einer bestimmten Situation oder an einem bestimmten Ort sinnvoller erscheinen, an einem anderen Ort und zu einer anderen Zeit jedoch weniger sinnvoll. Während im Kampf des Volkes, der teilweise unabhängig von einer bewussten Führung geführt wird, diese oder jene spezifische Forderung in den Vordergrund rücken kann, besteht die Aufgabe der Führung darin, jede Forderung bzw. Aktion in den Kontext eines breiteren historischen und miteinander verzahnten Kampfes zu stellen (und auf dieser Grundlage zu entscheiden, welche Art von Ressourcen für bestimmte Forderungen und Aktionen eingesetzt werden soll).

Die bekannten Konzepte (demokratische Revolution, sozialistische Revolution, national-demokratische Revolution oder auch permanente Revolution) können eine solche Strategie nicht abdecken, denn sie vernachlässigen die intermittierende, die diskontinuierliche Natur von Aufstandswellen. Der Weg zur globalen Revolution ist kein ebener, vorgezeichneter Weg und auch nicht in verschiedene Stadien unterteilt. Vielmehr erfolgt die Weltrevolution in *Schüben*. Sie kommt nicht als globales Ereignis, sondern durch eine uneinheitliche Verbindung der bescheidensten und der kühnsten Forderungen und Aktionen auch in Winkeln der Erde, wo man dies am allerwenigsten erwarten würde.

Zudem werden die meisten revolutionären Erhebungen entweder niedergeschlagen, unterlaufen oder vereinnahmt, hinterlassen aber dennoch tiefe kulturelle und organisatorische Spuren im lokalen und globalen Rahmen. Und manche Aufstände bringen Strukturen und Institutionen hervor, die den ursprünglichen Plänen der Führung entgegenstehen, auch wenn diese Strukturen und Institutionen als sozialistisch oder revolutionär bezeichnet werden. Daher kann das Klima einer Revolte, auch wenn es der Entwicklung bahnbrechender Innovationen auf dem Feld der Institutionen förderlich ist, nicht als die einzige Quelle postkapitalistischer institutioneller Neuerungen gelten. Es ist daher erforderlich, sich in relativ friedlichen Zeiten auf den Aufbau von Institutionen zu konzentrieren, nicht nur, um sich auf den nächsten Aufstand vorzubereiten, sondern auch, um zu verhindern, dass revolutionäre und dem Volk verpflichtete Kräfte letztlich undemokratische und konterrevolutionäre Strukturen und Institutionen hervorbringen.

Dieses neue Verständnis von Aufbegehren, Niederlage, Vernetzung und Führung bringt uns schließlich zum Konzept der »intermittierenden«, also in diskontinuierlichen Intervallen auftretenden (nicht aber »unterbrochenen«) Revolution.

DIE INTERMITTIERENDE REVOLUTION

Was sind die bekanntesten Beispiele solcher kultureller und organisatorischer Spuren einer gescheiterten Revolte in der Weltgeschichte?[10] Die revolutionäre Welle von 1848 brachte keine dauerhaften Demokratien hervor, zeigte jedoch den europäischen Arbeiterklassen und Mittelschichten, dass eine demokratischere Welt möglich war. Sie setzte das Thema Vergesellschaftung auf die Agenda. Darüber hinaus lehrte die Niederwerfung dieser umfassenden Revolte die militanten Kämpfer, dass sie eine wesentlich robustere Führung und Organisation benötigten, um ihre Ziele durchzusetzen. Aus einem zerstreuten Haufen politischer Themen, von den Problemen der Arbeiterklasse bis hin zum Republikanismus, bildeten sich bis zum Ende des Jahrhunderts stabile nationale und sich über den gesamten Kontinent erstreckende Organisationen. Ein Haufen verstreuter Gruppen von Arbeitern und Republikanern aus verschiedenen politischen Bereichen wurde bis zum Ende des Jahrhunderts abgelöst durch stabile nationale und sich über den gesamten Kontinent erstreckende Organisationen.

Die Revolutionswelle von 1905, eine weitere mögliche Parallele, ist mehr durch ihre Niederlagen als durch ihre Siege bekannt. Doch diese Niederlagen schufen nicht nur die Basis für weitere politische Erfahrungen, für Bildung und Organisation, sie brachten auch die größten direktdemokratischen, selbstverwalteten Organisationen hervor, die es in der Weltgeschichte jemals gegeben hat (die Arbeiter-, Bauern- und Soldatenräte). Ohne diese Niederlagen, halben Siege und die Lehren der Jahre 1905 bis 1911 hätte es keine russische und keine chinesische Revolution gegeben (und auch keine beständigen oppositionellen Kulturen in Mexiko, der Türkei und im Iran).

Kurz gesagt, wenn auch die unmittelbaren Nachwirkungen der globalen Revolte wesentlich demoralisierender waren als 1905, hatten ihre Welleneffekte eine stärkere revolutionäre Qualität. Die Frage lautet daher, ob 2011 ein zweites 1848 oder ein zweites 1905 werden wird. Werden wir Jahrzehnte warten müssen, bis wir die Früchte dieser Kämpfe einfahren können oder ist 2011 ein Vorbote für etwas, das schon früher kommen wird, vielleicht ein Vorbote für ein zweites 1917?

Manche mögen fragen: Warum sollten wir uns ein zweites 1917 wünschen in Anbetracht der Tatsache, dass die Hoffnungen, die in das erste 1917 gesetzt wurden, übertrieben waren? Die Räterevolution dieses Jahres hatte sich rasch in andere Teile Europas ausgebreitet, um schließlich binnen weniger Jahre vollständig niedergeschlagen zu werden. Es war vielleicht politisch und wirtschaftlich unreif, in einem isolierten Russland den Sozialismus verwirklichen zu wollen, wie die nachfolgende Einparteien-Diktatur belegte. Dennoch zeigten die Jahre nach 1917, dass die Volksmassen sich selbst organisieren und Entscheidungen treffen konnten, die das Schicksal ihres eigenen Landes und der ganzen Welt beeinflussten. Zudem musste der kapitalistische Westen seine politischen und ökonomischen Strukturen neu organisieren, um die Stimmen und die Forderungen des Volkes aufzunehmen, weil er fürchten musste, durch die direkte Demokratie (und später durch den »Kommunismus«) hinweggefegt zu werden. Doch die Führer der russischen Räte hätten sich selbst und der Welt einen besseren Dienst erweisen können, wenn sie sich realistischere Ziele gesetzt und diese hartnäckig in den verschiedenen Teilen der Welt verfolgt hätten, anstatt den vergeblichen Versuch zu unternehmen, in einem isolierten und verarmten halb kapitalistischen Land den Sozialismus aufzubauen.

Beim ersten Versuch war die postkapitalistische Revolution eine Tragödie. Da die Menschen eine Wiederholung als Farce heute zu Recht fürchten, wird keine Massenbewegung aus dem Beispiel von 1917 lernen wollen, es sei denn wir können Konzepte anbieten, die die angemessenen Lehren aus diesem Schlüsselereignis ziehen.

Was wäre heute erforderlich, um ein zweites 1917 zu ermöglichen – ohne die Illusionen, die Niederlagen und die Schrecken des ersten? Weder die ökonomischen Strukturen noch das politische und ideologische Niveau der Aktivisten und Normalbürger sind heute vorbereitet auf eine postkapitalistische Welt. Auch die russischen Revolutionsführer wussten, dass 1917 keine dieser Voraussetzungen gegeben war. Ihre Lösung war daher eine »permanente Revolution«, wie es einer ihrer maßgeblichen Köpfe formulierte (oder eine »ununterbrochene Revolution«, wie es ein anderer führender Revolutionär ausdrückte), in der die Aufgabe der Vorbereitung mit der Revolution selbst verbunden wurde, eine kapitalistische und demokratische Transformation mit einer postkapitalistischen Transformation. Dieses Unterfangen war auch gut begründet: Wenn man dem Kapitalismus freie Bahn lässt, wird er sich selbst und die Erde zerstören, anstatt die Welt auf eine postkapitalistische Zivilisation vorzubereiten. Dieser Realität sind wir uns heute noch viel deutlicher bewusst. Aus diesem Grund muss jede postkapitalistische Transformation unter unvollkommenen und unausgereiften Bedingungen ihren Anfang nehmen. Doch der nächste logische Schritt, den die russischen Revolutionäre unternahmen, war falsch: Sie vertrauten darauf, dass der Prozess der Revolution (dessen Rückgrat die Sowjets waren) und ihre eigene Führungskraft ausreichend sein würden, um die Schaffung der Grundlagen für den Sozialismus und die Revolution selbst erfolgreich miteinander zu verbinden. Dieses überzogene Vertrauen in den Volkswillen und der irreführende Optimismus bezüglich der revolutionären Führung bildeten den Kern der Illusionen von 1917. Die Isolation Russlands brachte die Revolutionäre dazu, zunächst alle abweichenden Stimmen zum Schweigen zu bringen, dann die Sowjet-Räte und schließlich auch sich selbst gegenseitig. Die Strukturen, die auf ihnen lasteten, lassen sich nicht mit der schlichten Formel von den bösen Absichten und dem Autoritarismus einiger weniger »schwarzer Schafe« beschreiben. Sollte sich diese Illusion unter günstigeren Umständen wiederholen, würden auch die Schrecken von 1917 wiederkehren.

Doch wenn jede postkapitalistische Transformation unter unausgereiften Bedingungen beginnen muss, wie lässt sie sich dann aufrechterhalten und weiterführen, wenn nicht durch eine permanente Revolution? Die Energie der Volksmassen (wie sie in den russischen Sowjets ihren Ausdruck fand oder in den direktdemokratischen Versammlungen der Aufstandswelle von 2011 und in anarchistischen Initiativen wie »Occupy Wall Street«) und das Vorhandensein einer revolutionären Führung sind unabdingbar, aber nicht hinreichend. Wenn man diese beiden Elemente sich selbst überlässt, werden sie sich gegenseitig zerstören und zugleich auch den revolutionären Prozess. Ein langsamer Prozess der politischen Reifung und der ideologischen Bildung (einer wechselseitigen Bildung, in der die Intellektuellen und die Volksmassen gleichzeitig transformiert werden) muss die Volksmassen und die Führung begleiten. Zudem müssen Menschen, die enttäuscht sind über den Kapitalismus, ihre eigenen postkapitalistischen Institutionen aufbauen (wie etwa Kooperativen und andere kollektive Unternehmungen), sollten dabei aber nicht vergessen, dass diese (als vom Volk getragene und demokratische Einrichtungen) langfristig nicht haltbar sind ohne revolutionäre Interventionen (und groß angelegte Volksaufstände).

Einen solchen Prozess – in dem sich die Aktivisten und das Volk in ruhigeren Phasen um den Aufbau alternativer Institutionen bemühen, um Bildung und das Erwerben von politischer Erfahrung, sich dann jedoch wieder auf den Widerstand gegen Barrieren konzentrieren, die das Aufblühen dieser Einrichtungen verhindern – könnte man als intermittierende oder rekursive Revolution bezeichnen.

Die intermittierende Revolution ist keine permanente Revolution: Sie beruht auf der Erkenntnis, dass Phasen der Ruhe notwendig sind für den

Aufbau von Institutionen und die Bildung in der Zivilgesellschaft. Doch intermittierende Revolutionäre würden, anders als Reformisten, auch anerkennen, dass Massenaufstände erforderlich sind, um Organe der Volksmacht zu schaffen und Solidaritätskulturen aufzubauen, und um die Hindernisse zu überwinden, die alternative Institutionen gefährden.

Trotz gewisser Ähnlichkeiten darf die intermittierende Revolution nicht mit einer »interstitiellen« Strategie verwechselt werden. Diese Strategie beruht auf dem Gedanken, den Kapitalismus durch den Aufbau einer nicht-kapitalistischen Zivilgesellschaft zu überwinden. Die interstitielle Strategie kann nicht funktionieren, wenn sie alleine angewendet wird, denn der Spätkapitalismus versteht es sehr geschickt, nicht-kapitalistische Vereinigungen zu zähmen. So gereicht beispielsweise der Umweltschutz eher zum Vorteil reicher Gemeinschaften; Unternehmen, die mit postkapitalistischen Grundsätzen starten, gleiten schließlich doch in den Kapitalismus ab. Erik Olin Wright,[11] obgleich ein Anhänger der interstitiellen Transformation, weist darauf hin, dass etwa die Genossenschaft Mondragón in Spanien und die im Rahmen der »solidarischen Ökonomie« in Brasilien entstandenen Arbeiterkooperativen die Anlagen dafür besitzen, zu rein kapitalistischen Unternehmen zu verkommen. Mondragón ist ein schönes Beispiel, wie Wright hervorhebt, weil sie im Unterschied zu den gewöhnlich kleinen Arbeiterkooperativen tatsächlich groß ist und im Zuge ihrer Expansion, vor allem im Ausland, ähnlich wie eine kapitalistische Firma zu funktionieren begonnen hat. Wright erinnert daran, dass Marx genau diese Entwicklung für die Arbeiterkooperativen vorhergesagt hatte.

Diese Institutionen werden nur dann ihren antikapitalistischen Charakter bewahren können, wenn sie in ein größeres gesellschaftlich-politisches Netzwerk eingebunden werden. Teile dieses Netzwerks würden dabei an der »interstitiellen« zivilgesellschaftlichen Seite arbeiten (das zentrale Nervensystem des Netzwerks); andere Teile würden mit dem Staat und mit den Kapitaleignern in Verhandlungen treten, um für die untergeordneten Schichten nachhaltige Verbesserungen innerhalb der Grenzen des Kapitalismus durchzusetzen (die »reformistische« rechte Hand des Netzwerks); wieder andere Teile dagegen würden für die revolutionäre Transformation kämpfen (die linke Hand des Netzwerks). Mit anderen

Worten, eine interstitielle Strategie kann nur funktionieren, wenn sie in eine revolutionäre Strategie eingebettet ist.

In diesem Sinne würde sich eine intermittierende revolutionäre Strategie auf eine *ungleiche* Kombination aus revolutionären, interstitiellen und reformistischen Strategien stützen: Auch wenn der Kern der Aktivitäten einen interstitiellen Charakter besitzen würde, würden Herz und Verstand dieser Kombination als Ganzes revolutionär sein, um zu verhindern, dass sich die interstitiellen und die »reformistischen« Teile an den Kapitalismus anpassen und angleichen würden. Anders gesagt, die tatsächliche revolutionäre Organisation, die sich gegen den Kapitalismus richtet, würde eine nachrangige Rolle spielen im Vergleich zur *Arbeit* des Organisierens und Aufbauens einer egalitären Zivilgesellschaft (außer in den Tagen der Revolte), aber sie würde die *Führung* der zentralen Aktivitäten übernehmen.

Wir sollten uns jedoch auch der Tatsache bewusst sein, dass viele Menschen, die sich an den Aufständen der jüngsten Zeit beteiligt haben, derartigen strategischen Denkansätzen ablehnend gegenüberstehen oder nicht bereit sind, Bewegungen zu unterstützen, die sich an solchen Visionen ausrichten. Die selbstzerstörerischen Tendenzen der gegenwärtigen Machthaber im Nahen Osten werden daher bestimmend sein für die Zukunft, sofern sich die Bürger nicht von ihren nach 1980 erworbenen Gewohnheiten (der Desorganisiertheit und der Desorganisierung) lösen und entschlossen in das Drama eingreifen.

NEUE HEGEMONIALE POTENZIALE ENTWICKELN

Das Türkische Modell befindet sich im Niedergang, wie wir wissen. Das Iranische Modell ist nur noch ein matter Abglanz seiner selbst und hat der Region nicht viel anzubieten. Das Schicksal von Tunesien ist ungewiss. Wir steuern auf ein politisches Vakuum zu. Die Rolle des Zwangs wird zunehmen, da die saudischen Autoritäten zunehmend selbstbewusstere Töne anschlagen, konfessionell geprägte paramilitärische Aktivitäten in der Region ermutigen und die türkischen Führer ihrem Beispiel folgen.

Wir können diese etablierten Kräfte (und deren lokale und westliche Förderer) nicht länger als Urheber von Zustimmung betrachten. Sie büßen ihr Potenzial zur Bildung eines stabilen Machtblocks ein. Die einzige echte Hoffnung für die Region sind jene Millionen Menschen, die sich an den jüngsten Aufstandswellen beteiligt haben. Doch diese Millionen werden nur dann einen neuen Weg einschlagen können, wenn sie einige ihrer gegenwärtigen Einstellungen und Denkhaltungen überwinden. Das ist leichter gesagt als getan.

Den Bewohnern des Nahen Ostens ist nach wie vor bewusst, wie das politische Erdbeben ihre Welt erschüttert hat. Einige engagieren sich in kollektiven Experimenten, die aus den Ruinen der abflauenden Revolte entstanden. Andere machen sich sachkundig über diese Entwicklungen wie auch über vergangene Erfahrungen mit einer von unten nach oben aufgebauten Demokratie und versuchen ihre eigenen Erlebnisse mit anderen Versuchen des Aufbaus einer besseren Welt zu verbinden. Wenn der Aufstieg und Fall der Hegemonien der vergangenen Jahrzehnte als Richtschnur dienen kann, sind solche lokal ausgerichteten Aktionen notwendig, aber nicht hinreichend, um den Status quo zu überwinden.

Wie könnten die Solidarität und das Gefühl der Freiheit, die sich auf dem Tahrir- und dem Taksim-Platz manifestiert haben, auf dem Kasbah-Platz und in Mahalla, die Fantasie breiterer Bevölkerungsschichten auf nachhaltige Weise beflügeln? Wie könnte diese Fantasie auch das Alltagsleben gewöhnlicher Bürger aus unterschiedlichsten Schichten und mit unterschiedlichstem Bildungshintergrund beeinflussen? Wie könnte die Saat von Tahrir-Taksim-Mahalla zu einem ausgereiften »Modell« mit einer ökonomischen, politischen, kulturellen und religiösen Dimension heranwachsen? Das sind Fragen, die einer Antwort harren, während sich die Region in Autoritarismus und konfessionell geprägte kriegerische Konflikte verstrickt.

DANKSAGUNG

DIESES BUCH IST DAS ERGEBNIS einer kollektiven Anstrengung, wenngleich für alle noch darin enthaltenen Fehler ausschließlich der Autor verantwortlich ist. Michael Burawoy mit seinem Feedback zum ersten Teil des Buches, Peter Evans mit seiner Hilfe bei Problemen mit der Ausarbeitung, und beide mit ihren Kommentaren, die sie mir über die Jahre hinweg zu Politik- und Gesellschaftstheorie und zum Vergleich zwischen Ägypten, der Türkei und dem Iran gegeben haben, spielten für das Heranreifen meiner Argumente eine zentrale Rolle. Kevan Harris und Charles Kurzman haben das gesamte Manuskript gelesen und ausführlich mit mir besprochen. Salwa Ismail brachte sich mit aufschlussreicher Kritik in die Abschnitte über Ägypten ein. Seit den frühen Phasen dieses komparativen Projektes sind mir ihre Anregungen immer wieder zugutegekommen.

Joel Beinin, Vicky Bonnell, Beshara Doumani, Marion Fourcade, Samuel Lucas, Raka Ray, Dylan Riley, Nezar AlSayyad, Berna Turam, Kim Voss, Susan Watkins, Margaret Weir und Tony Wood haben allesamt geholfen, die komparative Analyse zu verfeinern, während meine Studie sich entwickelte. Besonders hilfreich bei der Feinabstimmung der komparativen Arbeit waren die Ratschläge von Asef Bayat, Ann Swidler, Loïc Wacquant und Erik Wright. Ich habe ein Semester an der UCSD (University of California, San Diego) gearbeitet, wo Richard Biernacki, John H. Evans, David Fitzgerald, Kwai Ng, Akos Rona-Tas, Gershon Shafir und Carlos Waisman zu meinen Recherchen über den Iran, über Ägypten und die Türkei beitrugen. Die Reaktionen der Zuhörer bei zwei Präsentationen an der UCLA (University of California, Los Angeles), vor allem die Anmerkungen von Perry Anderson, Robert Brenner, Rogers

Brubaker, Hazem Kandil und Michael Mann, waren hilfreich bei einigen Teilen der konzeptionellen und komparativen Arbeit. Während wir zusammen an einem komparativen Band arbeiteten, führten die Einmischungen von Cedric de Leon und Manali Desai zu einer weiteren Schärfung meines Vergleichs zwischen Ägypten und der Türkei.

Es wäre mir nicht möglich, im politischen und religiösen Labyrinth Ägyptens den rechten Weg zu finden, hätte mir nicht Momen el-Husseiny bei der Recherche zur Seite gestanden. In letzter Minute half mir Ghaleb Attrache beim Überarbeiten des Manuskripts. Vom Hellman Family Faculty Fund (University of California in Berkeley) gewährte Mittel erleichterten mir einige der Recherchen in Ägypten.

Ich wüsste nicht, wie ich ohne meine täglichen Diskussionen mit Aynur Sadet und Özgur Sadet den »Mahlstrom der Veränderung« in der Türkei interpretieren könnte. Auch meine Diskussionen mit Çağlar Keyder und Ayşe Buğra über die türkische Wirtschaftspolitik waren enorm anregend, und dank Zafer Yenal konnte ich diese Volkswirtschaft innerhalb der globalen Dynamiken des Kapitalismus einordnen.

ANMERKUNGEN

Einführung – Der Charme des Türkischen Modells

1 »Tarihi fotoğrafın öyküsü«, *Milliyet*, 1. Juli 2004.

2 »George Bush Addresses the NATO Summit in Turkey«, theguardian.com, 29. Juni 2014.

3 *Rabia* bedeutet »vierte« auf Arabisch. Für nähere Informationen über die weltweite Auseinandersetzung um dieses Symbol und seine Bedeutung für die türkische Führung von Muslimen, siehe »What This Hand Gesture Means for Egypt's Future«, *Atlantic*, 17. September 2013, sowie »Rabaa Sign Becomes the Symbol of Massacre in Egypt«, aa.com.tr, 16. August 2013.

4 Ägyptische Aktivisten haben dieses historische Umfeld in einer digitalen Broschüre zusammenfassend beschrieben, die sie weltweit verteilt haben: »From Taksim and Rio to Tahrir, the Smell of Teargas«, roarmag.org.

5 David Remnick, »The Experiment: Will Turkey Be the Model for Islamic Democracy?«, *New Yorker*, 18. November 2002. In diesem Bericht wirft Remnick auch Fragen über die AKP auf.

6 Die theoretische Grundlage für diese Perspektive wurde zuerst von Mardin entwickelt (»Centre-Periphery Relations: A Key to Turkish Politics«, *Daedalus* 102:1 [1972], S. 169–190) und dann unter anderem von Göle und M. Hakan Yavuz erweitert (*Islamic Political Identity in Turkey*, Oxford 2003, sowie »Introduction: The Role of the New Bourgeoisie in the Transformation of the Turkish Islamic Movement« in M. H. Yavuz (Hg.), *The Emergence of a New Turkey: Islam, Democracy and the AK Party*, Salt Lake City, UT 2006).

7 Ergun Özbudun und William Hale, *Islamism, Democracy and Liberalism in Turkey: The Case of the AKP*, London 2010.

8 Ergun Özbudun, »From Political Islam to Conservative Democracy: The Case of the Justice and Development Party in Turkey«, *South European Society and Politics* 11:3/4 (2006), S. 547.

9 Ahmet Insel, »The AKP and Normalizing Democracy in Turkey«, *South Atlantic Quarterly* 102:2/3 (2003), S. 300 und passim.

10 Seyla Benhabib, »Turkey's Constitutional Zigzags«, *Dissent* 56:1 (2009), S. 26–27.

11 Der türkische Politikwissenschaftler Kemal Kirişçi stimmt mit dem Großteil dieser Darstellung überein, bevorzugt aber den Begriff *demonstrative effect* (»Demonstrativeffekt«) statt *model* (»Modell«). Kirişçi, »Turkey's ›Demonstrative Effect‹ and the Transformation of the Middle East«, *Insight Turkey* 13:2, (2011), S. 33–55. Siehe auch Bülent Aras und Sevgi Akarçeşme, »Turkey and the Arab Spring«, *International Journal* 67:1 (Winter 2012), S. 39–51.

12 Siehe Gokhan Bacik, »The Separation of Islam and Nationalism in Turkey«, *National-*

ism and Ethnic Politics 17:2 (2011), S. 140–160; Menderes Cinar, »Turkey's Transformation under the AKP Rule«, *Muslim World* 96 (2006), S. 469–486; Ziya Öniş, »Turgut Özal and His Economic Legacy: Turkish Neo-Liberalism in Critical Perspective«, *Middle Eastern Studies* 40:4 (2007), S. 251; Özbudun und Hale, *Islamism, Democracy and Liberalism in Turkey*, New York, NY 2010; Jenny White, *Muslim Nationalism and the New Turks*, Princeton, NJ 2013; M. Yeğenoğlu, »The Sacralization of Secularism in Turkey«, *Radical Philosophy* 145 (2007), S. 2–6.

13 Soli Ozel, »After the Tsunamı: Turkey at the Polls«, *Journal of Democracy* 14:2 (2003), S. 84.

14 Demnach war die Partei ein Akteur für islamische Demokratie, obwohl sie diese Bezeichnung mied und es vorzog, sich als »konservativ-demokratisch« zu bezeichnen. Die akademischen Sympathisanten der Partei waren sich uneins, ob sie dadurch eher den europäischen Christdemokraten vergleichbar sei (Yeğenoğlu, *Sacralization of Secularism in Turkey*) oder der breiten konservativen Bewegung in den USA (Insel, »The AKP and Normalizing Democracy in Turkey«). In *Islamism, Democracy and Liberalism in Turkey* bezeichnen Özbudun und Hale beide Vergleiche als problematisch, da sie finden, die AKP opponiere weit stärker gegen den Status quo als jedes dieser Pendants.

15 Ahmet Kuru und Alfred Stepan, »Introduction« in Kuru und Stepan (Hgg.), *Democracy, Islam, and Secularism in Turkey*, New York, NY 2012.

16 Robert D. Kaplan, »At the Gates of Brussels«, *Atlantic*, 12/2004.

17 European Stability Initiative, *Islamic Calvinists: Change and Conservatism in Central Anatolia*, Berlin 2005.

18 »Türkiye AKP ile değişti«, *Hürriyet*, 3. März 2004.

19 Walid M. Sadi, »Revisiting Turkey's EU membership«, *Jordan Times*, 16. Oktober 2005.

20 Sadik J. al-Azm, »The ›Turkish Model‹: A View from Damascus«, *Turkish Studies* 12:4 (2011), S. 633–641.

21 Siehe Peter Kenyon, »The Turkish Model: Can It Be Replicated?«, npr.org, 6. Januar 2012.

22 Shibley Telhami, »The 2011 Arab Public Opinion Poll«, brookings.edu, 21. November 2011.

23 Paul Salem, »Turkey's Image in the Arab World«, TESEV, 05/2011, tesev. org.

24 Gleichwohl gab es wichtige Ausnahmen. Das *Washington Institute*, ein neokonservativer Thinktank, unterstützte den Kurs der AKP in ihren ersten Jahren, schlug ab Mitte der 2000er-Jahre jedoch zunehmend einen raueren Ton an. Sein Personal lieferte auch Beiträge für große Zeitungen wie *Newsweek*, das *Wall Street Journal* und die *Washington Post*, die diesen Sinneswandel reflektierten; siehe washingtoninstitute.org. Auch die Unterstützung der liberalen Medien schwankte in der Zeit um 2006–2007.

25 »Turkey's Islamists: Erbakan's Legacy«, *Economist*, 3. März 2011.

26 »The Turkish Model: A Hard Act to Follow«, *Economist*, 6. August 2011.

27 Ibrahim Saif und Muhammad Abu Rumman, »The Economic Agenda of the Islamist Parties«, 29. Mai 2012, carnegieendowment.org.

28 »Al-Ikhwan wa al-Hurriyya wa al-ʿadala yukallifan Khayrat al-Shatir bi iʿdad mashruʿ li al-nahda«, *al-Masry al-Yawm*, 12. Dezember 2012.

29 »Ghannouchi: State Does Not Have Right to Monopolize Islam«, *Today's Zaman*, 23. September 2011.

30 Husnul Amin, »Our Textual Religiosity«, thenews.com, 2. April 2013.

31 *Kabadayı* (oder *qabadayi*), wörtlich »strenger Onkel«, ist der türkische Begriff für einen durch übersteigert männliches Auftreten gekennzeichneten Nachbarschaftsanführer, im westlichen Kontext grob vergleichbar den Anführern von Banden. Aber im Gegensatz zu dem Wort *Bandenführer* (»gang leader«) konnotiert der Begriff *kabadayı* patriarchalische, paternalistische, protektionistische, moralistische und andere traditionelle Werte. Das Wort wird in der arabischen Welt sehr häufig verwendet.

32 Sameer Saliha, »Limadha Yatamassak Erdoghan bi Ziyara Ghazza?«, *al-Sharq al-Awsat*, 1. Mai 2013.

33 Tarek Osman, *Egypt on the Brink: From the Rise of Nasser to the Fall of Mubarak*, New Haven, CT 2011, S. 210, 251.

34 Muhammad Noureddin, »'Andama yandhur Turkiyya ila al-Akrad 'ala annahum mushkila 'alawiyya«, *al-Arabiya*, 16. April 2013.

35 Siehe zum Beispiel http://weekly.ahram.org.eg/News/2540/21/Poorharvest-of-Arab-revolutions.aspx.

36 Nader Hashemi, *Islam, Secularism, and Liberal Democracy: Toward a Democratic Theory for Muslim Societies*, Oxford 2009; Stathis N. Kalyvas, »The ›Turkish Model‹ in the Matrix of Political Catholicism« in: Ahmet Kuru und Alfred Stepan (Hgg.), *Democracy, Islam, and Secularism in Turkey*, New York, NY 2012.

37 White, *Muslim Nationalism and the New Turks*, S. 182, 189.

38 Ebenda, S. 189–190.

39 Jamil Matar, »Min al-sanduq ila al-istibdad … al-tajraba al-Turkiyya«, *al-Arabiya*, 13. Juni 2013.

40 Zum Beispiel Ali Murat Yel und Alparslan Nas, »Taksim Square Is Not Tahrir Square«, aljazeera.com, 12. Juni 2013.

41 Aylin Kocaman, »Limadha Turkiyya«, *al-Sharq al-Awsat*, 23. Oktober 2013.

42 Raja Talab, »al-Sharq al-Awsat yaghraq bi al-fawda wa lakin bi al-hudu'!«, *Al-Rai*, 24. Oktober 2013.

43 'Amru 'Abd al-Hamid, »Manadil Erdoghan«, *al-Masry al-Youm*, 30. August 2013.

44 Siehe Mensür Akgun und Sabiha Senyücel Gündoğar, »The Perception of Turkey in the Middle East 2012« und »The Perception of Turkey in the Middle East 2013«, Turkish Economic and Social Studies Foundation, tesev.org.tr.

45 »Arrogance Undoes the Turkish Model: Erdoğan's High-Handedness Threatens Country's Prosperity«, *Financial Times*, 8. Januar 2014.

46 Daniel Dombey, »Turkey: How Erdoğan Did It – and Could Blow It«, *Foreign Affairs*, Januar/Februar 2014.

47 Für einen Leitartikel, in dem Gülen gegen den Angriff Erdoğans verteidigt wird, siehe »Turkey's Wrong Turn«, *New York Times*, 27. Januar 2014. Auch *Foreign Affairs* veröffentlichte bald nach dem oben zitierten Essay ein weiteres, in dem Gülen als der »Martin Luther« des Islam unterstützt und gefordert wurde, dass die Weltgemeinschaft für ihn aktiv werden solle.

48 Şerif Mardin, »Centre-Periphery Relations: A Key to Turkish Politics«, *Daedalus* 102:1 (1973), S. 169–190.

49 Siehe zum Beispiel B. Toprak, İ. Bozan, T. Morgül und N. Şener, *Türkiye'de farklı olmak: din ve muhafazakârlık ekseninde ötekileştirilenler (mahalle baskısı raporu)*, İstanbul 2009.

50 White, *Muslim Nationalism and the New Turks*, S. 15–17.

51 Ebenda, S. 190–193.

52 Nazih N. M. Ayubi, *Over-Stating the Arab State. Politics und Society in the Middle East*, London 1995.

53 Für eine ausführlichere Definition von Liberalismus, siehe Kapitel 2. Die Erörterung von Neoliberalisierung in diesem Buch stützt sich auf zwei Quellen: Zu den »mehrfarbigen« Debatten über Neoliberalisierung und Subjektivität, siehe Neil Brenner, Jamie Peck und Nik Theodore, »Variegated Neoliberalization: Geographies, Modalities, Pathways«, *Global Networks* 10:2 (2010), S. 182–222; Cihan Tuğal, *Passive Revolution: Absorbing the Islamic Challenge to Capitalism*, Stanford, CA 2012; Tuğal, »Serbest Meslek Sahibi': Neoliberal Subjectivity among Istanbul's Popular Sectors«, *New Perspectives on Turkey* 46 (2012), S. 65–93; sowie Tuğal, »Contesting Benevolence: Market Orientations among Muslim Aid Providers in Egypt«, *Qualitative Sociology* 36:2 (2013), S. 141–159.

54 Siehe zum Beispiel die Kapitel 2, 4 und 5 in John Esposito und John Voll (Hgg.), *Makers of Contemporary Islam*, Oxford 2001, sowie Hashemi, *Islam, Secularism, and Liberal Democracy*, S. 158–165.

55 Siehe Robert Hefner, »Public Islam and the Problem of Democratization«, *Sociology of Religion* 62 (2001), S. 491–514; Masoud Kamali, »Civil Society and Islam: A Sociological Perspective«, *Archives Européennes de Sociologie* 42 (2001), S. 457–482; John Kelsay, »Civil Society and Government in Islam«, in: S. H. Hashmi (Hg.), *Islamic Political Ethics: Civil Society, Pluralism, and Conflict*, Princeton, NJ 2002; A. Norton (Hg.), *Civil Society in the Middle East*, 2 Bände, New York: Brill, 1995, 1996; Denis J. Sullivan und Sana Adeb-Kotob, *Islam in Contemporary Egypt: Civil Society vs. the State*, Boulder, CO 1999.

56 Raymond W. Baker, *Islam without Fear: Egypt and the New Islamists*, Cambridge, MA 2003.

57 Für eine vollständige Darlegung und Entwicklungsgeschichte dieses zweiten Arguments, siehe Cedric de Leon, Manali Desai und Cihan Tuğal, *Building Blocs: How Parties Organize Society*, Stanford, CA 2015.

58 Siehe jedoch Tuğal, *Passive Revolution*, S. 8–10, S. 162–171.

59 »Party of One«, *The National*, 29. August 2008.

60 Tuğal, »Transforming Everyday Life: Islamism and Social Movement Theory«, *Theory and Society* 38:5 (2009), S. 423–458.

61 Für ein prominentes Beispiel dieses Ansatzes siehe Nathan J. Brown, *When Victory Is Not an Option: Islamist Movements in Arab Politics*, Ithaca, NY 2012.

62 Für eine gründliche Kritik dieser Schlussfolgerung aus der institutionalistischen Perspektive, siehe Güneş Murat Tezcür, *Muslim Reformers in Iran and Turkey: The Paradox of Moderation*, Austin, TX 2010.

63 Siehe zum Beispiel »Contesting Benevolence: Market Orientations among Muslim Aid Providers in Egypt«, *Qualitative Sociology* 36:2 (2013), S. 141–159.

64 Siehe Peter Evans, *Dependent Development: The Alliance of Multinational, State, and Local Capital in Brazil*, Princeton, NJ 1979, sowie Theda Skocpol, *States and Social Revolutions*, Cambridge 1979.

65 In Jordanien, Marokko und letztlich auch in Kuwait ist es zu einer gewissen islamischen Liberalisierung gekommen, aber diese Länder lassen sich kaum mit den Nationalstaaten vergleichen, die hier behandelt werden. Darüber hinaus ist es unwahrscheinlich, dass

diese Länder als Trendsetter wirken. Ein weiterer Grund, warum sie in der Erörterung nicht berücksichtigt wurden, ist die marginale Rolle, die sie bei den arabischen Aufständen spielten, die ein zentrales Thema dieses Buches sind.

Kapitel 1 – Regimekrisen: kein (säkularer) Ausweg

1 Artikulation ist eine bedingte Kombination von Interessen und Sektoren mit dennoch lang anhaltenden Wirkungen, vor allem im Hinblick darauf, wie sie die kombinierten Interessen und Sektoren verändert. Für eine ausführliche Erörterung, siehe Cedric de Leon, Manali Desai und Cihan Tuğal, *Building Blocs: How Parties Organize Society*, Stanford, CA 2015.

2 Folglich sollte auf die klassische Frage »Auf welcher Klassenbasis beruht die Bewegung, die Politik, das Regime etc.« eine andere Frage folgen: »Welcher Block kann sie oder es aufrechterhalten?« Blocks können – eher als Klassen – als (dezentrierte) Subjekte der Geschichte betrachtet werden. Diese Definition greift auf Nikos Poulantzas' Definition zurück, revidiert sie jedoch; siehe *Fascism and Dictatorship*, London 1974 [1970], S. 72 und *Classes in Contemporary Capitalism*, London 1975 [1974], S. 24.

3 Eine derart zentrale Rolle der Religion für die nationale Identität ist nicht nur in islamischen Kontexten zu finden. Verschiedene Varianten des Christentums spielten eine zentrale Rolle für das Entstehen säkularer Nationalismen in Nordamerika, Polen, usw.

4 Die Unterschiede zwischen den eher lokal sowie den international orientierten Teilen der Bourgeoisie sollten allerdings nicht übertrieben werden. Die proto-liberale Bourgeoisie profitierte enorm von der Importsubstitution, die bis in die 1950er-Jahre hinein anhielt, wenn auch in lockerer und ungeplanter Form. Ayşe Buğra und Osman Savaşkan, *New Capitalism in Turkey: The Relationship between Politics, Religion and Business*, Cheltenham, UK 2014.

5 Nazih N. M. Ayubi, *Over-Stating the Arab State: Politics and Society in the Middle East*, London 1995.

6 Ayşe Buğra, *State and Business in Modern Turkey: A Comparative Study*, Albany, NY 1994.

7 Çağlar Keyder, *State and Class in Turkey: A Study in Capitalist Development*, London 1987.

8 Dankwart Rustow, »Turkish Democracy in Historical and Comparative Perspective«, in Metin Heper und Ahmet Evin (Hgg.), *Politics in the Third Turkish Republic*, Boulder, CO 1994, S. 3–12.

9 Ayşe Bugra und Çaglar Keyder, »The Turkish Welfare Regime in Transformation«, *Journal of European Social Policy* 16:3 (2006), S. 211–228.

10 Panayiotis J. Vatikiotis, *The History of Modern Egypt: From Muhammad Ali to Mubarak*, London 1991 [1969], S. 305.

11 Ebenda, S. 309.

12 John Esposito und John Voll (Hgg.), *Makers of Contemporary Islam*, Oxford 2001, S. 13.

13 Tamir Moustafa, »Law versus the State: The Judicialization of Politics in Egypt«, *Law & Social Inquiry* 28 (2003), S. 888.

14 Manar Shorbagy, »The Egyptian Movement for Change – Kefaya: Redefining Politics in Egypt«, *Public Culture* 19 (2007), S. 179.

15 John Waterbury, *The Egypt of Nasser and Sadat: The Political Economy of Two Regimes*, Princeton, NJ 1983.

16 Alan Richards und John Waterbury, *A Political Economy of the Middle East*, Boulder, CO 2007, S. 188.

17 Ebenda, S. 189.

18 Waterbury, *The Egypt of Nasser and Sadat*, S. 223.

19 Hazem Kandil, »Why Did the Egyptian Middle Class March to Tahrir Square?«, *Mediterranean Politics* 17:2 (2012), S. 197–215.

20 S. Yunis, *Al-Zahf al-muqadas: Muzaharat al-tanahi wa tashkil 'ebadet Abd al-Nasser*, Cairo 2005, S. 69.

21 R. A. Brooks, *Shaping Strategy: The Civil-Military Politics of Strategic Assessment*, Princeton, NJ 2008, S. 72–73.

22 Mehdi Mabrouk, »Tunisia: The Radicalization of Religious Policy«, in: George Joffé (Hg.), *Islamist Radicalization in North Africa: Politics and Process*, London 2012, S. 50–52.

23 Kenneth J. Perkins, *A History of Modern Tunisia*, Cambridge 2004.

24 Dies hatte sicherlich ebenso viel mit der vormodernen Machtteilung zwischen staatlicher Verwaltung und den Stämmen zu tun wie mit den politischen Reformen im 19. und 20. Jahrhundert. Siehe Mounira Charrad, *States and Women's Rights: The Making of Postcolonial Tunisia, Algeria, and Morocco*, Berkeley, CA 2001.

25 Fred Halliday, *Iran: Dictatorship and Development*, New York, NY 1978.

26 Matthew Elliot, »New Iran and the Dissolution of Party Politics under Reza Shah«, in Touraj Atabaki und Erik-Jan Zürcher (Hgg.), *Men of Order: Authoritarian Modernization under Atatürk and Reza Shah*, London 2004, S. 87.

27 Ebenda, S. 68.

28 John R. Perry, »Language Reform in Turkey and Iran«, in Atabaki und Zürcher (Hgg.), *Men of Order*, S. 238–259.

29 Houchang Chehabi, »Dress Codes for Men in Turkey and Iran«, in: Atabaki und Zürcher (Hgg.), *Men of Order*, S. 220–221.

30 Ebenda, S. 221–222.

31 Atabaki und Zürcher (Hgg.), *Men of Order*, S. 9–11.

32 Erik-Jan Zürcher, »Institution Building in the Kemalist Republic: The Role of the People's Party«, in: Atabaki und Zürcher (Hgg.), *Men of Order*, S. 98–112; Ervand Abrahamian, *Iran between Two Revolutions*, Princeton, NJ 1982, S. 148–149.

33 Abrahamian, *Iran between Two Revolutions*, S. 138–139.

34 John Foran, *Fragile Resistance: Social Transformation in Iran from 1500 to the Revolution*, Boulder, CO 1993.

35 Siehe Said A. Arjomand, *The Turban for the Crown: The Islamic Revolution in Iran*, Oxford 1988; Michael M. J. Fischer, *Iran: From Religious Dispute to Revolution*, Cambridge, MA 1980; sowie Misagh Parsa, *Social Origins of the Iranian Revolution*, New Brunswick, NJ 1989.

36 Anthony Gill und Arang Keshavarzian, »State Building and Religious Resources: An Institutional Theory of Church-State Relations in Iran and Mexico«, *Politics and Society* 27:3 (1999), S. 442–445.

37 Kevan Harris, »A Martyrs' Welfare State and Its Contradictions: Regime Resilience and

Limits through the Lens of Social Policy in Iran«, in: Steven Heydemann und Reinoud Leenders (Hgg.), *Middle East Authoritarianisms: Governance, Contestation, and Regime Resilience in Syria and Iran*, Stanford, CA 2013, S. 61–80.

38 Richards und Waterbury, *A Political Economy of the Middle East*.

39 Ayşe Buğra und Osman Savaşkan, *New Capitalism in Turkey: The Relationship between Politics, Religion and Business*, Cheltenham, UK 2014.

40 Ziya Öniş, »Anatomy of Unorthodox Liberalism: The Political Economy of Turkey in the 1980s«, in: Metin Heper (Hg.), *Strong State and Economic Interest Groups: The Post-1980 Turkish Experience*, Berlin 1991, S. 27–41; sowie Öniş, »Turgut Özal and His Economic Legacy: Turkish Neo-liberalism in Critical Perspective«, *Middle Eastern Studies* 40:4 (2007), S. 113–134.

41 Hesham al-Awadi, *In Pursuit of Legitimacy: The Muslim Brothers and Mubarak, 1982–2000*, London 2005, S. 37.

42 Ebenda, S. 37, S. 41.

43 Siehe al-Awadi, *In Pursuit of Legitimacy*, Kapitel 3.

44 »al-Ikhwan: 'asa al-Sadat li darb al-Nasseriyyin«, *almasryalyoum. com*, 7. April 2013.

45 Eberhard Kienle, »More Than a Response to Islamism: The Political Deliberalization of Egypt in the 1990s«, *Middle East Journal* 52 (1998), S. 219–235.

46 John W. Salevurakis und S. Mohamed Abdel-Haleim, »Bread Subsidies in Egypt: Choosing Social Stability or Fiscal Responsibility«, *Review of Radical Political Economics* 40:1 (2008), S. 35–49.

47 Richards und Waterbury, *A Political Economy of the Middle East*, S. 222–224, S. 249.

48 Ray Bush, »Politics, Power and Poverty: Twenty Years of Agricultural Reform and Market Liberalisation in Egypt«, *Third World Quarterly* 28:8 (2007), S. 1603–1605.

49 Ebenda, S. 1606–1608.

50 Siehe Relli Shechter, »The Cultural Economy of Development in Egypt: Economic Nationalism, Hidden Economy and the Emergence of Mass Consumer Society during Sadat's Infitah«, *Middle Eastern Studies* 44:4 (2008), S. 571–83; sowie Dona J. Stewart, »Changing Cairo: The Political Economy of Urban Form«, *International Journal of Urban and Regional Research* 23:1 (1999), S. 142.

51 S. Suleiman, *Al-Nizam al-qawi wa al-dawla al-da'ifa: Edaret al-azma al-maliya wa al-taghir al-siyasi fi'ahd Mubarak*, Cairo 2005, S. 9, S. 54.

52 Richards und Waterbury, *A Political Economy of the Middle East*, S. 250.

53 Ebenda, S. 251.

54 Alan Richards, John Waterbury, Melanie Cammett und Ishac Diwan, *A Political Economy of the Middle East*, 3. Ausgabe, Boulder, CO 2013, S. 25–29.

55 Ebenda, S. 195–196.

56 Ganz ähnlich wie die Meinungsverschiedenheiten über die Beziehungen zwischen Regime und Islamisten in Ägypten sind der Import so aktiver Unterstützung oder die Beteiligung des tunesischen Staates an der Förderung der islamischen Bewegung in den 1960er-Jahren Gegenstand einer offenen Debatte. Mehdi Mabrouk, 2012, »Tunisia: The Radicalization of Religious Policy«, in: George Joffé (Hg.), *Islamist Radicalization in North Africa: Politics and Process*, London 2012, S. 54.

57 François Burgat und William Dowell, *The Islamic Movement in North Africa*, 2. Ausgabe, Austin, TX 1997, S. 184.

58 Chris Toensing, »Tunisian Labor Leaders Reflect upon Revolt«, *Middle East Report* 41:258 (Frühjahr 2011), S. 30.

59 Richards et al., *A Political Economy of the Middle East*, 3. Ausgabe, S. 240–242.

60 Siehe Çağlar Keyder, »The Turkish Bell Jar«, *New Left Review* 2:28 (Juli/August 2004), S. 65–84.

61 Buğra und Savaşkan, *New Capitalism in Turkey*; Ziya Öniş, »Beyond the 2001 Financial Crisis: The Political Economy of the New Phase of Neo-Liberal Restructuring in Turkey«, *Review of International Political Economy* 16:3 (2009), S. 409–432.

62 Siehe Neil Brenner, Jamie Peck und Nik Theodore, »Variegated Neoliberalization: Geographies, Modalities, Pathways«, *Global Networks* 10:2 (2010), S. 209–210.

63 Die AKP-Regierung, selbstbewusst geworden durch die Glaubwürdigkeit, die sie aufgrund ihrer Politik für eine freie Marktwirtschaft errungen hatte, lockerte in den 2010er-Jahren ihre Verbindungen zum IWF.

64 Zwar liefert Kandil eine der besten Beschreibungen dieses Prozesses, aber dass er darauf besteht, die ägyptische Bourgeoisie (einschließlich der reichsten Familien des Landes) als »Mittelklasse«-Sektor zu bezeichnen, schmälert seine Analyse. Eine kritische Unterscheidung zwischen der Bourgeoisie und dem neuen Kleinbürgertum löst die analytischen Probleme, die dieses institutionalistische Gepäck (das die herrschende Klasse mit der Oberklasse gleichsetzt) schafft. Darüber hinaus muss die dominierende Klasse von der herrschenden Klasse unterschieden werden.

65 Siehe Timothy Mitchell, *Rule of Experts: Egypt, Techno-Politics, Modernity*, Berkeley, CA 2002.

66 Thomas Richter und Christian Steiner, »Politics, Economics and Tourism Development in Egypt: Insights into the Sectoral Transformations of a Neo-patrimonial Rentier State«, *Third World Quarterly* 29:5 (2008), S. 955.

67 Stephen King, *Liberalization against Democracy*, Bloomington, IN 2003.

68 Emma C. Murphy, »Under the Emperor's Neoliberal Clothes! Why the International Financial Institutions Got It Wrong in Tunisia«, in: Nouri Gana (Hg.), *The Making of the Tunisian Revolution: Contexts, Architects, Prospects*, Edinburgh 2013, S. 37–41, S. 45.

69 Siehe Murphy, »Under the Emperor's Neoliberal Clothes!«, für eine selten selbstkritische Beurteilung einer früheren positiven Einschätzung.

70 Ich reserviere den Begriff *sozialpolitische Organisation* (»sociopolitical organization«) für Gruppierungen, die breit angelegte (gemeinsame, aber auch umstrittene) politische, soziale und wirtschaftliche Visionen haben, aber nicht so institutionalisiert sind wie politische Parteien.

71 Eine der bekanntesten von ihnen, die Iranische Freiheitsbewegung (Nehzat-e Azadi-e Iran, NAI), kam zum Beispiel hinsichtlich ihrer Breite und Tiefe nicht einmal an die türkische Nationale Heilspartei (Millî Selamet Partisi, MSP)/Wohlfahrtspartei (Refah Partisi, RP) oder die ägyptische Muslimbruderschaft heran.

72 Bahman Baktiari, *Parliamentary Politics in Revolutionary Iran: The Institutionalization of Factional Politics*, Gainesville, FL 1996, S. 55.

73 Nikki R. Keddie, *Modern Iran: Roots and Results of Revolution*, New Haven, CT 2006 [2003], S. 238; Charles Kurzman, *The Unthinkable Revolution in Iran*, Cambridge, MA 2004, S. 146–147.

74 Ervand Abrahamian, *The Iranian Mojahedin*, New Haven, CT 1989.

75 Ali Gheissari und Vali Nasr, *Democracy in Iran: History and the Quest for Liberty*, Oxford 2006, S. 101.

76 Baktiari, *Parliamentary Politics in Revolutionary Iran*.

77 Siehe Kurzman, *Unthinkable Revolution*, Kapitel 2.

78 Masserat Amir-Ebrahimi, »Conquering Enclosed Public Spaces«, *Cities* 23 (2006), S. 455–461.

79 Für die unglaublich widersprüchlichen, manchmal aber auch befreienden Aspekte und Ergebnisse der Geschlechtertrennungspolitik, siehe Nazanin Shahrokni, »The Mother's Paradise: Women-Only Parks and the Dynamics of State Power in the Islamic Republic of Iran«, *Journal of Middle East Women's Studies* 10:3 (2014), S. 87–108.

80 Amir-Ebrahimi, »Conquering Enclosed Public Spaces«.

81 Misagh Parsa, *Social Origins of the Iranian Revolution*, New Brunswick, NJ 1989, S. 91–95, S. 105–125.

82 Siehe Mehrdad Valibeigi, »Islamic Economics and Economic Policy Formation in Post-Revolutionary Iran: A Critique«, *Journal of Economic Issues* 27:3 (1993), S. 793–812. Manche Kommentatoren haben die Selbstverpflichtung der radikalen Splittergruppe auf Radikalität infrage gestellt. Khomeinis genaue Rolle in diesen Grabenkämpfen zwischen verschiedenen Splittergruppen lässt sich ebenfalls unterschiedlich interpretieren (siehe zum Beispiel Kevan Harris, »The Rise of The Subcontractor State: Politics of Pseudo-Privatization in the Islamic Republic of Iran«, *International Journal of Middle East Studies* 45:1 [2013], S. 50).

83 Elizabeth Sanasarian, »Ayatollah Khomeini and the Institutionalization of Charismatic Rule in Iran, 1979–1989«, *Journal of Developing Societies* 11 (1995), S. 189–205.

84 Farhad Nomani und Sohrab Behdad, *Class and Labor in Iran: Did the Revolution Matter?*, Syracuse, NY 2006, S. 2–3, S. 38.

85 Sohrab Behdad, »Winners and Losers of the Iranian Revolution: A Study in Income Distribution«, *International Journal of Middle Eastern Studies* 21:3 (1989), S. 327–358.

86 Nomani und Behdad, *Class and Labor in Iran*, S. 206.

87 Abrahamian, *Iranian Mojahedin*.

88 Kevan Harris, »The Martyrs' Welfare State: Politics of Social Policy in the Islamic Republic of Iran«, Dissertation (Johns Hopkins University, Baltimore, MA 2012), S. 49–50.

89 Harris, »The Rise of the Subcontractor State«.

90 Harris, »The Martyrs' Welfare State: Politics of Social Policy in the Islamic Republic of Iran«, Dissertation (Johns Hopkins University, Baltimore, MA 2012), S. 175–177.

91 Ebenda, S. 70–72.

92 Kevan Harris, »The Martyrs' Welfare State: Politics of Social Policy in the Islamic Republic of Iran«, Dissertation (Johns Hopkins University, Baltimore, MA 2012), S. 185.

93 Ebenda; Arang Keshavarzian, *Bazaar and State in Iran: Politics of the Tehran Marketplace*, Cambridge 2007.

94 Aber wir werden noch sehen, dass die anfängliche und harsche Kritik des Islamismus am konservativen *regionalen* Block schnell verwässert wurde, wodurch er immer weniger zu unterscheiden war vom sunnitischen Konservatismus während des Arabischen Frühlings.

95 Siehe zum Beispiel Abdelkader Zghal, »The New Strategy of the Movement of the Islamic Way«, für frühe Versuche tunesischer Islamisten, der Welt zu beweisen, dass sie

sich von den iranischen unterschieden. Zghal, »The New Strategy of the Movement of the Islamic Way: Manipulation or Expression of Political Culture?«, in: I. Williams Zartman (Hg.), *Tunisia: The Political Economy of Reform*, Boulder, CO 1991.

96 Süleyman Seyfi Öğün, *Yeni Şafak*, 6. Oktober 2014.

97 Mehmet Metiner, *Şafak'ta 10 Gün: İran Notları*, Istanbul 1989, S. 24 (Hervorhebung C.T.).

98 Ebenda, S. 55.

99 Berichtet in Shibley Telhami, »Arab Perspectives on Iran's Role in a Changing Middle East«, *Wilson Center*; verfügbar unter wilsoncenter. org.

100 Metiner, *Şafak'ta 10 Gün*, S. 109–110.

101 Christopher Alexander, »Opportunities, Organizations, and Ideas: Islamists and Workers in Tunisia and Algeria«, *International Journal of Middle East Studies* 32 (2000), S. 465–490; Elbaki Hermassi, »The Islamicist Movement and November 7«, in: Zartman (Hg.), *Tunisia: The Political Economy of Reform*, S. 194.

102 Murphy, »Under the Emperor's Neoliberal Clothes!«, S. 64, S. 71.

103 Ruşen Çakır, *Ayet ve slogan: Türkiye' de İslami oluşumlar*, İstanbul 1990.

104 Taha Parla, *Türkiye'nin Siyasal Rejimi*, Istanbul 1995.

105 Necmettin Erbakan, *Adil Ekonomik Düzen*, Ankara 1991.

106 Der Text über urbanen Islamismus in diesem und im nächsten Kapitel enthält einige Absätze aus Tuğal, »The Greening of Istanbul«, *New Left Review* 2:51 (Mai/ Juni 2008), S. 64–80.

107 Für die besten Beispiele, siehe Mustafa Armağan, *Şehir, ey Şehir*, Istanbul 1997; Turgut Cansever, *Kubbeyi Yere Koymamak*, Istanbul 1997; sowie Rasim Özdenören, *Kent İlişkileri*, Istanbul 1998.

108 Für diese populistische Einstellung, siehe İdris Özyol, *Lanetli Sınıf*, Istanbul 1999.

109 Diese Ansichten wurden geäußert in Mustafa Kutlu, *Şehir Mektupları*, Istanbul 1995; sowie İhsan Sezal, *Şehirleşme*, Istanbul 1992.

110 Menderes Çınar, »Turkey's Transformation under the AKP Rule«, *Muslim World* 96:3 (2006), S. 469–486.

111 Elizabeth Özdalga, »Necmettin Erbakan: Democracy for the Sake of Power«, in: Metin Heper und Sabri Sayarı (Hgg.), *Political Leaders and Democracy in Turkey*, New York, NY 2002.

112 Siehe zum Beispiel Samia Mehrez, »Take Them Out of the Ball Game: Egypt's Cultural Players in Crisis«, *Middle East Report* 31:219 (Sommer 2001), S. 11–12.

113 Der Großteil der folgenden sechs Absätze stammt aus Cihan Tuğal, »Religious Politics, Hegemony, and the Market Economy: Parties in the Making of Turkey's Liberal-Conservative Bloc and Egypt's Diffuse Islamization« in: Cedric De Leon, Manali Desai und Cihan Tuğal (Hg.), *Building Blocs: How Parties Organize Society*, Stanford, CA 2015.

114 Brynjar Lia, *The Society of the Muslim Brothers in Egypt: The Rise of an Islamic Mass Movement 1928–1942*, Reading, UK 1998; Richard P. Mitchell, *The Society of the Muslim Brothers*, London 1969.

115 Olivier Carré, *Les Frères Musulmans Egypte et Syrie, 1928–1982*, Paris 1983, S. 12.

116 Salwa Ismail, »Confronting the Other: Identity, Culture, Politics, and Conservative Islamism in Egypt«, *International Journal of Middle East Studies* 30 (1998), S. 207.

117 Siehe Davut Ates, »Economic Liberalization and Changes in Fundamentalism: The Case of Egypt«, *Middle East Policy* 12 (2005), S. 133–144.

118 Ismail, »Confronting the Other«, S. 213–214.

119 Siehe Barbara Zollner, »Prison Talk: The Muslim Brotherhood's Internal Struggle during Gamal Abdel Nasser's Persecution, 1954 to 1971«, *International Journal of Middle East Studies* 39 (2007), S. 411–433, für die politischen Ursprünge dieser Mäßigung, einer Spaltung innerhalb der Muslimbruderschaft in den 1960er-Jahren.

120 Malika Zeghal »Religion and Politics in Egypt: The Ulema of Al-Azhar, Radical Islam, and the State (1952–94)«, *International Journal of Middle East Studies* 31 (1999), S. 371–399.

121 Raymond W. Baker, »Afraid for Islam: Egypt's Muslim Centrists between Pharaohs and Fundamentalists«, *Daedalus* 120 (1991), S. 41–68.

122 Mohammed Zahid und Michael Medley, »Muslim Brotherhood in Egypt and Sudan«, *Review of African Political Economy* 33 (2006), S. 693–708.

123 Salwa Ismail, »Confronting the Other: Identity, Culture, Politics, and Conservative Islamism in Egypt«, *International Journal of Middle East Studies* 30 (1998), S. 211–212.

124 Salwa Ismail, *Political Life in Cairo's New Quarters: Encountering the Everyday State*, Minneapolis, MN 2006; Gilles Kepel, »Islamists versus the State in Egypt and Algeria«, *Daedalus* 124 (1995), S. 113.

125 Salwa Ismail, »Religious ›Orthodoxy‹ as Public Morality: The State, Islamism and Cultural Politics in Egypt«, *Critique: Critical Middle Eastern Studies* 8 (1999), S. 25–47; Maha Abdel Rahman, »The Politics of ›UnCivil‹ Society in Egypt«, *Review of African Political Economy* 29 (2002), S. 21–36.

126 Denis J. Sullivan und Sana Adeb-Kotob, *Islam in Contemporary Egypt: Civil Society vs. the State*, Boulder, CO 1999, S. 57.

127 Al-Awadi, *In Pursuit of Legitimacy*, S. 39.

128 Siehe Al-Awadi, *In Pursuit of Legitimacy*, Kapitel 3.

129 Alexander, »Islamists and Workers in Tunisia and Algeria«.

130 Für einen biografischen Bericht darüber, wie sich diese Kontakte auf der obersten Führungsebene abspielten, siehe François Burgat und William Dowell, *The Islamic Movement in North Africa*, 2. Ausgabe, Austin, TX 1997, S. 185.

131 Der beinahe zwanghafte Antisozialismus der Bewegung zeigt sich sehr viel deutlicher in der französischen Version von Burgats Interview mit Scheich Mohammed Salah Enneifer, einem ihrer Gründer und wichtigsten Führer (François Burgat, *L'Islamisme au Maghreb: La voix du sud*, Paris 1988, S. 208–209). Für nähere Informationen über die Kooperation zwischen Ennahda und Regime gegen den Marxismus in den späten 1970er- und frühen 1980er-Jahren und über die wechselnden Repressionen und Verfolgungen, denen die Islamisten ausgesetzt waren und die 1981 ihren Höhepunkt fanden, siehe Burgat, *L'Islamisme au Maghreb*, S. 214–216 und S. 218–220.

132 Burgat und Dowell, *Islamic Movement in North Africa*.

133 Mehdi Mabrouk, »Tunisia: The Radicalization of Religious Policy«, in: George Joffé (Hg.), *Islamist Radicalization in North Africa: Politics and Process*, London 2012, S. 61. Dieser Bericht ist fragwürdig, weil die Ennahda sich unmittelbar nach der Amtsenthebung von Ben Ali als die bestorganisierte Kraft erwies; darum muss es ihr gelungen sein, zumindest einen Teil ihrer Organisation im Untergrund intakt zu halten.

134 Siehe Mabrouk, »Tunisia: The Radicalization of Religious Policy«, S. 63, zu den »wissenschaftlichen« Salafisten. Allerdings sollten seine Kommentare mit einer gewissen Skepsis betrachtet werden, da er für die Ennahda und gegen andere islamistische Gruppen Partei ergriff.

135 Alexander, »Islamists and Workers in Tunisia and Algeria«, S. 470–476.

136 Ebenda, S. 472.

137 Azzam S. Tamimi, *Rachid Ghannouchi: A Democrat within Islamism*, New York, NY 2001, S. 103, S. 144.

138 Ebenda, S. 52–53.

139 Ebenda, S. 146.

Kapitel 2 – Die Liberalisierung des Islam

1 Teile der folgenden vier Abschnitte wurden veröffentlicht als Cihan Tuğal, »Conservatism, Victorious: Islam and the Retrenchment of the Secular Turkish State«, in: Asef Bayat (Hg.), *Post-Islamism at Large*, Oxford 2013.

2 Charles Kurzman, *Liberal Islam: A Sourcebook*, New York, NY 1998.

3 Die Abweichung dieser Analyse von derjenigen Kurzmans ist unter anderem auf unsere unterschiedlichen Definitionen von Liberalismus zurückzuführen. Der gleiche Unterschied wirkt sich auch auf unsere jeweilige Klassifikation der bedeutenden islamischen Denker der Moderne aus.

4 Mehmed Kerim, *İran İslam Devrimi*, İstanbul 1980 [1979], S. 103.

5 Yalçın Akdoğan, *Siyasal İslam: Refah Partisi'nin anatomisi*, İstanbul 2000, S. 69, S. 71, S. 152.

6 Yalçın Akdoğan, *Muhafazakar demokrasi*, Ankara, undatiert, S. 104.

7 Mehmet Metiner, »Kendi devrimini bitiren ülke: İran«, *Yeni Şafak*, 30. August 2012. Metiner, der in diesen Jahren die Herrschaft der AKP durch liberale Werte unterstützte, sollte sich in der Zeit bis 2014 zum Kämpfer für autoritär-konservativen Gehorsam entwickeln. Siehe »Mehmet Metiner: ›Biatsa biat, itaatsa itaat‹«, hurriyet.com.tr, 6. Januar 2014.

8 Cihan Tuğal, *Passive Revolution: Absorbing the Islamic Challenge to Capitalism*, Stanford, CA 2009.

9 Said Nursî war einer der bekanntesten Geistlichen des türkischen Islam im 20. Jahrhundert. Nach seinem Tod spaltete sich seine Anhängerschaft in mehrere Splittergruppen auf, die allesamt als »Nurcu« bekannt sind.

10 Für die These, Said Nursî habe den Islam in positivistischer Weise ausgelegt, siehe Şerif Mardin, *Religion and Social Change in Modern Turkey: The Case of Bediüzzaman Said Nursi*, Albany, NY 1989.

11 Berna Turam, *Between Islam and the State: The Politics of Engagement*, Stanford, CA 2007.

12 Mehmet Metiner, »Dünden bugüne Tayyip Erdoğan«, *Radikal İki*, 6. Juli 2003.

13 Viele einflussreiche ehemalige Marxisten schlossen sich aufgrund solcher Befürchtungen dem neoliberalen islamischen Block an. Für ein prominentes Beispiel, siehe das Interview mit Murat Belge in *Radikal* vom 4. Juli 2011, indem er die Auffassung vertritt, dass »Faschisten« hinter den vermeintlich linken Streiks, Studentenbewegungen und Protesten von Umweltschützern im Laufe der vorangegangenen paar Jahre steckten.

14 Nach dem Kurswechsel der AKP zum Konservativen im Jahr 2013 versuchte Kılıçdaroğlu vergeblich, die CHP zur einzig wahren Repräsentantin des ursprünglichen AKPProjekts umzugestalten (indem er eine frühere AKP-Figur als Präsidentschaftskandidat antreten ließ).

15 Einzelne Passagen der folgenden vier Absätze beruhen auf Cihan Tuğal, »Religious Politics, Hegemony, and the Market Economy: Parties In the Making of Turkey's LiberalConservative Bloc and Egypt's Diffuse Islamization« in: Cedric De Leon, Manali Desai und Cihan Tuğal (Hgg.), *Building Blocs: How Parties Organize Society*, Stanford, CA 2015.

16 Tuğal, *Passive Revolution*, S. 193–195.

17 Ebenda, S. 103–107, S. 193–197, S. 217–224.

18 Siehe Denis J. Sullivan und Sana Abed-Kotob, *Islam in Contemporary Egypt: Civil Society vs. the State*, Boulder, CO 1999, Kapitel 1.

19 Raymond W. Baker, *Islam without Fear: Egypt and the New Islamists*, Cambridge, MA 2003, S. 12–13, S. 34–44.

20 Hossam Tamam, *Tahawwulat al-Ikhwan al-Muslimin*, Cairo 2010, S. 8–10.

21 Chris Harnisch und Quinn Mecham, »Democratic Ideology in Islamist Opposition? The Muslim Brotherhood's ›Civil State‹«, *Middle Eastern Studies* 45 (2009), S. 199–200.

22 Farha Ghannam, *Remaking the Modern: Space, Relocation, and the Politics of Identity in a Global Cairo*, Berkeley, CA 2002.

23 Linda Herrera, »Downveiling: Gender and the Contest over Culture in Cairo«, *Middle East Report* 31 (2001), S. 16–19.

24 Siehe Ghannam, *Remaking the Modern*, Kapitel 5.

25 Selbst die pragmatischeren und geschäftsorientierteren islamischen Aktivisten in armen Gegenden blieben Gegner des alten Regimes. (Salwa Ismail, *Political Life in Cairo's New Quarters: Encountering the Everyday State*, Minneapolis, MN 2006, S. 52–57).

26 Salwa Ismail, »Confronting the Other: Identity, Culture, Politics, and Conservative Islamism in Egypt«, *International Journal of Middle East Studies* 30 (1998), S. 200–201.

27 Mamoun Fandy, »Egypt's Islamic Group: Regional Revenge?«, *Middle East Journal* 48 (1998), S. 607–625. Die Al-Azhar-Moschee, eine religiös-soziale Institution in Ägypten, unterstützte auch das Gesetz 96 (Abschaffung der Mietpreiskontrollen auf dem Land) und die Zwangsräumung von Landbewohnern, während Jamaa Islamiya dagegen war. Siehe Anwar Alam, »The Sociology and Political Economy of ›Islamic Terrorism‹ in Egypt«, *Terrorism and Political Violence* 15:4 (2003), S. 135.

28 Hossam Tamam, *Tahawwulat al-Ikhwan al-Muslimin*, Cairo 2010.

29 Mohammed Zahid und Michael Medley, »Muslim Brotherhood in Egypt and Sudan«, *Review of African Political Economy* 33 (2006), S. 693–708.

30 Die Klassenbasis des legalistischen Islam sind Händler und die kommerzielle Bourgeoisie. Aber in welchem Maße standen die Professionellen in den 1990er- und 2000er-Jahren unter deren Einfluss? Wer war legalistischer, die Professionellen im öffentlichen Sektor oder jene, die im boomenden Immobiliensektor und für private Unternehmensberatungen arbeiteten? Welcher Prozentsatz der Professionellen in den Reihen der Muslimbrüder ist auch heute noch legalistisch? Hier handelt es sich um hartnäckige Lücken in unserem Wissen.

31 Mona el-Ghobashy, »The Metamorphosis of the Egyptian Muslim Brothers«, *Interna-

tional Journal of Middle East Studies 37 (2005), S. 373–395; Jan Stark, »Beyond ›Terrorism‹ and ›State Hegemony‹: Assessing the Islamist Mainstream in Egypt and Malaysia«, *Third World Quarterly* 26 (2005), S. 307 327.

32 Die Verbindung einer strengen Islam-Auslegung mit aggressivem Neoliberalismus ist nicht nur in diesem Teil der Muslimbruderschaft anzutreffen; Ismail zeigt, wie weit sie auch in ägyptischen Salafisten-Kreisen verbreitet ist. Salwa Ismail, »Piety, Profit and the Market in Cairo: a Political Economy of Islamisation«, *Contemporary Islam* 7:1 (2013), S. 107–128.

33 Khalil al-Anani, »The Embattled Brothers«, *Egypt Independent*, 19. April 2012.

34 Bruce Rutherford, *Egypt after Mubarak: Liberalism, Islam, and Democracy in the Arab World*, Princeton, NJ 2008, Kapitel 3.

35 Maha Abdelrahman, *Civil Society Exposed: The Politics of NGOs in Egypt*, London 2004.

36 »Tasaa'ud al-talaasun daakhil al-Ikhwaan bayna Jabhat al-Mu'aarada wa Maktab al-Irshaad«, almasryalyoum.com, 17. Oktober 2010.

37 In diesem Zusammenhang sollte festgehalten werden, dass die türkischen Islamisten radikal exkludierende Meinungen dieser Art nur selten äußerten, zum Teil aufgrund des säkularistischen Systems der Türkei und seiner Gesetze, aber auch aufgrund ihrer Verinnerlichung dieses Kontextes: Selbst die demokratischste islamische Bewegung im arabischen Kontext scheint weit weniger demokratisch zu sein als die türkische.

38 Die Meinungen über al-Ghannouchi waren geteilt. Manche Beobachter hielten ihn für aufrichtig, während andere der Meinung waren, dass sich unter dem dünnen Firnis des Liberalismus ein eingefleischter Fundamentalist verbarg, der Pluralismus nur für Muslime, die das islamische Recht befolgen, befürwortete. Vgl. Khadija Katja Wöhler-Khalfallah, »Democracy Concepts of the Fundamentalist Parties of Algeria and Tunisia – Claim and Reality«, *International Journal of Conflict and Violence* 1:1 (2007), S. 76–88.

39 Fadia Faqir, »Engendering Democracy and Islam in the Arab World«, *Third World Quarterly* 18:1 (1997), S. 170.

40 Ahmad Ashraf, »Theocracy and Charisma: New Men of Power in Iran«, *International Journal of Politics, Culture and Society* 4 (1990), S. 113–152.

41 Ahmad Ashraf und Ali Banuazizi, »Iran's Tortuous Path toward ›Islamic Liberalism‹«, *International Journal of Politics, Culture and Society* 15 (2001), S. 250– 251.

42 Mahmoud Alinejad, »Coming to Terms with Modernity: Iranian Intellectuals and the Emerging Public Sphere«, *Islam & Christian-Muslim Relations* 13 (2002), S. 34; Nikki R. Keddie, *Modern Iran: Roots and Results of Revolution*, New Haven, CT 2006 [2003], S. 260, S. 270.

43 Keddie, *Modern Iran: Roots and Results of Revolution*, S. 323.

44 Asef Bayat, *Street Politics: Poor People's Movements in Iran*, New York, NY 1997, S. 108.

45 Asef Bayat, *Making Islam Democratic: Social Movements and the Post-Islamist Turn*, Stanford, CA 2007, S. 108–109.

46 Ebenda, S. 111–113.

47 Ali Gheissari und Vali Nasr, *Democracy in Iran: History and the Quest for Liberty*, Oxford 2006, S. 136–138.

48 Bayat, *Street Politics*, S. 120–123; Keddie, *Modern Iran, Roots and Results of Revolution*, S. 276–280.

49 Gheissari und Nasr, *Democracy in Iran*, S. 139–140.

50 Keddie, *Modern Iran: Roots and Results of Revolution*, S. 276.

51 Bayat, *Street Politics*, S. 130.

52 Ebenda, S. 134–135.

53 James Buchan, »A Bazaari Bonaparte?«, *New Left Review* 2:59 (September/Oktober 2009), S. 78–79.

54 Ebenda, S. 81.

55 Ebenda, S. 79–80.

56 Für ausführlichere Informationen über die allmählich zunehmende Intensität dieser Kämpfe, siehe Boroujerdis Analyse dieser Jahre. Am interessantesten dabei ist, dass durch die Spannungen unter den Konservativen nicht einfach nur eine Institution gegen eine andere aufgestellt wurde (wie es im gesamten Verlauf der 1980er-Jahre bei den Konflikten zwischen Konservativen und Radikalen immer wieder der Fall war), sondern der Riss mitten durch bestimmte Kerninstitutionen ging, so zum Beispiel die Revolutionsgarden. Siehe iranprimer. usip.org.

57 Siehe Masserat Amir-Ebrahimi, »Conquering Enclosed Public Spaces«, *Cities* 23 (2006), S. 455–461.

58 Mansoor Moaddel, *Values and Perceptions of the Islamic and Middle Eastern Publics*, New York, NY 2007, S. 241.

59 Charles Kurzman, »The Iranian Revolution at 30: Still Unpredictable«, mei.edu, 29. Januar 2009.

60 Siehe Bayat, *Street Politics*, Kapitel 3.

61 Siehe zum Beispiel Farhad Khosrokhavar, »Toward an Anthropology of Democratization in Iran«, *Critique: Critical Middle Eastern Studies* 16 (2000), S. 3–29; Seyed H. Serajzadeh, »Croyants non pratiquants: La religiosite de la jeunesse Iranienne et ses implications pour la theorie de la secularisation«, *Social Compass* 49 (2002), S. 111–132; Seyed Masoud Mousavi Shafaee, »Globalization and Contradiction between the Nation and the State in Iran: The Internet Case«, *Critique: Critical Middle Eastern Studies* 12 (2003), S. 189–195.

62 Fariba Adelkhah, *Being Modern in Iran*, New York, NY 2000, S. 124–129.

63 »Drugs and Prostitution ›Soar‹ in Iran«, BBC, 6. Juli 2000.

64 Etwa 44 Prozent der Teilnehmer gaben an, sie würden manchmal ihre Gebete sprechen, während 35 Prozent sagten, sie würden sie immer sprechen (»Transatlantic Trends 2008«, German Marshall Fund of the United States, S. 20, Fußnote 5).

65 Die anhaltende Mobilisierung dieser Gruppen, selbst wenn man den Vergleich auf das Frankreich des 19. Jahrhunderts beschränkt, ist beeindruckend, im Gegensatz zu Russland nach 1929.

66 Peter Evans, *Dependent Development: The Alliance of Multinational, State, and Local Capital in Brazil*, Princeton, NJ 1979; Peter Evans, Dietrich Rueschemeyer und Theda Skocpol (Hgg.), *Bringing the State Back In*, Cambridge 1985; Jeff Goodwin, *No Other Way Out: States and Revolutionary Movements, 1945–1991*, Cambridge 2001; Theda Skocpol, *States and Social Revolutions: A Comparative Analysis of France, Russia and China*, Cambridge 1979.

67 Said A. Arjomand, *The Turban for the Crown: The Islamic Revolution in Iran*, Oxford 1988, S. 114–128; Anne Marie Baylouny, »Democratic Inclusion: A Solution to Militancy in Islamist Movements?«, *Strategic Insights* 3:4 (April 2004); Mohammed M. Hafez,

Why Muslims Rebel: Repression and Resistance in the Islamic World, Boulder, CO 2003; Mohammed M. Hafez und Quintan Wiktorowicz, »Violence as Contention in the Egyptian Islamic Movement«, in: Q. Wiktorowicz (Hg.), *Islamic Activism: A Social Movement Theory Approach*, Bloomington, IN 2004; Sultan Tepe, »A Pro-Islamic Party? Promises and Limits of Turkey's Justice and Development Party«, in: H. Yavuz (Hg.), *The Emergence of a New Turkey: Democracy and the AK Parti*, Salt Lake City, UT 2006; Sami Zubaida, *Islam, the People and the State: Political Ideas and Movements in the Middle East*, London 1989.

68 Ümit Cizre-Sakallıoğlu, »Parameters and Strategies of Islam-State Interaction in Republican Turkey«, *International Journal of Middle Eastern Studies* 28 (1996), S. 231–251; Gregory Starrett, *Putting Islam to Work: Education, Politics, and Religious Transformation in Egypt*, Berkeley, CA 1998; Zubaida, *Islam, the People and the State.*

69 Nilüfer Göle, *The Forbidden Modern: Civilization and Veiling*, Ann Arbor, MI 1996; Robert Hefner, »Public Islam and the Problem of Democratization«, *Sociology of Religion* 62 (2001), S. 491–514; Masoud Kamali, »Civil Society and Islam: A Sociological Perspective«, *Archives Européennes de Sociologie* 42 (2001), S. 457–482; John Kelsay, »Civil Society and Government in Islam«, in: S. H. Hashmi (Hg.), *Islamic Political Ethics: Civil Society, Pluralism, and Conflict*, Princeton, NJ 2002; A. Norton (Hg.), *Civil Society in the Middle East*, 2 Bände, Leiden 1995/96.

70 Es existieren deutliche Parallelen zwischen einem auf dem Konzept der »politischen Gesellschaft« beruhenden Ansatz und anderen Staat-Gesellschaft-Ansätzen aus Politikwissenschaft und Soziologie: Adelkhah, *Being Modern in Iran*; Ismail, *Political Life in Cairo's New Quarters*; Turam, *Between Islam and the State*. Die Unterschiede, die zurückgeführt werden können auf Unterschiede zwischen Gramscis Analyse von Politik und der revidierten und aktualisierten institutionalistischen Theoretisierung von Politik (siehe Peter Evans, *Embedded Autonomy: States and Industrial Transformation*, Princeton, NJ 1995; Kenneth Finegold und Theda Skocpol, *State and Party in America's New Deal*, Madison, WI 1995; Joel Migdal, *State in Society: Studying How States and Societies Transform and Constitute One Another*, Cambridge 2001; Ann Orloff und Theda Skocpol, »Why Not Equal Protection? Explaining the Politics of Public Social Spending in Britain, 1900–1911 and the United States, 1880s–1920«, *American Sociological Review* 49 [1984], S. 726–750; Theda Skocpol, *Protecting Soldiers and Mothers: The Political Origins of Social Policy in the United States*, Cambridge, MA 1992; Margaret Weir, »Political Parties and Social Policymaking«, in: Margaret Weir (Hg.), *The Social Divide: Political Parties and the Future of Activist Government*, Washington, DC 1998), werden an anderer Stelle ausführlicher erörtert werden.

71 Meine Verwendung des Konzepts von der »politischen Gesellschaft« greift zurück auf Juan Linz und Alfred Stepan, *Problems of Democratic Transition and Consolidation: Southern Europe, South America, and Post-Communist Europe*, Baltimore, MD 1996; Jean L. Cohen und Andrew Arato, *Civil Society and Political Theory*, Cambridge, MA 1992; sowie Partha Chatterjee, *The Politics of the Governed: Reflections on Popular Politics in Most of the World*, New York, NY 2004. Allerdings schreibe ich der Politik eine wesentlich transformativere und *konstituierendere* Rolle zu als die eher *vermittelnde* Rolle in den Analysen dieser Autoren.

Kapitel 3 – Wege der ökonomischen Liberalisierung

1 Ziya Öniş, »Beyond the 2001 Financial Crisis: The Political Economy of the New Phase of Neo-Liberal Restructuring in Turkey«, *Review of International Political Economy* 16:3 (2009), S. 423.

2 Dies wurde nicht nur durch politische Debatten begleitet, sondern auch durch eine erbitterte Auseinandersetzung zwischen AKP-freundlichen und AKP-feindlichen Wissenschaftlern, einen Streit, in dem die Beteiligten ausgiebig und höchstwahrscheinlich auch in manipulativer Absicht mit Zahlen um sich warfen. Es ist daher sehr schwierig, belastbare Zahlen zu den Entwaldungen und Waldbränden zu finden – siehe dazu z.B. »AKP'nin Seçim Beyannamesinde Oman (Y) Alanlari«, odatv.com, 30. April 2011 und »CHP: ormanlar AKP'nin Elinden Kurtarimali«, milliyet.com.tr, 23. Juni 2009.

3 Öniş, »Beyond the 2001 Financial Crisis«.

4 Ebenda, S. 425.

5 Wie auch im Fall von Tunesien änderte sich der Tenor der internationalen Berichterstattung über diese »kleinen« Reibungsverluste des wirtschaftlichen Erfolgs, als in der Türkei politische Probleme auftraten. Im September 2013 verkündete der *Economist*, ein Anhänger des türkischen Modells, dass die Türkei mit einem gravierenden Leistungsbilanzdefizit zu kämpfen habe und dass sich ihre Auslandsschulden auf mehr als 150 Prozent ihrer Währungsreserven beliefen.

6 Siehe dazu Ayşe Buğra und Çaglar Keyder, »The Turkish Welfare Regime in Transformation«, *Journal of European Social Policy* 16:3 (2006), S. 211–218.

7 Ayşe Buğra und Burcu Yakut-Cakar, »Structural Change, the Social Policy Environment and Female Employment in Turkey«, *Development and Change* 41:3 (Mai 2010), S. 530–538.

8 Ayşe Buğra und Aysen Candas, »Change and Continuity under an Eclectic Social Security Regime: The Case of Turkey«, *Middle Eastern Studies* 47:3 (2010), S. 521, 523.

9 Diese Aspekte der türkischen Neoliberalisierung lassen sich vergleichen mit dem »neoliberalen Populismus« in Lateinamerika, der durch gezielte Armutsbekämpfungsprogramme und staatliche Ausgaben zu Wahlkampfzeiten gekennzeichnet ist sowie durch Angriffe auf privilegierte Sektoren und ein erfolgreiches Management der Inflation. Kenneth M. Roberts, »Populism, Political Conflict, and Grass-Roots Organization in Latin America«, *Comparative Politics* 38 (2006), S. 127–148; Kurt Weyland, »Neopopulism and Neoliberalism in Latin America: Unexpected Affinities«, *Studies in Comparative International Development* 31 (1996), S. 11f. Im Unterschied zu diesen Regimes war die AKP jedoch nicht imstande, die Armen in die Partei zu integrieren und deren Einstellungen gegenüber Arbeit und Wirtschaft neoliberal zu prägen. Steve Ellner, »The Contrasting Variants of the Populism of Hugo Chavez and Alberto Fujimori«, *Journal of Latin American Studies* 35 (2003), S. 151; Roberts, »Populism, Political Conflict, and Grass-Roots Organization«, S. 140; Tuğal, *Passive Revolution*.

10 Halil kontrollierte die Stadt für kurze Zeit, dann ließ der Sultan ihn zusammen mit 7000 Janitscharen hinrichten. John Freely, *Istanbul: The Imperial City,* London 1998 [1996], S. 252f. Zum Einfluss des Westens während der Tulpenzeit siehe: Fatma Müge Göçek, *East Encounters West: France and the Ottoman Empire in the Eighteenth Century,* New York, NY 1987.

11 Ayfer Bartu-Candan und Biray Kolluoğlu, »Emerging Spaces of Neoliberalism: A Gated Town and a Public Housing Project in Istanbul«, *New Perspectives on Turkey* 39 (2008), S. 5–46.

12 Ananya Roy, *Poverty Capital: Microfinance and the Making of Development*, New York, NY 2010.

13 Mona Atia, »Building a House in Heaven: Islamic Charity in Neoliberal Egypt«, Ph.D.Dissertation, University of Washington, Seattle, WA 2008; Buğra und Keyder, »The Turkish Welfare Regime in Transformation«.

14 Buğra und Candas, »Change and Continuity«, S. 522.

15 Sana Abed-Kotob, »The Accomodationists Speak: Goals and Strategies of the Muslim Brotherhood of Egypt«, *International Journal of Middle East Studies* 25 (1995), S. 326f.; Mona el-Ghobashy, »The Metamorphosis of the Egyptian Muslim Brothers«, *International Journal of Middle East Studies* 37 (2005), S. 373–395.

16 Denis J. Sullivan und Sana Abed-Kotob, *Islam in Contemporary Egypt: Civil Society vs. the State*, Boulder, CO 1999, S. 50.

17 Bjørn Olav Utvik, *Islamist Economics in Egypt: The Pious Road to Development*, Boulder, CO 2006, S. 153f.

18 Ebenda, S. 157f.

19 Ebenda, S. 158–161

20 Ebenda, S. 162f.

21 Ebenda, S. 166.

22 Ebenda, S. 173–175. Von Utvik stammt die bislang umfassendste Darstellung der Ideologie der Muslimbrüder, ihrer Programmatik und ihres praktisch-politischen Handelns in Wirtschaftsfragen. Doch leider mangelt es seinem Werk an theoretischer Kohärenz und einer klaren Linie. Gleich zu Beginn seines Buches (das eine Fülle an Informationen über korporatistische, kollektivistische oder zumindest solidaristische Tendenzen und Handlungen der Bruderschaft enthält) erklärt Utvik, dass die Bruderschaft eine wirtschaftsliberale Position vertrete. Daran schließt er die Schlussfolgerung an, dass die islamische Wirtschaft eine eklektische Suche nach einem nicht-neoliberalen Modell sei und eine Wiederbelebung des Projekts der nationalen Bourgeoisie mit stärkerer Betonung der Privatinitiative.

23 Carrie R. Wickham stellt al-Schater als pragmatische Figur dar (als eine Verbindung eines Konservativen und eines Liberalen und nicht als Führer einer innenpolitischen konservativen Restauration), doch dies erscheint zweifelhaft in Anbetracht von al-Schaters Verhalten nach den Aufständen von 2011. Seine Rolle verdient zweifellos eine genauere Untersuchung. Wickham, *The Muslim Brotherhood: Evolution of an Islamist Movement*, Princeton, NJ 2013, S. 103, 119, 131.

24 In der wenig fundierten und problematischen Debatte über diese »Mittelschicht« wird üblicherweise nicht zwischen Unternehmern und Selbstständigen und den Sektoren der neuen Mittelschicht differenziert; sie erscheint zum großen Teil als Wunschdenken und als Projektion statt als kritische Analyse. Siehe dazu zum Beispiel Rikke Hostrup und Francesco Cavatorta, »Beyond Ghannouchi: Islamism and Social Change in Tunisia«, *Middle East Report* 262 (Frühjahr 2012), S. 20–25.

25 Gilbert Achcar, *The People Want: A Radical Exploration of the Arab Uprising*, Berkeley, CA 2013, S. 221–224.

26 Farhad Nomani und Sohrab Behdad, *Class and Labor in Iran: Did the Revolution Matter?*, Syracuse, NY 2006, S. 48, 53–61.

27 Kevan Harris, »The Rise of the Subcontractor State: Politics of Pseudoprivatization in the Islamic Republic of Iran«, *International Journal of Middle East Studies* 45:1 (2013), S. 51.

28 Es sollte darauf hingewiesen werden, dass ihr politischer Liberalismus wesentlich ausgeprägter war als ihr wirtschaftlicher Liberalismus.

29 Bijan Khajepour, »Domestic Political Reforms and Private Sector Activity in Iran«, *Social Research* 67:2 (2000), S. 577–598.

30 Kevan Harris, »A Martyrs' Welfare State and Its Contradictions: Regime Resilience and Limits through the Lens of Social Policy in Iran«, in: Steven Heydeman und Rainoud Leenders (Hg.), *Middle East Authoritarianisms: Governance, Contestation, and Regime Resilience in Syria and Iran,* Stanford, CA 2013, S. 75.

31 Akbar Karbassian, »Islamic Revolution and the Management of the Iranian Economy«, *Social Research* 67:2 (2000), S. 621–640.

32 Kevan Harris, »The Rise of the Subcontractor State«, S. 53f.

33 Ebenda, S. 54.

34 Said A. Arjomand, *After Komeini: Iran under His Successors,* Oxford 2009, S. 160.

35 Ali Gheissari und Vali Nasr, *Democracy in Iran: History and the Quest for Liberty,* Oxford 2006, S. 156f.

36 Kevan Harris, »The Rise of the Subcontractor State«, S. 55.

37 Ebenda, S. 54–60.

38 Kevan Harris, »The Martyrs' Welfare State: Politics of Social Policy in the Islamic Republic of Iran«, Ph.D. diss, John Hopkins University, Baltimore, MD 2012.

39 Si Sengupta, »Blunt and Charming, Making the Case for Iran«, *New York Times,* 27. September 2013.

40 Harris, »A Martyrs' Welfare State and Its Contradictions«, S. 76.

41 Ich hatte zunächst versucht, die HDI-Werte dieser Länder jahresbezogen zu vergleichen, aber dies erwies sich als wenig sinnvoll. Diese Kennziffer ist nicht sehr stabil. Als ich mir im Oktober 2013 erstmals die HDI-Zahlen besorgte, schien der Iran wesentlich besser abzuschneiden als die Türkei. Im November 2014 waren die Zahlen aus dieser UN-Datenbank ganz unterschiedlich: Die türkischen HDI-Werte waren für die untersuchten Jahre anscheinend deutlich höher, die Werte für den Iran waren niedriger. (Dasselbe gilt für die Armutszahlen in Tabelle 3.16. Den Lesern können auf diesem Gebiet für die Jahre 2015 und später unterschiedliche Zahlen begegnen.) Zudem haben die UN für diese Länder in ihren Berichten aus 2013 und 2014 stark divergierende HDI-Rankings errechnet. Gemäß dem ersten Bericht rangierte der Iran 2012 weltweit auf Platz 76, die Türkei auf Platz 90. Im zweiten Bericht stand der Iran 2012 auf Platz 73 und die Türkei auf Rang 69!

42 Der IHDI des United Nations Development Programme (UNDP) ist ein wichtiger Schritt zur Integration von Maßzahlen zu Ungleichheit und menschlicher Entwicklung.

43 Auch andere Maßzahlen für Ungleichheit hätte man in diese Darstellung aufnehmen können. Doch keine der anerkannten Maßzahlen kann einige der grundlegenden mit der Erfassung verbundenen Probleme lösen. Volkswirte haben darauf hingewiesen, dass durch diese Maßzahlen das *Vermögen* der Reichen unzureichend berücksichtigt wird, insbesondere das Vermögen des obersten 1 Prozents. Zudem beruhen die Informationen, die von den internationalen Organisationen zusammengestellt werden, auf Regie-

rungsquellen, die gerne Zahlen manipulieren, um das Ausmaß der Ungleichheit herunterzuspielen. Zur Frage, inwieweit der türkische Staat und dessen Statistikbehörden die Zahlen manipulieren, siehe Mustafa Sönmez, »TÜİK, bu yalanı, araştırma satma artık...«, *Yurt*, 14. September 2013.

44 Für die Jahre nach 2005 wurden keine Tabellen aufgenommen, da für diesen Zeitraum keine Daten für den Iran erhältlich sind. In der Türkei stieg der Einkommensanteil der unteren 20 Prozent, der zweiten 20 Prozent und der obersten 20 Prozent zwischen 2005 und 2010. In Ägypten und Tunesien verzeichneten auch die Anteile der unteren 60 Prozent in dieser Zeit einen Anstieg.

45 Das Entwicklungsprogramm der Vereinten Nationen (UNDP) misst die Integration in die Gesellschaft anhand von Beschäftigung, Vulnerabilität und Gerechtigkeit, der Wahrnehmung von individuellem Wohlbefinden, der Wahrnehmung von Gesellschaft sowie der menschlichen Sicherheit. UNDP, *Human Development Report* 2013, S. 174–177 (dt. Fassung: *Bericht über die menschliche Entwicklung 2013*, S. 206–209).

Kapitel 4 – Der Aufstand gegen den autoritären Liberalismus

1 Charles Kurzman, »The Arab Spring Uncoiled«, *Mobilization* 17:4 (2013), S. 377f.

2 Die Analyse in den beiden folgenden Kapiteln stützt sich auf die ereignisbezogene Soziologie von William Sewell Jr. und die Ereignisphilosophie von Alain Badiou: Explosive Ereignisse besitzen das Potenzial, Strukturen zu verändern. Doch dann weicht die Analyse von den theoretischen Konzepten dieser beiden Denker ab und konzentriert sich auf Blöcke und die Auswirkungen der Gesellschaft auf dieses Potenzial.

3 Nancy J. Davis und Robert V. Robertson, *Claiming Society for God: Religious Movements and Social Welfare in Egypt, Israel, Italy, and the United States,* Bloomington, IN 2012.

4 Joel Beinin, »Workers' Protest in Egypt: Neo-liberalism and Class Struggle in the 21st Century«, *Social Movement Studies* 8:4 (2009), S. 450.

5 Ebenda.

6 Ebenda, S. 450f.

7 Ebenda, S. 452.

8 Kilian Clarke, »Unexpected Brokers of Mobilization: Contigency and Networks in the 2011 Egyptian Uprising«, *Journal of Comparative Politics* 46:4 (Juli 2014), S. 379–297.

9 Auch Demonstrationen gegen die israelische Besetzung des Westjordanlands und des Gazastreifens (im Jahr 2000) und gegen den Irak-Krieg (2003) ermöglichten es den Aktivisten, ihre Fähigkeiten zu erproben und zu verbessern (Clarke, »Unexpected Brokers of Mobilization«). Viele der Teilnehmer an diesen Mobilisierungen wurden im folgenden Jahrzehnt zu Anführern von Protesten und Demonstrationen.

10 Laryssa Chomiak und John P. Entelis, »The Making of North Africa's Intifadas«, *Middle East Report* 259 (2011), S. 8–15.

11 Ebenda.

12 Amin Allal, »Trajectories ›revolutionaires‹ en Tunisie: Processus de radicalisation politiques 2007–2011«, *Revue française de science politique* 62:5/6 (2012), S. 821–841.

13 Choukri Hmed, »Résaux dormants, contingence et structures: Genèses de la révolution tunisienne«, *Revue française de science politique* 62:5/6 (2012), S. 805f.

14 Hmed, »Réseaux dormants, contingence et structures«, S. 801, 807f.

15 Ebenda, S. 811.

16 Ebenda, S. 812–814.

17 Ebenda, S. 805.

18 James Gelvin, *The Arab Uprisings: What Everyone Needs to Know*, New York, NY 2012, S. 42f.

19 Hmed, »Réseaux dormants, contingence et structures«, S. 817.

20 Gelvin, *The Arab Uprisings*, S. 56.

21 Clarke, »Unexpected Brokers of Mobilization«; Gelvin, *The Arab Uprisings*, S. 45f.; Salwa Ismail, »The Egyptian Revolution against the Police«, *Social Research* 79:2 (2012), S. 435–462.

22 Clarke, »Unexpected Brokers of Mobilization« enthält eine der ausführlichsten Studien über die Verbindungen zwischen den aus der Mittelschicht stammenden Aktivisten in Kairo und den Arbeitern und darüber, wie ihr Zusammenwirken zur Popularisierung der Revolte beitrug, insbesondere zwischen dem 25. und dem 28. Januar.

23 Einen Überblick bietet Éric Verdeil, »Arab Cities in Revolution: Some Observations«, Metropolitiques.eu, 25. Februar 2011, metropolitiques.eu. Doch in keiner dieser Darstellungen konnten fundierte ursächliche Zusammenhänge zwischen der Kommodifizierung des urbanen Raums und der urban-räumlichen Dimension des Aufstands von 2011 herausgearbeitet werden. Dies bleibt eine Aufgabe künftiger Forschungen.

24 Salwa Ismail, »Urban Subalterns in the Arab Revolutions: Cairo and Damascus in Comparative Perspective«, *Comparative Studies on Society and History* 55:4 (2013), S. 865–894.

25 Salwa Ismail, »The Egytian Revolution against the Police«, *Social Research* 79:2 (2012), S. 435–462.

26 »El-Baradei: La aqbal ri'asa Hukumat al-Infadh ... wa laday mashru li tanmiya al-iqtisad yanshur khilal al-usbu ayn«, almasryalyoum. com, 12. März 2013.

27 »Q&A with Hamdeen Sabahi«, egypttoday.com, 7. Mai 2012; »Sabahi ba'ad wathiqa al-Azhar: Lam uwaqqi 'ala waqf al-mud al-thawri ... wa lan nadkhul fi safqat«, almasryalyoum.com, 31. Januar 2013.

28 Sein Hauptargument lautete, dass Wohlstand durch Bildungs- und Gesundheitsprogramme umverteilt werden müsse und nicht durch den Angriff auf das Eigentum (auch wenn es sich dabei um illegitimes, also »gestohlenes« Eigentum handelte). »Abul Futouh li ahali Nazla al-Saman: Barnamiji yastahdif jadhidhb 80 sayih sanawiyyan«, 21. Februar 2012.

29 Der Begriff »Salafisten« wird gewöhnlich für politische Akteure verwendet, die fundamentalistischer ausgerichtet sind als die Muslimbruderschaft, doch die lokale und historische Verwendung des Begriffes ist wesentlich komplexer. Ende des 19. und zu Beginn des 20. Jahrhunderts wurde diese Bezeichnung auf religiöse Modernisierer bezogen. Die Muslimbruderschaft verwendet den Begriff gelegentlich noch immer für sich selbst, und zwar in dem Sinne, dass sie sich in die Reihe der ersten Generation der Muslime stellt (und den Regeln des Islam zu folgen sucht, wie diese es taten). Siehe dazu z. B. »Mahdi akef fi muwajaha sharsa ma'a Raf'at al Sa'id«, *al-Ahram*, 25. November 2011. Die Selbstbezeichnung als Salafisten taucht bisweilen auf der Internetseite der Muslimbruderschaft auf, wird zeitweise aber auch wieder entfernt.

30 Siehe dazu z. B. »Kamal Khalil li al-Baradei wa Sabahi: Entum tahraqun enfeskum bi aydikum«, almasryalyoum.com, 17. April 2013.

31 Zu den turbulenten Monaten nach der Flucht von Ben Ali siehe Leyla Dahkli, »Une révolution trahie? Sur les soulèvement tunesien et la transition démocratique«, laviedesi dee.fr, 19. Februar 2013.

32 Hmed, »Réseaux dormants, contingence et structures«.

33 Siehe dazu: »Interview de Choukri Hmed sur la page Facebook el Kasbah«, facebook. com/notes/el-kasbah/10-questions-%C3A0-choukri-hmed/48524955484 7950.

34 Laryssa Chomiak, »The Making of a Revolution in Tunesia«, *Middle East Law and Governance* 3 (2011), S. 68–83.

35 Laut einem Forscher widersetzte sich das Leitungsbüro zunächst bewusst und entschieden dem Drängen seiner Mitglieder und anderer Oppositionsgruppen, die Proteste vom 25. Januar zu unterstützen. Kilian Clarke, »Unexpected Brokers of Mobilization«.

36 Carrie R. Wickham, *The Muslim Brotherhood: Evolution of an Islamist Movement*, Princeton, NJ 2013, S. 155–157, 160–162.

37 »Bayaan min al-Ikhwaan al-Musilim hawl ahdaath yawn 25 Yunaayir 2011 wa tada'aiyaatha«, ikhwanonline.com, 26. Januar 2011.

38 »Hal aqada al.Ikhwan ma«, »Amr Suleyman li ijhad al-thawra«, masrawy.com, 31. März 2013.

39 »Muhammad Habib: Tarshih al-Shater khaara' istrataji sa yukallif al-watan wa al-jama'a a'da«, almasryalyoum, 1. April 2012.

40 Husam Tammam und Patrick Haenni, »Egypt: Islam in the Insurrection«, *Religioscope*, 22. Februar 2011.

41 Nach anfänglichen Angriffen auf die Gewerkschaften kurz nach dem Sturz von Mubarak erließ die Militärregierung im Juni ein Streikverbot und untersagte auch alle Proteste, die das Funktionieren öffentlicher Einrichtungen beeinträchtigen konnten, während sie den amerikanischen Firmen versprach, dass die »Marktwirtschaft« und der Außenhandel ungestört weiterlaufen würden. Siehe dazu »Al-Hukuuma tabda' qanun' rajrim al-adrab wa tuhaddid munadhdhimi al-ihtijajar bi mawaad mukafahat al-irhab«, almasryalyoum.com, 8. Juni 2011.

42 Doch trotz dieser Proklamationen protestierte das Leitungsbüro, als das Militär schließlich eingriff und die Besetzer vom Tahrir-Platz vertrieb.

43 Das Leitungsbüro unterstützte nach dem 11. Februar bisweilen auch revolutionäre Demonstrationen, obwohl es sie im Allgemeinen ablehnte, vor allem wenn die Demonstranten mehr die Person Mubarak angriffen statt das alte Regime insgesamt. Siehe dazu z.B. »al-Ikhwan tu'lin mushrarakathu fi Jum a al-Tathir li al-mutulaba bi muhakama Mubarak«, *al-Masry al-Youm*, 3. April 2011.

44 Diese Mitglieder der Muslimbruderschaft veröffentlichten auch eine Deklaration zur Unterstützung der Gewerkschaftsforderungen wie auch der Streiks und der Arbeiterproteste, die das Leitungsbüro der Bruderschaft als sektiererisch gebrandmarkt hatte. Siehe dazu »Shahab al-Ikhwan yu'assisun ittihadan li tawhid juhud thuwwar 25 Yunaayir«, almasryalyoum.com, 17. Februar 2011.

45 »Shahab al-Ikhwan yuhaddidun 17 Maris maw'id li al-thawra 'ala Maktab al-Irshad«, *al-Masry al-Youm*, 27. Februar 2011.

46 »Fasl 4 min qiyadat al-Ikhwan bi al-Buhayrah ayyadu al-da wa li muqata'a al-intikhabat, *al-Masry al-Youm*, 25. Februar 2011.«

47 Wickham, *The Muslim Brotherhood*, S. 170.

48 *Fitna* ist ein grundlegendes Übel, vor dem der Koran warnt. Zu beachten ist allerdings, dass der Begriff in manchen Passagen des Korans mehr als Versuchung oder Verlockung verstanden wird statt als politischer Zwist oder Aufruhr.

49 »7 Harakat Tusharik al-Islamiyyin fi Jum'a al-Istiqat«, *al-Masry al-Youm*, 24. Juli 2011.

50 Siehe dazu »Al-Islamiyyun yata'ahhadub bi 'adam al-masas bi mu'tasami al-Tahrir«, *al-Masry al-Youm*, 27. Juni 2011.

51 Eine Zusammenfassung der Übergriffe durch das Militär nach dem Sturz Mubaraks findet sich in: Wael Iskender, »Year of the SCAF: A Time-Line of Mounting Repression«, english.ashram.org, 11. Februar 2012.

52 »Ghazlan al-Ikhwan la yumani un fi manh al-askari husana takriman li muwaqafihi«, youm7.com, 31. Dezember 2011.

53 »al-Hurriya wa al-'dala ya'udd mashru' dustur ... wa yuwakidd: muwaqafihi«, youm7.com, 31. Dezember 2011.

54 »Badi: Narfud thawra thaniya didda al-'askari ... wa mayzaniyya al-jaysh sa takhdu' li riqaba al-barlaman«, almasryalyoum.com, 29. Januar 2012.

55 »Shahab a-Thawra al-Masriyya yazdadun azla wa al-quwwa al-siyasiyya tajahalun dawrha«, *al-Sharq al-Awsat*, 24. Januar 2012.

56 Siehe dazu »al-Hurriyya wa al-'adala yusa id al-jaysh fi fadd al-tajamhur unmal al-Mahalla al-mutalibun bi al-taswit«, almasryalyoum. com, 3. Januar 2012.

57 »Shahab al-Ikwan: Tawajjahna ila al-parlaman li himayatihi min tajammu at musallaha wa iltziamna al-sabr«, digital.ashram.org.eg, aufgerufen am 2. Februar 2012; »Manshir al-Hurriyya wa al-'adala hawla 'bandista 'yuthir mawja min al-sakhriyya wa al-hujun 'ala al-Ikwan«, gate.ahram.org.eg, 21. Januar 2012.

58 Die *New York Times* übernahm in den folgenden Jahren diese Deutung der Ereignisse, als das Militärregime im Juli 2013 Gerichtsverfahren gegen den gestürzten Präsidenten Mursi in die Wege leitete, die sich auf angebliche Morde durch die Muslimbruderschaft in diesen Monaten stützten. Siehe dazu z. B. »Egypt's Ex-President Is Defiant at Murder Trial«, *New York Times*, 4. November 2013.

59 Neil Brenner, Jamie Peck und Nik Theodore, »Variegated Neoliberalization: Geographies, Modalities, Pathways«, *Global Networks* 10:2 (2010), S. 211–216.

60 Zur Mobilisierung der Arbeiterschaft im Jahr 2011 und den Forderungen, die innerhalb einer neoliberalen Ordnung keineswegs umgesetzt werden konnten (existenzsichernde Löhne, unbefristete Arbeitsverhältnisse, medizinische Versorgung, Wiedereinstellung entlassener Arbeiter sowie die Beendigung der Privatisierung in bestimmten Branchen), siehe: »Al-i'tisaamaat ta 'uud jadiid ilaa rasiif Majlis al-Vuzraa«, www.almasryalyoum.com, 25. Juli 2011; »Al-aalaaf yuwasiluum al-mudhaaharaat al-fi'-awiyya ihtijaajan 'ala al-rawaatib wa al-ta'amiin al-sihiii«, www.almasryalyoum.com, 8. März 2011; »Fashal safqat Amr Afandi wa insihaab shurakaa' min al-ard al-jadiid bisabab 'isyaan al-'ard al-'ummaal«, almasryalyoum.com, 8. März 2011.

61 Husam Tammam und Patrick Haenni, »Egypt Islam in the Insurrection«, *Religioscope*, 22. Februar 2011.

62 »Hizb al-Nour al-Salafi: Mu'tasimu al-Tahrir'a'adu Iana al-hurriya ... wa lasna khadama li Majlis al-'askari«, *al-Masry al Youm*, 26. Juli 2011. Diese Erklärung erscheint im Rückblick etwas eigenartig in Anbetracht der Entwicklungen im Juli 2013, als sich diese Partei an die Seite des Militärregimes und gegen die Muslimbruderschaft stellte.

Doch auch zu diesem frühen Zeitpunkt war die Parteinahme von Al-Nour für die Revolutionäre und gegen das Militär nicht konsequent. So verkündete sie zum Beispiel während der Auseinandersetzungen im Januar 2012 zusammen mit anderen salafistischen Gruppen, dass die Proteste gegen das Militär Sabotageakte seien. »Quiyadat al-Salafiya: Da 'wat al-hasd li 25 Yunayir sadira min qilla turid al-takhrib«, almasyralyoum.com, 20. Januar 2012.

63 Während dieser Periode blieb eine andere bedeutende salafistische Gruppe, Ansar al-Sunna, nicht nur unverbrüchlich auf der Seite des Militärrats, sondern erklärte auch, dass alle Demonstrationen und sonstigen Aktionen, welche die Autorität des Militärs untergruben, unter religiösen Gesichtspunkten illegitim seien, auch wenn sie von Islamisten durchgeführt werden würden. »al-Islamiyyun yadharun al-majlis al-'askari min thawra thaniya bi sabab al-mabadi' fawq al-dusruriyya«, *al-Masry al-Youm*, 18. August 2011.

64 »Nuwwab al-Shura yutalibun bi i'timad al-nidham al-iqtisadi al-Islami fi al-dustur al-jadid«, almasryalyoum.com, 26. März 2013.

65 Wickham, *The Muslim Brotherhood*, S. 175f.

66 Auf diese Möglichkeiten habe ich bereits in einem früheren Aufsatz hingewiesen: »Fight or Acquiesce? Religion and Political Process in Turkey's and Egypt's Neoliberalization«, *Development and Change* 43:1 (2012), S. 23–51. Einige der in diesem Buch herausgearbeiteten Unterschiede zwischen der Türkei und Ägypten stützen sich auf die Analysen in diesem Text.

67 »Ikhwan Iskanderariyya yanfun 'laqatha bi lafitat tuwayyid ta'dil al-dustur linnaha wajib shar'i«, *al-Masry al-Youm*, 15. März 2011. Siehe dazu ferner Wickham, *The Muslim Brotherhood*, S. 171f.

68 Laryssa Chomiak, »The Making of a Revolution in Tunisia«, *Middle East Law and Governance* 3 (2011), S. 68–83.

69 Teije Hidde Donker, »Re-emerging Islamism in Tunisia: Repositioning Religion in Politics and Society«, *Mediterranean Politics* 18:2 (2013), S. 207–224.

70 Erik Churchill, »Tunisia's Electoral Lessons: The Importance of Campaign Strategy«, *Sada*, 27. Oktober 2011.

71 Haugbølle und Cavatorta begründen ihre alternative Erklärung mit dem Niveau der Religiosität und der Wohlfahrtsaktivitäten, das in den vergangenen zwei Jahrzehnten gestiegen war als Reaktion auf die scheinbare Unbezwingbarkeit des Regimes, auf die Ungleichheit und die Durchsetzung des Säkularismus. Es ist jedoch problematisch anzunehmen, dass solche Missstände und Klagen gewissermaßen zwangsläufig in einen politischen Islam umgesetzt werden (insbesondere in der liberalisierten Variante), denn sie können auch auf mehrere andere Weisen gedeutet und artikuliert werden. Rikke Hostrup Haugbølle und Francesco Cavatorta, »Beyond Ghannouchi: Islamism and Social Change in Tunisia«, *Middle East Report* 262 (Frühjahr 2012), S. 20–25. Zu einer kritischen Auseinandersetzung mit der Annahme, dass politische Kräfte sich in gesellschaftlichen Kräften spiegeln, siehe: Cedric de Leon, *Party and Society: Reconstructing a Sociology of Democratic Party Politics,* Cambridge 2014.

72 Teile dieser Untersuchung über die Einbeziehung der Türkei wurden bereits veröffentlicht in: Cihan Tuğal, »Democratic Janissaries? Turkey's Role in the Arab Spring«, *New Left Review* 76 (2012), S. 5–24.

73 Ash Aydintaşbaş, »Davutoğlu'yla zor sohbet«, Milliyet, 5. Mai 2011.

74 John Hannah, »Syria: The King's Statement, the President's Hesitation«, Foreign Policy, Blog, 9. August 2011.

75 Cumhurbaşkani Gül'den önemli açiklamalar; »Türkiye'nin savaş arzusu yoktur«, zaman.vom.tr, 20. September 2013.

76 Joost Lagendijk, »Using Turkey's expertise to deal with Iran«, Today's Zaman, 29. Februar 2012.

77 »Iraqi Kurds Maneuver between Maliki and Mosul«, almonitor.com, 13. Juni 2013.

78 »Davudoglu yaksir jumud al-'alaqat al-'iraqiyya al-Turkiyya ... wa yadhur min takrar ma'asa al-madi«, Al-Sharq al-Awsat, 11. November 2013.

79 »Iraq's Kurdish Region Pursues Ties with Turkey – for Energy Revenue and Independence«, Washington Post, 9. November 2013; »Kurdistan al-Iraq tajid fi Turkiyya halifan ghayr mutawaqqa' fi sa'iha min ajl al-istiqlal«, al-Sharq al-Awsat, 11. November 2013.

80 Cengiz Çandar, »Diş politikaya 'reset' bir tür 'Türk-Kürt ittifaki' bir tür 'Kürt bölünmesi«, Radikal, 13. November 2013.

81 Ein Beobachter fasste die Ziele der Proteste folgendermaßen zusammen: »politische Rechte, eine größere kulturelle Offenheit vor dem Hintergrund des strengen islamischen Verhaltenskodexes, weniger Überprüfung der Beschäftigten hinsichtlich ihrer ideologischen/religiösen Zuverlässigkeit, bessere Regierungsführung und mehr politische Verantwortlichkeit, eine durch Verhandlungen herbeigeführte Anpassung an die Weltordnung und ein Ende von Vetternwirtschaft und Korruption«. Farideh Farhi, »Tehran's Delayed Spring?«, Globalization 8:5 (2011), S. 618.

82 Farhi, »Tehrans' Delayed Spring«, S. 639.

83 Kevan Harris, »The Brokered Exuberance of the Middle Class: An Ethnographic Analysis of Iran's 2009 Green Movement«, Mobilization 17:4 (2012), S. 435–455.

84 M. Hadi Sohrabi-Haghighat und Shore Mansouri, »›Where Is My Voice?‹: ICT Politics in the Aftermath of Iran's Presidential Election«, International Journal of Emerging Technologies and Society 8:1 (2010), S. 24–41.

85 Saeid Golkat, »Liberalization or Suppression Technologies? The Internet, the Green Movement and the Regime in Iran«, International Journal of Emerging Technologies and Society 9:1 (2011), S. 50–70.

86 Evgeny Morozov, »Iran: Downside to the ›Twitter Revolution‹«, Dissent 56:4 (2009), S. 10–14.

87 Farhi, »Tehrans' Delayed Spring?«, S. 619f.

88 Robert Tait, »Iran Cuts Hamas Funding over Syria«, Daily Telegraph, 31. Mai 2013.

89 »Islamic Evolution: How Turkey Taught the Syrian Muslim Brotherhood to Reconcile Faith and Democracy«, Foreign Policy, 11. August 2011.

90 »Turkey Model for Countries of Arab Spring«, Anadolu Agency, 13. Februar 2012.

Kapitel 5 – Der Versuch einer passiven Revolution

1 Jene Teile dieses Kapitels, die sich auf die Zeit vor den Wahlen beziehen, stützen sich auf einen bereits veröffentlichten Aufsatz mit dem Titel »Egypt's Passive Revolution«, jadaliyya.com.

2 »Egypt Army, Islamists in Talks to Resolve Impasse«, reuters.com, 23. Juni 2013.

3 »Reach of Turmoil in Egypt Extends into Countryside«, *New York Times*, 15. September 2013.

4 »Mutashaddidun Islamiyyun yattahinum Jabhat al-Inqadh bi tabanni al-'unf qabil mudhaharat siyasiyya al-yawm«, *al-Sharq al-Awsat*, 15. Februar 2013.

5 »'Al-Mutahaddith bi ism al-Gama'a al-Islamiyya: Morsi ahamma Shar'iyya … wa tathir al-muassasat lam yatahaqqaq ba'ad«, almasryalyoum.com, 17. Januar 2013.

6 »Barhami: al-Gharb yahsal 'ala amwalna thumma yuhasirna biha«, almasryalyoum.com, 11. Januar 2013.

7 »Egypt Rivals Hold Rare Meeting and Call for Dialogue«, *New York Times*, 31. Januar 2013.

8 »'al-Islamiyyun yuwajihun salbiyyaat al-Ikhwan li al-istimrar fi al-hukm«, *al-Sharq al-Awsat*, 4. Februar 2013.

9 »Mustashar al-Riasa al-Masriyya al-Muqal li al-Sharq al-Awsat: al-Ikhwan yaghraqun … hawalna inqadhhum wa rafadu«, *al-Sharq al-Awsat*, 19. Februar 2013.

10 »Safwat 'abd al-Ghani: al-Gama'a al-Islamiyya Ian tanzil li himaya al-munshat illa law insahaba al-aman«, almasryalyoum.com, 9. März 2013.

11 »Bürokratlar ders alamamiş«, *Taraf*, 8. Juli 2013. Es ist zwar nicht bekannt, ob zu diesen Lehrveranstaltungen auch Informationen darüber gehörten, wie man die Überreste des alten Regimes bekämpfen könne, doch die aufseiten der passiven Revolution stehende liberale türkische Zeitung *Taraf* wies implizit darauf hin (durch eine Artikelüberschrift, die nichts mit dem Inhalt eines Berichts über diese Veranstaltungen zu tun hatte: »Die Beamten waren nicht imstande, diese Lektionen zu verstehen«), dass es die Ägypter nicht verstanden hätten, die richtigen politischen Lehren aus diesen Programmen zu ziehen. Damit deutete die Zeitung an, dass der Grund für den Putsch im Juli 2013 darin bestanden habe, dass das türkische Vorbild nicht weitgehend genug umgesetzt worden sei.

12 »Today, like Yesterday: Policies of the Former Regime Linger, Much to Detriment of the Economy«, *Egypt Independent* 50, 25. April 2013.

13 »Brotherhood Businessman Urges Business to Play Role in Development«, 15. April 2012, egyptindependent.com.

14 David J. Lynch, »Egypt's Islamists Woo Mubarak Tycoons as Mursi Seeks Funds«, bloomberg.com, 14. Februar 2013.

15 Mohamed Morsi, »FJP Chair: FJP Visions for Egypt's Future«, ikhwanweb.com, 1. Januar 2012.

16 Siehe zum Gegensatz von Ton und Inhalt zwischen der anglophonen und der lokalen Presse in der Berichterstattung über diese zweigleisige Strategie: »Ouvertures to Egypt's Islamist's Reverse Longtime US Policy«, *New York Times*, 3. Januar 2012; »al-Tahaluf al-Damoqratii yajtami'li munaqasha ajandathu al-tasgri'iyya«, almasryalyoum.com, 6. Januar 2012.

17 »Maximum and Minimum Wage Law Lacks Details, Faces Obstacles in Implementation«, egyptindependent.com, 25. Februar 2013.

18 »Al-Sha'ab yuwafiq 'ala tahdid 135 alf ginih ka had asqa li al-ujur«, almasryalyoum.com, 23. April 2012.

19 »Rais al-Dara'ib: Hazin li diya' hasila maliyya bi sabab ayqaf ta'dilat al-dara'ib«, almasryalyoum.com, 10. Januar 2013.

20 Niveen Wahish, »Telling It Like It Is«, *Al-Ashram Weekly,* 10. Januar 2013.

21 Ich danke Nezar al-Sayed dafür, dass er meine Aufmerksamkeit auf diesen Aspekt lenkte. Doch es bleibt noch viel Forschungsarbeit zu leisten, um den genauen Charakter dieses Wendepunkts in der jüngeren ägyptischen Geschichte zu ermitteln.

22 »As Crisis Deepens in Egypt after Ruling on Riot, Calls for a Military Coup«, *New York Times,* 9. März 2013.

23 »Civil Disobedience Launches in Egyptian Nile delta Cities of Mansoura and Mahalla«, *Ahram Online,* 24. Februar 2013.

24 »Harakat ijtima'iyya tu'ajjij masha'ir al-ghadab didda al-nidham«, 26. März 2013.

25 »6 Abril tuwajjih indharan akhiran li Morsi wa al-Ikhwan fi Yawm al-Ghadab«, 7. April 2013.

26 »Al-Hurriyya wa al-'adala yaltaqi Wafd al-Naqd al-Duwali ... wa yu'akkid ghiyab al-ma'lumat 'an ihtiyajat al-muwazana«, almasryalyoum.com, 19. März 2012.

27 »Reuters: al-Ikhwan yamilun li qabul qard Sanduq al-Naqd«, almasryalyoum. com, 8. März 2012.

28 »Bloomberg: Ba'tha al-Naqd ghadarat al-Qahira dun taqaddum bi sabab khalafat al-Islamiyyin wa al-hukuma«, almasryalyoum.com, 22. März 2012.

29 »Differences over Bread«, *al-Ahram Weekly,* 21. März 2013.

30 »Wafqa ihtijajiyya amaam 'Daral-Qada, didda Qard Sanduq al-Naqd al-Duwali«, *al-Masry al-Youm,* 3. April 2013.

31 »Al-Nour: Qard al-Naqd yajib an yahsal 'ala muwafaqa kubbar al-'ulama«, almasryalyoum.com, 12. Februar 2013.

32 »Salafiyu al-Shura yarfudun qardan Awrubiyan li shuba al-riba ... wa al-Ikhwan: al-fuqara yahtajunhu«, *al-Masry al-Youm,* 10. Februar 2013.

33 »Jama'iyyat al-Mustahlikin: azmat al-solar sababha al-suq al-sawda' wa al-tahrib«, almasryalyoum.com, 18. Januar 2013.

34 Teile der Analyse des Juli-Putsches in diesem Kapitel wurden vor einiger Zeit bereits unter dem Titel »The End of ›Leaderless Revolution‹« veröffentlicht, counterpunch.org, 10. Juli 2010.

35 »Stuck between Two Revolutions: A Conversation with a Former Member of the Tamarod Campaign«, madamasr.com, 25. Januar 2014.

36 »Bi al-Fidyo: Madha Qala Murash'shibu a-Riasa al-Sabiqun 'an a-Sisi«, shorouknews. com, 29. Januar 2014.

37 Noah Feldman, »Democracy Loses in Egypt and Beyond«, bloombergview.com, 3. Juli 2013.

38 Hani Shukrallah, »Egypt's Second Revolution: Questions of Legitimacy«, english.ash ram.org. 4. Juli 2013.

39 Khaled Fahmi, »al-shar'iyya wa al-thawra«, shorouknews.com, 5. Juli 2013.

40 Ahmad al-Sawi, »thawratan aw inqilaban«, shorouknews.com, 5. Juli 2013.

41 »Sie können sich nicht vertreten, sie müssen vertreten werden«, Karl Marx, »Der achtzehnte Brumaire des Louis Bonaparte«, in: Karl Marx und Friedrich Engels, *Werke, Band 8,* Berlin/DDR 1960, S. 194–207, hier S. 198; verfügbar unter: https: /www.marxists.org/deutsch/archiv/marx-engels/1852/brumaire/kapitel7.htm.

42 »Egypt's Rebels Who Lost Their Cause?«, huffingtonpost.com, 30. August 2013.

43 »Workers's Rights Under Attack«, *Al-Ahram Weekly,* 8. Oktober 2013.

44 »Bi al-Fidyo ... ›al-Inqilabiyyum‹ hum ›al-Khawarij‹ ... wa 'ali Jum'a ›abd al-Sulta‹«, al-masryalyoum.com, 26. August 2013.

45 Die Unterordnung von Al-Azhar (und damit des offiziellen Islam) unter das alte Regime sollte nicht als eine vollständige Aufgabe ihres eigenen Gestaltungsanspruchs verstanden werden. Die Institution hat auch unter der Oberherrschaft des Regimes ihre eigene Agenda verfolgt, etwa durch Angriffe auf säkulare Intellektuelle, eine Islamisierung der Bildung und der Medien und durch Einmischung in Debatten über Bevölkerungskontrolle, vor allem während der Regierung von Mubarak. Steven Barraclough, »Al-Azhar: Between the Government and the Islamists«, *Middle East Journal* 52:2 (1998), S. 236–249. Daher führten der entschiedene Anti-Islamismus der Institution und ihre Unterstützung für Mubarak nicht zu ihrem völligen Ansehensverlust. Die Institution wird im neuen Ägypten wahrscheinlich wieder eine ähnliche Rolle spielen, und man sollte daher nicht vorschnell annehmen, dass sie wegen ihrer Unterstützung des Putsches ihre Legitimität einbüßen würde.

46 Hatem Bazian, »Religious Authority, State Power and Revolutions«, aljazeera. com, 15. September 2013.

47 Nazih N. M. Ayubi, *Political Islam: Religion and Politics in the Arab World*, London 1991.

48 Khalid al-Anani, »Salafis Try Their Hand at Religious Politics«, *Washington Post* (Blog), 5. November 2013.

49 »Tunesia: General Strike Calles in Sidi Bou Zid«, opendemocracy.net, 11. April 2012.

50 »Tunesia: General Strike Staged in Sidi Bouzid«, allafrica.com, 14. August 2012.

51 »Tunis: idrab 'am fi Sidi Bouzid ... wa al-hukuma ta'tabirhu ghayrmubarrir«, *al-Sharq al-Awsat*, 15. August 2012.

52 Siehe dazu z. B. »Sidi Bouzid to Go on General Strike Tomorrow«, tunesia-libe.net, aufgerufen am 24. März 2014.

53 »Tunis: intishar quwwa al-jaysh fi Ben Kurdan istijaba li matlab sukkanha«, *al-Sharq al-Awsat*, 14. Januar 2013.

54 »Tunis: ansar al-hukuma yahtafilun bi al-dhikri al-thaniya li al-thawra ... wa al-mu'arada tahtaj«, *al-Sharq al-Awsat*, 15. Januar 2013.

55 Es gab zahlreiche Spekulationen über die wahren Attentäter. War es die regierende islamistische Partei oder waren es die Salafisten? Oder vielleicht auch Angehörige des alten Regimes, die wie in Ägypten Bedingungen für einen Militärputsch schaffen wollten?

56 »Bad' jalsat al-hiwar al-watani al-Tunisi fi zil ghiyab ahzab al-yasar al-Sharq al-Awsat, 16. April 2013. fi' eed al-'ummal: la li al-idabrat al-ashwa'iyya«, *Al-Masry al-Awsat*, 1. Mai 2013.

57 »Ra'is hukuma Tunis fi' eed al-'ummal: la li al-idabrat al-ashwa'iyya«, *Al-Masry al-Awsat*, 1. Mai 2013.

58 Rachid Ghannouchi, »Tunesians Must Choose Ballots over Bullets if We Are to Secure the Revolution«, theguardian.com, 28. Oktober 2013.

59 »Tunesian Islamist in Favor of Mild Shariah«, *Hürriyet Daily News*, 7. Oktober 2011; »Ghannouchi: State Does Not Have Rights to Monopolize Islam«, *Today's Zaman*, 23. September 2011.

60 Teije Hidde Donker, »Re-emerging Islamists in Tunisia: Repositioning Religion in Politics and Society«, *Mediterranean Politics* 18:2 (2013), S. 207–214.

61 Ebenda, S. 216–218, 220.

62 Jack Goldstone, *Revolutions: A Very Short Introduction,* Oxford 2014.

63 Hier vereinfache ich zwangsläufig einen breiten Fundus an Literatur, der sich von Werken von Tilly, McAdams, Tarrow und Skocpol bis zu Goodwin und Goldfrank erstreckt. Und ich sehe hinweg über einige Differenzen und Akzentuierungen wie etwa Goldstones Verbindung von Staatszusammenbruch und Elitengegensätzen mit zunehmenden Missständen und einer wachsenden Zahl von jungen Menschen in einer Bevölkerung (was in manchen arabischen Ländern als gegeben betrachtet werden kann) oder John Forans Synthese aus Denkschulen, die Abhängigkeiten, politische Kultur und politische Prozesse in den Vordergrund stellen. Darüber hinaus lasse ich jene Werke über Revolutionen außer Betracht, die nicht unter diesen Konsens fallen, wie etwa den auf Landbesitz konzentrierten Ansatz von Jeff Page, die ereignisbezogene Analyse von William Sewell, die politische Ökonomie von Ervand Abrahamian sowie zahlreiche Analysen vor allem von Revolutionen in der Dritten Welt, die sich auf unorthodoxe Indikatoren konzentriert haben. Die revolutionären Mobilisierungen in Ägypten und Tunesien lassen daher nicht die Sozialwissenschaften insgesamt in schlechtem Licht dastehen, sondern einen bestimmten wissenschaftlichen Konsens auf der Grundlage institutioneller Ansätze.

64 Jeff Goodwin, *No Other Way Out,* nannte noch einige weitere Vorbedingungen: staatliche Unterstützung für unpopuläre wirtschaftspolitische Maßnahmen und Strukturen, Ausschluss von politischer Teilhabe, geringe Sicherheit, willkürliche Gewalt, korrupte Eliten und personalisierte Herrschaft.

65 Goldstone, (»Understanding the Revolutions of 2011: Weakness and Resilience in Middle East Autocracies«, *Foreign Affairs* 90:3 [Mai/Juni 2011]) hat die fundierteste Abhandlung des sozialwissenschaftlichen Mainstreams über den Arabischen Frühling verfasst und damit zu belegen versucht, dass auch die herrschende Forschung Revolten erklären kann. Doch Kurzman (»The Arab Spring Uncoiled«, *Mobilization* 17:4 [2012], S. 377–390) hat gezeigt, dass weder der »Sultanismus« noch andere Variablen, die Goldstone heranzieht (Empörung über die Korruption des Regimes; Arbeitslosigkeit und Ungleichheit; ein klassenübergreifendes Bündnis der Opposition; Überlaufen von Teilen der Eliten, vor allem von Offizieren; internationaler Druck), erklären können, warum die Revolte in Tunesien und Ägypten begann (und sich dann vor allem nach Syrien, in den Jemen, nach Libyen und Bahrain ausweitete und weniger in andere Länder).

66 Mounira Charrad, *States and Womens' Rights: The Making of Postcolonial Tunesia, Algeria, and Marocco,* Berkeley, CA 2001.

67 »Für den Ausbruch der Revolution ist es gewöhnlich nicht genügend, dass die ›Unterschichten nicht wollten‹, sondern auch erforderlich, dass die ›Spitzen nicht konnten‹ in der alten Weise weiterleben [...] Ohne diese objektiven Veränderungen, die unabhängig sind vom Willen nicht nur einzelner Gruppen und Parteien, sondern auch einzelner Klassen, ist eine Revolution – nach der allgemeinen Regel – unmöglich.« W. I. Lenin, »Der Zusammenbruch der II. Internationale«, in: W. I. Lenin und G. Sinowjew, *Gegen den Strom. Aufsätze aus den Jahren 1914–1916,* Hamburg 1921, S. 129–170, hier S. 135; verfügbar unter: https:// archive.org/stream/gegendenstromaufoozino/gegendenstromaufoozino_djvu-txt.

68 »Der Ausdruck ›revolutionäre Situation‹ ist ein politischer Begriff, kein rein soziologi-

scher. Diese Erklärung beinhaltet einen subjektiven Faktor ... Die Kerenskiade muss nicht in jeder Situation, in jedem Land notwendig so schwach sein wie die russische Kerenskiade. Die Schwäche der Kerenskiade war das Ergebnis der großen Stärke der Bolschewistischen Partei.« Leo Trotzki, »What Is a Revolutionary Situation? The Decisive Importance of the Communist Party«, *The Militant. Weekly Organ of the Communist League of America [Opposition]*, 4:36, New York, NY 1931 (Übersetzung H.F.); verfügbar unter: https://www. marxists.org/archive/trotsky/1931/11/revsit.htm. Trotzkis Aufsatz untergräbt jede strenge Unterscheidung zwischen notwendigen und ausreichenden Ursachen einer Revolution (oder zwischen revolutionären Situationen und tatsächlichen Revolutionen). Interessanterweise klingen in dem Text bereits Aspekte von Kurzmans nicht-erklärendem Ansatz an: »Es lässt sich nicht vorhersehen oder mathematisch ermitteln, an welchem Punkt in diesem Prozess die revolutionäre Situation ihre vollständige Reife erreicht.« Doch Trotzkis nächster Satz führt uns in eine andere Richtung: »Die revolutionäre Partei kann diese Tatsache nur durch ihre Kämpfe herbeiführen, durch das Wachstum ihrer Kräfte, mittels welcher sie die Massen, die Bauern, die städtischen Kleinbürger etc. beeinflusst, und durch die Schwächung des Widerstands der herrschenden Klassen.«

69 »Slavoj Žižek, Tom and Jerry, and Mubarak«, youtube.com.

70 Siehe dazu Kurzman, »The Arab Spring Uncoiled«, wo er diese Logik auf die arabischen Aufstände anzuwenden versucht, und Kurzman, *The Unthinkable Revolution in Iran*.

71 Armando Salvatore, »The elusive subject of revolution«, blogs.ssrc. com.

72 Neben anderen Werken, die sich auf Prozesse konzentrieren, zeigt Doug McAdams' Buch über die Aufstände der Schwarzen, wie ertragreich ein prozessbezogener Ansatz ist, der die Untersuchung der politischen Ökonomie, der Organisation der Volksmassen, des internationalen Kräfteverhältnisses, der gegebenen Umstände und der Ideologie zusammenführt. Ich überlasse es den Wissenssoziologen, herauszufinden, wie Forscher, die sich in ihren frühen Werken auf Prozesse konzentrierten, schließlich in institutionalistischen Erklärungsmodellen, die nach Variablen suchen, kanonisiert wurden. Douglas McAdam, *Political Process and the Development of Black Insurgency*, Chicago, IL 1982.

73 Vier der folgenden fünf Absätze stammen aus Tuğal, »Religious Politics, Hegemony, and the Market Economy: Parties In the Making of Turkey's Liberal-Conservative Bloc and Egypt's Diffuse Islamization«.

74 Siehe dazu jadaliyya.com; sowie »Egypt's Political Crisis«, Middle East Channel, *Foreign Policy*, 10. Dezember 2012.

75 Theda Skocpol, *States and Social Revolutions*, Cambridge 1979.

76 Charles Tilly, *From Mobilization to Revolution*, Reading, MA 1978.

77 Perry Anderson, »Two Revolutions: Rough Notes«, *New Left Review* 2:61 (Januar/Februar 2010), S. 59–96; Ho-fung Hung, *Protest with Chinese Characteristics: Demonstrations, Riots, and Petitions in the Mid-Qing Dynasty*, New York, NY 2011.

78 Siehe dazu Eric J. Hobsbawn, *The Age of Capital, 1848–1875*, New York, NY 1996 [1975]: Charles Kurzman, *Democracy Denied, 1905– 1915: Intellectuals and the Fate of Democracy*, Cambridge 2008; Jonathan Sperber, *The European Revolutions, 1848–1851*, New York, NY 2005 [1994].

Kapitel 6 – Der Gezi-Park: Ende des Türkischen Modells oder Aufbruch der Linken?

1 Eine umfassende Untersuchung würde sicherlich eine wesentlich eingehendere geschichtliche Betrachtung erfordern, hier aber kann nur ein kurzer Überblick geboten werden.

2 Diese Frage lässt sich nicht erschöpfend beantworten, ohne den in jüngerer Zeit erfolgten Übergang zum Kapitalismus im Nahen Osten zu verstehen, doch fehlt für diese Debatte hier der Platz. Die bislang vorgelegten Antworten reichen von einfachen (asiatische Produktionsweise, orientalischer Despotismus oder der Islam als Entwicklungshindernis) bis zu komplexen Erklärungen (eine Artikulation unterschiedlicher Faktoren, unter anderem einer ungleichmäßigen Fortdauer von Stammesherrschaft und Surplusabschöpfung; das islamische Recht, hoch entwickelte tributäre wirtschaftliche, kulturelle und politische Systeme, die in der Zeit nach dem raschidischen Islam ebenfalls ungleichmäßig auftauchten und wieder verschwanden; militärische Interventionen und Kolonialisierungsbestrebungen, welche die ersten drei Faktoren verstärkten). Siehe dazu Samir Amin, *Eurocentrism*, New York, NY 1989; Nazih N. M. Ayubi, *Over-Stating the Arab State: Politics and Society in the Middle East*, London 1995; Fawzy Mansour, *The Arab World: Nation, State, and Democracy*, London 1992. Eine Fortschreibung dieser Debatte wird auch ähnliche Diskussionen über die jüngeren kapitalistischen Transformationen in anderen Teilen der Welt aufnehmen müssen. Siehe dazu vor allem Giovanni Arrighi, *Adam Smith in Beijing: Lineages of the Twentieth-First Century*, London 2007 und Ho-fung Hung, »Agricultural Revolution and Elite Reproduction in Qing China: The Transition to Capitalism Debate Revisited«, *American Sociological Revue* 73:4 (2008) und Hung, *Protest with Chinese Characteristics: Dermonstrations, Riots, and Petitions in the Mid-Qing Dynasty*, New York, NY 2011.

3 Amin, *Eurocentrism*.

4 Charles Tilly, *Coercion, Capital, and European States, AD 990–1990*, Cambridge 1990.

5 Fawzy Mansour, *The Arab World: Nation, State, and Democracy*, London 1992.

6 Es ist darauf hinzuweisen, dass das islamische Recht und die tributäre Produktion im Nahen Osten nicht von vornherein die Akkumulation von Privateigentum verhinderten (unter den Omaijaden, den Abbasiden und den Osmanen gab es eine proto-feudale Konzentration wie auch eine merkantile Kapitalakkumulation und unter den Fatimiden sogar eine nachmerkantile Akkumulation), sie wurde dadurch jedoch prekär und umkehrbar zugunsten des Zentrums. (Karen Barkey, *Bandits und Bureaucrats: The Ottoman Route to State Centralization*, Ithaca, NY 1994; Mansour, *The Arab World*, S. 59, 62, 73f. Es ist daher irreführend, den mittelalterlichen Islam als ein Hindernis für das Aufkommen des Kapitalismus einzustufen, wie es einige nicht der klassischen Lehre anhängende Ökonomen tun (siehe dazu z. B. Timur Kuran, *The Long Divergence: How Islamic Law Held Back the Middle East*, Princeton, NJ 2011).

7 Mansour, *The Arab World*, S. 51f, 66f.

8 Es sind weitere Forschungen erforderlich, um herauszufinden, warum die kapitalistische Konzentration der vergangenen drei bis vier Jahrzehnte nicht auch zu einer proletarischen Konzentration geführt hat, wodurch die Restbestände der Besonderheiten des Nahen Ostens sehr *ungleichmäßig* reproduziert wurden. Eine naheliegende Ant-

wort ist zwar der Hinweis auf das Zusammentreffen des größten kapitalistischen Ent-wicklungssprungs in der regionalen Geschichte mit der globalen Neoliberalisierung (die in den meisten Teilen der Welt entproletarisierend wirkt), doch die chinesische Proletarisierung im selben Zeitraum ist Grund genug, etwas tiefer zu graben. Beverly J. Silver und Lu Zhang, »China as an Emerging Epicenter of World Labor Unrest«, in: Ho-fung Hung, (Hg.), *China and the Transformation of Global Capitalism*, Baltimore, MD 2009.

9 Sami A. Hanna und George H. Gardner, (Hg.), *Arab Socialism: A Documentary Survey*, Leiden 1969, S. 8–10.

10 Ebenda.

11 Ebenda, S. 72–76.

12 Fayez Sayegh, »The Theoretical Structure of Nasser's Socialism«, in: Hanna und Gard-ner, (Hg.), *Arab Socialism*, S. 103.

13 Ebenda, S. 121–123, 133f.

14 Mansour, *The Arab World*, S. 101f. Die diskursive Erschöpfung des Sozialismus, die in diesem Abschnitt untersucht wird, wurde zweifellos durch die langfristigen strukturel-len Hinterlassenschaften verschärft, die weiter oben unter dem Gesichtspunkt der relativen Randständigkeit des Privateigentums und des Klassenkampfes diskutiert wurden.

15 Aus dieser Ähnlichkeit folgte jedoch keine identische Einstellung gegenüber Etatis-mus, Islam, Authentizität, Klassenkampf, Selbstorganisation und Teilhabe des Volkes. Eine vergleichende Geschichte der radikalen Intellektuellen in der Region muss erst noch geschrieben werden. Eine solche analytische Untersuchung würde es uns auch ermöglichen einzuschätzen, inwiefern und weshalb einige Intellektuelle (wie etwa Hik-met Kıvılcımhı) bereits vor den 1960er-Jahren von den hier diskutierten Mustern ab-wichen.

16 Zur Beeinflussung der PKK durch den Führer der THKP-C, Mahir Çayan, siehe »Öca-lan'dan' Mahir Çayan mesaji«, radikal.com.tr, 18. Oktober 2013. Ob die sozioökonomi-sche und politische Einzigartigkeit Kurdistans diesen Erfolg besser erklären kann als die neo-cayanistische (oder besser neo-maoistische) Strategie der Partei, bleibt noch zu er-forschen.

17 Ein Beispiel dafür war der bewaffnete Aufstand in Port Said; siehe dazu M. S. Agwani, *Communism in the Arab East*, London 1969, S. 44–51, 80.

18 Ebenda, S. 181f.

19 Ebenda, S. 207.

20 Ebenda, S. 214f.

21 Ebenda, S. 86, 165–176.

22 Mansour, *The Arab World*, S. 103.

23 Neben der Repression war der unaufhörlich anwachsende türkische Nationalismus der Hauptgrund für diese Niederlage. Dieser Nationalismus wurde andererseits auch durch den Guerillakrieg der Kurden im Osten der Türkei geschürt.

24 In der Türkei und anderen Ländern gab es intellektuelle Zirkel und soziale Organisatio-nen, die sich in den 2000er-Jahren mit diesen Themen befassten, aber sie waren sehr zer-streut und praktisch nicht institutionalisiert.

25 Das Wort *saplings* bezog sich allgemein auf die jungen Märtyrer staatlicher Gewalt, im

Speziellen aber auf die Führer einer kleinen revolutionären Gruppe, die 1972 von der türkischen Militärjunta gehängt wurden und deren Geschichte in einer poetischen Biografie aus dieser Zeit (Erdal Öz, *Three Saplings on the Gallows*) erzählt wurde.

26 Die nachfolgende Analyse stützt sich auf Althussers Darstellung der russischen Revolution, siehe dazu »Contradiction and Overdetermination« in: Althusser, *For Marx*, London 2006 [1962], marxists.org.

27 Dies geht auch konform mit Kurzmans Kritik der Revolutionsliteratur. Siehe Charles Kurzman, *The Unthinkable Revolution in Iran*, Cambridge 2004.

28 Die beiden folgenden Absätze stammen aus meinem Essay »Occupy Gezi: The Limits of Turkey's Neoliberal Success«, jadaliyya.com, 4. Juni 2103.4.

29 »Gezi olaylarında yasadışı örgütler koalisyon yaptı«, *Star Gazetesi*, September 2013.

30 Nach einem Augenzeugenbericht, aufgenommen Ende Juni 2013.

31 Auf einer der Hauptdurchgangsstraßen, die zum Taksim-Platz führt, hatten junge, zum größten Teil unorganisierte Männer und Frauen fünf bis zehn Hindernisse errichtet, die von der Polizei nach einer Viertelstunde überwunden wurden. Die organisierten Sozialisten, die während des Polizeiangriffs auf dem Platz noch in ihre Debatten vertieft waren, nahmen dies verblüfft zur Kenntnis und konnten nicht begreifen, wie das möglich gewesen war. Hatte die Polizei neue Vorgehensweisen entwickelt oder sich neue Technik verschafft, von denen sie noch nichts wussten?, fragten sie sich. Es stellte sich heraus, dass die jungen Leute zwischen den Gebäuden und den Barrikaden kleine Lücken gelassen hatten. Die Polizei musste sich gar nicht mit den Hindernissen befassen, sie schoss sich durch die Lücken hindurch mit Gummigeschossen schlicht den Weg frei. Quelle: Mehrere Augenzeugenberichte, die Ende Juni und Anfang Juli 2013 aufgezeichnet wurden. Es sind keine Informationen verfügbar, wie hoch der Anteil der Barrikaden war, der von diesen unorganisierten Teilnehmern errichtet wurde.

32 Laut mehreren Augenzeugenberichten, die Ende Juni 2013 aufgezeichnet wurden.

33 Diese Debatten fanden während der Massenversammlungen statt, die in den letzten Tagen der Besetzung abgehalten wurden. Es ist möglich, wie mir einer der von mir Befragten erklärte, dass zumindest einige der jungen Leute, die unerfahren und unorganisiert erschienen, in Wirklichkeit Mitglieder militanter linker Organisationen waren und sich nicht als solche zu erkennen gaben.

34 Es stimmt nicht, dass einige sozialistische Organisationen darauf bestanden, auf dem Platz auszuharren, aber es ist noch zu früh, um eine nüchterne, unparteiliche Analyse darüber anzustellen, welche Haltung vernünftiger war.

35 Die nachfolgende analytische Darstellung beruht auf meiner teilnehmenden Beobachtung zwischen dem 17. Juni und Mitte August, soweit nichts anderes erwähnt wird.

36 Einige der folgenden Absätze stammen aus meinem Essay »Resistance Everywhere: The Gezi Revolt in Global Perspective«, *New Perspectives on Turkey* 49 (2013), S. 157–172.

37 Diese Beobachtungen vor dem 17. Juni beruhen auf mehreren Augenzeugenberichten wie auch auf zahlreichen Internetartikeln von Journalisten und anderen politischen Quellen. Am informativsten davon war sendika.org, die ihre Schätzungen der Zahl der Demonstranten in den Wohnvierteln, Bezirken und auf dem Platz in den ersten beiden Juni-Wochen manchmal alle fünf bis zehn Minuten aktualisierte.

38 KONDA, »Gezi Raporu: Toplumum ›Gezi Parkı Olayları‹ algısı: Gezi Parkandakiler kimlerdi?« (Bericht über Gezi: Die öffentliche Wahrnehmung der »Ereignisse im Gezi-

Park/Wer waren die Gezi-Besetzer?«; verfügbar unter: http://konda.com.tr/tr/rapotla / KONDA_GeziRaporu2014.pdf.

39 Erdem Yörük und Murat Yüksel, »Class and Politics in Turkey's Gezi Protests«, *New Left Review* 2:89 (September/Oktober 2014), S. 102f.

40 Wir müssen hier sehr vorsichtig argumentieren, denn die Furchtlosesten in der Revolte waren ihre proletarischen/subproletarischen, revolutionären und alevitischen Akteure, wie die Zahl der Todesopfer eindeutig belegt. Es ist nicht ihre Furchtlosigkeit, die anscheinend wesentlich ausgeprägter war als bei den spanischen Demonstranten, welche die intellektuelle Herausforderung darstellt.

41 Dennoch zeigte auch das neue türkische Kleinbürgertum Anzeichen von politischer Reife. Es gibt unzählige Beispiele für »sich selbst beschränkende« Unterhaltung, wenn etwa gewohnheitsmäßige Alkoholkonsumenten am Abend eines heißen Tages Alkohol mieden, um nicht die Gefühle der frommen Protestierer im Bereich des Taksim-Platzes und des Gezi-Parks zu verletzen (weil Mawlid war, der Abend, an dem die Geburt des Propheten Mohammed gefeiert wird). Die Übernahme und Verbreitung der Gesänge männlicher Fußballfans sind ein weiteres Beispiel für die (potenziell) flexible Ästhetik des neuen Kleinbürgertums.

42 Nikos Poulantzas, »The New Petty Bourgeoisie«, *Critical Sociology* 9 (1979), S. 56–60. Sollen diese Schichten an die proletarische Partei herangeführt werden oder erfordern die Bedingungen des 21. Jahrhunderts eine grundlegende Veränderung der politischen Gesellschaft und neue Organisationsformen, welche die mittleren und die untergeordneten Schichten gegen den Kapitalismus vereinen können? Mit dieser Frage kann man sich erst befassen, wenn man die zentrale Bedeutung der Mittelschichten für eine moderne Revolte erkannt hat.

43 Dies schließt jedoch nicht die Möglichkeit aus, dass die Arbeitsgruppen und Ausschüsse, die aus der Juni-Revolte hervorgegangen sind, die Saat für das Modell einer revolutionären Organisation des 21. Jahrhunderts gesät haben.

44 »Towards the End of a Dream? The Erdogan-Gulen Fallout and Islamic Liberalism's Descent«, jadaliyya.com, 22. Dezember 2013.

Fazit – Der Kontrapunkt zum Kapital

1 Ali Yaycıoğlu, »Révolutions de Constantinople: French and the Ottoman Worlds in the Age of Revolutions«, Patricia M.E. Lorcin und Todd Shepard (Hg.), *French Mediterraneans: Transnational and Imperial Histories,* Lincoln, NE 2016.

2 Die Betonung von Kontrapunkten und Transkulturation, die in diesem Kapitel breiten Raum einnimmt, beruht auf Anregungen durch den Anthropologen Fernando Ortiz, vor allem durch sein Werk *Cuban Counterpoint: Tobacco and Sugar,* Durham, NC 1995 [1940].

3 Diese Bemerkungen stützen sich zum Teil auf eine freihändige Auslegung von Giovanni Arrighis (heterodoxer und Gramsci-orientierter) Darstellung der Theorie der Weltsysteme. Ich hoffe, auf meine Schuld bei und meine Differenzen mit Arrighi an anderer Stelle ausführlicher eingehen zu können.

4 Einige der nachfolgenden Abschnitte stammen aus meiner älteren Veröffentlichung »Resistance Everywhere: The Gezi Revolt in Global Perspective«, *New Perspectives on Turkey* 49 (2013), S. 157–172.

5 Die führenden Akteure dieser Artikulation können auf den verschiedenen Ebenen unterschiedlicher Art sein. Zur nationalen Ebene siehe Cedric de Leon, Manali Desai und Cihan Tuğal, (Hg.), *Building Blocs: How Parties Organize Society*, Stanford, CA 2015. In diesem Buch haben wir die zentrale Bedeutung politischer Parteien als Akteure der Artikulation herausgearbeitet, wobei jedoch die regionale und die globale Ebene unbeachtet blieben. Wie wir hier gesehen haben, können politische Parteien auch Vermittlungspunkte zwischen einer regionalen und einer globalen Hegemonie werden. Die AKP unternahm einen Versuch auf diesem Gebiet, scheiterte dabei jedoch.

6 Giovanni Arrighi, *The Long Twentieth Century: Money, Power, and the Origins of Our Times*, London 1994.

7 Robert Brenner, »New Boom or New Bubble? The Trajectory of the US Economy«, *New Left Review* 2:25 (Januar/Februar 2004), S. 57–100.

8 Marx schrieb 1852, als die Revolution ihre destruktiven Kräfte gegen die exekutive Gewalt richtete: »Europa [wird] von seinem Sitze aufspringen und jubeln: Brav gewühlt, alter Maulwurf!«, Karl Marx, »Der achtzehnte Brumaire des Louis Bonaparte«, in: Karl Marx und Friedrich Engels, *Werke, Band 8*, Berlin/DDR 1960, S. 194–207, hier S. 196; verfügbar unter: www.marxists.org/deutsch/arch iv /marx-engels/1852/brumaire/. Meine Kommentare über das revolutionäre Scheitern und den »alten Maulwurf« wurden durch Alain Badiou angeregt sowie durch meine Diskussionen mit Aynur Sader.

9 Mit diesem Begriff soll zum Ausdruck gebracht werden, dass es möglich ist, für bestimmte allgemein für erstrebenswert gehaltene, aber nicht unmittelbar erreichbare Ziele zu kämpfen, um auf diese Weise das System in die Enge zu treiben und seinen Zusammenbruch zu befördern und um gleichzeitig den Boden zu bereiten für die Schaffung von Organen der Volksmacht und einer revolutionären Führung dieser Organe. Siehe dazu Leo Trotzki, »Der Todeskampf des Kapitalismus und die Aufgaben der 4. Internationale (Das Übergangsprogramm)«; verfügbar unter: www.marxists.org/deutsch/archiv/trot zki/1938/uebergang.

10 Einige der folgenden Gedanken wurden bereits vor einiger Zeit veröffentlicht in dem Artikel »Turkey: A Second 1848 … or 1905?«, *Counterpunch*, counterpun ch.org, 11. Juni 2013.

11 Erik Olin Wright, *Envisioning Real Utopies*, London 2010.

REGISTER

© der deutschen Ausgabe: Verlag Antje Kunstmann GmbH, München 2017
© der Originalausgabe: Verso, London 2016
Titel der Originalausgabe: *The Fall of the Turkish Model – How the Arab Uprisings Brought Down Islamic Liberalism*
Umschlaggestaltung: Heidi Sorg und Christof Leistl
Typografie + Satz: frese-werkstatt.de
Druck und Bindung: CPI – Clausen und Bosse, Leck
ISBN 978-3-95614-171-3